D1983902

Ein Frankfurter „Bub"
bekennender Frankfurter
und Steuerberater aus
Überzeugung und Leidenschaft...
wünscht Ihnen liebe
Frau Petra Gerlach
viel Spaß mit dieser
„heimatlichen" Lektüre

BERND SCHOMANN

FRANKFURTER PORTRAITS

EINE STADT UND IHRE MENSCHEN

2008, Bernd Schomann

Redaktionsleitung:	Dipl.-Ing. Sonja Schomann
Grafische Gestaltung:	Sislak Design Werbeagentur
Druck:	Thiele & Schwarz, Kassel
Bilder Frankfurt:	Archiv Sislak Design, MEV, ccvision, fotolia, istock, Stadt Frankfurt am Main
Gesamtherstellung:	euro8media – ein Projekt der EURO8CONCEPT GmbH

Alle Rechte der Verbreitung, auch durch Film, Funk und Fernsehen, fotomechanische Wiedergabe, Tonträger jeder Art, auszugsweiser Nachdruck oder Einspeicherung aller Art sind vorbehalten. Die Verwendung der Adressen zum Zweck der entgeltlichen Adressveräußerung an Dritte ist nicht zulässig.

Für die Inhalte der einzelnen Beiträge und Zitate zeichnet sich der/die Portraitierte verantwortlich. Die Inhalte geben nicht die Meinung des Verlages wieder. Der Verlag übernimmt keine Haftung für die Inhalte der jeweiligen Beiträge und Zitate.
Für Druckfehler und Unrichtigkeiten kann keine Haftung übernommen werden.
Die Eintragungen erfolgen in alphabetischer Reihenfolge.

Besonderer Dank gilt allen, die zur Herausgabe des Buches beigetragen haben.

Printed in Germany.

ISBN: 978-3-9812333-0-8

Inhaltsverzeichnis

Frankfurt am Main

In Frankfurt trifft man sich – das war schon immer so. In der Nähe gefundene, rund 200.000 Jahre alte Faustkeile zeugen von Neandertalern im heutigen Stadtgebiet. Jäger und Sammler aus der Jungsteinzeit haben sich dort vor rund 7.500 Jahren sesshaft gemacht. Die unmittelbare Lage am Wasser und der heute so genannte Domhügel waren wohl attraktive, wie wichtige Standortbedingungen für die ersten Siedlungen. Im Laufe der Zeit wurde dort ein Militärlager aufgeschlagen und ein fränkischer Königshof ließ sich nieder.

Urkundlich erstmals erwähnt wurde die alte Dame Frankfurt am 22. Februar 794 in einer Urkunde Karls des Großen, dem König des Fränkischen Reichs. Damit verbunden ist auch die legendäre Namensgebung aus Franconofurd in althochdeutscher Version oder aus vadum francorum in lateinischer Version. Demnach soll dem fliehenden Karl dem Großen eine Hirschkuh die „Furt der Franken" gewiesen haben – eine Barriere aus Fels im Main zur problemlosen Überquerung des damals noch viel breiteren Flusses, die später militärstrategische Bedeutung bekam. In diese Zeit ist auch der Beginn des Aufstiegs von Frankfurt als politisches und wirtschaftliches Zentrum zu legen.

Karl der Große machte mit der am Main abgehaltenen Reichssynode, auf der er sich von Byzanz unabhängig erklärte, die Stadt zur politischen Metropole, zur Kaiserpfalz Frankfurt. Ab 1147 wurden dort die meisten Könige gewählt. Im Jahr 1220 wurde Frankfurt freie Reichsstadt, die somit unmittelbar dem Kaiser unterstand. Ab dem Jahr 1356 wurde nach der Goldenen Bulle, dem Wahl- und Krönungsgesetz, die Stadt ständige Wahlstadt der römischen Könige. Zuletzt erhielt Kaiser Franz II. 1792 in der Mainmetropole die Macht-Insignien überreicht.

Die Bankenstadt Frankfurt hat ihre Wurzeln zum Teil im kaiserlichen Schultheißamt, das sie 1372 erwarb und damit die Finanzhoheit sowie eine freie Gerichtsbarkeit und Verwaltung. Ein weiteres Stück Freiheit erhielt die Stadt mit ihrer Mitgliedschaft zum Reichstag. Aber erst Anfang des 18. Jahrhunderts brach sich der Drang der räumlichen Freiheit Bahn, indem die Stadtmauern eingerissen wurden. Frankfurt breitete sich aus und lieferte ein Stadtbild, das heute noch vielerorts anzutreffen ist. Die politische Freiheit zog in dieser Epoche von 1816 bis 1866 ein, als Frankfurt Stadtstaat mit Bundestagssitz im Deutschen Bund wurde – und schon damals als europäisches Finanzzentrum galt. Sein Demokratiedebüt feierte die Hessische Metropole in der Märzrevolution von 1848, als die frei gewählte Nationalversammlung in die Frankfurter Paulskirche einzog. Nach der Stadt wurde der Frankfurter Friede benannt, der dort 1871 den Deutsch-Französischen Krieg beendete. Um diese Zeit breiteten sich die Stadtränder aus, umliegende Ortschaften wurden eingemeindet, Frankfurt wurde Anfang des 20. Jahrhunderts kurzzeitig Deutschlands flächengrößte Stadt.

Auf diese Zeit geht die Expansion zurück, die heute Frankfurt als Wirtschafts-, Verkehrs- und Kulturmetropole von europäischem Rang prägt.

Wer baut, der ist im Wohlstand

Die hessische Metropole strahlt wie ein urbaner Stern nicht nur über die Rhein-Main-Ebene, sondern deutschlandweit und global. In Frankfurt trifft sich die Welt, die dort ein- und ausgeht. Aber auch die Bürger der Stadt oder Besucher aus der Region fühlen sich wohl und heimisch, denn sie bietet allen etwas – vom idyllischen Schrebergarten über das hessische Nationalgetränk Äppelwoi bis zur modernen Shopping Mall und vieles mehr.

Wurde vor einiger Zeit die Stadt Goethes von einigen als hässlich bezeichnet, so passt diese Bezeichnung längst nicht mehr. Wie gut sich das urbane Zentrum entwickelt, wird selbst dem Gast schnell augenfällig, der erstmals seinen Fuß dahin setzt. An der Bautätigkeit lässt sich die Prosperität einer Kommune deutlich ablesen. Und da geschieht in Frankfurt einiges – der Airport Frankfurt, das dortige Airrail-Center, das Europaviertel, die Neugestaltung der Zeil, der Neubau der Europäischen Zentralbank (EZB), der Umbau in der Deutschen Börse, der OpernTurm, der Kaiserdom, der Neubau Sport- und Funktionsgebäude oder „Deutschlands erste vertikale Stadtlandschaft“: Frankfurt Hoch Vier – um nur einige Projekte zu nennen, die kürzlich fertig gestellt wurden, werden oder geplant sind.

Viele Themen, die damit verbunden sind, haben Frankfurt den Namen verliehen, den die Stadt auch verdient hat – sie ist nicht nur wichtigstes Verkehrsdrehkreuz Europas, Messestadt von europäischem Format, einer der größten Standorte Europas für die Chemie- und Pharmaindustrie, sondern auch Börsen- und Bankenstandort von europäischer Bedeutung, fünftgrößte Stadt Deutschlands, Kultur-, Sport- und Universitätsstadt von internationalem Rang oder Medienstandort – aber auch das Wolkenkratzerviertel Mainhatten, Sachsenhausen, Mainufer oder Römer, um auch hierbei nur einiges international bis regional Bedeutsames zu erwähnen. Oder ganz knapp – Frankfurt boomt in allen Gassen.

Die hessische Wirtschaftsmacht am Main

Eine von mehreren wichtigen Voraussetzungen zur Entwicklung von historischen Besiedlungsplätzen zu wirtschaftlichen Kraftzentren der Moderne ist die Lage am Wasser – so wie Frankfurt. So war den Menschen in der fruchtbaren Lage am Untermain der Land- und Wasserweg für den Warenaustausch offen. In der Mainmetropole kommt im Hightech-Zeitalter der Luftweg hinzu, der sich im Airport Frankfurt zu einem der weltweit bedeutendsten Luftdrehkreuze entwickelt hat. Zusammen mit dem Frankfurter Hauptbahnhof als verkehrsreichstem Ein- und Umsteigeplatz für Personen, dem Frankfurter Autobahnkreuz und der Binnenschifffahrt ist die Rhein-Main-Zentrale international eine der wichtigsten Mobilitätsdrehschreiben. Frankfurt genießt dadurch einen großen Standortvorteil für den globalen Warenaustausch und für die Niederlassung zahlreicher Wirtschaftsunternehmen.

Attraktiver Standort

Frankfurt ist noch vor Paris oder München die produktivste Stadt Europas, in der noch vor London und Paris die drittbesten Standorte Europas für Unternehmen zu vergeben sind. Neben dem erwähnten Standort für die Chemie- und Pharmaindustrie (u.a. Industriepark Hoechst) haben sich dort auch andere bedeutende und international führende Unternehmen hauptsächlich oder mit nationalen wie auch europäischen Zweig- oder Verwaltungsstellen niedergelassen – wie Nestlé, die Prüfungs- und Beratungsgesellschaften PricewaterhouseCoopers International Limited (PwC) und Klynveld, Peat, Marwick und Goerdeler (KPMG), McKinsey, Boston Consulting Group, Bain&Company, Automobilhersteller wie Fiat, Opel, Mazda, Seat oder Honda, IT- und Telekommunikationsunternehmen wie T-Systems, Atari, DB-Systel, Konami, Colt oder Sparkassen Informatik oder Unternehmen aus dem internationalen Finanzsektor wie Deutsche Bank, Commerzbank, Dresdner Bank, DZ Bank, Deka, Union Investment, die Direktbank ING-DiBA oder die BHF-Bank. Frankfurt ist mit der Deutschen Börsen AG, wozu auch die Frankfurter Wertpapierbörse und XETRA gehören, internationales Parkett und zweitgrößter europäischer Aktienmarkt. Die Deutsche Börse AG ist gemessen an der Marktkapitalisierung die größte Börse der Welt.

Besuch von auswärts

Internationales Flair, Kontakte und Innovationen zieht die Messestadt Frankfurt an, der im Jahr 1240 erstmals das Messeprivileg verliehen wurde. Zu den bekanntesten Präsentationen zählen unter anderem die Internationale Automobil-Ausstellung (IAA), die Buchmesse, die Ambiente Frankfurt oder die Achema als weltgrößte Messe für Chemische Technik, Umweltschutz und Biotechnologie. Das Messezentrum am Main zog 2007 mehr als vier Millionen Menschen zu 112 Messen an. Dagegen hat die jährliche „Dippemess“ eher Volksfestcharakter, aber mit wenigstens ebensoviel lokal-regionalem Flair.

Der Messeturm auf dem Messegelände im Westend war mit 257 Metern bis 1991 das höchste Gebäude Europas und hat diesen Titel an den Frankfurter Commerzbank-Tower mit 300 Metern (inklusive Antenne) Höhe verloren, gilt aber wegen seiner bemerkenswerten Bleistift-Form als eines der Wahrzeichen der Stadt.

Schaltstellen der Branchen

Darüber hinaus ist Frankfurt wichtiger Standort von Verbänden und anderen Einrichtungen wie der Verband der Chemischen Industrie (VCI), der Verband Deutscher Maschinen- und Anlagenbau (VDMA), der Verband der Elektrotechnik, Elektronik und Informationstechnik (VDE), der Verband der deutschen Automobilhersteller (VDA), der Börsenverein des Deutschen Buchhandels oder die Gesellschaft für Chemische Technik und Biotechnologie e.V. (DECHEMA).

Frankfurt ist auch Kopfsache

Natürlich ist Frankfurt auch renommierte Bildungs- und Kulturstätte mit einem „Endlos“-Programm an bunten Veranstaltungen. Stichworte dazu sind unter anderem Johann Wolfgang Goethe-Universität, Frankfurter Schule, Städelschule, die Frankfurter School Finance & Management, die Fachhochschule Frankfurt am Main, die Max-Planck-Institute für europäische Rechtsgeschichte, Biophysik und Hirnforschung, das Frankfurt Institute of Advanced Studies, die Oper Frankfurt, die Städtischen Bühnen, das Frankfurter Museumsorchester oder eine außergewöhnliche Vielfalt von über 60 Museen und Galerien, darunter das weltberühmte Naturmuseum Senckenberg.

Für die Sportkultur am Main ist stellvertretend der Profiverein Eintracht Frankfurt zu nennen oder das berühmte Radrennen um den Henninger Turm jedes Jahr zum 1. Mai, der Frankfurt Marathon, der 1. Frauen-Fußball-Club Frankfurt (FFC) als Deutschlands erfolgreichster Frauenfußballverein, der Eishockey-Bundesligist Frankfurt Lions oder „Hessen tanzt“ als eines der weltweit größten Amateurtanzsportturniere.

Dort, wo sich's gut leben und arbeiten lässt

Größter Arbeitgeber in Frankfurt ist der Airport mit seinen vielen Firmen, wo knapp 70.000 Menschen beschäftigt sind. Überhaupt glänzt die Rhein-Main-Metropole mit der höchsten Arbeitsplatzdichte – auf tausend Einwohner kommen 922 Arbeitsplätze. Frankfurt hat beinahe so viel Arbeitsplätze (rund 600.000) wie Einwohner (circa 650.000). Natürlich ist nicht jeder Frankfurter in seiner Stadt beschäftigt. Die Kommune gilt als Arbeitsstätte mit den meisten Einpendlern in Deutschland. Die wirtschaftliche Stärke der Stadt strahlt bis in den Vordertaunus, der direkt vor den Toren Frankfurts beginnt. Dieser Speckgürtel zählt mit dem Süden von München zu den reichsten Regionen in Deutschland, wo viele gut Verdienende sich niedergelassen haben – unübersehbar an den schicken Villen von Königstein, Bad Homburg und anderen Kommunen. Frankfurt ist bekannt dafür, dass dort die höchsten Einkommen gezahlt werden. Dieser Wohlstand lässt sich auch an der Steuereinnahme der Kommune ablesen, die zu den höchsten pro Einwohner unter den 50 größten Städten gehört. Im Bruttoinlandsprodukt pro Einwohner und Erwerbstätigen steht Frankfurt sogar an der Spitze aller deutschen Großstädte.

Wer gut arbeitet, will auch gut leben. Dazu bietet Frankfurt genau das richtige Plätzchen. Die Stadt belegt unter internationalen Großstädten Rang sieben in bezug auf Lebensqualität. In Deutschland immerhin Platz zwei hinter Düsseldorf. Dagegen führt die hessische Zentrale aber auch die Kriminalitätsstatistik aller deutschen Kommunen an. Dort vermerkt sind allerdings auch Verstöße, Vergehen und Straftaten am Tor zur Welt, dem Frankfurter Flughafen, was die Werte schnell in die Höhe schießen lässt – und das Bild der Stadt diesbezüglich verzerrt.

Gaumenfreuden am Mainufer

Nach dem Frankfurt der Superlative kommen in der Mainmetropole auch die Gemütlichkeit und der Lokalgourmet nicht zu kurz. Da steht dann ganz oben das „Äbbelwoi"-Viertel Sachsenhausen mit seinen traditionellen Wirtschaften, wo auf den Durstigen der gefüllte Bembel mit dem Gerippten wartet. Dazu wird Deftiges serviert – Rippchen mit Kraut oder Handkäs mit Musik. So bekommt Frankfurt sein unverwechselbares kulinarisches Gesicht und außergewöhnliche Gaumenfreuden sind sicher.

Aufs Engste verbunden ist Frankfurt mit einem gleichnamigen Würstchen, das bereits im Mittelalter als lokale Köstlichkeit verschrien war und dort somit zur ältesten Küchenkunst zählt. Im 19. Jahrhundert kam die Frankfurter Rindswurst als meisterhaftes Ergebnis des Metzgerhandwerks von Gref-Völsing dazu – aus 100 Prozent Rindfleisch im köstlichen Innenleben. Ein weiterer Gaumenschmeichler ist die Frankfurter Grüne Soße aus den sieben Kräutern Kerbel, Schnittlauch, Pimpinelle, Sauerampfer, Kresse, Petersilie, Borretsch.

In der Süßwarenabteilung Frankfurts gerät man ins genüssliche Schwärmen – bei Haddekuche oder Pfefferkuchen, Bethmännchen, Frankfurter Brenten (beide aus Marzipanteig) und Frankfurter Kranz aus Sand- oder Biskuitteig. Dass Frankfurt auch eine Weinstadt ist, wissen nur wenige. Das Erntevolumen steht der Wirtschafts- und Kulturmetropole diametral entgegen. Am Lohrberger Hang, der kleinsten und östlichsten Weinlage im Anbaugebiet Rheingau, erzeugt die Stadt als Kellermeister etwa 10.000 Flaschen trockenen Rieslingwein, der auch schon Spätleseformat erzielt hat.

Frankfurter sind gesellig

In Hessens größter Stadt geht`s gesellig zu. Das Mainuferfest hat sich seit 1988 etabliert zum – wieder ein Superlativ – größten Volksfest der Region. Die Besucher erwartet dort alljährlich im August an drei Tagen ein gelungener Mix aus Kultur und Musik entlang des Mainufers – was der ganzen Feierlichkeit eine besondere Stimmung verleiht. Frankfurts Stadtwald gilt nicht nur als der größte seiner Art in Deutschland. Jedes Jahr an Pfingsten wird dort auch der „Wäldchestag" gefeiert. Der ausgelassene Brauch geht angeblich zurück bis ins Mittelalter. Anlass soll die Holzzuteilung für die Frankfurter Bürger gewesen sein. Dokumentiert ist das traditionelle Volksfest am Oberforsthaus seit Anfang des 19. Jahrhunderts. Ebenfalls eine lange Traditionslinie bis ins Mittelalter fährt der Frankfurter Weihnachtsmarkt vor der anheimelnd historischen Kulisse des Römerbergs.

Zu den weiteren gesellig-fröhlichen Kulturveranstaltungen der besonderen Frankfurter Art zählen unter anderem die Nacht der Museen, das Opernplatzfest, das Rosen- und Lichterfest, das Mainfest, der Rheingauer Weinmarkt in der Fressgass oder das Stöffchefest im September.

Ilka Achilles-Horas

„Seine Freude in der Freude des anderen finden zu können: Das ist das Geheimnis des Glücks.“

(Georges Bernanos, französischer Schriftsteller, 1888 - 1945)

Ilka Achilles-Horas

Straße: Carl-Goerdeler-Straße 3-5
Ort: 60320 Frankfurt am Main
Beruf: Fachanwältin Familien- und Erbrecht, Mediatorin
Geburtsdatum: 30.09.1958
Familienstand: verheiratet
Kinder: 4

Die Mediation oder auch Konfliktlösung ist das primäre Anliegen der Frankfurter Rechtsanwältin Ilka Achilles-Horas. Folgerichtig entspricht auch die Kanzlei nicht den üblichen Schemata, sondern überzeugt durch ein angenehmes, atmosphärisch leicht gestaltetes Ambiente.

Ilka Achilles-Horas lebt in ihrem Rahmen die eigene Philosophie, dass nicht bestimmte Rechtsfolgen oder starre Vorgehensweisen Priorität haben dürfen, sondern das spätere Leben, insbesondere der Umgang miteinander neu zu gestalten ist. Und das gilt letztendlich für alle Rechtsfragen, auch außerhalb des Familien-und Erbrechtes.

Bei der von ihr präferierten Beratungsform, der Mediation, haben die Parteien die Konsequenzen selbst in der Hand. Türen werden nicht zugeschlagen sondern aufgemacht. Gemäß dem übergeordneten Motto: „Reden wir darüber." Denn nicht immer müssen Rechtsstreitigkeiten vor Gericht enden, die außergerichtlichen Lösungen ersparen den streitenden Parteien meistens viel Geld und Nerven, weil sie individuell zugeschnitten sind und das Gesetz nicht immer passen kann. Neben der Mediation, die grundsätzlich erste Priorität besitzt, berät und vertritt die Kanzlei weitere Rechtsfelder wie das Familien-und Scheidungsrecht, wozu die Ausarbeitung von Eheverträgen ebenso zählt, wie die Durchführung von Scheidungsverfahren. Hinzu kommen Scheidungsvereinbarungen, Unterhaltsklagen und Vereinbarungen sowie die Durchführung von Zugewinnausgleich, Sorgerechtsverfahren, Umgang mit den Kindern, Wohnungszuweisungsverfahren und Hausratsteilungen.

Die Kanzlei Achilles-Horas übernimmt die Betreuung in allen Fragen des Erbrechtes, Erbauseinandersetzungen, Testamentsgestaltungen und Testamentsänderungen, insbesondere nach Scheidungen. Beratungen erfolgen auch in englischer Sprache. Als eine der ersten Anwältinnen Frankfurts wurde Ilka Achilles-Horas nach abgeschlossener Zusatzausbildung zur Fachanwältin für Familienrecht ernannt. Im Jahre 2000 schloss sie die Ausbildung zur Mediatorin ab. Im Jahr 2005 folgte die Zusatzausbildung zur Fachanwältin für Erbrecht.

Und wer sich fragt, wieso ihm Gesicht und Stimme so bekannt vorkommen, hat mit Sicherheit schon einmal WISO im ZDF gesehen, wo Ilka Achilles-Horas seit Jahren als anerkannte Expertin für Erb- und Familienrecht mitarbeitet.

Als gebürtige Wiesbadenerin zog sie schon sehr früh nach Frankfurt, weil ihr Vater zum Direktor der Frankfurter Berufsfeuerwehr ernannt wurde. Nach dem Abitur 1977 und dem Studium der Rechtswissenschaften in Frankfurt, spezialisierte sie sich bereits im Referendariat auf Familien- und Erbrecht. Das Referendariat unterbrach sie 3 mal wegen der Geburt ihrer Söhne. 1988 erhielt sie ihre Zulassung als Anwältin und arbeitete zunächst stundenweise für verschiedene Frankfurter Kanzleien. 1997 eröffnete sie ihre eigene Kanzlei.

Frau Achilles-Horas ist mit ihrem ehemaligen Klassenkameraden Uwe Horas verheiratet. Er ist Chefarzt für Orthopädie und Unfallchirurgie der Main-Taunus-Kliniken in Hofheim.

Besondere Freude erzeugt bei Ilka Achilles-Horas Kinderlachen und der Erfolg, als Mediatorin Konflikte friedlich gelöst zu haben. Auch ihre persönliche Vision steht in unmittelbarem Einklang mit ihrer gesamten Lebenseinstellung, sowohl privat als auch beruflich: dass Deutschland zum kindergerechten Land wird, in dem das Interesse der Kinder Vorrang hat und die Familienförderung hohe Priorität genießt.

Ferry Ahrlé

„Fantasie ist das Wichtigste!“

Ferry Ahrlé

Straße: Gottfried-Keller-Straße 25
Ort: 60431 Frankfurt am Main
Beruf: Maler, Zeichner, Autor
Geburtsdatum: 17.06.1924
Familienstand: verheiratet

Die Kunst bekam Ferry Ahrlé schon als Bub in die Wiege gelegt, denn Vater René Ahrlé zählte zu den bedeutendsten Werbegrafikern Deutschlands. Nichts ist Ahrlé in der Kunst fremd. Portrait, Stillleben, Stadtlandschaft, Illustration oder Bühnenbild – er beherrscht jedes Genre. Der 1924 in Frankfurt geborene und in der Spreemetropole Berlin aufgewachsene „Cross-Over-Künstler" bezeichnet sich auch gerne mal als „malender Entertainer."

Seine künstlerische Laufbahn begann Ferry Ahrlé mit einem klassischen Kunststudium an der „Hochschule für bildende Künste in Berlin. Daneben nahm er Schauspielunterricht bei dem späteren Wiener Burgschauspieler Albin Skoda, durch den sich rasch die Türen zur Theaterwelt öffneten, besonders zum Deutschen Theater und dessen Schauspielern. Zwei Spielzeiten zeichnete er die Programmtitel der Berliner Philharmoniker, darunter die Portraits von Wilhelm Furtwängler, Otto Klemperer, Herbert von Karajan, Sergiu Celibidache und Yehudi Menuhin. Der Geigenvirtuose Menuhin wird ihn sein Leben lang gedanklich – und persönlich – begleiten. Er sieht in dem hoch gebildeten und dennoch so bescheidenen Star-Geiger die Personifizierung „eines großen Charakters", wie er nachdrücklich betont.

Das Atelier von Ferry Ahrlé wurde mehr und mehr zum Mittelpunkt von Künstlern, Wissenschaftlern und Politikern. Er selbst hatte sich später auch punktuell politisch engagiert – 1993 gründete er die „Demokratische Mitte", mit dem Ziel, den Normalbürger, der in Beruf und Alltag steht, für Politik zu interessieren und ihn zu politisch-gesellschaftlichen Aktivitäten zu bewegen. Seine politische Laufbahn beendete er indessen ein paar Jahre später, um sich weiter ganz der Kunst zu widmen.

Bis zur Rückkehr nach Frankfurt, Mitte der fünfziger Jahre, portraitierte er in Berlin Persönlichkeiten von Gustav Gründgens über Paul Dahlke bis Martin Held. Ferner entwarf er die Dekorationen zu dem Kinofilm „Berliner Ballade" und dem literarischen Kabarett „Die Stachelschweine". In Frankfurt entstanden zahlreiche Filmplakate, u. a. zu den Filmen der Star-Regisseure Frederico Fellini, Ingmar Bergman, François Truffaut und Roman Polanski. Er zeigte seine Bilderzyklen u. a. „ Signal und Schiene", „Das Geld in Oper und Schauspiel", „Gemalte Musik" und zuletzt 2008 „Der Botschafter" im Internationalen Club im Auswärtigen Amt in Berlin.

In den sechziger Jahren arbeitete Ferry Ahrlé vorwiegend in Paris. Durch sein Interesse an Architektur und Stadtlandschaft entstanden an der Seine beeindruckende Bilder. Zudem arbeitete er an der renommierten Académie Julian. Auf dem Montmartre fühlte er sich wohl und verbrachte dort malend ganze Nächte.

Die Affinität zum Theater und den Medien weitete Ferry Ahrlé auch auf das Fernsehen aus. In seiner Serie „Sehr ähnlich, wer soll´s denn sein?" unterhielt er sich mit seinen Gesprächspartnern und zeichnete sie unterdessen. So entstanden Portraits von Bildschirm- und Leinwandstars wie Maria Schell, Marianne Hoppe, Franz Xaver Kroetz oder Johannes Heesters. Für diese auf der Welt einzigartige Mixtur aus Portraitieren und Unterhaltung erhielt er auf dem „Internationalen Film- und Fernsehfestival" in New York den „Golden Award", eine Auszeichnung, die nur einer Handvoll deutscher Medien-Persönlichkeiten zuteil wurde. Dass ihm die Stadt Frankfurt für seine Verdienste um die Stadt und die Kunst die Goethe-Plakette verlieh, erfüllte ihn freilich mit ebenso viel Stolz wie die Verleihung des Bundesverdienstkreuzes 1. Klasse der Bundesrepublik Deutschland.

Neben seiner Malerei schrieb Ahrlé Bücher u. a. „Flötentöne ohne Noten", „Türme der Nacht und des Geistes" und „Von Gönnern und Könnern – Finanzgenies und ihre Baukünstler".

Der Globetrotter Ferry Ahrlé, der malend die ganze Welt bereist hat, lebt und arbeitet aber gerne hier am Main – und in der Spreemetropole Berlin.

Reinhard Albrecht

Reinhard Albrecht

Straße:	Mainzer Landstraße 51
Ort:	60329 Frankfurt am Main
Beruf:	Geschäftsführer, Austria Leasing Gesellschaft m.b.H.
Geburtsdatum:	19.03.1957
Familienstand:	verheiratet
Kinder:	keine

Reinhard Albrecht hatte schon immer eine Affinität zu Zahlen. Nach seinem Abitur in Freiburg im Breisgau, wo er auch geboren wurde, nahm er das Studium der Volkswirtschaftslehre mit Schwerpunkt auf der betriebswirtschaftlichen Seite in Berlin auf. Dann zog es ihn doch wieder zurück in die Studentenstadt Freiburg. Nach Beendigung seines Studiums 1983 arbeitete er zuerst bei einer Wirtschaftsprüfungsgesellschaft, später dann bei der Svenska Handelsbanken.

Reinhard Albrecht war bundesweit viel geschäftlich unterwegs, hatte seinen Wohnort zeitweise in Düsseldorf, später in Hamburg. Heute ist Reinhard Albrecht Geschäftsführer bei der Austria Leasing Gesellschaft m.b.H. in deren Zentrale in Frankfurt am Main. Die Austria Leasing Gesellschaft m.b.H. wurde 2004 als 100%ige Tochtergesellschaft der Raiffeisen-Leasing GmbH in Wien gegründet und ist somit Mitglied der Raiffeisen-Bankengruppe Österreich. Außer der Zentrale in Frankfurt hat Austria Leasing noch weitere deutsche Dependancen in Hamburg, Düsseldorf und München. Die Produktpalette der Unternehmensgruppe umfasst sämtliche Formen des Mobilien- und Immobilien-Leasings sowie Betreibermodelle, Contracting, Ökoenergieprojekte und umfassende Dienstleistungen im Baumanagementbereich.

Reinhard Albrecht ist stolz auf seinen Arbeitgeber – denn die Austria Leasing Gesellschaft m.b.H. ist die erste Immobilienleasinggesellschaft, mit ausländischem Hintergrund, die in Deutschland erfolgreich war. Alle vor ihnen seien gescheitert, so Reinhard Albrecht. Dieser spezielle Markt sei sehr schwierig, beschreibt er sein tägliches Geschäft. Dabei hat das Unternehmen ein gutes Durchhaltevermögen bewiesen, welches sich, so Reinhard Albrecht, gelohnt habe. Die Gruppe ist bestens vernetzt, besonders in Osteuropa. Die börsennotierte Raiffeisen International, als Teil der Gruppe, wurde schon öfters als beste Osteuropabank ausgezeichnet.

Reinhard Albrecht bietet mit der Austria Leasing Gesellschaft, anders als im deutschen Immobilien-Leasing-Markt üblich, Strukturierung und Finanzierung durch die Unternehmensgruppe aus einer Hand an. Dies, so Reinhard Albrecht, bietet die größtmögliche Transparenz.

Neben der Finanzierung findet man in Reinhard Albrecht auch einen Partner bei der Realisierung von Immobililen-Projektentwicklungen und Immobilien-Investments in Deutschland und den CEE Staaten. Er schöpft dabei aus dem gewonnenen Erfahrungsschatz von über eintausend realisierten Immobilienprojekten der Gruppe. Als Player im Deutschen Markt müsse man Chancen identifizieren und nutzen, so sagt er. Wichtig sei dabei keine statistische Betrachtung, sondern kleine logische Schritte, um sich dann vom Markt das Feedback zu holen. Reinhard Albrecht findet es wichtig, dabei die entsprechenden Nischen zu finden.

Reinhard Albrecht hat ein großes Verantwortungsgefühl und viel Eigendisziplin. Sein Motto lautet: „Lieber Fehler machen, als nichts machen." Diese Eigenschaften schätzt er auch an seinen Mitarbeitern. „Mitarbeiter brauchen Freiheit und Eigenverantwortung um gute Leistungen zu erbringen" – er fordert und fördert seine Leute tagtäglich. Er beschreibt sich selbst als grundsätzlich positiven Menschen, dem man temporäre Schlechtlaunigkeit selten anmerke. Reinhard Albrecht ist ein sportlicher Typ, der sich früher auch mit Squash, Fußball und derzeit mit Golf fit hält. Beim Golfen hat er momentan das Handicap 7. Privat macht er gerne Individualreisen, liebt die Sonne und das Meer. Dabei genießt er bereits die Planung einer solchen Reise im Vorfeld. Die Historie und die Kultur interessieren ihn sehr und spielen für seine Reiseplanung eine wichtige Rolle. Zur allgemeinen Entspannung nimmt sich Reinhard Albrecht gerne ein Buch zur Hand.

Bei World Vision unterstützt Reinhard Albrecht Pflegekinder. Kindern müsse mit Bildung eine Perspektive gegeben werden, findet er. Solche Projekte finanziell zu unterstützen ist ihm wichtig.

Dr. Constantin H. Alsheimer

**„Quisquid agis,
prudenter agas et respice finem."**

Dr. Constantin H. Alsheimer

Straße: Solmsstraße 38
Ort: 60623 Frankfurt am Main
Beruf: Mitglied des Vorstandes der Mainova AG
Geburtsdatum: 08.03.1969
Familienstand: verheiratet
Kinder: 2

Wie ein roter Faden durchzieht wirtschaftliches Denken die Biografie von Dr. Constantin Alsheimer. Auch der Beruf des Juristen steht dem nicht entgegen, denn für Dr. Constantin Alsheimer war immer klar, dass er Jurist in der Wirtschaft werden wollte. Begonnen hat sein beruflicher Werdegang mit einer Banklehre bei der Dresdner Bank AG in Frankfurt. Dieser schloss sich das Studium der Rechtswissenschaften an den Universitäten Frankfurt am Main und Mainz sowie an der Deutschen Hochschule für Verwaltungswissenschaften in Speyer an.

Das Promotionsthema über die Rechtsnatur und die Bilanzierung derivativer Finanzinstrumente zeigt, dass der Weg in das Management großer Unternehmen gehen sollte. Dazu passt auch die Aussage von Dr. Constantin Alsheimer, er schätze Diskussionen mit Menschen, die „wirtschaftliches Wissen mit politischem Verantwortungsbewusstsein verbinden“.

Nach seiner Promotion behandelte Dr. Constantin Alsheimer Finanzierungsfragen einer Frankfurter Investmentbank im Bereich Global Finance. Anschließend beriefen ihn jeweils die Frankfurter Stadtkämmerer Albrecht Glaser und Horst Hemzal zu ihrem persönlichen Referenten und Leiter ihres Büros. In dieser Funktion lag der Schwerpunkt seiner Tätigkeit im Beteiligungsmanagement der städtischen Unternehmen. Von 2002 bis 2004 war Dr. Constantin Alsheimer Vorsitzender des Aufsichtsrates der DSM – Deutsche Städte Medien GmbH Frankfurt, die er im Auftrag von 26 deutschen Großstädten privatisierte. Als Geschäftsführer der AVA – Abfallverbrennungsanlage Nordweststadt GmbH, Frankfurt – trug Dr. Constantin Alsheimer von 2002 bis 2006 die Verantwortung für die rund 250 Millionen Euro teure Sanierung der Abfallverbrennungsanlage in der Nordweststadt.

Seit Januar 2006 ist Dr. Constantin Alsheimer Mitglied des Vorstandes der Mainova Aktiengesellschaft, Frankfurt am Main. Hier obliegen ihm die Bereiche Unternehmensentwicklung, Recht, Interne Revision, Rechnungswesen und Steuern, Controlling, Vertrieb, Marketing und Kommunikation. Ein weites Feld in einem exponierten Unternehmen, welches er mit dem Bewusstsein der Pflichterfüllung zu meistern weiß. Er ist kommunikativ und interessiert sich für die Meinung anderer. „Man muss Menschen auch mitnehmen“ sagt er selbst und schätzt dabei die Teamarbeit. Die Freude am Gelingen treibt ihn an.

Der bekennende Katholik sieht seine Aufgabe in der „Bewahrung von Frieden, Wohlstand und Rechtsstaatlichkeit in einer zusammenwachsenden Welt.“ Privat engagiert er sich als Familiare des Deutschen Ordens und ist Mitglied des Verwaltungsrates der Kirchengemeinde St. Vitus in Kronberg-Oberhöchstadt. Seine Lebensphilosophie heißt: „Gottes sind Wogen und Wind. Segel aber und Steuer, dass ihr den Hafen gewinnt, sind Euer.“ Daraus lässt sich erkennen, dass Dr. Constantin Alsheimer auch über die Grenzen des Tagesgeschäftes hinausschauen kann. In seiner verantwortungsvollen Funktion als Manager liegt ihm besonders die Bewahrung der Marktwirtschaft, „das heißt die wirtschaftliche Freiheit, gegründet auf dem Fundament sozialer und gesellschaftlicher Verantwortung“, am Herzen.

Persönliche Freude zieht Dr. Constantin Alsheimer aus beruflichem Erfolg und familiärem Glück, welches er mit seiner Frau und seinen zwei Kindern gefunden hat. Die Region, in der er sich am wohlsten fühlt, umreißt er mit Frankfurt am Main und dem Rhein-Main-Neckar Raum.

Heinz Eberhard Anders

Heinz Eberhard Anders

Straße:	Commerzbank-Arena, Mörfelder Landstraße 362
Ort:	60528 Frankfurt am Main
Beruf:	Senior Director Team Frankfurt, SPORTFIVE GmbH & Co. KG Geschäftsführer Marketing/Vertrieb, Stadion Frankfurt Management GmbH
Geburtsdatum:	24.06.1969
Familienstand:	verheiratet
Kinder:	2

„Wenn einer sagt, es geht nicht, dann erst recht – Sachen die mir Spaß machen, treiben mich an". Sein Lebensmotto, dem er bis heute die Treue hält. Aber er ist kein Einzelkämpfer, sondern mit Freude, Einsatz und Engagement ein echter Team-Mensch.

Heinz Eberhard Anders wird am 24. Juni 1969 in West-Berlin geboren. Schon von Kindesbeinen an hat der Sport eine große Rolle in seinem Leben gespielt und ihn bis heute begleitet. Sein großes Vorbild war Björn Borg – also hat er im zarten Alter von sieben Jahren angefangen Tennis zu spielen – natürlich mit dem Wunsch „Profi-Tennisspieler" zu werden. Zur Profikarriere hat es nicht ganz gereicht, aber er blieb dem weißen Sport treu und wurde zumindest Tennistrainer.

Ebenso wie der Vorname Heinz hatte auch die Medizin Tradition in der Familie Anders. Sein Vater Heinz war Arzt und so begann der „kleine" Heinz nach dem Abitur 1988 auch ein Studium der Humanmedizin an der Freien Universität Berlin – allerdings nur bis zum Physikum. Den Sport nach wie vor nicht aus den Augen verloren, besann er sich. So blieb er an der gleichen Universität, wechselte aber 1993 zum Studium der Betriebswirtschaftslehre. 1994 ging er als ERASMUS-Stipendiat für ein Jahr an die Universität von Uppsala in Schweden bevor er im Jahre 1998 sein Betriebswirtschaftsstudium erfolgreich als „Diplom-Kaufmann" an der Freien Universität Berlin abschloss. Von da ab ging es steil bergauf mit der Karriere. Sein kaufmännisches Talent verband er mit der ihm eigenen Beständigkeit und seiner ungebrochenen Begeisterung für Menschen und für den Sport: Sein Arbeitgeber ist seit 1999 der gleiche geblieben – einzig der Name hat sich geändert: Die UFA SPORTS GmbH heißt heute SPORTFIVE GmbH & Co. KG und ist die deutsche Tochtergesellschaft der internationalen Vermarktungsgruppe SPORTFIVE S.A. (Kernaufgaben sind die Vermarktung der TV-Online- und sonstiger Werberechte von Fußballclubs und nationalen Verbänden).

Nach seinem Einstieg im Rahmen eines dreimonatigen Praktikums wurde er Vertriebsmitarbeiter beim „Team Hertha BSC" Berlin und zeigte sich dort ebenso verantwortlich für Sponsorships des Hauptvereins, wie für die Betreuung von Teilprojekten in Dänemark und Frankreich im Rahmen eines europaweiten Sponsorings. Im Jahr 2000 koordinierte er eigenverantwortlich als Projektleiter Vertrieb sämtliche südamerikanischen Vertriebsaktivitäten von Rio de Janeiro aus. Immer mit dabei: seine damalige Freundin und heutige Ehefrau und Mutter seiner beiden Kinder. Mitte 2001 ging es dann wieder zurück nach Europa, aber nicht in seine Heimatstadt Berlin, sondern für die UFA bzw. die SPORTFIVE GmbH nach Bielefeld, wo er die personelle, organisatorische und vertriebliche Gesamtverantwortung für das „Team Arminia Bielefeld" übernahm. Im November 2004 wechselte er für SPORTFIVE nach Frankfurt am Main, um dort die Leitung des neuen Frankfurter Teams zu übernehmen. Im Frühjahr 2005 übernahm er darüber hinaus in Personalunion die Position des Geschäftsführers Marketing und Vertrieb der neu gegründeten Betreibergesellschaft der Commerzbank-Arena (Stadion Frankfurt Management GmbH). (Die Commerzbank-Arena ist seit 2005 die offizielle Bezeichnung des Waldstadions in Frankfurt am Main mit einem Fassungsvermögen von rund 52.300 Zuschauern, Hauptnutzer der Arena ist der Fußball-Bundesligist Eintracht Frankfurt). Von seinem Büro aus hat Heinz Anders nicht nur die Arena im „Blick", sondern auch „voll im Griff". Mit kräftiger Unterstützung seines zehnköpfigen Teams vermarktet er den Klub Eintracht Frankfurt, daneben organisiert er auch diverse Großveranstaltungen, Konzerte wie Genesis, Rolling Stones und Herbert Grönemeyer. Auch dank seines Engagements ist die „Multifunktions-Arena" ein fester Bestandteil der Finanzstadt Frankfurt geworden.

Auf die Frage, woran er sich gerne erinnert, antwortet er ganz spontan: „Meine erste Begegnung mit Franz Beckenbauer". Damals war Heinz Anders noch Praktikant bei Hertha BSC Berlin und durfte dem Kaiser im Rahmen eines Auswärtsspieles gegen Bayern München die Hand schütteln. Und sonst? Mit leuchteten Augen erzählt er von seiner dreitägigen Hochzeitsfeier in Bielefeld und von seinen beiden Jungs „Finn" und „Lasse". Klar, dass er seine Freizeit am liebsten auch mit der Familie verbringt: gemeinsame Spaziergänge mit dem Labrador (der Hund ist übrigens ein Souvenir aus Rio de Janeiro), Aktivurlaube in familienfreundlichen Clubs gehören dann ebenso zum Programm wie Kochen und Angeln. Vor vier Jahren hat er mit Golf begonnen. Man kann davon ausgehen, dass er erfolgreich an seinem Handicap arbeitet. Denn, wie sagt er doch so schön: „Sachen, die mir Spaß machen, treiben mich an".

Thomas Aumüller

Straße:	Zeil 47
Ort:	60313 Frankfurt am Main
Beruf:	Richter, Präsident des Oberlandesgericht
Geburtsdatum:	23.03.1949
Familienstand:	verheiratet
Kinder:	3

Thomas Aumüller ist mit Leib und Seele Richter. Bereits mit 26 Jahren hat er 1975 als Richter am Landgericht Frankfurt angefangen. Als ihn 1988 das Ministerium der Justiz in Wiesbaden rief, glaubte er nicht lange seinem geliebten Richteramt fern zu bleiben. Doch die Verwaltung hatte ihn erst einmal fest im Griff und es sollten rund 15 Jahre vergehen, bis er zuerst in Darmstadt und dann in Frankfurt wieder Recht sprechen konnte.

Doch er schätzt auch die Jahre auf der anderen Seite und seine wechselseitigen Aufgaben. Von diesen zusätzlichen Erfahrungen kann er nun bei seiner aktuellen Stelle, als Präsident der höchsten juristischen Instanz im Lande – dem Oberlandesgericht Frankfurt am Main – profitieren. Er kennt den Blick sowohl von innen als auch von außen, was einer gewissen Betriebsblindheit vorbeuge.

Sein Werdegang ist atemberaubend und so manchem Jurastudenten wird dabei sicherlich auch heute noch schwindelig. Mit gerade mal acht Semestern Rechtswissenschaften, also vier Jahren an der Johann Wolfgang Goethe-Universität in Frankfurt, schließt er seine erste Staatsprüfung ab. Direkt nach Referendariatszeit und zweitem Staatsexamen beginnt er seine Laufbahn als Richter am Landesgericht Frankfurt. Nach seinen Jahren im hessischen Ministerium für Justiz, als Ministerialrat im Organisationsreferat, als Leitender Ministerialrat Referatsgruppe Haushalt, Organisation und EDV und schließlich als Ministerialdirigent Abteilung Justizvollzug kehrt er auf den Richterposten, zuerst als Präsident des Landgerichts Darmstadt, zurück. Im Juli 2006 stieg Thomas Aumüller noch eine Instanz weiter auf und leitet seitdem als Präsident des Oberlandesgerichts Frankfurt am Main die Geschicke in Zivil- und Strafverfahren im Bundesland Hessen.
Besonders die Jahre als Ministerialdirigent, Abteilung Justizvollzug, schildert Thomas Aumüller als die spannendsten. Und dies, obwohl er die Aufgabe erst nicht übernehmen wollte. In seiner Zeit beim Justizvollzug setzte er sich für die Verbesserung der Haftbedingungen ein, wie zum Beispiel die Behebung der Raumknappheit. Wichtig waren ihm auch die Aufgaben bei der Betreuung von Ausbildertätigkeiten und Arbeitsgemeinschaftsleitern. Er beschäftigt sich gerne mit jungen Menschen.

Er begleitete strukturelle Veränderungen in der Justiz. Hierbei, so weiß Thomas Aumüller, sind Kenntnisse über alle Justizbereiche von Nöten. Dieser breite Kenntnisstand, den er sich über all die Jahre in unterschiedlichsten Positionen aneignen konnte, erleichtert ihm heute seine Aufgabe. Er genießt es, die Verantwortung in seinem Amt zu tragen und die spannenden Fragestellungen, die an ihn heran getragen werden. Als Präsident des Oberlandesgerichts trägt er die Verantwortung für sein Amt und die Dienstaufsicht über sämtliche Landgerichte und Amtsgerichte in Hessen, einschließlich der 1100 Richter, die zu seinem Bereich gehören.

Schwierige Entscheidungen werden ihm dabei abverlangt, so zum Beispiel der Stellenabbau. Solche Entscheidungen müssen mit Verantwortungsgefühl behandelt werden, sagt Thomas Aumüller, „man entscheidet schließlich über das Schicksal von Menschen.“ Dieser Verantwortung ist sich Thomas Aumüller bewusst und beschreibt seine Aufgabe mit den Worten: „Ich möchte daran arbeiten, dass die Menschen verstehen, was wir machen und sie auf dem Entscheidungsprozess mitnehmen.“

Privat gilt die Liebe der Musik, die er seit frühester Jugend betreibt. Der talentierte Pianist und Klarinettist hat zwei Mal den Bundeswettbewerb „Jugend musiziert“ gewonnen. Ursprünglich hatte Thomas Aumüller direkt nach seinem Abitur am Leibnizgymnasium in Frankfurt, ein Musikstudium aufgenommen. Doch ein Musikerleben erschien ihm letztendlich zu riskant – dennoch, auch heute könnte er noch ein Vermögen für einen Flügel ausgeben. Thomas Aumüller ist in zweiter Ehe – nach dem Verlust seiner ersten Frau – mit einer Koreanerin verheiratet. Über sie hat er die koreanische Küche kennen und lieben gelernt, dennoch weiß er auch deutsche Kost zu schätzen. Als CDU-Mitglied interessiert ihn das politische Zeitgeschehen, als dreifachen Familienvater beschäftigen ihn auch religiöse Fragen. Aus Fehlern, seien es die eigenen, oder die von anderen – lernt er. Er beschreibt sich selbst als positiven Menschen, der keine schlechten Tage kennt.

Dr. Frolinde Balser

Dr. Frolinde Balser

Straße: Oberlindau 19
Ort: 60323 Frankfurt am Main
Beruf: Dipl. Bibliothekarin
Geburtsdatum: 06.09.1924
Familienstand: ledig

„Politisch denken, reden und handeln" – so charakterisiert Dr. Frolinde Balser ihr Lebenswerk. Indes, als Autorin renommierter politischer und wissenschaftlicher Publikationen denkt sie kaum daran, die Intensität ihrer mannigfaltigen politischen Aktivitäten zu drosseln.

Geboren 1924 in Ober-Ingelheim wuchs Dr. Frolinde Balser in einem politisch engagierten Elternhaus auf. Ihr Vater, ein pazifistisch motivierter Freigeist, galt den Nationalsozialisten als „gefährlicher Fremdkörper" im Bildungswesen und wurde bereits 1933 als Lehrer aus dem Schuldienst entlassen. Das Engagement im Bereich der Weiterbildung wurde schließlich auch prägend für ihre berufliche Laufbahn. 1943 begann sie ein Studium der Geschichte, Pädagogik und der Zeitungswissenschaften in Heidelberg. Durch Kriegswirren und ein zweites Studium der Bibliothekswissenschaften mehrfach unterbrochen, schloss sie ihr Studium 1957 mit der Promotion ab. Der Heidelberger Universität blieb sie zunächst treu, arbeitete bis 1961 im Institut für Sozialgeschichte. 1961 übernahm sie eine leitende Tätigkeit im Hessischen Landesverband für Erwachsenenbildung. Ein besonderes Anliegen war ihr von 1969 - 1987 die Gründung und Leitung eines Fernstudiums- und Weiterbildungszentrums an der Frankfurter Universität.

In die SPD trat Dr. Frolinde Balser 1957 ein. Viele politische Ämter bekleidete sie in ihrer politischen Karriere. Sie war u.a. von 1964 bis 1985 Frankfurter Stadtverordnete; zugleich von 1968 bis 1972 Vorsitzende des hiesigen Kulturausschusses und 1976/1977 Stadtverordnetenvorsteherin. Zwei Jahre, 1979/1980, war sie während der Kanzlerschaft von Helmut Schmidt Bundestagsabgeordnete. Mit dem Kanzler verband sie eine persönlich vertrauensvolle Arbeitsatmosphäre. „Er war und ist gewiss ein brillanter Rhetoriker, aber diese Begabung sollte ihm niemals dienen als Selbstzweck bloßer Eitelkeit, vielmehr war Schmidt ein pragmatisch denkender und handelnder Regierungschef, der überzeugen, nie überreden wollte", resümiert sie nachdenklich. Auch mit Helmut Schmidts Nachfolger im Amt, Dr. Helmut Kohl, führte sie intensive politische Gespräche, allerdings weit vor dessen Kanzlerschaft – beide waren politisch engagierte Studienkollegen an der Heidelberger Universität. Politisch engagiert diskutieren und Einfluss nehmen auf die aktuelle Frankfurter Kommunalpolitik ist ihr weiterhin ein großes Anliegen, das sie als Mitglied im „Römerclub" und Hof verfolgt.

Prägend für ihren Lebensweg, betont sie nachdrücklich, war ihr Wille zum Aufbau einer demokratischen Kultur und Gesellschaft, nach dem Ende der Nazi-Diktatur. Ihr Mentor in Sachen Demokratieverständnis war der renommierte Heidelberger Professor Alfred Weber. Von ihm habe sie viel gelernt, insbesondere, dass Freiheit und soziale Gerechtigkeit untrennbar sind – zwei Seiten einer Medaille. Demokratie in Praxis umsetzen, jetzt, hier und letztlich weltweit durch internationale politische Allianzen – das ist ihr Credo bis heute. Mehr noch, es sollten sich, so ihre Vision, alle Menschen, die in einer freiheitlichen Gesellschaft leben, verpflichtet fühlen, die Menschenrechte jedes einzelnen zu achten und mit Toleranz einander zu begegnen. Nur so sei ein sozial unterfüttertes Staatswesen zu erreichen. Sie hat es 1951 – auf Einladung der US-Regierung – in einem dortigen dreimonatigen Aufenthalt als sehr positiv erfahren, junge Deutsche, nach den diktatorischen Wirren, mit den demokratischen Werten vertraut zu machen. Ein nachhaltiges Erlebnis, das sie als Buchautorin in viele ihrer Publikationen zu Geschichte und Wesen einer Demokratie eingearbeitet hat.

Die Kunstliebhaberin und Architektur-Kennerin Dr. Frolinde Balser ist ein echter „Frankfurt-Fan". Die Stadt habe „ein so lebendiges, vielgestaltiges Kulturleben", darüber hinaus „ein Eigenleben der Stadtteile, Menschen mit Zivilcourage seit jeher, so dass diese Stadt einen einfach faszinieren muss", betont sie mit Nachdruck. Die Wertschätzung ist ganz offensichtlich auf beiden Seiten angesiedelt. Unzählige Ehrungen hat sie für ihre Verdienste um die Main-Metropole erhalten; darunter die Römerplakette in Bronze, Silber und Gold, 1989 dann die Ehrenmedaille. Von „ihrem Land", wie sie es in sympathischem Patriotismus gerne sagt, erhielt sie 1990 das Bundesverdienstkreuz erster Klasse für ihr Engagement im demokratischen Wiederaufbau und ihr Bemühen um ein intaktes tolerantes Gemeinwesen. Ihre nicht nachlassenden Aktivitäten in der „Gesellschaft für christlich-jüdische Zusammenarbeit" ist da nur eines ihrer vielen Projekte, an denen ihr Herz hängt, „weil wir nur friedlich miteinander leben können, wenn wir uns besser verstehen lernen".

Dr. jur. Klaus-Peter Balthasar

„Carpe diem“

Dr. jur. Klaus-Peter Balthasar

Straße:	Brüningstraße 1
Ort:	65929 Frankfurt am Main
Beruf:	Jurist, Vorstandsvorsitzender
Geburtsdatum:	06.08.1954
Familienstand:	verheiratet
Kinder:	2

Carpe diem – danach richtet sich der Jurist Dr. Klaus-Peter Balthasar. Zunächst als Richter tätig wechselte das einst aktive CDU-Mitglied als Landrat in die Kommunalverwaltung. Heute sitzt er dem Vorstand des Versorgungsunternehmens Süwag Energie AG in Frankfurt am Main vor und kämpft für eine ideologiefreie Energiewirtschaft.

Klaus-Peter Balthasar wurde im rheinland-pfälzischen Klotten an der Mosel geboren. In der Jugend war er als Messdiener in der katholischen Kirche tätig. Bereits mit 16 Jahren trat er in die CDU ein. Nach dem Abitur leistete er seinen Dienst als Zeitsoldat bei der Bundeswehr ab und beendete ihn nach zwei Jahren als Hauptmann der Reserve. Mit 23 Jahren wurde er Mitglied des Kreistags, in dem er sich elf Jahre lang politisch engagierte. Im Anschluss an die Bundeswehrzeit studierte er Rechtswissenschaften und promovierte zum Dr. jur.

Dr. Balthasar war nach dem Studium zunächst als Richter am Amtsgericht und später in gleicher Funktion am Verwaltungsgericht in Koblenz tätig. Von dort wechselte er für drei Jahre in das Büro des Bundespräsidenten nach Bonn. In dieser Zeit lernte er nach eigenen Worten besondere Menschen kennen. „Dazu gehören beispielsweise der ehemalige Ministerpräsident von Rheinland-Pfalz, Bernhard Vogel, der Bundesminister und Ex-Ministerpräsident von Schleswig-Holstein, Björn Engholm, oder Berlins ehemaliger Regierender Bürgermeister Walter Momper“, zählt der promovierte Jurist auf. Im Jahr 1990 wurde er zum Landrat des Landkreises Cochem/Zell in Rheinland-Pfalz gewählt. In dieser Funktion vertrat er das RWE-Aktienpaket des Landkreises im Unternehmensstandort Essen und gehörte für vier Jahre dem Aufsichtsrat der RWE AG an.

Nach zehn Jahren Amtszeit als Landrat folgte Klaus-Peter Balthasar im Mai 2000 seiner Bestellung zum Vorstand der NCO-Vermögens AG, die im Juni des darauffolgenden Jahres in die Süwag Energie AG überging. In seiner Sitzung vom 3. September 2002 ernannte der Aufsichtsrat Dr. Balthasar zum Vorstandsvorsitzenden. In seine Ressortzuständigkeit fallen neben der Süwag Netz GmbH (DSO) und der Süwag Netzservice GmbH die Bereiche Unternehmenskommunikation, Konzessionsvertragsmanagement, Personal, Recht, Revision, Datenschutz, Sicherheitswesen und Umweltschutz sowie die Niederlassungen Nord, Mitte und Süd.

„Für mich ist eine ideologiefreie Energiepolitik entscheidende Grundlage für die deutsche Wirtschaftsnation in der Mitte Europas. Dieses Ziel ist meine Vision. Daher und grundsätzlich motivieren mich die Herausforderungen, die zwischen Wirtschaft und Politik erwachsen und die ich als klassisches partnerschaftlich funktionierendes Verhältnis sehe. Für die Süwag mit rund 1.850 Mitarbeitern konzentriere ich mich auf einen erfolgreichen Strukturwandel“, so das Statement des Vorstandsvorsitzenden zu seinen Zielen und Visionen.

In seinem engen Terminkalender findet sich immer noch freie Zeit für weitere, auch ehrenamtliche Funktionen – als Mitglied des Aufsichtsrats von Erdgas Westthüringen Beteiligungsgesellschaft EWT mbH, Koblenzer Elektrizitätswerk und Verkehraktiengesellschaft KEVAG, Deutscher Ring Krankenversicherungsverein a.G. Hamburg, als Kreisvorsitzender des DRK-Kreisverbandes Cochem-Zell e.V. und als Mitglied im Lions-Club. Da tut „Carpe diem“ in der Tat Not.

Privat lässt es sich der Süwag-Chef bei einem Rieslingwein gut gehen, oder er erholt sich beim Bergwandern, Schwimmen und Tennis. Kulinarisch liebt er`s italienisch oder griechisch.

Susie Bär

Susie Bär

Straße: Rödelheimer Landstraße 11
Ort: Frankfurt-Rödelheim
Beruf: Prokuristin der Internationalen Spedition H. & C. Fermont
Geburtsdatum: 28.11.1969
Familienstand: verheiratet mit Nikolaus Freiherr von Verschuer
Kinder: 1

Zupacken hat Susie Freifrau von Verschuer – in der Speditionsbranche weltweit zu Hause – schon früh gelernt. Von den Eltern nie in diese Richtung gedrängt, ist sie heute Mitglied der Geschäftsleitung der Spedition H. & C. Fermont GmbH & Co.KG, einem Unternehmen, das schon 1893 gegründet worden ist. Das weltweit tätige Umzugs- und Logistikunternehmen möchte sie in die nächste Generation weitergeben können.

Susie Bär, unter diesem Namen kennt man sie in der Branche und in ihrem Freundeskreis, den sie neben ihrem Beruf und ihrer Familie mit Engagement und viel Zuwendung pflegt.

Nach der Ausbildung zur Speditionskauffrau in München und Hamburg von 1988–1990, setzt sie 1991 in New York City ihre Ausbildung im Bereich Marketing fort und rundet ihre Kenntnisse mit einer Spezialisierung auf Kunsttransport dort 1992 ab. 1993 nimmt sie ihre Tätigkeit in der Spedition ihrer Eltern auf, seit 1997 hat sie Prokura.

Zum Alltagsgeschäft gehören Privatumzüge national und international ebenso wie Büroumzüge und Werksverlegungen für große Kunden wie Bosch, Commerzbank, Deutsche Bahn und Deutsche Bank, FAZ, Post und Siemens – ein an Logistik nicht eben leichtes Unterfangen. Da müssen dann schon mal 2700 Arbeitsplätze an zehn Wochenenden umgezogen werden. Aber nicht nur die Größe macht das Geschäft aus, sondern auch der Umgang mit Zerbrechlichem: Mit speziellem Equipment und geschulten Fachkräften wird für sicheres Verpacken, Transportieren und Einlagern von Kunst und Antiquitäten gesorgt – ein Metier, das Susie Bär in New York von Grund auf gelernt hat.

Aber damit nicht genug: Gemeinsam mit Gerhild Börsig, Alexandra Prinzessin von Hannover, Renate von Metzler und Ingrid Pajunk organisiert sie den PfennigBazar, stellt von April bis August zweimal im Monat den Hof der Spedition für Abgabe, Sortieren und dann für die Einlagerung zur Verfügung und bereitet den späteren Verkauf all dieser Waren vor. Gemeinsam ist es Susie Bär mit den Organisatorinnen gelungen, nahezu 300 ehrenamtliche Helferinnen und Helfer für diese Idee zu begeistern.

Susie Bär ist Kassenprüferin des Bundesverband Möbelspedition und Logistik (AMÖ) e.V., im Vorstand des Fachverbandes Möbeltransport Hessen sowie im Vorstand der GIM (German International Movers). Weitere Mitgliedschaften u. a. im Vorstand der Franz Georg Bär-Stiftung, des Frankfurter IHK-Verkehrsausschusses, der IHK-Vollversammlung Frankfurt am Main, des Landesvorstandes der Deutschen Multiplen Sklerose Gesellschaft und im Vorstand der Adolf- und Luisa Häuser-Stiftung für Kunst- und Kulturpflege sind Wegmarken ihres nicht abreißenden ehrenamtlichen Engagements.

Mit Frankfurt ist sie sehr verbunden, hier fühlt sie sich zu Hause, auch wenn Ihre Tätigkeit sie rund um den Globus führt.

Das Kennenlernen vieler interessanter Menschen ist für sie ständige Motivation, doch ihre Familie steht immer im Vordergrund, gibt ihr Halt und Kraft, neben dem Beruf die sozialen Aufgaben zu meistern, die ihr sehr am Herzen liegen.

Reisen und persönliche Kontakte mit interessanten Menschen machen ihr eine besondere Freude. Nach ihrer Lebensphilosophie gefragt, antwortet sie: „Positiv."

Thomas Aumüller

„Nur wer das Unmögliche versucht, kann das Mögliche erreichen."

(Hermann Hesse)

Julian I. Barkei

„Dienstleistung geht nicht von 8 bis 17 Uhr."

(Julian I. Barkei)

Julian I. Barkei

Straße: Herriotstraße 2
Ort: 60528 Frankfurt am Main
Beruf: Hotelbetriebswirt
Geburtsdatum: 09.09.1969
Familienstand: verheiratet
Kinder: 2

Wer durch die Bürostadt Niederrad fährt, findet zunächst, was er erwartet: Moderne Bürogebäude internationaler, weltweit aktiver Unternehmen, Menschen aus aller Herren Länder und, wie in Frankfurt schon fast notorisch, keine Parkplätze.

Dass allerdings mitten im technisch motivierten Ambiente eine stilvolle Oase ihre Gäste mit dem Besten vom Besten verwöhnt, ist so nicht zu erwarten. Und doch realisiert das INNSIDE PREMIUM HOTEL Niederrad, exakt diesen Anspruch.

Schon das Entrée mit einer gigantischen Farbwechselskulptur des Frankfurter Künstlers Thomas Emde ist atemberaubend stylisch, unglaublich verblüffend auf den ersten Blick. Willkommen in der Zukunft, willkommen in Frankfurts neuester In-Location: Von der futuristischen Bar bis hin zu den 146 Studios und Suiten mit beispielhafter Ausstattung und herausragendem Komfort. Der Geheimtipp für Business-Traveller aus aller Welt, die hier allen Stress ablegen können und einfach nur entspannen. Und das in extrem verkehrsgünstiger Lage zwischen Flughafen und City. Und mittendrin der Hoteldirektor und General Manager Julian I. Barkei, ein Mann mit hoher Präsenz und der Gelassenheit erfolgreicher Menschen.

Der gebürtige Australier Julian Barkei blieb nach Aufenthalten in London und Marseille in „Deutschland hängen" und absolvierte seine Ausbildung zum Hotelfachmann in Garmisch-Partenkirchen sowie das Studium zum Hotelbetriebswirt in Berlin. Dass er fließend Englisch und Französisch spricht, ist ebenso selbstverständlich wie seine Philosophie, dass eine zielorientierte Dynamik noch lange nichts mit Hektik zu tun haben muss. Dabei steht die Auslastung des Hauses und das wirtschaftliche Ergebnis immer im Fokus. Diese Einstellung setzt Julian Barkei im Hotel konsequent um und es fällt auf, dass der Service ausgesprochen entspannt, aber effektiv funktioniert. Die unterschiedlichsten, positiven Erfahrungen spielen bei dieser Haltung eine wichtige Rolle. Ein Beispiel dafür ist die prägende Begegnung mit einem sehr alten Mann in Vietnam, der seine Lebensphilosophie über Stunden ausbreitete und trotz der Armut in seinem Viertel, Chicken Village genannt, eine extrem positive Einstellung vorlebte.

Seine Tätigkeit als Regional Direktor der HSMA (Hotel Sales & Marketing Assotiation) in Berlin und Brandenburg brachte Julian Barkei mit der Rockszene in Kontakt, wo er sehr viel für MTV arrangieren und planen konnte und dabei auch als eine weitere, prägende Begegnung den Rockmusiker Jon Bon Jovi kennenlernen durfte.

Ein besonders guter Tag fängt für den überzeugten „Frankfurter Neue Presse-Leser" nicht vor 8 Uhr an, beinhaltet eine gute Tasse Kaffee, ein leckeres Frühstück und, wenn möglich, Sonnenschein auf der heimischen Terrasse. Vielleicht nur noch übertroffen von der Vorstellung, dass dies alles auf einem Segelboot in warmen Gewässern stattfinden könnte.

Wenn man in Australien geboren wurde, in England lebte, liegt es natürlich besonders nahe, dem Golfsport zu frönen. Darüber hinaus segelt und taucht Julian Barkei gerne, womit auch schon der ideale Urlaub beschrieben wäre.

In der ureigensten Vision sieht sich Julian Barkei als Inhaber eines kleinen, höchst exklusiven Hotels in einer warmen Klimazone.

Frage: „Was liegt Ihnen besonders am Herzen?"
Antwort: „Eine weltweit faire Politik mit fairen Unternehmens-Strukturen."
Diesem Wunsch können wir uns bedingungslos anschließen!

Dr. Ronald W. Batze

„Folge nur einem Meister: der Natur."

Dr. Ronald W. Batze

Straße: Kaiserhofstraße 15
Ort: 60313 Franfurt am Main
www.frankfurt-aesthetik.de
Beruf: Facharzt für Plastisch-Ästhetische Chirurgie
Geburtsdatum: 1962
Familienstand: verheiratet
Kinder: 1

„Alles, was schön ist, ist auch sehr individuell." Der das sagt, ist der Schönheit verpflichtet. Und er muss ein Perfektionist sein – schon von Berufs wegen. Als Facharzt für Plastisch-Ästhetische Chirurgie weiß Ronald W. Batze, wie sehr die Harmonie von innerer und äußerer Schönheit Wohlbefinden und Selbstwertgefühl beeinflusst. In seiner Arbeit nimmt er immer den gesamten Menschen wahr und nicht allein den Patienten mit einem bestimmten „kosmetischen Problem". Erst mit dem Gespür für die Wünsche seiner Patienten sei es möglich, einzelne Details zu korrigieren. „Wunsch und Machbarkeit müssen immer dem Aspekt des medizinisch Möglichen und dem ästhetisch Sinnvollen unterliegen", erklärt Batze sein Credo.

Als leidenschaftlicher Sportler – Fußball, Tennis, Golf – waren Orthopädie und Sportmedizin seine erste Wahl. Eigentlich. Doch bei einem Praktikum in einer Klinik für Plastische Chirurgie in Australien fand der junge Arzt eine andere, seine Berufung. Dass er in Australien beim „Papst der plastisch-ästhetischen Chirurgie" Prof. Dr. Bernard O'Brien gearbeitet hatte, hilft ihm, einen der damals bundesweit nur 20 Plätze für die Ausbildung zum Facharzt für Plastisch Ästhetische Chirurgie zu ergattern. Sechs Jahre arbeitet Batze in der Plastischen Chirurgie der Uni Düsseldorf und der Wuppertaler Ferdinand-Sauerbruch-Klinik, bevor er im Jahr 2000 seine Praxis in Frankfurt eröffnet. Mit Belegbetten im Maingau Krankenhaus haben Batzes Patienten optimale Bedingungen.
Als Mitglied der renommierten Berufsvereinigungen „Deutsche Gesellschaft der Plastischen, Rekonstruktiven und Ästhetischen Chirurgen (ehem. VDPC)" und der „Gesellschaft der Ästhetischen Chirurgie Deutschland (GÄCD)" beobachtet Batze die Entwicklung auf dem so genannten „Schönheitsmarkt" mit großer Skepsis. Immer öfter müssen Spezialisten wie er dort nachbessern – wenn überhaupt noch möglich –, wo fachfremde Mediziner ohne besondere Qualifikation – vielleicht sogar unerprobte – Schönheitseingriffe vorgenommen haben.

Über seine Kunden schweigt Batze. Arztgeheimnis, natürlich. Doch häufig fällt sein Name, wenn ein prominentes Frankfurter Gesicht ein bisschen straffer, ein Dekolleté schöner oder eine einst sehr markante Nase etwas weniger ausgeprägt erscheinen...
Trägt er seinen Arztkittel, ist er ein Perfektionist, der Behandlungen mit Sorgfalt und höchster handwerklicher Präzision durchführt. Von anderer Art ist der private Ronald „Ronny" Batze, der dem relaxten und doch eleganten Lebensstil der Italiener viel abgewinnen kann. Ihre Mode, das Essen und vor allem das Design ihrer Autos begeistern ihn. Er ist in Frankfurt geboren, aufgewachsen, hier hat er studiert, mit der Eintracht gelitten, seine Praxis eröffnet und eine Familie gegründet. Batze schätzt seine Heimatstadt, die Infrastruktur, die optimalen Lebens- und Arbeitsbedingungen.

Vom Vater, einem Bankdirektor, hat Ronald Batze einen gesunden Geschäftssinn geerbt, von der Mutter die musische Begabung. Sein Repertoire reicht vom Klavier bis hin zu Popsongs als Sänger seiner eigenen Band, mit der er bei Uni-Festen und – auch heute noch gelegentlich – im Freundeskreis aufgetreten ist.

Eine ganz neue Rolle ist für Ronald Batze die des Vaters. Die Geburt seines Sohnes empfand er „als unglaubliches Erlebnis und großes Geschenk." So gilt seine volle Bewunderung Ehefrau Michaela Batze Tuerk: „Phänomenal, wie sie die neue Mutterrolle mit ihrer Position als Mitinhaberin einer florierenden Eventagentur auf die Reihe bekommt." Seinen Sohn Ruben fährt der stolze Vater gern im Kinderwagen auf der Fressgass' oder im Grüneburgpark spazieren.
In Ronald Batze vereint sich scheinbar Konträres zu einer vielschichtigen Persönlichkeit: den begabten Chirurgen, den stolzen Ehemann, liebevollen Vater und – überzeugten Frankfurter.

Ralf Bauer

„Als Mensch, Mensch sein!"

(Ralf Bauer)

Ralf Bauer

Straße:	Stephanstraße 14-16
Ort:	60313 Frankfurt am Main
Beruf:	Leiter Publikumsfondsvertrieb
Geburtsdatum:	09.02.1965
Familienstand:	verheiratet
Kinder:	1

„Die Fusionen von Banken werden zu drastischen, globalen Kräfteverschiebungen in der Finanzwirtschaft und im Bankwesen führen", konstatiert Ralf Bauer. Er muss es wissen, ist er doch bereits seit 23 Jahren einer der wichtigsten Repräsentanten des Bankhauses „UBS Global Asset Management Deutschland". Auch „sein" Haus entstand durch die Fusion von 3 Banken und verfügte über 6 Standorte in Frankfurt, bevor die Kräfte in einem Standort in Frankfurt gebündelt wurden. „Unerlässlich dieser Schritt", kommentiert der hoch qualifizierte Bankfachwirt. „Schließlich sind wir in einigen Marktsegmenten weltweit führend – da ist es freilich von eminenter Bedeutung, in der „Stadt der Banken" seine Deutschland-Zentrale angesiedelt zu haben.

Indes, die Stadt am Main ist für den 1965 in Sachsenhausen gebürtigen, „echten Frankfurter" Ralf Bauer weit mehr als die Bankenwelt allein. „Man muss in die Stadtteile hinein, um den dort typischen Pulsschlag zu fühlen – dann erlebt man die ganze Vielfalt, die die Stadt zu bieten hat", erläutert er nachdrücklich sein (Er-)Leben in der Stadt am Main. Das Westend, direkt an den Opernplatz anschließend, nennt er spontan. Und das nicht zuletzt aus dem Grund, dass direkt neben dem altehrwürdigen Konzerthaus der Neubau der UBS-Zentrale entsteht. Um dem architektonischen Ambiente am Opernplatz Rechnung zu tragen, werden die beiden Banken-Türme im noblen Sandstein-Stil errichtet. „Es wird eben keine der weltweit üblichen, großflächigen Spiegelglasfassaden geben", erläutert er stolz das eigenwillige Bauvorhaben; und fügt hinzu, wie sehr er sich auf die Arbeit in den Büros der neu errichteten Zentrale freue.

Seine unterschiedlichen Aufgabengebiete bei UBS erfüllten ihn indessen immer schon mit Freude an der Arbeit. „Da ist es dann eben ganz selbstverständlich, dass man keinen 8-Stunden-Tag haben kann." Wenn Ralf Bauer morgens um 6.00 Uhr aufsteht, erwartet ihn in der Regel ein 10-12-Stunden-Arbeitstag. Der allerdings ist gespickt mit so vielfältigen interessanten Aufgaben, dass es für ihn weit mehr „Lust als Last" darstellt. Seit fünf Jahren arbeitet er in einem aus sechs Mitgliedern bestehenden Team. Hier werden im „Vertrieb Global Asset Management" Fonds an Banken verkauft, die diese dann wiederum an den Endkunden vermitteln.

Ein Faible für Zahlen, zugleich auch für den intensiv kommunikativen Umgang mit Menschen, hatte Ralf Bauer schon immer. Da war es „eigentlich in meiner früherer Jugend schon klar, in der Bankenstadt Frankfurt auch im Bankwesen zu arbeiten", erläutert er seinen beruflichen Werdegang. Privat hatte er dagegen zunächst eine besondere Hürde zu nehmen: Die Suche nach seinem Vater, der als 21-jähriger Frankfurt in Richtung Minneapolis/USA verließ. Vor einigen Jahren machte sich Ralf Bauer auf in Richtung USA, „wühlte", recherchierte in unzähligen Archiven – und machte seinen Vater schließlich ausfindig. Seit dem „haben wir ein sehr gutes Verhältnis, zudem verbindet uns die Leidenschaft für Amerika", erklärt der deutsch-amerikanische Bankier mit einem vehement großen Interesse an den politischen, wirtschaftlichen und kulturellen Geschehnissen in Übersee.

Mit seiner Frau ist Ralf Bauer seit 17 Jahren verheiratet. Die Familie bildet für ihn den Rückhalt, um das hohe Arbeitsvolumen auch zu seiner eigenen Zufriedenheit zu bewältigen. „Es sind doch nicht zuletzt die ganz elementaren Dinge, die unser Leben so bereichern – Gesundheit, Zufriedenheit oder Spielen mit meiner achtjährigen Tochter", erläutert er nachhaltig. „Viele Menschen suchen oft das schnelle Glück und sind enttäuscht, wenn sie es nicht finden", gibt er zu bedenken. Man solle sich eher darauf besinnen, abgeben zu können und die Umwelt für nachfolgende Generationen mit Bedacht zu pflegen, wünscht er sich für die Zukunft. „Und da kann jeder in seinem kleinen Umfeld seinen Beitrag leisten", fügt er hinzu.

Sport, Reisen und „Neues" entdecken sind für Ralf Bauer in den vielfältigsten Formen „Wohlfühlfaktoren". Ob Ski fahren mit der Familie oder sein wöchentliches Fitness-Programm – Ralf Bauer ist ein ganzheitlich orientierter Mensch. Und da kommt es an auf „das rechte Verhältnis von Arbeit – Familie – Freizeit".

Michael Baum

„Immer bei der Wahrheit bleiben.“

(Michael Baum)

Michael Baum

Straße:	Kennedyallee 109
Ort:	60596 Frankfurt am Main
Beruf:	Immobilien-Kaufmann
Geburtsdatum:	06.01.1946
Familienstand:	verheiratet
Kinder:	4, 5 Enkel

Vor allem Michael Baums Ausgeglichenheit ist es, die beeindruckt. Ruhig und mit gedämpfter Stimme spricht er Großes sehr gelassen aus, dennoch spürt man dabei die Kraft und Zielstrebigkeit, die diesen Mann antreibt.

Geboren 1946 in Haifa, verbrachte er seine Kindheit in Israel. Sein Vater floh 1933 auf Anraten eines Freundes aus Deutschland nach Palästina, wo er die aus dem Libanon stammende Mutter kennen lernte und eine Familie gründete.

Verantwortung zu übernehmen, dies hat das Leben Michael Baum sehr früh abgerungen. Mit 12 Jahren verließ er seinen Geburtsort Haifa in Israel. Sein Vater kehrte mit der Familie Ende der Fünfziger Jahre in seine alte Heimat Deutschland zurück. Eine Heimat, die für Michael Baum und den Rest der Familie fremd und unbekannt war. Ein Ziel, das er sich bei seinen Schulkollegen in Israel nach all den Greueltaten des 2. Weltkrieges nicht traute zu nennen. Ein Land, dessen Sprache er zu diesem Zeitpunkt nicht einmal beherrschte. Dennoch ist er hier heimisch geworden, hat sich hier etabliert. Die Frage nach der emotionalen Heimat beantwortet er mit Frankfurt, er besitzt einen deutschen Pass und fühlt sich als Deutscher, dennoch zog er vor kurzem gen Süden in seine neue Wahlheimat Zürich. Eigentlich, so sagt er, ist ihm Herkunft und Religion nicht wichtig, ausschlaggebend ist für ihn allein der Mensch und den nimmt er so, wie er ist. Getreu dem Motto: Leben und Leben lassen.

Diese positive Grundeinstellung ist es, die die Person Michael Baum ausmacht. Er beurteilt Menschen nicht, noch viel weniger verurteilt er sie. Dinge sollte man so nehmen wie sie sind, sagt er. Veränderbar ist jeder nur für sich selbst. Sein positives Denken, Ehrlichkeit und Geradlinigkeit sind für ihn sein wichtigstes Kapital. Kritik übt er dennoch, als die Sprache auf das aktuelle gesellschaftliche Klima kommt. Er verachtet die Gier, die sich vor allem in den Managerebenen breit macht und fordert gerade dort mehr Verantwortung für das eigene Tun. Die Globalisierung nennt er eine Geisel der Menschheit und der Geist, der dahinter stehe, empfindet er als unmenschlich. Dass Geld nicht glücklich macht, beobachtet er immer wieder.

Auf die Frage, was sein Berufswunsch als Jugendlicher war, lächelt er und sagt: „Was Technisches – damit wäre ich aber sicherlich gescheitert, denn eigentlich bin ich technisch nicht besonders geschickt." Gelernt hat er Radio- und Fernsehtechniker, aber mit 18 Jahren lenkte das Schicksal sein Leben in andere Bahnen. Der Vater verstarb früh, gerade mal 58-jährig und Michael Baum musste sich um die Familie kümmern, das kleine Maklerbüro des Vaters weiterführen. Aus dem kleinen Büro mit 3 Angestellten ist in all den Jahren ein großes Unternehmen geworden. Die Baum Unternehmensgruppe steht für anspruchsvolle Großprojekte, nicht nur in Frankfurt. Michael Baum hat mit seinen Projekten wesentlich zum Gesicht der Stadt Frankfurt beigetragen. Allen voran der Westhafen, wo ein völlig neues Stadtviertel geschaffen wurde und so den Bewohnern den Fluss, an dem sie leben, auf eine Weise erschließt wie man sie sonst in unseren Breitengraden nicht vorfindet. Auf einer lang gezogenen Halbinsel gruppieren sich Wohn-Solitäre, die umgeben von Wasser an ihrer Rückseite einen kleinen Hafen bilden, mit eigenen Boots-Anlegestellen.

Das nächste große Projekt wird das Schwedler-Carré im Osthafen sein. Hier werden moderne Büro- und Einzelhandelsgebäude entstehen, deren bauliche Gestaltung den Bogen von klassischer Klinkerfassade bis fernöstlicher Gartenkultur spannt. „Jede Stadt hat Raumreserven", so Michael Baum: „Wir finden diese Reserven und erarbeiten mit Stadt, Architekten, den Menschen und Unternehmen ein Konzept zur Nutzung. Von dem alle Beteiligten profitieren. Die Stadt wächst innerhalb ihrer Grenzen und bietet mehr Lebensqualität."

Seine Ausstrahlung und der freundliche Umgang, den er mit Menschen pflegt, ist sicher auch ein wichtiger Garant für das gute Zusammenspiel aller Projektbeteiligten. Dass er es schafft, die Partner immer wieder an einen Tisch zu bekommen, hat er in vielen Projekten oft genug unter Beweis gestellt.

Bernd Bauschmann

**„Willst Du nicht so früh ins Grab –
lehne jedes Amt gleich ab."**

(Wilhelm Busch)

Bernd Bauschmann

Straße: Klosterhofstraße 166
Ort: 65931 Frankfurt am Main
Beruf: Entwicklung/Vertrieb Endgeräte Dt. Telekom
Geburtsdatum: 22.02.1979
Familienstand: ledig

„Ohne ehrenamtlich bürgerschaftliches Engagement hat unsere Gesellschaft keine Chance“. Die Botschaft sitzt. Ausgesprochen von einem Twen, der in Sachen des ehrenamtlichen Engagements ein rechter „Himmelsstürmer“ ist. Bernd Bauschmann indessen spielt seine mannigfaltigen ehrenamtlichen Aktivitäten betont herunter – bloß keinen „Staatsakt“ daraus machen. Er habe schon oft hin und her gegrübelt, warum wohl so viele davon träumen, tagelang am Strand oder auf der Couch herumzuliegen. Was ist eigentlich mit Entspannung vom verantwortungsvollen harten Job-Alltag? Die Antwort lässt nicht lange auf sich warten: „Weiter arbeiten – da, wo ich meine Kenntnisse und Fähigkeiten sinnvoll einbringen kann und alle, auch ich, ihren Nutzen daraus ziehen können.“ Spricht's und fragt rasch an der Theke des Presse Clubs nach, ob auch mit der Elektronik alles zum Besten bestellt sei – dafür ist er nämlich auch verantwortlich.

Der gebürtige Frankfurter Bernd Bauschmann, Jahrgang 1979, überrascht durch seine uneitle, natürliche Art, in der er von sich und seinen ehrenamtlichen Aufgaben erzählt. „Mittlere Reife“ – es müsse doch nun wirklich nicht jeder Abitur machen. Die nachfolgende Ausbildung zum Kaufmann Bürokommunikation sei genau das richtige für ihn als „Elektronik-Freak“ gewesen. In seinem Brot-Beruf freue ihn die Verantwortung, die die Telekom ihm zuweise. Nicht bloß der Vertrieb, insbesondere die innovative Gedankenspielerei, wie denn nun etwa die kleinen mobilen Telefon-Teile noch effizienter zu entwickeln und herzustellen seien – das bringt Spaß. Kreativität nur bei Künstlern? Nein danke! Aber in Technik und Elektronik, das ist es!

Die beiden Hauptaufgaben des ehrenamtlichen Engagements von Bernd Bauschmann sind der Vorsitz des „Vereinsrings Zeilsheim e.V.“ und die Position des stellvertretenden Herausgebers des Internet-Gesellschaftsmagazins Frankfurt-Live.com; hier wirft er schon mal einen Blick auf die Artikel und deren Inhalte, redigiert ein wenig, organisiert und konzeptioniert den Produktionsablauf, entscheidet, welche Beiträge wann online gehen sollen. Die technische Umsetzung steht dabei im Fokus seiner Arbeit. Die Redaktion besteht aus erfahrenen Journalisten, die schon lange in Rente sind, aber die Finger nicht ruhig halten können, schreiben oder fotografieren wollen. Ihr „Chef“ könnte getrost ihr Enkel sein. Auch im Vereinsring Zeilsheim hält Bernd Bauschmann die Fäden in der Hand – oder besser: Er hat die Zügel fest im Griff. Denn auch hier sind seine „Kollegen“ mindestens Best Ager und einige Altvordere, die manchmal doch alles besser zu wissen glauben. Das bringt den Technik-Jongleur indessen keinesfalls ins Trudeln. Er schafft Konsens, wenn keiner mehr daran geglaubt hat, er packt pragmatisch Lösungsstrategien auf den Tisch, wenn schon keiner mehr irgendein Licht am Ende des Tunnels gesehen hat. Wen wundert's, dass er als der neue Vorsitzende des gesamten Frankfurter Vereinsrings heiß gehandelt wird – ein Gegenkandidat ist nicht in Sicht.

Ihm ist's recht, ist doch Bernd Bauschmanns zweite große Leidenschaft neben der Technik-Finesse das Networking, Kontakte schaffen für sich und andere, auf allen Ebenen, in allen Branchen und diese zielorientiert nutzen. Da kommt bei ihm so richtig Freude auf. Ob in der Feuerwehr, in der Turngemeinde, dem DRK oder seinem Lieblingsverein, dem Eintracht Fanclub – alles in seinem Heimat-Stadtteil Zeilsheim – sein Engagement wird überall gebraucht und er braucht die Kontakte, die Kommunikation und das Gefühl, dass nicht immer er Regie führt, sondern ein Ensemble Gleichgesinnter Verantwortung übernimmt.

Deutlich mehr bürgerliches, gesellschaftliches Engagement im Ehrenamt wünscht sich Bernd Bauschmann, weil eine sich zunehmend „einigelnde“ Gesellschaft als Gemeinwesen schließlich kollabiert. Ohne einen Jammer-Tonfall anzustimmen, gibt er zu bedenken, dass ein harmonisches Gemeinwesen von Machterhalt und Profitgier des einzelnen nicht eben viel profitiert, wohl aber von einer guten Portion bürgerschaftlichen Engagements – wo auch immer.

Sein eigenes privates harmonisches Gemeinwesen hat Bernd Bauschmann derweil gefunden. Mit seiner Lebenspartnerin, in dieser Stadt samt Umland, das ist für ihn Heimat. Mehr noch, eine Heimat, „die die Quelle ist, aus der die Kraft für meine Arbeit entspringt.

Prof. Dr. med. Hans-Jürgen Becker

Prof. Dr. med. Hans-Jürgen Becker

Straße: Vogtstraße 50
Ort: 60322 Frankfurt am Main
Beruf: Kardiologe
Geburtsdatum: 20.03.1935
Familienstand: verheiratet
Kinder: keine

Ein Glücksfall für die Deutsche Herzstiftung – so titelte der eingetragene Verein in Frankfurt anlässlich der Verleihung des Bundesverdienstkreuzes 1. Klasse an Prof. Dr. med. Hans-Jürgen Becker in der Meldung auf seinen Internetseiten. Mit seiner Tätigkeit als Vorsitzender der Deutschen Herzstiftung beweist der Kardiologe nicht nur viel ehrenamtliches Herz, sondern auch großen Expertenverstand.

Hans-Jürgen Becker wurde 1935 in Bernau bei Berlin geboren. Er studierte von 1955 bis 1961 an den Universitäten Erlangen, Gießen und Innsbruck Medizin. Im Jahr 1963 erhielt er seine Approbation als Arzt. Fünf Jahre später promovierte er bei Professor Kaltenbach in Frankfurt/M. 1971 erlangte er seinen Facharzt für Innere Medizin, 1973 TG Kardiologie und 1995 spezielle internistische Intensivmedizin. Im Jahr 1975 habilitierte er an der Frankfurter Universitätsklinik unter Professor Kaltenbach. Sein beruflicher Weg führte ihn nach Hanau, wo er Direktor der Medizinischen Klinik I des Klinikums Hanau wurde.

Längst hat sich der Herzspezialist zur (Un-)Ruhe gesetzt. Er ist seit 1988 Vorstandsmitglied der Deutschen Herzstiftung. 1998 wurde er zu ihrem Vorsitzenden gewählt und 2002 im Amt bestätigt. Bereits 1994 hatte Hans-Jürgen Becker für sein ehrenamtliches Wirken das Bundesverdienstkreuz am Bande erhalten. Anlässlich der Verleihung des Bundesverdienstkreuzes 1. Klasse bezeichnete ihn die Hessische Sozialministerin Silke Lautenschläger als Motor der Deutschen Herzstiftung. Sein jahrelanges Engagement für die Patientenorganisation seit Ende der 80er Jahre, als er in den Vorstand der Herzstiftung eintrat, habe gezeigt, dass Becker schon früh die Bedeutung des mündigen Patienten erkannt habe. Die von ihm ins Leben gerufenen und viele Jahre mit großem Erfolg geleiteten Herzwochen seien ein wichtiger Beitrag zur Förderung der Gesundheitsfürsorge in Deutschland, da sie die Menschen gezielt informierten und Leben retteten. Weiterhin wurde der Kardiologe aus der Vorstandsebene der Herzstiftung gelobt: Der Vorsitzende sei Garant dafür, dass die Arbeit der Herzstiftung stets auf einem hohen Niveau stehe und den Patienten immer der neueste Stand der Medizin vermittelt werde. Seine Fähigkeit, ausgezeichnete Beziehungen zu seinen Kollegen, Kardiologen, Internisten, Kinderherzspezialisten und Herzchirurgen zu unterhalten und damit Kräfte zum Wohl der Herzstiftung zu bündeln, sei außerordentlich. Dass die Deutsche Herzstiftung dem aktiven Ruheständler eine ganz persönliche Herzensangelegenheit ist, gilt auch fünf Jahre später noch, beziehungsweise noch viel mehr.

Denn mittlerweile ist die Mitgliederzahl der Deutschen Herzstiftung auf über 60.000 angewachsen. Sie engagiert sich als Deutschlands größte Patientenorganisation auf dem Gebiet der Herz-Kreislauf-Krankheiten vor allem für eine breite allgemeinverständliche Aufklärung über einen gesunden Lebensstil, über sinnvolle Möglichkeiten der Krankheitsvorbeugung und neue Behandlungsmethoden, die Förderung der Herz-Kreislauf-Forschung und die Unterstützung der Selbsthilfegruppen. Neben der Prävention von Herz-Kreislaufkrankheiten und der Rehabilitation erwachsener Erkrankter setzt sich die Deutsche Herzstiftung intensiv für Kinder mit angeborenem Herzfehler und für deren Eltern ein.

Deutsche Herzstiftung

Barbara Becker-Rojczyk

„Ganz entspannt im Hier und Jetzt – mit offenem Herzen für Alles."

Barbara Becker-Rojczyk

Straße:	Hedderichstraße 102
Ort:	60596 Frankfurt-Sachsenhausen
Beruf:	Rechtsanwältin
Geburtsjahr:	1954
Familienstand:	verheiratet

Sie ist Rechtsanwältin mit Leib und Seele. Da sie Fachanwältin für Familienrecht ist, kommen zu ihr häufig Frauen. Sie kennt nicht nur die rechtliche Problematik gut, sondern hat im Laufe von mehr als 25 Jahren Berufspraxis auch Einblick in die psychischen Vorgänge, die familiäre Probleme mit sich bringen, erhalten.

Barbara Becker-Rojczyk ist in Frankfurt am Main geboren. Hier absolvierte sie auch ihr Studium der Rechtswissenschaften. Seit 1981 ist sie als Rechtsanwältin im Bereich des Familienrechts tätig und seit 1997 hat sie die Zulassung als Fachanwältin für Familienrecht. Obwohl sie in ihrer Praxis im Laufe der Jahre viel Leid gesehen hat, übt sie ihren Beruf noch immer mit Begeisterung aus. „Auch wenn das Familienrecht naturgemäß sehr konfliktträchtig ist, liebe ich dieses Rechtsgebiet, denn es führt mir das Auf und Ab des Lebens direkt vor Augen“, unterstreicht sie. „Es sind häufig Frauen, die zu mir kommen. Oftmals sind es Scheidungsangelegenheiten mit den unterschiedlichsten Folgeproblemen“, umschreibt sie knapp den Schwerpunkt ihrer beruflichen Tätigkeit. „Trennung ist etwas sehr Existenzielles für den Menschen. Sie kann – neben dem Tod von Angehörigen – das schlimmste Erlebnis im Leben eines Menschen sein, der zu einem absoluten Tiefpunkt führen kann. In einer so schweren Situation muss man die Menschen fachlich kompetent begleiten und für sie Verständnis haben“, äußert die Fachfrau.

Ihre persönliche Sichtweise von ihrem Beruf macht sie zu einem außergewöhnlichen Rechtsbeistand für Menschen in emotional-existenzieller Not. Sie lässt damit Betroffene, die zu ihr kommen, spüren, dass sie aus tiefer Überzeugung kompetent helfen will. Unter ihren Mandantinnen befinden sich oft Frauen mit schlimmen Lebensgeschichten, die ihre letzte Zuflucht im Frauenhaus gefunden haben.

Andererseits kann sich die umsichtige Rechtsanwältin darüber freuen, wenn eine Mandantin nach der schwierigen Phase ihr Leben wieder in den Griff bekommt und überraschende Kräfte mobilisiert, die ihr zuvor nicht zur Verfügung standen. Barbara Becker-Rojczyk hat vor allem durch ihre berufliche Tätigkeit – sozusagen an der Basis – den gesellschaftlichen Wandel der Geschlechterrolle miterlebt.

Sie ist Mitglied in der Arbeitsgemeinschaft für Familienrecht im Deutschen Anwaltsverein und im Deutschen Juristinnenbund. Zudem hat sie eine Mediationsausbildung beim renommierten IKOM-Institut in Frankfurt absolviert, die durch die Bundesarbeitsgemeinschaft für Familien-Mediation (BAFM) anerkannt ist.

In ihrer Freizeit beschäftigt sie sich seit vielen Jahren mit Kundalini-Yoga, was zu einer Ausbildung zur Yogalehrerin führte. Barbara Becker-Rojczyk leitet mittlerweile selbst Yogakurse und qualifiziert sich weiter in diesem Bereich. „Die Yogapraxis ist ein guter Ausgleich. Sie ist ein Kontrastprogramm zu meinem Schreibtischleben und ich fühle mich dadurch körperlich und seelisch sehr wohl“, erzählt sie mit Überzeugung. Yoga mache sie sanfter, gelassener und schaffe Distanz zu den erlebten und sehr oft unschönen Dingen im Beruf. Entspannung findet sie auch beim Hören und Spielen von Musik.

Im Grunde mag sie das Leben in Frankfurt, doch am Wochenende fährt sie sehr gern hinaus aufs Land, wo sie die Ruhe und die Natur genießt. „Ich brauche eigentlich beides – Land und Stadt“, fasst Barbara Becker-Rojczyk ihre regionalen Vorlieben zusammen.

Hans-Peter Benckendorff

**„Blicke auf zu den Sternen,
hab acht auf die Gassen.“**

Matthias Biedenkapp

Straße: Speicherstraße 49-51
Ort: 60327 Frankfurt am Main
Beruf: Geschäftsführender Gesellschafter
Geburtsdatum: 15.01.1962
Familienstand: verheiratet
Kinder: 2

Mitten in der Stadt und gleichzeitig mit einzigartigem Blick auf den Main und der berühmten Skyline von Frankfurt. Das ist der Westhafen. Hier hat Lupus alpha seinen Firmensitz, wo Matthias Biedenkapp als Geschäftsführender Gesellschafter tätig ist. Seit Gründung der Gesellschaft im Oktober 2000 hatte Lupus alpha seinen Sitz in der Schillerstraße, direkt neben der Frankfurter Wertpapierbörse, bevor man im Mai 2007 in ein großes, transparent verglastes Bürohaus an dem Frankfurter Westhafen umzog. Lupus alpha (übersetzt: "der Leitwolf") ist eine eigentümergeführte, unabhängige Asset Management-Gesellschaft, die institutionellen und privaten Anlegern spezialisierte Investmentprodukte anbietet. Mit über 90 Mitarbeitern ist Lupus alpha ein mittelständiges Unternehmen und versteht sich als Partner und Lösungsanbieter für die Investmentbedürfnisse seiner institutionellen Kunden.

Matthias Biedenkapp stammt aus Friedrichsdorf/Dillingen. Nach der mittleren Reife und Berufsfachschule absolvierte er eine Ausbildung im Elektronikbereich. Anschließend folgte ein Studium zum Organisationsprogrammierer an der Fernuniversität Hamburg mit Diplom. Seine Karriere in der Finanzwelt begann Matthias Biedenkapp bei der Royal Bank of Canada im EDV-Bereich. Mit der Implementierung einer neuen Bankensoftware und einem Projektaufenthalt in Toronto/Canada, war dies eine interessante und lehrreiche Phase in seinem Leben.

1990 wechselte Matthias Biedenkapp zur britisch-amerikanischen INVESO Bank, vormals LGT Bank in Liechtenstein und übernahm als Direktor die Verantwortung für den Bereich Information Technology. In seiner über 10-jährigen Tätigkeit bei diesem Unternehmen zeigte er sich unter anderem verantwortlich für IT-Großprojekte in Liechtenstein, London, Dublin und Wien. Im Jahr 2000 folgte der Schritt in die Selbständigkeit. Gemeinsam mit 5 Partnern gründete Matthias Biedenkapp im Oktober die Lupus alpha Asset Management GmbH. Er ist Gesellschafter und Geschäftsführer der Lupus alpha Asset Management GmbH, Vorsitzender des Verwaltungsrats der Lupus alpha Investment S.A. in Luxemburg und Geschäftsführer der Lupus alpha Kapitalanlagegesellschaft mbH.

Privat ist Matthias Biedenkapp seit über 34 Jahre ehrenamtlich in der Einsatzabteilung der Freiwilligen Feuerwehr Friedrichsdorf aktiv. Seit der Jugendfeuerwehr gehört er der Feuerwehr an und hat eine Vielzahl von Lehrgängen an der Landesfeuerwehrschule in Kassel besucht. Über 13 Jahre war er aktives Vorstandsmitglied und leitete die Wehr über acht Jahre. In den vergangenen Jahren wurde er mit der silbernen und goldenen Brandschutzmedaille des Nassauischen Feuerwehrverbandes ausgezeichnet.

Ein soziales Projekt liegt Matthias Biedenkapp besonders am Herzen. Gemeinsam mit seiner Frau Carmen ist er Mitglied der „Dillinger Freunde e.V.“. Dieser gemeinnützig Verein hat sich zum Ziel gesetzt, seinen Erlös aus Veranstaltungen Bedürftigen, hier insbesondere kranken Menschen, zu spenden. Mittlerweile kam alleine für die Forschungshilfe „Station Peiper“ für leukämie- und krebskranke Kinder ein Betrag von über 35.000,- zusammen.

Wenig Zeit bleibt ihm, um sich nicht nur geistig, das bringt allein der Beruf schon mit sich, sondern auch körperlich fit zu halten – Joggen und Mountainbiken zählen hier zu seinen Favoriten. Höhepunkt war sicherlich die Teilnahme am Frankfurt Marathon 2007. Gemeinsam mit seinem Freund Manfred Winkler erklimmt er seit mehreren Jahren die Alpen per Bike. In den kommenden Jahren möchte er sich einen Traum erfüllen; eine Biketour im Himalaya.

Roland Böff

Roland Böff

Straße:	Solmsstraße 18
Ort:	60486 Frankfurt am Main
Beruf:	Geschäftsführer
Geburtsdatum:	16.07.1954
Familienstand:	verheiratet
Kinder:	2

Nach der Mittleren Reife in Frankfurt am Main 1970 machte Roland Böff eine Banklehre bei der Commerzbank in Frankfurt, die er 1974 abschloss. Anschließend blieb er 26 Jahre lang in unterschiedlichen Positionen bei dieser Bank – die Wegmarken seines Werdegangs sind Zahlungsverkehr, Auslandszahlungsverkehr, und Organisation. Zwei wichtige Personen, die seinen Werdegang begleiteten, ihn unterstützten und förderten, waren die inzwischen leider verstorbenen Herren Karl-Heinz Urselmann und Heinz Werner. Roland Böff vertrat die Bank in verschiedenen Gremien, des deutschen Kreditgewerbes.

Karriere machte er, wie er von sich selbst sagt, auch außerhalb der Bank bei SWIFT, saß im User-Ausschuss der Deutschen SWIFT-Gruppe und hatte den Vorsitz der Payments Working Group. Es folgte die Vertretung im Vorstand der Deutschen SWIFT-Gruppe für die Commerzbank und später für die HypoVereinsbank, zu der er im April 2001, mit Dienstsitz in Frankfurt, wechselte. Roland Böff verantwortete dort den Großbetrags-Zahlungsverkehr der Bank, die Geld- und Devisendisposition und die Kontenabstimmung. Mit der Gründung der HVB Payments & Services GmbH durch die HypoVereinsbank wurde er Mitglied des Managementteams der neuen Gesellschaft. Durch die große Anzahl der Mandate, die ihn primär mit dem Auslandszahlungsverkehr verbanden, ist er viel gereist. Er ist in Belgien, der Schweiz, den USA, in Singapur und Australien gewesen – ist aber nie länger im Ausland geblieben. Aus dem Rhein/Main-Gebiet würde der gebürtige Offenbacher heute nicht mehr komplett weg wollen.

Für die deutschen Banken übernahm Roland Böff Mandate im Zusammenhang mit der Weiterentwicklung und Standardisierung des grenzüberschreitenden Zahlungsverkehrs, unter anderem in der Europäischen Bankenvereinigung (European Banking Federation). Nach einigen Jahre als Vorsitzender der Deutschen SWIFT-Gruppe, wurde Roland Böff im Jahre 2000 für das Board of Directors (Aufsichtsrat) der SWIFT S.C. in Belgien nominiert. Dieses Mandat hatte er bis Ende 2007 inne. Das Thema Standardisierung im zwischenbetrieblichen Bereich der Banken und speziell im Zahlungsverkehr, hat ihn auch dort nicht losgelassen. Er leitete im SWIFT Board das für die Standardsentwicklung entscheidende Komitee (Board Standards Committee). Roland Böff gilt als international anerkannter Zahlungsverkehrsexperte, der maßgeblich an der Entwicklung der neuen Generation von Zahlungsverkehrsstandards beteiligt war. Anfang 2007 wechselte er zur SECB Swiss Euro Clearing Bank in Frankfurt, um dort ab 1. Juli 2007 die Aufgabe des Geschäftsführers zu übernehmen.

Die Schweiz ist kein Mitglied der Europäischen Wirtschafts- und Währungsunion (EWWU) und der Europäischen Union (EU). Weil aber der Euro in der Schweiz eine wichtige Rolle spielt, überlegte sich der Finanzplatz Schweiz eine äußerst effiziente Lösung der Anbindung an die wichtigsten europäischen Clearingsysteme. Das führte zur Gründung der SECB Swiss Euro Clearing Bank GmbH im Jahre 1998 in Frankfurt am Main.

Die SECB Swiss Euro Clearing Bank GmbH erfüllt den Auftrag, den Zahlungsverkehr in Euro innerhalb der Schweiz und über deren Grenzen hinaus kostengünstig und effizient durchzuführen. Damit verbunden stellt sie die notwendigen Anschlüsse in die wichtigsten Euro-Clearingsysyteme zur Verfügung. In diesem Zusammenhang ist sie mit der Steuerung und Überwachung von euroSIC, dem Abwicklungssystem für diese Euro-Zahlungen, betraut.

Mit 52 Jahren nahm Roland Böff als etablierter Banker diese neue und spannende Aufgabe an. Die wichtigsten Beweggründe dafür fasst er so zusammen. Die Idee, die hinter der SECB steckt, ist großartig. Außerdem ist es der Reiz, wieder mehr in direktem Kontakt mit Kunden, im Falle SECB mit Banken, zu stehen und zur Geschäftsentwicklung beitragen zu können." Zum anderen möchte er, nach vielen Jahren im Backoffice, wo der Kundenkontakt limitiert war, sich wieder aktiv mit Kunden befassen. Er freut sich als CEO dieser Bank zu deren Weiterentwicklung beitragen zu können.

Privat erzeugt bei ihm das Skifahren mit der ganzen Familie und Radfahren, insbesondere Mountainbiking im Taunus, besondere Freude. Das Ziel, das ihn beim Training antreibt, ist eine Alpenüberquerung mit dem Rad, die er auf jeden Fall noch machen möchte. In der Deutschen Gesellschaft zur Rettung Schiffsbrüchiger, die Seerettung aus Spenden finanziert, ist er Mitglied als Förderer.

Prof. Dr. Anne Bohnenkamp-Renken

**„Es ist nicht genug, zu wissen,
man muss auch anwenden;
Es ist nicht genug, zu wollen,
man muss auch tun.“**

Prof. Dr. Anne Bohnenkamp-Renken

Straße:	Großer Hirschgraben 23-25
Ort:	60311 Frankfurt am Main
Beruf:	Direktorin des Freien Deutschen Hochstifts / Frankfurter Goethemuseum
Geburtsdatum:	17.11.1960
Familienstand:	verheiratet
Kinder:	2

Anne Bohnenkamp-Renken kennt die Wege und Spuren, die Goethes Elternhaus am Großen Hirschgraben im Werk des Dichters hinterlassen hat. Das frühe Interesse an Sprache führte sie zum Studium der Literatur, und als Literaturwissenschaftlerin galt ihr Interesse schon früh dem größten deutschen Dichter und seinem Werk, das sie seitdem nicht mehr losgelassen hat – bis sie schließlich bei den Wurzeln des Dichterfürsten ankam. Frau Prof. Dr. Anne Bohnenkamp-Renken ist seit 2003 Direktorin des Freien Deutschen Hochstifts / Frankfurter Goethemuseum, einer traditionsreichen Bürgerinstitution, zu der auch das Goethe-Haus zählt, das alljährlich von mehr als 100.000 Gästen aus aller Welt besucht wird. Allen Interessierten Goethes Leben und Werk nahe zu bringen und ihnen zu vermitteln, warum Goethe zu Recht nicht nur als bedeutendster Dichter, sondern auch als vielseitig interessierter und gebildeter Mensch, als Universalist, gilt und immer wieder aufs Neue zu entdecken ist: darin sieht sie ihre Hauptaufgabe, der sie sich mit Begeisterung widmet. Sie will Neugier wecken und ihre Begeisterung für Literatur und Sprache an möglichst viele weitergeben. Dabei sind ihr das persönliche Gespräch und die Erarbeitung vielfältiger Projekte ganz besonders wichtig.

Darüber hinaus geht es Prof. Dr. Anne Bohnenkamp-Renken aber auch um philologische Spurensuche in alten Texten und Orten; das Sammeln, Archivieren und Erschließen dieser Lebensspuren zählt zu ihren Aufgaben ebenso wie die Vermittlung des erworbenen Wissens.

Anne Bohnenkamp stammt aus dem gegenüber der Heinrich Heine-Stadt Düsseldorf gelegenen Meerbusch. Nach dem Abitur studierte sie von 1979 bis 1987 Germanistik, Philosophie und Kommunikationswissenschaften an der Georg-August-Universität in Göttingen, ergänzt durch philologische Studien an der City-University London und an der Università degli Studi di Firenze. Von 1986 bis 1989 arbeitete sie an der Edition von Goethes 'Faust' im Deutschen Klassiker Verlag mit. In den Jahren 1989 bis 1992 war sie wissenschaftliche Assistentin am Institut für Allgemeine und Vergleichende Literaturwissenschaft der Ludwig-Maximilians-Universität München. 1992 promovierte sie in Neuerer deutscher Literatur und Deutsche Sprache bei Albrecht Schöne in Göttingen. Zwischen 1992 und 2000 war sie als wissenschaftliche Assistentin am Institut für Allgemeine und Vergleichende Literaturwissenschaft an der LMU München tätig. 1993 und 1997 kamen ihre beiden Kinder zur Welt.

In München habilitierte sie im Jahr 2000 bei Prof. Birus und erhielt die Venia legendi für die Fächer Neuere deutsche Literatur und Allgemeine und Vergleichende Literaturwissenschaft. Neben Ihrer Tätigkeit als Direktorin des Freien Deutschen Hochstifts/Frankfurter Goethe-Museums ist Frau Professor Dr. Anne Bohnenkamp-Renken Honorarprofessorin im Fachbereich Germanistik der Johann Wolfgang Goethe-Universität Frankfurt/Main und in verschiedenen literatur- und kulturwissenschaftlichen Gremien tätig, u.a. als Mitglied im Vorstand der Arbeitsgemeinschaft Literarischer Gesellschaften (ALG) und als Vizepräsidentin der Goethegesellschaft Weimar.

1996 erhielt Prof. Dr. Anne Bohnenkamp-Renken für die Dokumentation und Kommentierung der „Paralipomena" zu Goethes Faust den Akademie-Preis der Historisch-Philologischen Klasse der Akademie der Wissenschaften zu Göttingen, deren korrespondierendes Mitglied sie seit 2004 ist.

Über das Haus am Großen Hirschgraben, in dem Goethe von 1749 bis zu seinem Umzug nach Weimar 1775 lebte, schreibt der Frankfurter Dichter: „Wenn man sich erinnern will, was uns in der frühsten Zeit der Jugend begegnet ist, so [...] bin ich mir bewusst, dass wir in einem alten Hause wohnten, welches eigentlich aus zwei durchgebrochenen Häusern bestand. Eine turmartige Treppe führte zu unzusammenhängenden Zimmern, und die Ungleichheit der Stockwerke war durch Stufen angeglichen." Was Goethe nicht wusste: In unmittelbarer Nachbarschaft des Goethe-Hauses befinden sich heute Szenelokale und das moderne Entrée zum Institutsgebäude, in dessen erstem Stock sich auch das Goethe-Museum, eine Gemäldegalerie der Goethezeit, befindet. Das Goethehaus, in dem der junge Goethe schon früh mit dem Theaterspiel in Berührung kam und seine ersten „Faust"-Versuche unternahm, versteht Prof. Dr. Anne Bohnenkamp-Renken als einen Ort der Begegnung mit der Literatur. Das Gebäude und der dahinter liegende kleine Garten, seien heute eine ruhige Oase inmitten von Hochhäusern und Straßenverkehr, in die Besucher aus aller Welt einträten, um nach Spuren des jungen Genies zu suchen und die Atmosphäre dieses typischen Bürgerhauses aus dem 18. Jahrhundert zu erspüren.

Dagmar Bollin-Flade

„Immer menschlich sein!“

Dagmar Bollin-Flade

Strasse:	Westerbachstraße 290-294
Ort:	65936 Frankfurt am Main
Beruf:	Unternehmerin
Geburtsdatum:	17.09.1956
Familienstand:	verheiratet
Kinder:	2

„Ich bin überall mit dem Herzen dabei", sagt Dagmar Bollin-Flade von sich selbst. Das ist auch gut so, aber dennoch nur die halbe Wahrheit, denn die mehrfach ausgezeichnete Diplom-Ingenieurin und erfolgreiche Unternehmerin hat auch Köpfchen. Und nicht zuletzt hat die „Managerin des Jahres 2002" die Nase vorn – zum Beispiel als erste Trägerin des Mestermacher-Preises.

Dagmar Bollin-Flade bricht auf vielen Ebenen gesellschaftliche Sichtweisen über Frauen. Schon die Wahl eines damals typischen Männerstudiums ließ aufhorchen und viel Neues von der Überwinderin männlicher Domänen erahnen. Das signalisierte bereits das Thema ihrer Diplomarbeit: Die Gefährdung der Frau am Arbeitsplatz (Arbeitsschutzgesetze im Vergleich). Als geschäftsführende Gesellschafterin führte die couragierte Frau nicht nur in dritter Generation das elterliche Unternehmen Christian Bollin GmbH – eine hoch spezialisierte Armaturenfabrik in Frankfurt-Sossenheim zu einer marktführenden Stellung, sondern engagiert sich seit 1988 in, zum Teil leitenden Funktionen und Ehrenämtern von Aufsichtsräten, Kammern, Verbänden, Arbeitskreisen, Beiräten, Veranstaltungsreihen, Vereinen, Ausschüssen und Bündnissen. Bemerkenswert dabei ist, dass die Vielbeschäftigte nicht nur in fachlichen Organisationen äußerst aktiv war und ist, sondern auch in sozialen, politischen oder bildungsfördernden Einrichtungen wie Frankfurter Lokales Bündnis für Familie, Mittelstandsausschuss des DIHK in Berlin oder Hochschulrat der Fachhochschule Frankfurt. Oft genug hat sie selbst zündende Ideen und schiebt mit Mitstreiterinnen Projekte an, u. a. die bezeichnende Veranstaltungsreihe „FrauenMachtKarriere" bei der IHK Frankfurt – um nur eines zu nennen. Nicht bloß der Umfang ihres ehrenamtlichen Engagements ist beispiellos und macht jeder Männerkarriere Ehre, sondern auch die Vielfalt der gestellten Aufgaben.

Dabei hat sie im wahrsten Sinn des Wortes vielfach die Nase vorn. So wurde sie 1990 als erste Frau Mitglied im Industrieausschuss und der Vollversammlung der IHK. Es folgten weitere Pionierfunktionen, so auch 1995 als erste Vizepräsidentin der IHK Frankfurt – eine Verantwortung, die sie bereits in zweiter Periode begleitet.

Im Jahr 2001 wurde der konsequenten Unternehmerin von der Oskar-Patzelt-Stiftung der „Große Preis des Mittelstands" verliehen – für großartige Leistungen der Christian Bollin Armaturenfabrik GmbH, die sie gemeinsam mit ihrem Mann leitet.
Im Jahr 2002 wurde sie – wiederum eine weibliche Pionierleistung – die erste Preisträgerin des Mestermacher-Preises „Managerin des Jahres 2002". Dabei unterstrich die Initiatorin des Preises, Frau Prof. Detmers, Mitinhaberin der Mestermacher-Gruppe, dass die Geehrte nicht nur beruflich Herausragendes leiste. Der Unternehmerin sei es gelungen, eine Harmonie von Beruf und Familie sowie Karriere und Lebensqualität zu erzielen. In diesem Sinne ist besonders Dagmar Bollin-Flade, die erfolgreiche unternehmerische Leitungsfunktionen mit umfangreichem sozialen und politischen Bürgereinsatz verbindet, Vor- und Leitbild für berufstätige Frauen.

Ihr Erfolgsrezept hat vermutlich viele Wurzeln – ihre Neugier, ihre stabile Eigenidentität, ihre resolute Entscheidungsbereitschaft, ihre Diplomatie, ihre kritische Selbstüberzeugung und ihre Familie. „Mit ihr als Rückhalt, kann mir nichts passieren", weiß Dagmar Bollin-Flade und fordert zugleich: „Immer menschlich sein!"

Johannes K. Borsche

„In der Ruhe liegt die Kraft."

Johannes K. Borsche

Straße: Junghofstraße 13-15
Ort: 60311 Frankfurt am Main
Beruf: Exec. Director, Morgan Stanley Bank
Geburtsdatum: 20.09.1965
Familienstand: verheiratet
Kinder: 1

Der gebürtige Frankfurter absolvierte sein Abitur am hiesigen Lessing-Gymnasium. Eigentlich wollte er mit 10 Jahren Pilot werden, aber wie das oft mit Kindheitsträumen so ist, wurde dann doch die solide Banklehre daraus. Die absolvierte Johannes K. Borsche bei der Deutschen Bank. Offensichtlich auf den Geschmack gekommen, setzte er im Anschluss an die Banklehre ein Betriebswirtschaftsstudium drauf.

Der Nürnberger Universität, an der er studierte, ist Johannes K. Borsche auch heute noch verbunden. 2003 erhält Johannes K. Borsche, Vorsitzender des Vorstands des Alumni-Netzwerk und Fakultätsbund der WiSo Nürnberg e.V. seit 1996, die Ehrenmedaille und die Ehrennadel der Wirtschafts- und Sozialwissenschaftlichen Fakultät der Universität Erlangen-Nürnberg. Dort hat er durch vielfältige Aktivitäten einen entscheidenden Beitrag zum Aufbau der Ehemaligenvereinigung der Fakultät geleistet. Durch ihn wurden Konzept und Strategie der Ehemaligenvereinigung wesentlich geprägt.

Nach seiner Nürnberger Studienzeit kehrte Johannes K. Borsche zur Deutschen Bank zurück und war für diese in Frankfurt und London tätig. Im Juli 2000 wechselte er dann zu Morgan Stanley, wo er noch heute als Mitleiter des Corporate Finance Execution Teams in Europa, Middle East und Africa im Investmentbanking tätig ist. Dort schätzt er die Arbeit in Teams, welche projektbezogen immer wieder neu zusammengesetzt werden. Projekte dauerten in der Regel 4-12 Monate, dann formiere sich alles neu. Erfolge sind für ihn vor allem eine Gemeinschaftsleistung der projektbezogenen Einheit und solche feiert er dann auch am liebsten mit dem Team. Der Netzwerk-Gedanke ist dabei wichtig und diesen sollte man auf jeden Fall mitbringen, wenn man es in seinem Job zu etwas bringen will, rät Johannes K. Borsche.

Sein wichtigstes Kapital ist sein Kopf. Sich selbst charakterisiert Johannes K. Borsche als ruhig, pragmatisch und strategisch. Nachlässigkeit und Unaufmerksamkeit leistet er sich nicht. Was den sonst eher ruhigen Zeitgenossen verärgert, ist Unzuverlässigkeit. Wenn Leute Termine und Zusagen nicht einhalten können, bringt ihn das auf die Palme.

Ein guter Arbeitstag beginnt für den bekennenden Familienmenschen mit der Tochter und deren Begleitung in die Kita. Familie und Beruf lassen sich nur mit einem verständnisvollen Partner und entsprechender Anstrengung realisieren. Den verständnisvollen Partner hat er in seiner Frau gefunden, bei der er auch gerne Rat sucht. Die wenige Freizeit, die er hat, versucht er partnerschaftlich mit seiner Frau und seiner Tochter zu verbringen.

Wirtschaftliche Unabhängigkeit ist ihm wichtig. Diese ist auch mit der Freiheit verknüpft, früher als gesetzlich vorgesehen, in Rente zu gehen. Die gewonnene Zeit würde er dann für seine anderen Interessen investieren, zum Beispiel der Archäologie.

Johannes K. Borsche ist bereits viel rumgekommen auf dieser Welt. Berufliche Aufenthalte in der Schweiz, England, Frankreich, den USA und Südafrika kann er schon in seiner Vita verzeichnen. Die Region Rhein-Main schätzt er wegen der dort vorzufindenden Lebensqualität und hebt dabei den Taunus besonders hervor. Der Frankfurter Flughafen als Dreh- und Angelpunkt ist für den geschäftlichen Vielflieger Johannes K. Borsche wichtig. „Jede Lebensphase hat ihren Ort. Im Moment ist dies hier der perfekte“, sagt er.

Monika Brechtel und Barbara Wagner

Monika Brechtel — Barbara Wagner

	Monika Brechtel	Barbara Wagner
Straße:	GFFB GmbH, Elbinger Straße 7	
Ort:	60487 Frankfurt am Main	
Beruf:	Dipl. Sozialarbeiterin, Dipl.-Pädagogin	Wirtschaftsmediatorin
Geburtsjahr:	1952	1952
Familienstand:	verheiratet	ledig
Kinder:	1	1

Zwei Frauen – ein Gedanke – ein Job. So funktioniert`s wenigstens bei Monika Brechtel und Barbara Wagner. Beide bringen in weiblicher Harmonie und ebensolchem Willen die GFFB GmbH als geschäftsführende Gesellschafterinnen weiter voran. In dieser Funktion leiten sie auch das Zentrum für Weiterbildung GmbH und das „Competence Center : Business GmbH", um Menschen auf ihrem beruflichen Weg zu beraten und Arbeit suchende Menschen in Arbeit zu bringen.

Die Lebenswege der beiden Frauen kreuzten sich zuerst beruflich Anfang der 80er Jahre in einem Unternehmen, für das sie tätig waren. Doch bereits vor diesem Zeitpunkt hatten sie viele Gemeinsamkeiten, wie sie später feststellten. Bei beiden entwickelte sich früh der Wunsch, sich selbstständig zu machen. Beide studierten Fächer der Gesellschaftswissenschaften – Barbara Wagner Diplom-Pädagogik und Monika Brechtel Diplom-Sozialarbeit. Bevor sie 1986 das Zentrum für Weiterbildung gGmbH gründeten, arbeiteten sie in ihrem Beruf und haben Berufsorientierungskurse für erwerbslose Frauen angeboten. Im gemeinsamen Weiterbildungszentrum fungierten beide als geschäftsführende Gesellschafterinnen. „Wir haben eine Ausbildung im IT-Bereich absolviert. Dann sind wir mit dem Auto und vier Computern durchs Land gezogen und haben EDV-Schulungen gegeben" erinnern sie sich an die abenteuerlichen Anfänge in ihrer selbstständigen Weiterbildungsarbeit. Auch leisteten sie Aufbauarbeiten für Niederlassungen in Rüsselsheim, Darmstadt, Langen und Usingen sowie in Sömmerda, Weimar und Arnstadt. Im Jahr 1994 gründeten Monika Brechtel und Barbara Wagner die „Gemeinnützige Frankfurter Frauen-Beschäftigungs Gesellschaft" (heute: GFFB gGmbH) gemeinsam mir vier anderen Frauenbildungsprojekten.

Einst nur für die Zielgruppe Frauen tätig, um diese wieder ins Berufsleben einzugliedern, wendet sich die „GFFB" heute gleichermaßen an Männer und Frauen, aber mit dem unveränderten Ziel, durch die Besetzung bzw. Neuschaffung von Arbeitsplätzen, Arbeitslosen eine Chance für den Wiedereinstieg ins Berufsleben zu eröffnen. Hierzu bietet sie erwerbsfähigen Jugendlichen, Arbeitslosen und Arbeitslosengeld II-Empfängern und Empfängerinnen eine Vielzahl von spezifischen Integrationsprojekten sowie individuelle Vermittlungsangebote – auch unter sozialpolitischen Gesichtspunkten", erklären unisono die beiden GFFB-Geschäftsführerinnen.

Im Jahr 2000 gründeten die Pioniergeister Brechtel und Wagner dann gemeinsam das „Competence Center : Business GmbH". In dieser Einrichtung werden Menschen und Unternehmen in Veränderungsprozessen begleitet und fit gemacht für die wachsenden Anforderungen in einem zunehmend komplexeren wirtschaftlichen Umfeld.

Klar, dieser gemeinsame Berufsweg schweißt zusammen. Daraus hat sich eine echte Frauenfreundschaft entwickelt, die in gemeinsamen Urlauben gepflegt wird. Sie verstehen sich aber nicht nur deshalb prima, weil sie gemeinsame Ziele und eine gemeinsame private und intellektuelle Schnittmenge haben, sondern auch weil feine Unterschiede da sind. Marathonläuferin Brechtel setzt auf ihren Körper und Fotografin Wagner auf Kreativität als wichtigstes Kapital. Die eine liebt Österreich, Berge, Seen und die Südpfalz, die andere den nördlichen Teil Südamerikas, aber auch die Provence und den Lebensort Frankfurt am Main. Monika Brechtel will ihr aufgebautes Werk in guten Händen wissen und für Barbara Wagner reicht die Lebenszeit für weitere Ziele nicht aus – na ja, auch Unterschiede ziehen sich bekanntlich an!

Gerhard Brillisauer

„Die Menschen stimmen durch ihr Verhalten quasi mit den Füßen ab.“

(Gerhard Brillisauer)

Gerhard Brillisauer

Straße: Raugenbergstraße 30
Ort: 60594 Frankfurt am Main
Beruf: Vizepräsident des Deutschen Betriebssportverbandes e.V.
Geburtsdatum: 26.03.1941
Familienstand: verheiratet
Kinder: 2, 5 Enkel

Den Ruhestand hat er sich dann doch redlich verdient – nach einem langen, arbeitsreichen Berufsleben. Und das führte Gerhard Brillisauer durch viele Abteilungen und Stationen der Frankfurter Stadtwerke, heute: Mainova AG.

Der Beginn seiner Karriere bei der Mainova AG begann schon früh – mit dem Abschluss der „Mittleren Reife" in Bad Homburg und der sich anschließenden Verwaltungslehre. Als Kaufmännischer Angestellter arbeitete Gerhard Brillisauer bis 1970 zunächst in einem amerikanischen Unternehmen. 1971 erfolgte der Eintritt in die Personalabteilung der Stadtwerke Frankfurt am Main. Sein hohes Engagement „hallte wieder" in den Fluren des Frankfurter Energieversorgers; und so sollte es nicht lange dauern, bis er ab 1980 das Arbeitsgebiet und Amt des Sachgebietsleiters im Einkauf begleitete. Mit der rechtlichen und namentlichen Umstrukturierung der Stadtwerke zur Mainova AG, machte er einen weiteren deutlichen Karrieresprung und war fortan Abteilungsleiter für den Bereich Logistik.

Die zweite „Karriere" absolvierte Gerhard Brillisauer ebenfalls mit Leidenschaft – im Bereich des Sports. Der gebürtige Frankfurter ist nicht nur Vorsitzender des Betriebssport-Verbandes Hessen. Weit über die Stadt- und Landesgrenzen hinaus reicht sein Wirkungskreis – als Vizepräsident des Deutschen Betriebssportverbandes. Gerhard Brillisauer ist ein „Sportler aller Disziplinen und Klassen". Ob Fußball, Rad fahren, Tennis, Kegeln oder Wandern – er ist ein höchst aktiver „Ruheständler".

In den Betriebssport-Verband Hessen trat Gerhard Brillisauer bereits 1968 ein – zusammen mit „seinem" Verein, der SG Schwarz-Weiss. Sogleich übernahm er administrative Aufgaben: Er engagierte sich als Pressewart des Betriebssport-Verbandes und wurde in gleicher Funktion für den Bezirk Frankfurt tätig. Bis auf den heutigen Tag ist er im Vorstand des Verbandes in die verschiedensten Arbeitskreise und Aufgabengebiete involviert. Als Schriftführer etwa, Hauptgeschäftsführer, Kassenführer und – nicht zuletzt – bis 1995 als stellvertretender Vorsitzender, bevor er schließlich zum Vorsitzenden des hessischen Verbandes und des Bezirks Frankfurt gewählt wurde. Ein paar Jahre später folgte dann 2001 die Übernahme der Vizepräsidentschaft des Deutschen Betriebssportverbandes. Hinzu kommen Aktivitäten auf internationaler Ebene, darunter die Partnerschaft mit dem Französischen Betriebssportverein. Für seine überaus hohen ehrenamtlichen Verdienste um den Betriebssport, erhielt er viele Auszeichnungen, den Landesehrenbrief Hessen etwa – 1999 dann, aus der Hand des Bundespräsidenten Roman Herzog, die Bundesverdienstmedaille.

Überhaupt ist Gerhard Brillisauer, zieht man seine vielseitigen Interessen und Aktivitäten in Betracht, alles andere als ein „Stubenhocker". Er liebt den feinsinnigen Humor oder auch mal einen derben Scherz – gleichwohl nie auf Kosten anderer. Zu Fasching steigt der politisch interessierte Sportmanager gerne mal in die Bütt und liest den Polit-Machern die Leviten. Darüber hinaus ist er ein Globetrotter erster Garnitur. Er schwärmt vom Nordkapp (nördlichster Punkt des europ. Festlandes), dem „traumhaften Blick vom Freilichttheater Taormina auf den schneebedeckten Vulkan Ätna auf Sizilien" oder der „Weite der Wälder Kanadas".

Zudem schätzt Gerhard Brillisauer das gemeinsame, intensive Gespräch im Freundeskreis, das ihm ebenso „Motor" für seine weiteren Aktivitäten im Verbandsgeschäft ist, wie sein Bewusstsein, dass wir alle „in unserem Gemeinwesen, unserer Gesellschaft, die Aufgabe haben, uns füreinander und für unsere freiheitlich demokratischen Grundwerte zu engagieren".

Es ist „zutiefst mein Wunsch, zeitlebens in einem friedlich vereinten Europa zu leben, in dem die Menschen einander mit Toleranz und Achtung begegnen", gibt Gerhard Brillisauer mit großer Vehemenz zu verstehen.

In seiner Heimatstadt Frankfurt fühlt sich Gerhard Brillisauer „pudelwohl". Das gilt aber auch für „meine geliebte Schweiz" und die bayrischen Landschaften.

Hans Brummermann

„An Frankfurt schätze ich die Möglichkeit, mittags zu entscheiden abends nach Paris, Mailand oder London in die Oper zu gehen."

(Hans Brummermann)

Hans Brummermann

Straße:	Lurgiallee 10
Ort:	60439 Frankfurt am Main
Beruf:	Diplomkaufmann, Geschäftsführer Rendata-Gruppe, Frankfurt/M. und Berlin
Geburtsdatum:	15.12.1936
Familienstand:	geschieden
Kinder:	1

Hans Brummermann lebt seit über 40 Jahren in Frankfurt. Er liebt schöne Dinge, ob es sich dabei um Gebäude, Gemälde oder Musik handelt, ist erst in zweiter Instanz entscheidend. Die Projektentwicklung komplexer Gebäude ist sein täglich Geschäft, doch unterscheidet er zwischen – wie er es nennt – „Brot und Butter-Projekten" und Maßnahmen, wo ihn der Ergeiz packt, die Dinge zu vervollkommnen. Der Specks Hof in Leipzig war solch ein Leidenschaftsprojekt, das Hans Brummermann als Bauherr prägte. Hier vereint sich Gebäudekunst, glücklich umgesetzte Restaurierung und die Liebe zum Detail mit seiner Begeisterung für zeitgenössische Kunst, die sich in den künstlerisch gestalteten Innenhöfen wieder findet. Für dieses Projekt gab es 1996 in Cannes den Preis der MIPIM für das innovativste Einkaufszentrum und den Award of the Awards für das schönste Gebäude des Jahres 1996 in Europa.

Zum Baugeschäft kam Hans Brummermann eher zufällig – Architekt oder Bauingenieur findet sich nicht auf der illustren Liste seiner Berufswünsche. Zuerst stand dort der Wunsch, Kuhhirte zu werden. Das war im zarten Alter von sechs Jahren, als seine Familie vor den Kriegswirren aus Hannover – wo er geboren wurde – in den Harz geflohen war. Dort freundete er sich mit einem Jungen an, der die Kühe hütete und zog mit ihm über die Weiden. Mit zehn Jahren wechselte der Berufswunsch zu klassischeren Perspektiven, wie sie wohl jeder Junge dieser Zeit hatte – Lokomotivführer, aber auch daraus wurde nichts. Nach dem Abitur herrschte erst einmal Unklarheit über das nun anzusteuernde Studium. Experimentierfreudig startete Hans Brummermann mit Elektrotechnik, wechselte zur Medizin und Psychologie, um letztendlich Betriebs- und Volkswirtschaft zu studieren.

Seine Studienorte führten ihn quer durch die Republik von Hamburg über München nach Würzburg. Dort begann er 1962 seine berufliche Tätigkeit als Repetitor für BWL und VWL und wollte die Hochschullehrer-Laufbahn einschlagen. Doch nach vier Jahren Theorie beschloss er, erst einmal für ein halbes Jahr die Praxis zu schnuppern, und landete dabei in der Frankfurter Immobilienbranche. Als Assistent der Geschäftsführung verlängerte er seine Freistellung vom Lehrauftrag um ein halbes Jahr und beklagte viele Missstände bei seinem Arbeitgeber, die er neu gestalten wollte. Er stieß bei dem alteingesessenen Unternehmen auf wenig Gegenliebe für seine neuen Ideen – und so entschloss er sich, es eben selber besser zu machen. Sämtliche von ihm betreuten Lehrlinge wechselten mit ihm und bildeten seine Mannschaft in der neu gegründeten H. Brummermann KG, Frankfurt am Main. Das war 1965.

Das Unternehmen baute Wohnungen und Einfamilienhäuser bis Mitte der siebziger Jahre. Dann brach der Wohnungsmarkt ein und die Geschäftstätigkeit wurde auf Bürokomplexe verlagert. Damals schwor sich Hans Brummermann, „nie wieder Wände um Betten zu bauen", und ist sich dabei treu geblieben. Durch die Verlagerung vom Wohnungsbau hin zur eigenen Projektentwicklungsgesellschaft stand 1980 auch ein Namenswechsel an, aus H. Brummermann KG wurde Rendata.

Das Rendata-Logo, welches eigentlich ein symbolisiertes „R" darstellt, wurde von Partnern als Elefant fehlinterpretiert. Deshalb bekam Hans Brummermann einen Elefanten geschenkt und fand den Gedanken gar nicht mal so abwegig. Aus diesem Missverständnis ist eine Sammelleidenschaft geworden – Hans Brummermann griff die Idee mit dem Elefanten auf und bittet seitdem nach jedem erfolgreichen Geschäftsjahr einen Künstler um eine Elefanten-Lithografie, die mit einer Auflage von 30 Stück als Geschenk an die Partner heraus gegeben wird, die zum Erfolg des Jahres beigetragen haben. Betritt man den Empfangsraum des Rendata-Büros, so fällt der Blick als erstes auf die mittlerweile umfangreich angewachsene Sammlung von Elefanten-Lithografien.

Mit seiner Lebenspartnerin – einer Galeristin – teilt er seine Leidenschaft für zeitgenössische Kunst und klassische Musik. Eines Tages seine Kunst-Sammlung der Allgemeinheit zugänglich zu machen ist ein Traum, den er hegt. Er ist Fördermitglied der Alten Oper Frankfurt, unterstützt das Rheingau Musik Festival und ist Vorstand der Gesellschaft für Kinder- und Jugendkultur. Dass er auch noch Honorarkonsul der Republik Uruguay geworden ist, wäre schon wieder eine neue Geschichte für sich.

Oliver Büdel

„Das Schicksal bestimmt deine Verwandten – du bestimmst deine Freunde.“

(Charles de Gaulle)

Oliver Büdel

Straße:	Hahnstraße 55
Ort:	60528 Frankfurt am Main
Beruf:	Leiter Konzern Personal, DekaBank
Geburtsdatum:	05.02.1964
Familienstand:	verheiratet
Kinder:	3

Bereits recht früh war zumindest die berufliche Neigung von Oliver Büdel offenkundig – während seiner Zeit als Schüler am Hanauer Wirtschaftsgymnasium. Gleich im Anschluss an sein Wirtschaftsabitur 1984, absolvierte er von 1984 bis 1986 eine Ausbildung zum Bankkaufmann, die seine weitere berufliche Karriere maßgeblich beeinflussen sollte. Denn nach verantwortungsvollen Positionen in verschiedenen Filialen der Volks- und Raiffeisenbanken und einer weiteren gut zwölfeinhalbjährigen Zeit bei der BHF-Bank, die er schließlich als Direktor des Personalwesens verließ, erfolgte am 1. Januar 2003 der Eintritt in die DekaBank. Als Personalchef des Konzerns verantwortet er die gesamte Personalarbeit im In- und Ausland. Hohe Meriten erwarb er sich bei der vollständigen Reorganisation der Personalarbeit – weg von einer Personalverwaltungseinheit hin zu einer Dienstleistungs- und Beratungsfunktion mit höchstem Qualitätsanspruch in einer global agierenden Bank.

Indes, der „Traumberuf“ war das Top-Management im Bankwesen zunächst nicht. Oliver Büdel liebäugelte anfangs mit einer großen privaten Leidenschaft, der Geschichte der nordamerikanischen und nordischen Urvölker und frühen Hochkulturen der Gattung „homo sapiens“. Ein väterlicher Freund, den der passionierte und professionelle Feldhockey-Spieler Büdel (ehemals 1. und 2. Bundesliga) als Teamkollegen hatte, weckte das in ihm noch ein wenig schlummernde Interesse für die Arbeit als Banker. Nach Banklehre und Wechsel zur BHF-BANK im Jahre 1990, absolvierte der in der Mainmetropole gebürtige Oliver Büdel dann von 1991 bis 1995 ein betriebswirtschaftliches Studium an der Frankfurter Hochschule für Bankwirtschaft. Diese „Private Hochschule der Bankakademie“ schloss er mit Auszeichnung zum Diplombetriebswirt ab. Während des Studiums, bei dem für ihn das Kreditgeschäft noch im Fokus des Interesses stand, „weckte Prof. Dr. Wolfgang Jäger meine Passion für die Personalarbeit; ich bin ihm als meinem Mentor dankbar für den Schwerpunktwechsel während meines Studiums“, kommentiert er diesen „Ausbildungseingriff“. Nicht zuletzt die Auszeichnung für sein innovatives Konzept der „Lebenszyklusorientierten Personalarbeit“ mit dem Gewinn des Deutschen Personalwirtschaftspreises 2007 für die DekaBank sowie der Gewinn des Deutschen Trainings- und Ausbildungspreises, die die DekaBank unter seiner Ägide errang, lassen deutlich werden, dass die Entscheidung für die Sparte „Personal“ goldrichtig war.

Innovatives Denken und dessen Umsetzung sind für Oliver Büdel das entscheidende Kriterium für effizientes Arbeiten und Fortschritt in der Personalstruktur. „Wir müssen als Arbeitgeber für die Mitarbeiter attraktiv bleiben. Und das kann nur funktionieren, wenn ich kompetente Mitarbeiterinnen und Mitarbeiter als Team habe, die mir plausibel erklären können, warum überhaupt ein status quo bestehen bleiben muss und nicht innovativen Veränderungen zu weichen hat. Alles kann und muss in Frage gestellt werden!“ Wer so spricht, ist freilich selbst kein Freund steriler Schemata.

Der schmerzliche Tod seines ersten Sohnes im Säuglingsalter hat Oliver Büdel den Blick geschärft für ganz elementare Dinge des Lebens: Freundschaft, einander beistehen in schwierigen Zeiten, Menschen Freude bereiten – nicht zuletzt im karitativen Bereich, wie u.a. sein ehrenamtliches Engagement als Kuratoriumsmitglied der Kinderhilfsstiftung deutlich macht.

Die massive Förderung der Bildungspolitik ist für Oliver Büdel ein hohes Gut. Sein Haus bietet u.a. Förderprojekte an Schulen und Bewerbertage in der Bank an.

Der Top-Manager mit hohem sozialem Engagement ist auch ein Gourmet und ein Freund eines „guten toskanischen Weines in freundschaftlicher Runde“ – nicht zuletzt weil er überzeugt ist: „Meine Ideen und Gedanken entwickeln sich am besten in der Kommunikation mit Anderen“.

Der „Hesse durch und durch“ verleugnet indessen nicht seine „Affinität zu Sonne, Strand und Meer“ – und einem gepflegten mediterranen Lebensstil.

Nikolaus Burggraf

Nikolaus Burggraf

Straße: Am Wiesenrain 17
Ort: 60431 Frankfurt am Main
Beruf: Rechtsanwalt, Stadtrat a. D.
Geburtsjahr: 1942
Familienstand: verheiratet
Kinder: 2

Als gebürtiger Frankfurter verbrachte Nikolaus Burggraf seine Schul- und Ausbildungszeit (Gymnasium, Fachschule für Wirtschaft und Verwaltung sowie kfm. Volontariate) in seiner Heimatstadt und schloss 1967 sein Studium der Wirtschafts- und Rechtswissenschaften mit dem 1. jur. Staatsexamen (1967) und dem üblichen Richterexamen (1971) ab. Während der Referendarzeit besuchte er u. a. die Hochschule für Verwaltungswissenschaften in Speyer, sammelte erste Berufserfahrungen als anwaltlicher Prozessagent (avoué stagiaire) in Bordeaux und war wiss. Assistent bei Prof. Dr. H. Kronstein am Institut für Ausländisches und Internationales Wirtschaftsrecht.

Für viele junge Wirtschafts- und Rechtswissenschaftler, so auch für Burggraf, war die Tätigkeit für und mit Prof. Kronstein – der in Frankfurt Lehrstuhlnachfolger von Prof. W. Hallstein und parallel Professor an der Georgetown University in Washington D. C. war – anregend und fördernd. Kronstein vermittelte auch Burggrafs jur. Tätigkeit als Foreign Associate in einer großen Anwaltskanzlei in der US-amerikanischen Hauptstadt (1971/1972).

Nach Rückkehr aus den USA trat Nikolaus Burggraf in die Dienste eines damals in Frankfurt ansässigen Rohstoff-, Anlagenbau und Industriekonzerns ein, dem er mehr als zwanzig Jahre in verschiedenen Funktionen beruflich verbunden blieb. Vielfältige Beratungsaufgaben in den Bereichen Hütten, Metallverarbeitung, Anlagenbau und Handel prägten seine Tätigkeit, die auch die Wahrnehmung von Aufgaben und Mandaten in- und ausländischer Tochtergesellschaften umfasste. Seine Anwaltstätigkeit (Zulassung als deutscher Rechtsanwalt 1974, später auch als Fachanwalt für Steuerrecht) konnte er zeitbedingt nur zurückhaltend ausüben. Mehr als ein Jahrzehnt bildete der Rohstoffhandel den Mittelpunkt seiner Berufstätigkeit. Er unterstützte vor allem eine Gruppe engagierter Rohstoffhändler, die unter den zunächst noch schwierigen Nachkriegsverhältnissen wieder Zugang zu den internationalen Rohstoffmärkten suchte und fand. Lange Jahre übernahm er im Rohstoffhandel auch Mitverantwortung als Mitglied des Handelsdirektoriums. Seit 1996 war er in eigener Kanzlei als Rechtsanwalt tätig.

Soweit es die Berufstätigkeit zuließ, war Nikolaus Burggraf in Deutschland und im Ausland auch ehrenamtlich, z. B. in Stiftungen, tätig. Kommunalpolitische Tätigkeiten in Frankfurt umfassten u. a. 20 Jahre Mitgliedschaft in der CDU-Fraktion im Ortsbeirat für Dornbusch, Eschersheim und Ginnheim, lange Zeit auch als Ortsvorsteher sowie als Vorsitzender der Ginnheimer CDU. Engagiert in der Mittelstandsvereinigung der Frankfurter CDU und längere Zeit auch als einer der stellvertretenden Kreisvorsitzenden der Frankfurter CDU übernahm er 1995 ein Mandat als Stadtverordneter und war von 1999-2006 hauptamtlicher Stadtrat in Frankfurt mit Zuständigkeiten u. a. für Recht, Standesamt, Feuerwehr, Gesundheit und Wirtschaft. 2006 wurde Burggraf für die laufende Legislaturperiode erneut zum Mitglied der Stadtverordnetenfraktion der CDU gewählt.

Nikolaus Burggraf ist weiterhin ehrenamtlich tätig und u. a. Ehrenmitglied der Freiwilligen Feuerwehr Ginnheim und des Kreisverbandes der freiwilligen Feuerwehren Frankfurts. Seit 2006 ist er wieder als Rechtsanwalt in seiner Kanzlei tätig, in der auch sein Sohn Florian Burggraf seine Rechtsanwaltstätigkeit ausübt.

Bernd-Christian Cullmann

„Caesi sunt oculi cum animus alias res agit"
(Blind sind die Augen, wenn der Geist andere Dinge treibt)

Bernd-Christian Cullmann

Straße: Königslacher-Straße 15 - 21
Ort: 60528 Frankfurt am Main
Beruf: Geschäftsführender Gesellschafter Immobiliengruppe Frankfurt
Geburtsdatum: 13.11.1966
Familienstand: liiert
Kinder: 4

Er ist der Chef der erfolgreichen Immobiliengruppe Frankfurt (ImGF) GmbH und baut auf seine Visionen – Wir schaffen Adressen – mit energetischem Bauen und barrierefreiem Wohnen. Für Geschäftsführer Bernd-Christian Cullmann sind Immobilien viel mehr als nur eine Handelsware. Sie sind ganz persönliche Anliegen von Eigenheimbesitzern und gewerblichen Nutzern.

Als echter Frankfurter Bub studierte Bernd-Christian Cullmann, nach dem er sein Abitur an der Claus von Stauffenberg Schule in Dudenhofen absolviert hat, natürlich zunächst an der Goethe Universität in der Mainmetropole. Als Kind hatte er den Berufswunsch Lokomotivführer zu werden. Mit 17 Jahren lag die gewünschte Führungsposition in der Luft – Pilot war sein Traum. Doch es kam ganz anders. Mit dem Studium der Politikwissenschaft war er in der Realität angekommen und begann dann noch das Studium der Wirtschaftswissenschaften. Noch während der Studienzeit gründete der pfiffige Student zusammen mit seinem langjährigen Partner Hans-Jörg Vetter seine erste eigene Firma, Cullmann & Partner, die heute noch besteht und am 01.07.2008 Anlass gab, 20-jähriges Bestehen zu feiern.

Heute führt Bernd-Christian Cullmann auch die 2001 gegründete Immobiliengruppe Frankfurt. „Wir haben uns auf die Umsetzung und Realisierung von Immobilien, insbesondere Wohnungsbauprojekten mit bezahlbaren Reihenhäusern und Eigentumswohnungen vor allem für junge Familien, spezialisiert. Die Vorhaben liegen im regionalen Schwerpunkt direkt in den Metropolen des Rhein-Main-Gebiets oder im Umkreis von 30 Kilometern um die Städte Frankfurt am Main, Wiesbaden und Darmstadt. Wir entwickeln, bauen und vermarkten Immobilien und schaffen so Adressen – auch bundesweit, von der Ostsee bis zu den Alpen im Bereich Service orientierter, energetisch wertvoller Immobilien", bringt der ImGF-Chef die Angebote auf den Punkt.

Die Immobiliengruppe fasst mehrere Firmen unter einem Dach zusammen, die unterschiedliche Aufgaben erfüllen – von der Projektentwicklung, Betreuung und Realisierung von Wohnbauprojekten, über Beratungs-, Maklertätigkeit und Immobilienmarketing, bis zur Vermittlung von Private Equity. Damit ist die Gruppe seit Jahren so erfolgreich, dass sie u.a. vom Institut für innovatives Bauen (iib) als Player der ersten Branchenliga in einem hart umkämpften Markt bezeichnet wurde (Veröffentlichung in der Immobilienzeitung im Februar 2008). „Wir sind mit der Immobiliengruppe für die Zukunft gut aufgestellt. Wir haben Allianzen gebildet und somit Synergien um den künftigen Anforderungen der Baugrund- und Kapitalbeschaffung sowie Bau- und Vertriebskompetenz erfolgreich zu begegnen", betont Geschäftsführer Cullmann. Der Erfolg der Immobiliengruppe Frankfurt ist selbstverständlich auch sichtbar in Vorzeigeprojekten, wie dem Rhein Main Resort vor den Toren der Bankenmetropole, Riedberg Village in Frankfurts neuestem Stadtteil sowie Projekten wie den Wohnpark Regenbogen, Drei Lilien oder An der Vogelhecke.

Unternehmensberater und Immobilienexperte Cullmann sieht seine fachlichen Visionen unter anderem in der Förderung und Weiterentwicklung von energetischen und preisgünstigen Bauen vor allem für junge Familien mit Kindern und auf dem Sektor des Service orientierten Wohnen. Neben seiner „terminplanvollen" Geschäftsführertätigkeit bekleitet er noch Sitze in mehreren Aufsichtsräten, mit einem gewissen Focus auf Firmen, die sich mit präventiver Gesundheitsvorsorge beschäftigen, wie die TOPFIT AG.

Privat entspannt sich Bernd-Christian Cullmann beim Segeln, das er leidenschaftlich betreibt oder beim Studium des Zeitmanagements, dass der Manager ständig versucht für sich und seine Mitarbeiter zu perfektionieren, dabei hilft ihm auch sein Interesse a fernöstlichen Lehren wie feng shui, Tao und Nummerologie. Als leidenschaftlicher Fußballfan besucht er so oft es eben möglich ist, die Heimspiele der Eintracht. Kinder sind dem Vierfachvater besonders ans Herz gewachsen. „Wenn Kinder lachen, erzeugt das bei mir auch Freude und innerlichen Frieden." Diese Zuneigung äußert sich zudem in der Kinderstiftung der Immobiliengruppe. Eine weitere Stiftung widmet sich der Kunst zur Unterstützung Kunstschaffender, hier vor allem dem Surrealisten Alexal. Zu seinen wiederholten Auslandsaufenthalten zählt die USA, wo die „Cullmann-Eltern" ihren Wohnsitz haben, zu denen der erfolgreiche Immobilienfachmann einen besonderen Kontakt pflegt.

Wolfgang Dambmann

„Wirklich Führen heißt, greifbar sein. Greifbar sein heißt, angreifbar sein. Deswegen trauen sich die Wenigsten wirklich zu führen.“

(Wolfgang Dambmann)

Wolfgang Dambmann

Straße: An der Welle 4
Ort: 60322 Frankfurt am Main
Beruf: Geschäftsführer Handel- und Kredit GmbH & Co. KG
Geburtsdatum: 11.03.1949
Familienstand: verheiratet
Kinder: keine

„Das Architekturwesen sollte es eigentlich sein", bemerkt Wolfgang Dambmann lakonisch – angesprochen auf sein ultimatives Berufsziel. Der belesene und mit einer umfassenden Allgemeinbildung brillierende Kenner u.a. der Politik-, Kultur- und Wissenschaftsszene, hat eine hohe Affinität zur Architektur. Da wollte er eigentlich beruflich reüssieren. Praktische Erfahrung in Sachen Innenarchitektur bringt er mit. So hat er viele Möbelstücke entworfen und diese Entwürfe auch für den Eigenbedarf in die Tat umgesetzt. Doch es sollte anders kommen. Ein ihm eng verbundener Freund seiner Familie weckte sein Interesse für die Finanzwirtschaft. Ermöglicht wurde das spätere Studium durch seinen Lehrer Lothar Wetzel, der ihm nach der mittleren Reife den Weg zu Gymnasium und Abitur ebnete.

Der gebürtige Frankfurter Wolfgang Dambmann studierte Volkswirtschaft, zunächst in der Mainmetropole, anschließend in Marburg. „Eine Stadt mit hoch politischem Charakter der Einwohner und insbesondere der Studentenschaft", wie er selber sagt. Hier war es Professor K. P. Hensel, der seinerzeit letzte lebende Schüler von Walter Eucken, der ihn maßgeblich prägte. „Er lehrte uns das vernetzte Denken, differenziert und weit ab von den vielleicht lehrbuchmäßigen Einbahnstraßen-Lösungen. Es ging ihm darum, Wirtschaftssysteme zu konstruieren und sie auf ihre Tauglichkeit hin zu überprüfen", erläutert er. Ein weiterer bedeutender wissenschaftlicher Lehrer war für ihn Professor Erich Priewasser, der ihn als Inhaber des Lehrstuhls Bankbetriebswirtschaftslehre endgültig in Richtung Finanzwesen führte.

Die vielgestaltige berufliche Karriere Wolfgang Dambmanns dokumentieren so unterschiedliche Positionen wie die nach dem Studium aufgenommene Tätigkeit als wissenschaftlicher Mitarbeiter beim Battelle Institut in Frankfurt und danach als Unternehmensberater in verschiedenen Beratungshäusern. In der Unternehmensberatung, in der er zehn Jahre tätig war, schätzte er genau dieses System des „vernetzten Denkens" statt „eindimensionaler Lösungsansätze". Eines der interessantesten Projekte in seiner Tätigkeit als Unternehmensberater war die Überprüfung der Sicherheit und Alltagstauglichkeit der damaligen ec-Karte. Die Aufgabe lautete, die Scheckkarte mit allen denkbaren Mitteln zu fälschen und zum „erfolgreichen" Einsatz zu bringen. „Das Team, bestehend aus Wirtschafts- und Bankexperten sowie Ingenieuren, Physikern, Chemikern, Materialwissenschaftlern und IT-Experten, war nicht leicht unter einen Hut zu bringen. Dies war für mich die prägende Erfahrung als Projektleiter, widerstrebende Sichtweisen zusammenzuführen und zu einem gemeinsamen Ergebnis zu gelangen."

Anfragen von Banken und Finanzinstituten für eine Vielzahl unterschiedlicher verantwortlicher Aufgaben hatte Wolfgang Dambmann während seiner Zeit als Unternehmensberater viele. 1984 trat er in die Konzernplanung der Dresdner Bank AG in Frankfurt ein. Später war er als Geschäftsbereichsleiter Inland zuständig für die strategische Ausrichtung, Planung und Entwicklung des Inlandgeschäfts der Bank. Als „seinen Traumjob" bezeichnet er nach dem Fall der Mauer 1989 die Aufgabenstellung, den Aufbau der Dresdner Bank in den neuen Bundesländern zu koordinieren. Nach drei Jahren als Niederlassungsleiter in Berlin kehrte Wolfgang Dambmann 1995 nach Frankfurt zurück und wurde als Generalbevollmächtigter zuständig für das gesamte Firmenkundengeschäft der Dresdner Bank.

Im Jahr 2002 wurde Wolfgang Dambmann zum Vorsitzenden des Vorstandes der Dresdner Bank Lateinamerika AG mit Sitz in Hamburg berufen. „Es war eine schwere Aufgabe, das Haus zunächst zu sanieren und danach Lösungen für eine Ausgliederung aus dem Konzern zu suchen." Die größten Teile der Bank wurden schließlich verkauft und die verbleibenden Teile mussten sozialverträglich zurückgebaut werden. „Ich bin froh und glücklich darüber, dass es uns gelungen ist, fast 90 % der freigesetzten Mitarbeiter wieder in Lohn und Brot bei anderen Unternehmen gebracht zu haben". Für den politisch und sozial engagierten Banker ist das typisch. Er erwartet von seinen Mitarbeitern Loyalität, keineswegs aber „Nachplapperei" – vielmehr baut er auf konstruktiven Widerspruch und innovative Ideen „über den Tellerrand hinaus".

Ende Juni 2006 schied Wolfgang Dambmann aus der Dresdner Bank Gruppe aus und ist seitdem als Geschäftsführer des Bankhauses HKB in Frankfurt tätig.

Auch privat schätzt Wolfgang Dambmann die Grundsätze einer sozialen, freien Wertegemeinschaft, die Augenmaß bewahrt, ausgestattet „mit Menschen, die sich nicht selbst überbewerten oder zum Schaden anderer den eigenen Vorteil suchen". Er ist Kuratoriumsmitglied der Kinderhilfestiftung Frankfurt. „Soziales Engagement" nennt er immer wieder als zentrale Komponente seiner Lebenshaltung. Da nimmt es nicht Wunder, dass er „mehr Zeit und Raum für sozialpolitische Fragen" als einen seiner größten Wünsche nennt. Im Kreise seiner Bekannten und Freunde schätzt er deren Ehrlichkeit, Verlässlichkeit sowie eine gute Portion Humor. Überdies lebt er überaus glücklich mit seiner Ehefrau, „die mir immer wieder den Rücken stärkt und mich wenn nötig korrigiert".

Die Stadt am Main, nennt Wolfgang Dambmann „mein Zuhause", gleichwohl zieht es ihn immer wieder in die weite Welt.

Frankfurt am Main

Stefan de Loecker

„Die Kraft zu haben zu ändern was ich ändern kann, die Gelassenheit zu akzeptieren was ich nicht ändern kann und die Weisheit zu haben den Unterschied zwischen beiden zu sehen.“

(Stefan de Loecker)

Stefan de Loecker

Straße:	Lyoner Straße 23
Ort:	60528 Frankfurt am Main
Beruf:	Vorstandsmitglied Nestlé Deutschland AG Vorsitzender der Geschäftsführung Maggi GmbH
Geburtsdatum:	06.06.1967
Familienstand:	verheiratet
Kinder:	keine

Marketing für den guten Geschmack – das ist die Aufgabe von Stefan De Loecker bei Nestlé Deutschland AG. Aus dem frühen Berufswunsch Koch ist nichts geworden, aber beim guten Geschmack ist er geblieben. Er sorgt als Geschäftsführer für kulinarische Produkte, unter den Marken Maggi, Thomy, Buitoni und Libby's dafür, dass leckere Küchenprodukte an den Gaumen gebracht werden – eine geschmackvolle wie auch vielseitige Aufgabe.

Stefan De Loecker ist gebürtiger Belgier. Nach dem Abitur absolvierte er ein Studium mit Schwerpunkt Finanzen. Da war sein ehemaliger Berufswunsch Koch längst vergessen. Ende 1990 kam er in Belgien zu dem Nahrungsmittelhersteller Nestlé, der bis heute seine berufliche Heimat ist. Bei seinem Anfang im Vertrieb hatte er direkten Kontakt mit den Kunden, wobei er in den ersten sechs Monaten die komplette Produktpalette kennen lernte. Nach einem Jahr stieg er zum Vertriebsleiter auf. Anfang 1992 wurde De Loecker Produktmanager für die Marke Maggi in Belgien. „Eine eher unternehmerische Aufgabe, in der ich viele eigene Ideen entwickeln konnte", so der heute 41-Jährige. Nach vier Jahren übernahm er die Marketingführung für Nestlé Milchfrischprodukte, der größte Zweig des Unternehmens in Belgien und begleitete die weltweit erste Einführung von Nestlé LC1, was den Weg zum erfolgreichen probiotischen Markt öffnete. Im Jahr 1999 wechselte er in die Schweizer Konzernzentrale in Vevey (Schweiz) als Marketing Advisor Chilled Dairy ein. 2001 kam Stefan De Loecker nach Deutschland und fungierte als Vorsitzender der Geschäftsführung der Nestlé Milchfrischprodukte GmbH in Frankfurt/M. Nestlé-Schöller Eiscreme in Nürnberg war ab Juni 2003 die nächste Station, wo er als Vorsitzender der Geschäftsführung für die Integration des zugekauften Unternehmens verantwortlich war. Im Januar 2007 übernahm er dann den Vorsitz der Geschäftsführung der Maggi GmbH. In dieser Funktion gehört er zum Vorstand der Nestlé Deutschland AG. Wichtig in dieser Position sind De Loecker vor allem Kontinuität und Weiterentwicklung, wobei er sich als echter Teamplayer zeigt. In Vorträgen vor Studenten gibt er seine Erfahrungen und Kenntnisse weiter, da ihm der Nachwuchs am Herzen liegt.

Seine erfolgreiche Marketing- und Vertriebstätigkeit auf Führungsebene hat dem Belgier schon zahlreiche Auszeichnungen eingebracht. So holte er 2-mal für die beste Neueinführung den europäischen AIDA Preis, die Marke Maggi wurde schon 6-mal als „Most Trusted Brand" ausgezeichnet und gewann in 2007 den Sales Cup Award für die erfolgreichste Promotion in Deutschland.

Über Geschmack lässt sich ja bekanntlich nicht streiten. In diesem Zusammenhang hat der Geschmacksexperte aber festgestellt, dass es in deutschen Küchen immer fixer zugeht. „Lecker und schneller – das ist der momentane Kochtrend, auf den Maggi mit guten Convenience-Produkten reagiert. Aber auch mehr Gesundheit in Form von Gemüse und Low-Fat-Produkten kommt in den Kochtopf. Da ist dann beispielsweise Maggi Fix Gemüse die richtige Antwort aus unserem Hause. Und nicht zuletzt schärfere Würze und Asia Food werden immer gefragter", erläutert der leidenschaftliche Hobbykoch Verbrauchernachfragen, die zu erfüllen ihm eine köstliche Angelegenheit ist.

Dass der Maggi-Chef schon in viele Kochtöpfe der Welt hineingeschaut hat, dazu hatte er auf seinen Reisen in rund 70 Ländern der Erde ausreichend Gelegenheit. Wenn es ihm die Zeit erlaubt, verwöhnt er seine Freunde mit seiner Kochkunst. Stefan De Loecker selbst gibt der japanischen und italienischen Küche am Gaumen den Vorzug – und Schokolade. Zum Ausgleich geht er gern schwimmen oder ins Fitness-Studio. Früher spielte der Fan von RSC Anderlecht und FC Nürnberg selbst Fußball. Als besondere Begegnung nennt Teamplayer De Loecker Ajit Saran, seinen früheren indischen Chef in der Schweiz: „Er hat mir gezeigt, wie man aus einer Mannschaft das Beste herausholen kann" – was ihm auch offensichtlich gelingt!

Dr. Günter Degen

„Lebe im Heute und nicht im Morgen."

(Dr. Günter Degen)

Dr. Günter Degen

Straße: Rebgärten 9
Ort: 60431 Frankfurt am Main
Beruf: Mediziner
Geburtsdatum: 10.04.1920
Familienstand: verheiratet
Kinder: keine

Dass mit 65 Jahren stets der ruhigere Altersteil im Leben eines Menschen beginnt, ist kein Muss. Im doppelten Sinn zeigt das der Lebensweg von Dr. Günter Degen. Der in Frankfurt geborene Mediziner hat noch mit 75 Jahren seine eigene Praxis betrieben und pflegt noch heute ein aktives und kurzweiliges Privatleben mit seiner Frau.

In einer unruhigen Zeit in Deutschland, in der die eigentliche politische und menschliche Katastrophe größten Ausmaßes noch kommen sollte, als Jugendlicher und junger Erwachsener zu leben, ist mit gegenwärtigen Umständen unvergleichlich. Der damals 18-jährige Günter Degen musste zunächst zum Arbeitsdienst und war insgesamt neun Jahre lang Soldat. Sein Berufswunsch lag schon viel früher fest: „Ich habe eine schöne Kindheit verlebt. Mein Großvater war Landwirt, mein Vater Beamter. Der Sohn sollte es einmal weiterbringen", beleuchtet Dr. Degen die damaligen Pläne. Nach dem Studium eröffnete er eine eigene Praxis in Frankfurt und nahm sich der medizinischen Versorgung der Menschen in der Region an. Dr. Günter Degen gab erst mit 75 Jahren, 1995, seine Praxis auf. „In diesem Alter fiel mir das nächtliche Aufstehen zu Hausbesuchen in Notfällen immer schwerer", erklärt der Arzt seinen späten Rückzug aus dem Berufsleben, das viele andere Altersgenossen längst aufgegeben haben, um ihren Ruhestand zu genießen. Nicht so Dr. Günter Degen, der mit Leib und Seele Mediziner war.

Aber auch sonst ging der Arzt mit wachen Augen durchs Leben. So ist ihm auch nach dem Rückzug aus der beruflichen Tätigkeit nie langweilig geworden, denn seitdem hat er Zeit, sich seinen vielfältigen Hobbies zu widmen. „Meine Frau und ich reisen gern. Neuseeland, Australien, Südafrika oder Ägypten haben wir schon gesehen. Dabei faszinieren uns die Landschaften, die Menschen und die Tiere gleichermaßen. Wenn man mit dem Jeep zwischen acht Löwen steht – das ist schon ein kribbelndes Erlebnis", weiß Günter Degen hautnah zu erzählen.

Darüber hinaus ist er ein geselliger und sportlicher Mensch. Tanz ist eine weitere Passion von ihm, den er zusammen mit seine Frau bestens beherrscht – alle Standardtänze, moderne sowie lateinamerikanische Tänze. Dann steht wöchentlich zweimal Tennis im Doppel auf dem Trainingsplan – ein eingespieltes Team, das zusammen 325 Jahre Lebenserfahrung mit auf den Court bringt. Und mit der Französischgruppe wird Gehirnjogging betrieben, denn dann diskutiert der belesene Mediziner einmal in der Woche mit zehn Frauen aktuelle Themen auf französisch durch. „Da bleibt man fit in der Sprache". Blumen, sein Gewächshaus und sein Garten sind eine weitere Leidenschaft, die sein Leben ausfüllen. Und nicht zu vergessen: das Essen. „Ich liebe vor allem die asiatische, chinesische und thailändische Küche. Aber auch Bratkartoffeln dünn geschnitten mit viel Öl gehören zu meinen Lieblingsmahlzeiten", verrät er aus seinem Speiseplan.

Vor allem durch seine insgesamt sechs Enkelkinder fällt dem Familienmensch Degen der Generationsunterschied deutlich auf. Die Sprache sei eine ganz andere, aber auch die Ziele und die Auffassung zu vielen Themen der Menschen. So lautet auch seine Botschaft an die nachfolgende Generation in seiner Familie: zufrieden zu sein. Denn gemäß seinem persönlichen Leitsatz, „hat jeder sein Leben selbst in der Hand". In seinem Rückblick auf das eigene gelebte Leben „bereue ich nichts, denn mein Weg führt mich immer geradeaus".

Andrea Diefenbach

„Ich möchte die natürliche Neugier bei Menschen wecken.“

(Andrea Diefenbach)

Andrea Diefenbach

Straße: Fritz-Erler-Straße 12
Ort: 60437 Frankfurt am Main
Beruf: Managing Director
Geburtsdatum: 18.12.1960
Familienstand: ledig

Andrea Diefenbach hört und sieht man ihre Leidenschaft für den Orient an. Hinter dem sachlichen Titel Managing Director kommt eine Frau zum Vorschein, die das Produkt ihres Unternehmens mehr als überzeugend vertritt und darstellt.

Nach dem Abitur und Studium der Anglistik, Germanistik und Geschichte bestand schon sehr früh der Wunsch Menschen und Länder kennenzulernen, Abenteuer zu erleben. Im Alter von 27 Jahren unternahm Andrea Diefenbach eine Reise nach Indonesien und speziell nach Bali. In dieser so mystischen Welt voll unglaublicher Magie reifte in ihr die Idee, dass in der Organisation von außergewöhnlichen Reisekonzepten ihre berufliche Zukunft angesiedelt ist.

Doch vor dem Erfolg in den Ländern des Orients und Asiens steht eine hohe Mentalitätsbarriere, die es zu überwinden gilt. Feingefühl ist gefragt, Verhandlungsgeschick wird verlangt und mitunter hilft nur eine gewaltige Portion Hartnäckigkeit. Entscheidendes Kriterium aber ist und bleibt das Verständnis für die kulturellen Eigenheiten der jeweiligen Länder und Menschen und die Geduld, auch bei zähen Verhandlungen zum Ziel zu gelangen. Dieses Ziel ist klar definiert: Menschen, die sich ihre natürliche Neugier und Unbefangenheit bewahrt haben, eine Reise zu ermöglichen, die weit über den sonst so üblichen Urlaub hinaus geht.

Dabei ist es immer wichtig, auf Trends zu reagieren, oder noch besser, Trends intuitiv zu kreieren. Bestes Beispiel dafür ist das Orientaltours-Reiseangebot in den Sudan. Hier öffnet sich dem Reisenden, speziell im nubischen Teil des Landes, die Kultur eines Volkes, das es verdient hat, als eines der bedeutendsten in der Menschheitsgeschichte gewürdigt zu werden. Da aufgrund der schwach ausgeprägten Infrastruktur klassische Reisen zu Lande einen Komfortverzicht mit sich bringen können, entstand die Idee, Land und Menschen in Form einer Flugsafari mit einem nostalgischen Doppeldecker, einer Antonov 2, zu den bedeutenden archäologischen Stätten entlang des Niltals zu fliegen und dabei unvergessliche Eindrücke zu sammeln: Frei von Schubladendenken und jedwelcher Diskriminierung. Dass zu dem Tourismus-Minister des Sudan besondere Kontakte bestehen, erleichtert die Planung und Durchführung solch ehrgeiziger Vorhaben ungemein.

Und was sind die nächsten Projekte, Frau Diefenbach?
Die Antwort kommt schnell und präzise: „Ich träume von einer Tour von Kairo durch Afrika bis nach Kapstadt." Kein leichtes Unterfangen, denn beim Blick auf die politische Landkarte scheint diese Reise zunächst einmal unmöglich. Wenn man jedoch die zurückliegenden Projekte von Orientaltours kennt und die Verhandlungsstärke der Andrea Diefenbach einbezieht, lässt auch die Realisierung dieses Traumes mit Sicherheit nicht lange auf sich warten.

Heimweh kennt Andrea Diefenbach nur vom Hörensagen, denn sie fühlt sich, gemäß ihrer Lebensphilosophie, dort so heimisch, wo die Menschen sie respektieren und wo sie sich unter Freunden fühlt. Und da spannt sich ein weiter Bogen von Algerien bis nach Saudi-Arabien, denn Grenzen im klassischen Sinne scheint Andrea Diefenbach nicht zu kennen.

Karl-Heinz Dietrich

„Tätigkeit ist der wahre Genuss des Lebens – ja das Leben selbst.“

(August Wilhelm von Schlegel)

Karl-Heinz Dietrich

Ort: 60547 Frankfurt am Main
Beruf: Generalbevollmächtigter Immobilien Fraport AG
Geburtsdatum: 14.04.1964
Familienstand: verheiratet

Wie ein roter Faden zieht sich die hohe Affinität zur Immobilienwirtschaft durch das beruflich bewegte und mannigfaltig gestaltete (Berufs-)Leben von Karl-Heinz Dietrich. Nach Beendigung des Abiturs in Eitorf an der Sieg begann er seinen Einstieg in das Immobiliengeschäft. Mit Hilfe der Betriebswirtschaftslehre und seinen praktischen Erfahrungen, die er durch das Zupacken beim Hausbau erlernte, hat er frühzeitig einen Gesamtüberblick über das Entstehen des Produktes „Immobilie" erhalten. Dies war „eine bedeutende Erfahrung in Richtung meines beruflichen Werdegangs", wie er nachdrücklich anmerkt.

Zunächst befasste sich Karl-Heinz Dietrich mit der Leitung einer Vermögensverwaltung in der Mainmetropole. Die zunächst mit dem Immobiliengeschäft sehr rationale Betrachtungsweise, verstärkte sich für ihn bald zu einem Geschäft, bei dem er mit „Herzblut" kreativ sein konnte. „Gesprächspartner sind unschätzbar wichtig – zum Austausch von Gedanken und Ideen, nicht zuletzt aber auch als Korrektiv, die den gezielten Weg zum Erfolg mitgestalten", betont er nachhaltig. Sein persönlich erfolgreicher Karriereweg führte ihn zunächst in verantwortlicher Position zum „Metro-Konzern". Die Erfahrungen, welche er in einem Handelskonzern machen durfte, vereinten sich mit Erfahrungen aus der Immobilienwirtschaft, in denen er Immobilien steuerte und gestaltete. Das Zusammenspiel von Immobilien und Handel, die Größenordnung von Investitionen und letztlich deren kurz-, mittel- und langfristiger Nutzen für die Steigerung des Umsatzvolumens und des Ertrags sind die Herausforderungen, die auch noch heute für den „gewissen Reiz" sorgen. Center-Management und Projektentwicklung waren seine „Hausaufgaben" im Handelskonzern.

Die vielfältigen beruflichen Facetten seiner Tätigkeiten, lehrten Karl-Heinz Dietrich darüber hinaus auch die Strukturen des Handels bis ins kleinste Detail kennen zu lernen. Er erfuhr die pragmatische und zupackende Denk- und Arbeitsweise von vor Ort ansässigen Einzelhändlern, die er bis heute schätzt. Die Notwendigkeit des Zusammenwirkens einer gut entwickelten Immobilie mit dem richtigen Einzelhandelskonzept, die nach den Werten eines erfolgreichen mittelständischen Unternehmens gemanagt wird, ist und bleibt eine Herausforderung. Nur mit diesem System könne man dauerhaft kaufmännischen Erfolg erzielen und nicht bloß ein Strohfeuer, das keine nachhaltigen und langfristigen Ertragssteigerungen hat.

Durch seine Kenntnisse und Erfahrungen erhielt Karl-Heinz Dietrich im Jahr 2004 das Angebot der Fraport AG zum Generalbevollmächtigten „Retail und Properties". „Der Flughafen Rhein-Main hat vielfältige Chancen in der Immobilienentwicklung und im Einzelhandel", betont er mit Vehemenz. Das Projekt „Airport City" liegt ihm besonders am Herzen. „Ganz unbestritten ist die Weiterentwicklung der „Airport City" ein wesentlicher Bestandteil meiner Arbeit und zudem eines der herausragenden Zukunftsprojekte für den Flughafen und das Rhein-Main-Gebiet", so Karl-Heinz Dietrich. Oberste Priorität stellt für ihn die Sicherung der internationalen Konkurrenzfähigkeit des Frankfurter Flughafens dar. Darüber hinaus betrachtet er das Thema Energie auf dem Airport Rhein-Main „als große Herausforderung". Denn: „Hier können wir Zukunftsmöglichkeiten aufzeigen, die für alle von eminenter Bedeutung sind".

Karl-Heinz Dietrich vertritt die Fraport-Interessen in den verschiedensten Unternehmen, angefangen von „Werbung bis Reinigung". Dadurch bekommt er Einblicke in andere Branchen, die seinen Erfahrungsschatz bereichern; er bezeichnet sich selbst „als wissenshungrig".

Der Frankfurt-Fan („internationale und doch familiäre Stadt") joggt gerne oder bereist mit seiner Frau Metropolen in aller Welt, „auf der Jagd" nach bedeutender Architektur und weltgeschichtlichen Ereignissen – eines der Hobbys, die das Ehepaar Dietrich teilen.

„Ein Vermögen" könnte der „passionierte Gastgeber" Karl-Heinz Dietrich ausgeben „für ein gutes Essen, an einem wunderbaren Abend, an einem besonderen Platz – wo auch immer auf der Welt – in Gemeinschaft mit Menschen, die man gern hat".

Frankfurt am Main

Thomas Dobberstein

„Sein Ziel erreicht man durch Ehrgeiz.“

Dipl.-Ing. Thomas Dobberstein

Strasse: Walter-Kolb-Straße 14
Ort: 60594 Frankfurt am Main
Beruf: Dipl.-Ing. Architekt
Geburtsdatum: 09.09.1964
Familienstand: geschieden
Kinder: 1

Einen langen Atem von rund 15 Jahren bewies der diplomierte Ingenieur, bevor er sich seine Vision vom eigenen Büro verwirklichen konnte. Doch die Zeit nutzte Thomas Dobberstein effizient und sammelte die notwendigen Erfahrungen, um dann einen erfolgreichen Firmenstart hinzulegen – mit Dobberstein Architekten Realisierungsmanagement. Dabei hat er sich einen Schwerpunkt ausgesucht, der ihn mit einem Alleinstellungsmerkmal selbst unter ausgesuchten Architekturbüros ausstattet.

Geboren in Krefeld, erlernte Thomas Dobberstein in der Zeit 1981 bis 1984 den Beruf des Maschinenschlossers bei der Deutschen Bahn. Im Anschluss absolvierte er 1985 die Fachoberschule für Technik mit Abschluss Fachhochschulreife und begann gleich ein Architekturstudium an der FH Dortmund. Ausgestattet mit dem Diplomabschluss, startete er in verschiedenen Architekturbüros, u.a. ALM E. Lebküchner und C. Mäckler in Frankfurt, erfolgreich ins Berufsleben. Ab 1993 arbeitete er bei KSP Engel und Zimmermann als einem der führenden international tätigen Büros im Bereich Gebäudeplanung von Großprojekten, Büro- und Verwaltungsbauten und Krankenhäusern. Im Jahr 1999 wurde er dort Leiter des Baumanagements und 2003 Prokurist mit zu verantwortenden Aufgaben im Bereich der Planung und Bauausführung. Innerhalb seiner 14-jährigen Tätigkeit bei KSP Engel und Zimmermann erwarb sich der Architekt umfangreiche und profunde Branchenkenntnisse unter anderem in den Bereichen Kosten, Termin, Qualität, Vertrag und Nachtragmanagement, sowie Vorbereitung und Mitwirkung Vergabe, Objektüberwachung und -betreuung. Im Dezember 2006 verließ er das Unternehmen und gründete 2007 sein eigenes Büro „Dobberstein Architekten Realisierungsmanagement“ mit Schwerpunkt ganzheitliches Kosten-, Vergabe- und Bauabwicklungsmanagement.

„Während meiner 15-jährigen Tätigkeit im Bereich des Baumanagements habe ich festgestellt, dass es im Bereich Kosten- und Qualitätsmanagement kaum Architekten gibt, die planerische und baubetriebliche Kompetenzen vorweisen, beziehungsweise sich mit innovativen Prozessplanungs- und Steuerungsmethoden innerhalb des Planungs- und Ausführungsablaufs befassen. Mit meiner zunehmenden Berufserfahrung kam mir immer öfter der Gedanke, ein ganzheitliches Kosten-, Qualitäts- und Realisierungsmanagementsystem zu entwickeln, das den Planungs- und Ausführungsprozess transparent darstellen, steuern und optimieren kann. Um diese Dienstleistung anzubieten, habe ich mein eigenes Architekturbüro eröffnet“, so Thomas Dobberstein zur Motivation der Unternehmensgründung. Die konkreten Arbeitsschwerpunkte liegen dabei im Bereich Kosten-, Ausschreibung- und Vergabemanagement, sowie der Organisation und Steuerung von Bauabläufen, im Besonderen bei der Realisierung von Büro-, Verwaltungs- und Institutsgebäuden, Krankenhäusern, Hotels, Messehallen, Parkhäusern und Schulen.

Über sein eigenes Büro hinaus engagiert sich der Architekt im AIV Architekten- und Ingenieurverein Frankfurt/M., dessen Vorsitzender er von April 2006 bis Mai 2008 war. Dort fühlt sich der Jungunternehmer sehr wohl und lebt und arbeitet nach dem Motto „Sein Ziel erreicht man durch Ehrgeiz“.

Anja Döbritz-Berti

„Lang ist die Kunst.
Kurz ist unser Leben.“

(Anja Döbritz-Berti)

Anja Döbritz-Berti

Straße: Braubachstraße 10-12
Ort: 60311 Frankfurt am Main
Beruf: Dipl. Kauffrau
Geburtsdatum: 16.05.1971
Familienstand: verheiratet
Kinder: 1

Zwei Stockwerke voller Kunst und Antiquitäten in der Frankfurter Braubachstraße, umgeben von Galerien, Museen und geschichtsträchtigen Ausstellungen. Und geschäftige Hektik im Kunst- und Auktionshaus Döbritz, denn die nächste Auktion steht kurz bevor. Mittendrin mit der Ruhe eines „alten Profis" die junge Inhaberin Anja Döbritz-Berti.

Nach Abitur und BWL-Studium in Frankfurt mit dem Abschluss der Dipl.-Kauffrau übernimmt sie 2001 das Kunst- und Auktionshaus, das 1966 von ihrem Vater Wilhelm Döbritz gegründet wurde.

Der frühe Berufswunsch Stewardess wurde schnell ad acta gelegt, die Welt der Kunst und vor allem der Auktionen war zu verlockend und lag so nahe. Anja Döbritz-Berti spricht englisch, französisch und spanisch, was natürlich bei internationalen Auktionen und Kontakten äußerst hilfreich ist.

Mit den Schwerpunkten auf dem 18., 19. und beginnendem 20. Jahrhundert ist das Auktionshaus Döbritz auf Gemälde, Möbel, Porzellan und Silber spezialisiert, die ausschließlich als Kommisionsware eingeliefert werden, d. h. überwiegend aus Privathaushalten stammen und dort auch aus Erbschaften oder Haushaltsauflösungen. Nach Taxation und Preisfestlegung bleiben im Regelfall ca. 1.000 Objekte übrig, die dann nummeriert und ausführlich beschrieben im hauseigenen 4-Farb-Katalog oder über die eigene Web-Site ca. 3 Wochen vor Auktionsbeginn virtuell oder real besichtigt werden können. Die eigentliche Auktion hat eine reine Laufzeit von 12 Stunden, die Angebote können auch über Telefon, Fax oder E-mail abgegeben werden.

Das Kunst- und Auktionshaus Döbritz stützt sich dabei auf rund 8.000 eigene Adressen sowie einen regelmäßig kaufenden Kundenstamm. Davon etwa 60 % aus Frankfurt und Umgebung, 30 % aus der übrigen Bundesrepublik und 10 % aus dem europäischen Ausland. Hinzu kommt der Freihandverkauf im täglich geöffneten Geschäft, wo Kleinartikel und auch Geschenke dank der exponierten Lage recht gut laufen.

Neben dem Stammhaus in der Braubachstraße betreibt Anja Döbritz-Berti ein weiteres Auktionshaus am Osthafen, mit einer allerdings unterschiedlichen Ausrichtung: Geringpreisige, großformatige Möbel und Gemälde, zum Teil auch restaurierungsbedürftig, verschiedener Epochen bis hin zu moderner Kunst. Hier im Osthafen finden ca. 4mal pro Jahr ausschließlich Auktionen statt, die über Flyer und Website publik gemacht werden. Ein Freihandverkauf wie im Stammgeschäft findet hier nicht statt.

Der souverän-freundliche Eindruck, den Frau Döbritz-Berti vermittelt kommt nicht von ungefähr: Sie liebt Menschen, den Sonnenschein und sagt, dass die Geburt ihrer Tochter ein ganz besonders herausragendes Ereignis in ihrem Leben darstellte.

Das Unternehmen bildet aus und wie selbstverständlich ist Anja Döbritz-Berti IHK-Prüferin, da ihr das Weiterkommen junger Menschen und das damit verbundene, positive feed-back viel bedeutet. Und wenn sich Anja Döbritz-Berti nicht in ihrer geliebten Heimat Frankfurt aufhält, genießt sie die Zeit mit ihrer Familie bei Sonnenschein am Meer. Gemäß dem Motto: Carpe Diem. Nutze den Tag.

Prof. Dr. Hans Wilhelm Doerr

„Mit Forschungsergebnissen und medizinischen Befunden ist es umgekehrt wie beim Wein: Je länger sie dauern, desto schlechter.“

(Prof. Dr. Hans Wilhelm Doerr)

Prof. Dr. Hans Wilhelm Doerr

Straße:	Paul-Ehrlich-Straße 40
Ort:	60596 Frankfurt am Main
Beruf:	Direktor des Instituts für Medizinische Virologie
Geburtsdatum:	15.01.1945
Familienstand:	verheiratet
Kinder:	2

Prof. Dr. Hans Wilhelm Doerr war nach dem Abitur unentschlossen, was er studieren wollte. „Medizin verbindet viele Fächer in sich," sagt er. So kam er zur Medizin. Nach der Doktorarbeit in München über ein Thema aus der Labormedizin ging er an das Hygienezentrum Freiburg. Dort lernte er seine Frau kennen. So blieb er bei der Labormedizin und spezialisierte sich auf die Virologie. Diese sei vor dem Ausbruch von AIDS ein „kleines feines Fach mit wissenschaftlichem Tiefgang" gewesen, sagt er von seinem Spezialgebiet. Von Freiburg ging er als Oberarzt nach Heidelberg. Als Direktor des Institutes für Medizinische Virologie des Univ. Klinikums wurde er 1985 nach Frankfurt am Main berufen. Das Institut für Medizinische Virologie ist ein Institut des Klinikums mit Impfambulanz im Zentrum der Hygiene. Neben dem medizinischen Leistungsangebot der Krankenversorgung widmet sich das Institut der Forschung. Aus der Mit-Entdeckung des SARS-Coronavirus folgte die Entwicklung der entsprechenden Labordiagnostik und Therapie. Zytomegalieforschung, Tumorforschung, Zytostatika, Virostatika, AIDS-Forschung, Virushepatitis und Epidemiologie sind des weiteren zu nennen.

Es sei ein Glück für ihn, das sein Beruf auch Berufung ist. Das treibt ihn an. Er schreibt Lehrbücher und will dies nach der Emeritierung intensivieren, um „anderen zu helfen, gute Ärzte zu werden." Prof. Dr. Hans Wilhelm Doerr unterrichtet gerne: „Man lernt auch von jungen Leuten," sagt er.

Der erste AIDS-Fall Deutschlands trat 1983 in Frankfurt/Main auf. Damals entdeckte man jeden Monat 30 neue HIV-Träger. Die Infektion konnte kaum bekämpft werden. Doerrs erste wichtige Aufgabe in Frankfurt war der Aufbau der HIV-Labordiagnostik. Heute sind die Behandlungsmethoden wesentlich besser, auch dank der Mitarbeit der stark betroffenen männlichen Homosexuellen-Szene, die viel zur Aufklärung durch Selbstauskunft beigetragen haben. Durch gute Medikamente und individuelle Therapieeinstellung kann heute die Lebenserwartung und Lebensqualität der Patienten immer weiter verbessert werden, soweit sie sich rechtzeitig der Diagnostik stellen. Nach wie vor handelt es sich jedoch um eine lebensbedrohliche Infektionskrankheit.

Die Entdeckung des SARS-Virus, welches eine atypische, tiefsitzende Lungenentzündung auslöst, war der Höhepunkt der Karriere von Prof. Dr. Hans Wilhelm Doerr. Zunächst dachte man an ein Grippevirus. Der Erreger von SARS war ein bis zum Ausbruch der Epidemie unbekanntes Coronavirus. An nur zwei Patienten, die aus Asien eingereist waren, wurde das Virus am Frankfurter Institut isoliert und somit nachgewiesen. Dies geschah in enger Zusammenarbeit mit Instituten in Hamburg und Marburg parallel zu Forschungsarbeiten in Hongkong und Toronto.

Doerr ist kein Freund der Massentierhaltung. Krankheiten wie etwa die Vogelgrippe kann dadurch unnötig Vorschub geleistet werden. Diese Grippeviren können leicht mutieren und dadurch evtl. auf den Menschen überspringen, bei dem ähnlich SARS dann eine gefährliche Lungenentzündung ausbricht. Zur Behandlung dieser schweren Grippe stehen Medikamente zur Verfügung, die als Kapseln von den Bundesländern eingelagert sind. Noch wirksamer als Kapseln ist ein Anti-Grippevirus Spray für die Therapie dieser Lungenentzündung. Doch soll jede Therapie möglichst erst nach dem Test eingesetzt werden, um effektiv zu sein, dann aber unverzüglich.

Prof. Dr. Hans Wilhelm Doerr' s Hobby ist die Geschichte. Nicht die großen Männer stehen dabei im Vordergrund; hier interessiert ihn die Auswirkung von Krankheiten auf den Lauf der Zeiten. Er betrachtet etwa die veränderten Verhaltensweisen in der Epoche der Frühen Neuzeit. So hätten sich die vergleichsweise lockeren Sitten des Mittelalters durch die von Kolumbus aus Amerika eingeschleppte Syphilis zur Keuschheit hin gewandelt. Umgekehrt habe eine Handvoll Spanier nur deshalb den südamerikanischen Kontinent erobern können, weil sie die Pocken mitbrachten, denen die indigene Bevölkerung keine Widerstandskräfte entgegensetzen konnte. Und letztlich habe die Spanische Grippe geholfen, den 1. Weltkrieg abzuschließen.

Er ist in Arnstadt, Thüringen, geboren. Allerdings sei er eigentlich Darmstädter, denn von dort stammt seine Familie, die es in den Kriegswirren kurzzeitig nach Thüringen verschlagen hatte. Nach dem Krieg begann sein Vater in Heidelberg eine Karriere als Pathologe. Seine Jugend verbrachte Prof. Dr. Hans Wilhelm Doerr in Berlin, Kiel und wieder in Heidelberg, wo er auch sein Studium begann. Weitere Stationen während seines Studiums brachten ihn von Mannheim, zurück nach Kiel und München. Doch im Herzen sei er immer Südhesse gewesen und letztendlich hätte ihm nichts besseres passieren können, als nach Frankfurt berufen zu werden. Hier fühlt er sich heimisch.

Torsten Dornberger

Torsten Dornberger

Strasse: Baumweg 12
Ort: 60316 Frankfurt am Main
Beruf: Koch und Wirt
Geburtsdatum: 24.08.1952
Familienstand: ledig

Er ist der singende Wirt in Frankfurt und betreibt die Traditionsgaststätte „Zur schönen Müllerin" im Nordend. Torsten Dornberger hat sich der „Äbbelwoi-Szene" verschrieben und hält als Vorsitzender der „Vereinigung selbst kelternder Apfelweinwirte in Frankfurt und Umgebung" das Stöffche rein und hoch. Eine andere Leidenschaft ist der Karneval, den er mit seiner professionellen Sangeskunst aufpeppt.

Torsten Dornberger ist Zugereister, gebürtig in Erfurt. Dort betrieben seine Eltern einst einen Friseursalon. Nach dem Umzug nach Fulda bewirteten sie dort ihre Gäste in einem nahe liegenden Hotel. Als junger Mann heuerte der Hoteliersohn bei der Marine an und schnupperte vier Jahre lang Welt- und Weltmeerluft. Das verführte zu mehr. Doch seine Eltern tendierten zu einem bodenständigeren Beruf. So wurde der Sohn Koch. Keine schlechte Wahl – immerhin schaffte er es mit dem Titel „Deutscher Juniorenmeister" zur frühen Auszeichnung. Doch dann gewann erst einmal ein anderes Talent die Oberhand. Mit Partner Martin Herwig bildete er Ende der 70er Jahre das Duo „Martin und Torsten" – erfolgreich. In dieser Zeit zog es ihn nach Frankfurt – wegen Studioaufnahmen. Gefragt, aber der ganz große Gipfelsturm in die Hitparaden blieb aus. Die Neue Deutsche Welle lief den Schlagern zudem den Rang ab. Für das Duo ging es deswegen ab in die USA. Chicago, Las Vegas und andere Stationen standen auf dem Tourplan. „Unsere Musik hatte dort mehr Anhänger als in Deutschland", stellte Torsten Dornberger im Nachhinein fest. Doch es fehlte die solide Beständigkeit und so ging`s wieder – back to Germany.

Im Jahr 1988 wurde Dornberger Wirt der „Schönen Müllerin" und erinnerte sich seiner probaten Kochkünste. In der typischen Apfelweinkneipe gibt`s traditionelle hessische Kost, wie das bekannte Hessenschnitzel mit Äpfeln, Sauerkraut, Speck, Sahnepüree und Apfelweinsoße. Apropos Äbbelwoi – der Vorsitzende der „Vereinigung selbst kelternder Apfelweinwirte in Frankfurt und Umgebung" gilt als liberaler Purist. Zwar verfolgt er die Traditionslinie des „Stöffche", lässt aber durchaus auch Süßgespritzen gelten oder die trendige Bezeichnung „Äppler". „Das ist halt mal so in der jungen Generation des Hip Hop", lautet sein kurzer Kommentar dazu. Doch „gepanschte" Design- und Mixgetränke wie Apfelwein mit Cola gehen ihm gegen den Strich und erzeugen sichtliches Kopfschütteln. Da wittert er Gefahr für den guten Apfelwein. Andererseits freut es ihn, dass viele junge Leute den Apfelwein als Kultgetränk entdekken und Handkäs mit Musik als deftige Kost der Region.
Weniger deftig, dafür aber mit viel Leidenschaft und Leichtigkeit, erklingt der Gesang von Torsten Dornberger. Besonders am Karneval verwöhnt er akustisch sein Publikum mit Stimmungsliedern – meist am Umzug hoch oben vom närrischen Motivwagen. Aber auch in der Bütt steht er seinen Mann. Der singende Wirt der „Schönen Müllerin" hat in seiner Gaststätte einen eigenen Karnevalsverein gegründet – den KC Schöne Müllerin. Hinter den Gecken-Veranstaltungen in der fünften Jahreszeit steckt mehr als nur Schalk und Spaß. Den Erlös spendet Dornberger zwei Waisenhäusern in Thailand. „Ich denke sozial und unterstütze die Krebs- und Aidshilfe", erklärt er sein Bürgerengagement.

Wohltuenden Abstand zu all dem Rummel findet der Wirt, Sänger und Karnevalist häufig im Bethmannpark, im Musical und Theater. Überhaupt kann sich Torsten Dornberger für die Frankfurter Kulturszene begeistern – kein Wunder, gehört doch auch der „Äbbelwoi" dazu!

Professor Dr. Volker Dötsch

Professor Dr. Volker Dötsch

Straße: Johann Wolfgang Goethe-Universität, Max-von-Laue-Straße 9
Ort: 60439 Frankfurt am Main
Beruf: Professor für Biophysikalische Chemie
Geburtsdatum: 21.01.1967
Familienstand: verheiratet
Kinder: 2

Professor Dr. Volker Dötsch wird am 21. Januar 1967 in Frankfurt geboren und ist in der Hansestadt Hamburg aufgewachsen. Die „Natur“ und die „Wissenschaft“ haben schon als Kind einen ganz besonderen Reiz auf ihn ausgeübt. So wusste er damals schon, dass er später einmal in die Fußstapfen seines Vaters treten und auch den selben Beruf ergreifen möchte: Forscher. Und er hat sein Wort gehalten. Forschungen im eigenen Kinder- Minilabor und Experimente mit Chemiebaukästen verschafften ihm die ersten Erfolge und bewiesen nicht nur sein Talent, sondern auch seine Ausdauer und Begeisterungsfähigkeit.

Nach dem Abitur begann er 1986 das Studium der Chemie an der Universität Göttingen, das er 1990 mit „Auszeichnung“ abschloss. 1987 bekam er ein Stipendium der Studienstiftung des Deutschen Volkes, 1991 gefolgt vom Stipendium des Verbandes der Deutschen Chemischen Industrie. Im gleichen Jahr wechselte er im Rahmen seiner Doktorarbeit in die Schweiz. 1994 erhielt er ein Stipendium der European Molecular Biology Organisation (EMBO). Seit seiner Doktorarbeit 1994 an der Eidgenössischen Technischen Hochschule in Zürich beschäftigt er sich mit strukturellen Untersuchungen von Proteinen mit Hilfe von NMR-Spektroskopie, auch Kernresonanzspektroskopie genannt. Die NMR-Spektroskopie ist eine der wichtigsten spektroskopischen Methoden zur Aufklärung der Struktur und Dynamik von Molekülen, insbesondere auch in der organischen Chemie und in der Biochemie.

Nach seiner Promotion in der Arbeitsgruppe von Kurt Wüthrich wechselte er als Postdoktorand an die Harvard Medical School in Boston/USA und arbeitete sowohl in der Arbeitsgruppe von Dr. Gerhard Wagner als auch in der Arbeitsgruppe von Dr. Frank McKeon.

1998 wurde er Assistant Professor an der University of California in San Francisco. Im Jahre 2003 folgte er dem Ruf auf eine Professur am Institut für Biophysikalische Chemie an der Johann Wolfgang Goethe-Universität Frankfurt. Die biophysikalische Chemie, auch Biophysik genannt, untersucht biologische Phänomene mit physikalischen Methoden und versucht diese quantitativ zu erfassen. Mit ungefähr 2.500 Professoren und wissenschaftlichen Mitarbeiter/innen, die in insgesamt 16 Fachbereichen lehren und forschen, ist die Johann Wolfgang Goethe-Universität eine der größten deutschen Universitäten. Die Hauptforschungsinteressen von Professor Dr. Volker Dötsch konzentrieren sich auf die Untersuchung von Regulationsmechanismen von Proteinen, wobei im Mittelpunkt der sogenannte Transkriptionsfaktor p63 – ein Protein zur Erhaltung der Stammzellen – steht. Unterstützt wird er von einen 20köpfigen Team, das sich aus Postdoktoranden, Doktoranden, Diplomanden und Praktikanten zusammensetzt. Ganz wichtig ist für ihn dabei auch die Einbindung von Studenten in die Forschung.

„Begeisterung, Motivation und Ausdauer sind in diesem Beruf unabdingbar und eine absolute Voraussetzung“. Erklärend und wohlwissend fügt Professor Dr. Volker Dötsch hinzu: „Als Forscher muss man viele zähe Arbeitsverläufe und oftmals auch hohe Frustrationsstrecken in Kauf nehmen – nur dann kann man in der Forschung die „Sternstunden des Lebens erleben und genießen“.

Wenn er von seiner Familie erzählt, dann leuchten seine Augen noch mehr: Seine Frau und seine beiden Kinder geben ihm die notwendige Kraft und Unterstützung um auch privat seine Sternstunden des Lebens zu genießen. Kein Wunder also, dass es bei den Dötschs allmorgendlich ein schönes Ritual gibt: das gemeinsame Frühstück mit der Familie ist der perfekte Start in den Tag. Um diese ganz „privaten Sternstunden“ täglich genießen zu können, stellt sich der Professor höchstpersönlich und gerne seinen Wecker auf exakt 20 Minuten nach sechs Uhr!

Und wenn er einmal nicht forscht? Dann liest er Reiseberichte und beschäftigt sich sehr gerne mit zeitgeschichtlicher Literatur. Oder er macht Urlaub mit seiner Familie. Dann zieht er entweder hoch hinauf auf die Berge oder er taucht im wahrsten Sinne des Wortes ab – auf den Meeresgrund zum Gerätetauchen.

Dr. Christian Duve

Dr. Christian Duve

Straße: Bockenheimer Anlage 44
Ort: 60322 Frankfurt am Main
Beruf: Rechtsanwalt
Geburtsdatum: 23.09.1964
Familienstand: verheiratet
Kinder: keine

Mit Dr. Christian Duve sitzt einem eine Persönlichkeit gegenüber, die neben einer klaren Souveränität auch eine unglaubliche Gelassenheit ausstrahlt. Es entsteht nicht das Gefühl, einem kühl kalkulierenden Juristen gegenüber zu sitzen.

Nach dem Abitur in Hamburg entschied sich Christian Duve zunächst für die praktische Laufbahn in Form einer klassischen Berufsausbildung bei der Dresdner Bank. Es folgte das Studium der Rechtswissenschaften mit Stationen in Würzburg, Caen, Genf und München, wo er auch 1998 promovierte. Christian Duve absolvierte seine Referendarsausbildung inklusive einer Wahlstation bei der American Arbitration Assocaition in New York. Er war als wissenschaftlicher Mitarbeiter am Institut für Bürgerliches Recht, Zivilprozessrecht und internationales Verfahrensrecht in München tätig (1992-1995). Es folgte ein Postgraduierten-Studium an der Harvard University mit dem Degree des Master of Public Administration (M.P.A.) als McCloy-Scholar (1995-1997).

Während seines Aufenthaltes arbeitete er als Hewlett Research Fellow im Rahmen des „Program on Negotiation“ an der Harvard Law School, forschte im Bereich Wirtschaftsschiedsgerichtsbarkeit und agierte innerhalb des Harvard Mediation Programmes als Mediator. Christian Duve ist Partner der Sozietät Freshfields Bruckhaus Deringer und arbeitet im Frankfurter Büro. Er ist Mitglied der Praxisgruppe Prozesse Schiedsverfahren Mediation und vertritt regelmäßig multinationale Unternehmen in internationalen Post-M&A- Schiedsverfahren sowie in gesellschafts- und (rück-) versicherungsrechtlichen Streitigkeiten. Er vertritt darüber hinaus Finanzinstitute in Streitigkeiten vor Gericht und Behörden wie auch bei internen Untersuchungen und nimmt Mandate als Mediator und Schiedsrichter, z. B. bei Familienerbschaften und Gesellschafterstreitigkeiten, wahr. Hinzu kommt seine Tätigkeit als Schiedsrichter am internationalen Sportgerichtshof in Lausanne für fast alle Sparten des weltweiten Sportgeschehens.

Christian Duve ist seit 2001 Vorsitzender des Ausschusses für Konfliktbeilegung und seit 2006 Mitglied des Ausschusses für Europäisches Vertragsrecht im Deutschen Anwaltverein, hält Vorlesungen an verschiedenen Universitäten und erfüllt einen Lehrauftrag an der Universität Heidelberg u. a. in Form eines Verhandlungsworkshops.

Dr. Duve ist Vorstand des Harvard Clubs Rhein-Main und Leiter des Fachausschusses Kultur & Wissenschaft der CDU Frankfurt.

Ein guter Tag beginnt für ihn nicht allzu zeitig und beinhaltet ein Bircher-Müsli-Frühstück und die ausführliche Lektüre der Morgenzeitung. Gut geht es dann weiter, wenn er das Lächeln anderer Menschen genießen kann, Probleme gelöst werden, sich die bessere Ansicht im Wettbewerb der Argumente durchgesetzt und Prozesse erfolgreich abgeschlossen werden.

Dass Christian Duve, wann immer es geht, dem Laufen frönt, mit der Eintracht aus Frankfurt fiebert und sein Leben mitten in der Stadt genießt (die Berge dürfen´s auch mal sein), beschreibt einen Menschen, der sein Leben extrem sportlich und dynamisch angeht, aber nie den Blick für andere und deren Erfolg aus den Augen verliert.

Joachim Eckstein

„Niemals aufgeben."

Joachim Eckstein

Straße: Industriepark Höchst
Ort: 65926 Frankfurt am Main
Beruf: Industriekaufmann und Lithograph
Familienstand: verheiratet
Kinder: 2

„Niemals aufgeben", und dabei mit den Gedanken spazieren gehen, um auf kreative Weise manchmal unkonventionelle Lösungen zu entwickeln, danach handelt Joachim Eckstein. Der Geschäftsführende Gesellschafter der PolyComply Hoechst GmbH ist in den vielen Jahren seiner beruflichen Tätigkeit zu dem Kunststoffexperte geworden und unterstützt erfolgreich sowohl die Kunststoff- und Folienindustrie, als auch den Gesetzgeber. Grundlage seines Erfolgs ist seine langjährige Hoechst Erfahrung und professionelle Verbandsarbeit in verschieden europäischen und deutschen Verbänden mit Kunststoffbezug.

Joachim Eckstein ist gebürtiger Franke, der in Fürth/Bayern zur Welt kam. Schon immer war es sein Berufswunsch, als Manager tätig zu sein. Sein Berufsweg führte ihn für vier Jahre nach Holland, wo er auch seine spätere Frau kennen lernte. Im Jahr 1966 versetzte ihn sein Arbeitgeber, die Hoechst AG, zur Hoechst Tochter Kalle in die Hessische Landeshauptstadt Wiesbaden. Im Jahr 1985 kam er dann nach Frankfurt/M. und machte Karriere in der Hoechst AG. Seit dem 01. Januar 2008 ist Joachim Eckstein Geschäftsführende Gesellschafter von PolyComply Hoechst GmbH.

„Wir sind Experten auf Fachgebieten für Polymere und verarbeitete Kunststoffe, insbesondere Folien. Wir unterstützen die Geschäftsleitungen, Manager und Fachleute unserer Geschäftspartner. Unsere Expertise, die wir täglich ausbauen, bezieht sich auf Recht und Gesetz, Compliance und Advocacy im Bereich Ökologie, Produktsicherheit, gesundheitlicher Verbraucherschutz, REACH, sichere Lebensmittelverpackungen, Migration, Exposition, Pharmaverpackung, Stoffbewertung, Toxikologie und das neue Chemikaliengesetz REACH.
„Es gibt kaum Kunststoff- und Folienhersteller, die sich für ihren eigenen Bedarf vergleichbares Expertenwissen selbst vorhalten können. Deshalb sind wir Vertragspartner großer Firmen, die mit ihren Produkten Weltgeltung haben. Wir waren bereits bei der Hoechst AG die zentrale Fachabteilung Ökologie und Produktsicherheit für Kunststoffe und Folien. Diese Expertise bauten wir in den letzten 10 Jahren bei InfraServ Höchst weiter aus. Unsere Partner sind vorwiegend die aus der Hoechst AG hervorgegangen Kunststoff und Folien Firmen", beschreibt der Kunststoffexperte die Firmentätigkeit und ihren Hergang.

Zu den Arbeitsfeldern zählt auch eine ausgedehnte Verbandsarbeit. PolyComply Hoechst ist in den meisten Verbänden für Polymere und verarbeitete Kunststoffe vertreten. Joachim Eckstein selbst ist Vorsitzender des deutschen Verbandes IVK (Industrieverband Kunststoffbahnen) und der beiden europäischen sektoralen Verbände ERPA (European Rigid PVC Films Association) und EuPET (European unoriented PET Films Association). Diese drei Verbände sind Mitglieder im europäischen Dachverband EuPC. Darüber hinaus ist Eckstein Vize Präsident des EuPC, den er zuvor als Präsident, drei Jahre lang leitete.
PolyComply Hoechst verfolgt unter anderem auf nationaler und europäischer Ebene die Interessen, der von ihr vertretenen Kunststoff-Firmen, sobald diese vom Gesetzgeber für ihre Produkte und deren Anwendungen berührt werden. „Unerlässlich dafür ist das Monitoring der nationalen und EU-Gesetzgebung, die Beteiligung an öffentlichen Stakeholder Anhörungen, Konsultationsverfahren, die Erarbeitung gemeinsamer Positionspapiere oder die Forcierung von Änderungsanträge im Laufe des Gesetzgebungsverfahrens und vieles mehr", so ein kurzer Abriss weiterer Tätigkeiten von PolyComply Hoechst.

Für diese immer komplexer werdenden Aufgaben, auch im Dialog zwischen Industrie und Gesetzgeber kommt, es Joachim Eckstein wohl zugute, dass er schon immer ein Querdenker war, dem auch nie der Mut zur Umsetzung fehlte. Dabei sind ihm – ganz Unternehmer – Strategien zur Nachhaltigkeit und Erfolg seiner Geschäftspartner wichtig.
Um körperlich fit zu bleiben, hängt sich Joachim Eckstein bei gutem Wind und Wasser gerne ins Segel seines am Rhein stationierten Surfbretts. Da gute Voraussetzungen hierfür nicht allzu oft gegeben sind, hat er immer seine Inline-Skates im Kofferraum, um nach der Arbeit und am Wochenende entlang am Main und Rhein neue Ideen für Strategien oder Problemlösungen zu finden. Er misst sich auch mit anderen Inlinern in den skatenights oder wenn es z.B. einmal im Jahr mit 135 km von Bingen, über Koblenz und rechtsrheinisch zurück in den Rheingau geht. Bei schlechtem Wetter greift Joachim Eckstein gerne zum Pinsel und malt die kennen gelernten Landschaften.

Die durch die EU Institutionen – Kommission, Parlament und Ministerrat – als auch national initiierten Gesetze, schränken die unternehmerischen Freiheiten der Industrie zunehmend ein. Das Arbeitsgebiet der PolyComply Hoechst wächst mit diesen Herausforderungen und hat Zukunft. Joachim Eckstein verfolgt konsequent das Ziel, seine außergewöhnliche Erfahrung an seine ausgewählten jüngeren Mitarbeiter weiter zu geben.

Gabriele Eick

„Weniger ist mehr."

(Volksmund)

Gabriele Eick

Straße:	Vogelweidstraße 21
Ort:	60596 Frankfurt am Main
Beruf:	Inhaberin Unternehmensberatung Executive Communications
Familienstand:	verheiratet

Gabriele Eick ist als Unternehmensberaterin ihre eigene Chefin. Sie ist Präsidentin des größten deutschen Marketing Clubs (Berufsverband des Marketing Managements), Vize-Präsidentin des Deutschen Marketing Verbandes und Kuratorin der Kinderhilfsstiftung PLAN International. Gabriele Eick war und ist auf vielen beruflichen wie privaten und karitativen Ebenen höchst aktiv – und das mit Leidenschaft!

Mit Leidenschaft erläutert Gabriele Eick, deren beruflicher Herzenswunsch eigentlich Tierärztin war, auch den kommunikativen Ansatz ihrer Unternehmensberatung. Im Herbst 2000 gründete sie „Executive Communications" – Beratung für Synchronisierte Kommunikation und Marketing. Der Schwerpunkt ihrer Beratungstätigkeit liegt in der strategischen Unternehmens-Kommunikation, dazu gehören im Besonderen Kommunikations- und Marketingberatung, Krisen-Kommunikation bzw. Krisen-Präventions-Beratung. Ihre Klientel: Kunden im Finanzdienstleistungs-, IT-Sektor, der Markenartikel-Industrie sowie im Städte-Marketing – und: im Bereich der Stiftungen und Verbände!

Die gelernte Versicherungs-Kauffrau, die Frankfurt ihre Heimat nennt, begann ihre Karriere 1971 bei IBM, wo sie nach verschiedenen Stationen schließlich als Direktorin für das Vertriebspartnergeschäft der IBM Deutschland verantwortlich zeichnete. 1978/79 ergänzte Gabriele Eick ihre Ausbildung durch ein Studium der Fachrichtung Business Administration an der Columbia University, New York. Von 1988 bis 1990 war sie bei A.C. Nielsen Marketingforschung als Marketing Director Europe für den Bereich Consumer Durables (langlebige Gebrauchsgüter) tätig. Gleich darauf leitete sie die Wirtschaftsförderung Frankfurt GmbH als Vorsitzende der Geschäftsleitung. Zu den renommiertesten Projekten in dieser Zeit gehört die erfolgreiche Bewerbung der Mainmetropole als Standort für die Europäische Zentralbank. 1994 bis 1997 zeichnete Gabriele Eick als Vorsitzende der Geschäftsführung für das Deutschlandgeschäft der Public Relations/Public Affairs-Agentur Burson Burson-Marsteller verantwortlich.

Das Wort „Ehrgeiz" schätzt Gabriele Eick überhaupt nicht, will es schon gar nicht auf sich selbst bezogen wissen. „Dinge in Bewegung bringen, Handeln mit Engagement und zum Wohle aller Beteiligten, etwas aktiv gestalten und aus jedem Tag das Beste machen." Dabei schätzt die „Frau des Jahres" 1993 des Marketing-Branchen-Magazins HORIZONT in ihrem Berufsleben die Zusammenarbeit mit Führungskräften, „die ein gerüttelt Maß an Risikobereitschaft mitbringen – ohne diese Charaktereigenschaft, gepaart mit Disziplin, Sachverstand, Kommunikationsstärke sowie Glaubwürdigkeit, ist nur schwerlich etwas nachhaltig vorwärts zu bringen", erklärt sie mit Nachdruck. Darüber hinaus könnten „viele Unternehmen den kritischen Dialog gut gebrauchen" – mehr Zivilcourage und „nicht einfach im mainstream mit schwimmen", wünscht sie sich für die Unternehmens- und Führungs-Kultur in Deutschland.

Der Antrieb für das große karitative, ehrenamtliche Engagement „ist insbesondere Dankbarkeit" erklärt sie. „Ich bin gesund, mir geht es gut. Durch meine ehrenamtliche Arbeit kann ich etwas zurückgeben. Engagiert spricht Gabriele Eick über ihre Tätigkeit für PLAN International. Als sie von einem Einsatz aus dem west-afrikanischen Burkina Faso zurückgekehrt sei, hätten die dortigen Erfahrungen sie noch lange und nachhaltig bewegt. „Dieses Land hat keine Ressourcen, der Boden ist karg und sandig, tagsüber herrschen Temperaturen bis 50 Grad Celsius. Die Menschen dort leben ein hartes Leben. Man fühlt sich in die Zeit der Bibel zurückversetzt..." PLAN versucht hier den Menschen und insbesondere den Mädchen des Landes, die traditionsbedingt benachteiligt aufgezogen werden, durch Bildung eine Perspektive zu verschaffen. Neben Wasser, Hygiene und Ernährung sei dies das wichtigste Thema. „Die Hilfe kommt direkt dort an, wo sie gebraucht wird", erläutert sie die logistisch gut aufgestellte Organisation. „85 Prozent der Bevölkerung in Burkina Faso sind Analphabeten, darunter viele Kinder. Wir haben gerade ein Mädchenheim eröffnet", berichtet sie mit Freude darüber, „dass sich für die Ärmsten der Armen durchaus Chancen auftun können." Und sie fügt im gleichen Atemzug hinzu, dass „wir in Deutschland in weiten Teilen in privilegierten Verhältnissen leben – Grund genug, sich für jene zu engagieren, die unsere materielle und immaterielle Hilfe brauchen." Eine Aufforderung an uns alle – gewiss; indes will sie diese so verstanden wissen, dass hier wie dort die „Hilfe, Schulung und die Hinführung zu mehr Eigenverantwortung" im Zentrum aller Bemühungen stehen muss. Das gelte auch für ein geeintes Europa. „Wir alle sind aufgerufen, die Freiheit und das Miteinander der Kulturen in Europa aktiv mitzugestalten."

Gerhard Eifert

**„Wenn der Mensch sich etwas vornimmt,
so ist ihm mehr möglich, als man glaubt.“**

(Johann-Heinrich Pestalozzi)

Gerhard Eifert

Straße: Arnsburger Straße 5
Ort: 60385 Frankfurt am Main
Beruf: Geschäftsführer
Geburtsdatum: 14.11.1947
Familienstand: verheiratet
Kinder: 2

Gerhard Eifert wurde 1947 in Frankfurt sozusagen in den Familienbetrieb hineingeboren. Er machte die mittlere Reife, besuchte die höhere Handelsschule in Frankfurt und absolvierte eine Ausbildung zum Kaufmann der Wohnungs- und Grundstückswirtschaft.

Die heutige Hermann Eifert GmbH, Haus- u. Vermögensverwaltung, besteht seit 1931 und befindet sich mit Gerhard Eifert in der 3. Generation in Familienbesitz. Nach seiner Ausbildung trat er 1970 in die Firma ein. Zusammen mit seinem Bruder Helmut Eifert und dem Vater Hermann leiten sie die Geschicke der Firma. Vater Hermann Eifert übertrug die Geschäftsleitung nach und nach auf seine beiden Söhne. Bis zu seinem Tod 1981 unterstützte er die Firma aber weiter durch seine Mitarbeit und pflegte die Kontakte zu den Eigentümern und Handwerkern. Die beiden Brüder wurden ebenso wie der Vater vom Amtsgericht Frankfurt am Main als Zwangsverwalter bestellt und führten von 1968-1992 über 600 Zwangsverwaltungen durch.

Nachdem der Bruder 1991 auf eignen Wunsch aus der Firma ausschied, wird die Firma nun von Gerhard Eifert alleine geführt und 1996 in die Hermann Eifert GmbH umgewandelt, mit ihm als alleinigem geschäftsführenden Gesellschafter. Seit 1993 werden keine Zwangsverwaltungen mehr übernommen, wegen Zunahme der Verwaltungstätigkeiten für private Eigentümer.

Die Firma beschäftigt 5 Mitarbeiter, davon sind 3 Vollzeitkräfte und 2 Teilzeitkräfte. Die Ehefrau Christine Eifert arbeitet selbstverständlich mit, in der internen Buchführung und besondere Angelegenheiten. Die Tochter befindet sich noch in der Ausbildung und wird in die Fußstapfen des Vaters treten.

Durch die Familie wurden bereits in früher Kindheit der christliche Grundgedanke und sein soziales Verhalten geprägt. Ihn zeichnen seine Geradlinigkeit, seine Gewissenhaftigkeit und sein angenehmes ausgeglichenes Wesen aus. Der Umgang mit Menschen macht Gerhard Eifert besonders Freude. Mit Spaß an der Arbeit löst er hier die anfallenden Probleme seiner Kunden zuverlässig im kaufmännischen und technischen Bereich. Ein gutes und dauerhaftes Verhältnis zwischen Vermieter und Mieter herzustellen, wie zu vermitteln zwischen beiden Parteien, die persönliche Bindung als Dauerkunde dabei zu pflegen, sind seine besondere Anliegen.

Sein Engagement geht auch über die Firmenbelange hinaus, so war er von 1975-1981 Mitglied im Vorstand von Haus- u. Grund und nimmt seit 1981 die Aufgaben des Rechnungsprüfers wahr.

Die Familie liegt Gerhard Eifert sehr am Herzen, hier findet er auch zusammen mit Freunden bei einem guten Glas Wein den richtigen Ausgleich.

Sportlich hält er sich durch den Breitensport fit. Einmal in der Woche spielt er Handball beim TV-Bad Vilbel. Die Zeit für seine Hobbies wie Eisenbahn bauen, Briefmarken sammeln und Wanderungen im Mittelgebirge bleibt dabei natürlich knapp bemessen. Gerne möchte er noch einige größere Reisen machen, wenn die Zeitplanung es ihm erlaubt.

Prof. Dr. Gine Elsner

Prof. Dr. Gine Elsner

Strasse:	Theodor-Stein-Kai 7
Ort:	60590 Frankfurt am Main
Beruf:	Medizinerin
Geburtsdatum:	18.12.1943
Familienstand:	ledig
Kinder:	2

„Man verbringt die größte Zeit seines Lebens in der Arbeitswelt“ – mit dieser lapidaren Feststellung von Prof. Dr. Gine Elsner eröffnet sich ihr zugleich ein komplettes Forschungsfeld, das die Arbeitsmedizinerin beackert. Sie ist heute Direktorin des Instituts für Arbeitsmedizin der Goethe-Universität Frankfurt am Main.

Sie ist eine gebürtige Hamburger Deern. In der weltoffenen Hafenstadt besuchte Gine Elsner auch die Schule und machte hier 1963 Abitur. Es folgte ein Studium der Medizin. Im Jahr 1968 schloss sie die Universitätszeit mit dem Staatsexamen ab; im Anschluss daran promovierte sie zur Dr. med. und wurde in Berlin Assistenzärztin in der Psychiatrie. Dem schloss sich ein Studium der Soziologie an der Freien Universität Berlin an, das mittels einer Graduiertenförderung unterstützt wurde. Nach ihrem erfolgreichen Abschluss als diplomierte Soziologin baute Dr. Gine Elsner im Themenbereich „Arbeitsmedizin“ ein eigenes gesellschaftspoliti-sches Feld auf.

Im Jahr 1974 wurde sie Professorin für Arbeitsmedizin in Bremen, wo sie insgesamt 20 Jahre arbeitete. Auf ihrem Fachgebiet hat sie sich viele Kenntnisse auto-didaktisch angeeignet, da es sich insgesamt um ein neues Arbeitsfeld handelte. Im Jahr 1995 kam Prof. Dr. Gine Elsner nach Frankfurt an die Goethe-Universität. Gine Elsner wurde zur Direktorin des Instituts für Arbeitsmedizin ernannt. Hier wurde im Jahr 2005 außerdem ein neues Zentrum für Gesundheitswissenschaften mit sechs eigenständigen wissenschaftlichen Instituten des Frankfurter Universitätsklinikums eingerichtet. Das Zentrum selbst dient der interdisziplinären Forschung und Lehre und bündelt dazu wissenschaftliche Perspektiven, Methoden und Erfahrungen der ihm angeschlossenen Institute und Disziplinen. „Prävention und Gesundheitsförderung sowie Versorgungsforschung sind Themenschwerpunkte unserer Kooperation“, erklärt Professorin Dr. Elsner, die derzeit geschäftsführende Direktorin des Zentrums für Gesundheitswissenschaften der Goethe-Universität ist. Zu den Forschungsschwerpunkten ihres Instituts für Arbeitsmedizin zählen arbeitsbedingte Faktoren bei Krankheiten des Stütz- und Bewegungsapparates (z.B. Bandscheiben, Kniegelenk), arbeitsbedingte Ursachen bei der Entstehung von Krebsen (z.B. Lymphomen) und neurologische Erkrankungen des Gehirns durch Lösemittel oder verwandte Schadstoffe.

Privat liebt Gine Elsner das Wasser und besonders die Nordsee. Doch ihre meiste Zeit nimmt ihr behinderter Sohn ein, dem sie ihre ganze Aufmerksamkeit widmet. Nicht zuletzt will sie ihr Institut in guter Nachfolge wissen.

Dr. Michael Endres

**„Eins vor allem,
bleib dir selber treu.“**

(Shakespeare, Hamlet)

Dr. Michael Endres

Straße: Grüneburgweg 105
Ort: 60323 Frankfurt am Main
Beruf: Vorsitzender des Vorstands der Gemeinnützigen Hertie-Stiftung
Geburtsdatum: 28.10.1937
Familienstand: verheiratet
Kinder: 3 Töchter

Dr. Michael Endres studierte Rechte und Betriebswirtschaftslehre in München, Paris und Berlin. Nach der Promotion zum Dr. jur. 1966 war er in der Rechtsabteilung der Wacker Chemie beschäftigt. 1968 wechselte er zur Deutschen Bank, wo er zuletzt als Mitglied des Vorstandes für gewerbliche Immobilien, IT / Operations und Recht zuständig war. Seit 2000 ist er Vorsitzender des Vorstands der Gemeinnützigen Hertie-Stiftung.

„Dem Gemeinwesen einen Teil dessen zurückgeben zu können, was den eigenen beruflichen Lebensweg ermöglicht und erleichtert hat, ist ein Glücksfall," sagt Dr. Michael Endres. Seine Generation habe bei entsprechender fachlicher Qualifikation die besten Voraussetzungen für eine erfolgreiche, erfüllte Berufslaufbahn gehabt. Endres gibt Sachen gerne Gestalt. Es reizt ihn, Schwierigkeiten und Herausforderungen aus dem Weg zu räumen. „Hoffnungslose Fälle gibt es nicht", sagt er. Nur solche, in denen keiner den Mut fände weiterzumachen. Er selbst gilt als Spezialist für solche Fälle. Er scheut keine Risiken und verliert nicht gerne.

Die Hertie-Stiftung hat Endres seit dem Jahr 2000 zu einem „Gemeinnützigkeitsunternehmen" aufgebaut, das die allermeisten Projekte in Eigenregie initiiert, plant, finanziert und umsetzt. „Projekte sind Produkte, Produkte brauchen Publikum," sagt er. Transparenz und Good Governance sind aus seiner Sicht im Bereich der Zivilgesellschaft unerlässlich. Auch weil sich das eigene Tun am Markt behaupten müsse: „Meine Erfahrung ist: für überzeugende Projekte lassen sich viele Unterstützer und Mittäter finden." Dazu müsse die Arbeit der Stiftung jedoch nachhaltig, wirtschaftlich, spezialisiert – und öffentlich sein.

Als Endres im Jahr 2000 den Vorstandsvorsitz der Gemeinnützigen Hertie-Stiftung übernahm, oblag ihm zunächst die Entflechtung von der Karg'schen Familienstiftung, steuerlich wie politisch ein anspruchsvolles Unterfangen. Das Projekt gelang: Die Hertie-Stiftung wurde völlig unabhängig und konnte dadurch erstmals ein Eigenleben entwickeln – in der Projektarbeit ebenso wie in der Kapitalanlage. Heute beschäftigt sie 45 Mitarbeiter und hat bis dato über 400 zukunftssichere Arbeitsplätze geschaffen.

Die Gemeinnützige Hertie-Stiftung arbeitet auf den Feldern Neurowissenschaften, Europäische Integration und Erziehung zur Demokratie. Seit dem Jahr 2000 hat sie rund 210 Millionen in über 250 Projekte investiert. Ihr Vermögen beträgt rund 847 Millionen. Mit der berufundfamilie gGmbH, dem Hertie-Institut für klinische Hirnforschung, der Hertie School of Governance und der START-Stiftung gGmbH hat sie ihre größten Projekte in eine eigene Rechtsform überführt.

Dr. Michael Endres ist Mitglied des Aufsichtsrates von Arcor, der LBB Investment GmbH und von Prime Office sowie Vorsitzender des Gesellschafterausschusses von DIH Equity. Er ist Mitglied der Kuratorien des Vereins zur Förderung der Alten und Neuen Pinakothek München und des Städel Museums Frankfurt. Endres hat im Jahr 2004 das Bundesverdienstkreuz und 2005 die Ehrenplakette der Stadt Frankfurt erhalten. Frankfurt am Main sei offen und entgegenkommend, sagt der gebürtige Münchner. Die Stadt sei ständig in Bewegung und mache es Neuankömmlingen recht leicht.

Petra Engels

Petra Engels

Strasse: Goethestraße 18
Ort: 60313 Frankfurt am Main
Beruf: Goldschmiedemeisterin, Betriebswirtin des Handwerks, Galerieleiterin

Sie ist ein echtes Goldmädchen – die gelernte Goldschmiedin, Goldschmiedemeisterin und Betriebswirtin des Handwerks, Petra Engels. Aber sie hat nicht nur ein goldenes Händchen im Handwerk, in der Personalführung und -ausbildung, sondern auch in der Geschäftsführung. Sie ist erfolgreiche Leiterin des Frankfurter Ateliers Charlotte·Ehinger-Schwarz 1876, der international bekannten Schmuckwerkstatt aus Ulm. Für die Managerin ist Schmuck ein persönlicher Akzent und mehr.

Der Schmuck ist ihr – und das ist fast wörtlich zu nehmen – in die Wiege gelegt worden. Petra Engels ist mit vier Geschwistern in einer Juweliersfamilie im Münsterland aufgewachsen. Ihre Eltern haben Engagement sowie selbständiges und verantwortungsbewusstes Handeln vorgelebt, das sie dann verinnerlicht hat. Da der Apfel nicht weit vom Stamm fällt, schlug sie gleichfalls die kreative Richtung ein. Sie wurde Meisterin ihres Fachs und schaute auch über den goldenen Tellerrand in die USA. Im Jahr 1995 stieß sie zur Ehinger-Schwarz GmbH & Co.KG in Ulm, wo sie bis 1997 die Galerieleitung am Marktplatz inne hatte. Noch im gleichen Jahr kam sie in die Mainmetropole Frankfurt. Dort baute sie nicht nur eine neue Galerie auf, sondern führt sie seitdem mit außerordentlichem Erfolg. Die Filiale gilt im Ulmer Stammhaus längst als eine der wichtigsten nationalen Außenstellen, in der unter anderem „schmucke" Neuheiten und hochwertige Anfertigungen präsentiert werden. Zudem erhalten dort Mitarbeiter für das In- und Ausland den richtigen „Unternehmens-Schliff".

„Meine Vision heißt: Schmuck ist ein persönlicher Akzent. Meine Aufgabe sehe ich darin, Wünsche zu wecken, Ideen zu gestalten und Freude zu schenken", beschreibt die Galerieleiterin einen wichtigen Teil ihrer Tätigkeit, die sie im persönlichen Gespräch mit Kunden erfüllt und damit auch deren Ansprüche nach exzellenter Beratung. Qualität, Kompetenz, Kreativität und Serviceorientierung – das deckt sich mit der Firmenphilosophie des Schmuckherstellers Charlotte·Ehinger-Schwarz 1876, der sich damit einen Namen gemacht hat und den Petra Engels in Frankfurt hochhält.

Petra Engels steht im engen Kontakt zu dem Inhaber-Ehepaar Wolf-Peter und Ann-Charlott Schwarz, so dass Entwicklungen und Neuheiten untereinander besprochen und diskutiert werden, bevor sie in die Produktion gehen.

Die Fachfrau für Schmuck lebt mit ihrem Partner in Frankfurt. Sie liebt diese Stadt und weiß die Vorteile der kleinen Metropole zu genießen, nachdem sie einige Jahre in Berlin verbracht hat.

Aus der kleinen Firma, die Wolf-Peter Schwarz 1969 zusammen mit seiner schwedischen Frau Ann-Charlott übernahm, gestaltete das Ehepaar ein weltweites, bis heute wachsendes Filialsystem mit inzwischen über 200 Geschäftsstellen, davon 35 Ateliers. Die heute weltweit bekannte Verwandlungsidee Charlotte Ehinger-Schwarz 1876 wurde 1994 erstmals der Öffentlichkeit präsentiert. Der durchschlagende Erfolg stellte sich ein Jahr später mit der Eröffnung des ersten Charlotte-Ateliers in Ulm ein. Das Verwandlungskonzept ermöglicht es, im Handumdrehen aus vielen Einzelteilen individuelle Schmuckstücke zusammenzusetzen.

Wolf-Peter Schwarz liegt viel daran, dass die traditionsreiche Firma weiterhin ein Familienunternehmen bleibt. Es sieht ganz danach aus, als würde dieser Herzenswunsch in Erfüllung gehen, denn Tochter Caroline beginnt mit eigenen Ideen das Unternehmen zu prägen. So erschien das Unternehmen Ende 2007 in der Publikation „Deutsche Standards – Aus bester Familie – 100 vorbildliche deutsche Familienunternehmen".

Alexander Paul Englert

Alexander Paul Englert

Straße:	Fischerfeldstraße 13
Ort:	60311 Frankfurt am Main
Beruf:	Dipl.-Designer Fotografie
Geburtsdatum:	07.09.1960
Familienstand:	ledig
Kinder:	1

Alexander Paul Englert wurde während einer Reise seiner Eltern in Freiburg geboren. Ansonsten ist er ein waschechter Frankfurter: Er wuchs am Main auf, wo er auch heute lebt und arbeitet. In seiner Abiturzeit entdeckte er das Fotografieren für sich. Die Faszination für die Fotografie intensivierte sich bei einem anschließenden New York-Aufenthalt.

Von 1980-1983 studierte er zunächst in Frankfurt Philosophie. 1983-1989 absolvierte er an der Hochschule für Gestaltung (HfG) in Offenbach die Ausbildung zum Dipl. Designer mit Schwerpunkt Fotografie. Seit 1989 arbeitet er sowohl für verschiedene Auftraggeber als auch an eigenen Projekten. 1990 eröffnete er ein erstes eigenes Studio, seit 2003 arbeitet er gemeinsam mit vier weiteren Designern und Fotografen in der Fischerfeldstr. 13 in einer Studiogemeinschaft.

Mit seiner Arbeit möchte Englert die Welt sichtbar mitgestalten: Sein Anliegen ist, dass die Menschen über eine entfaltete Individualität zu solidarischer Gemeinschaft finden.

In zahlreichen Ausstellungen und Ausstellungsbeteiligungen präsentierte Alexander Paul Englert seit 1990 seine Arbeiten aus den Bereichen People-, Porträt- und Reportage-Fotografie im In- und Ausland, unter anderem in Ungarn, Marokko und China. 1993 erschien „China Daily“ mit ausdrucksstarken Fotografien Englerts in einer Buchgestaltung von Rafael Jiminez. 1993-1995 erhielt Englert ein Arbeitsstipendium des Künstlerhauses Mousonturm.

Nach Ausbruch des Irak-Krieges entstand das Fotoprojekt „Point of View“, das Porträts von Bürgern amerikanischer und irakischer Herkunft sowie bekannter Persönlichkeiten des öffentlichen Lebens in Deutschland versammelt und deren Positionen zum Irak-Krieg dokumentiert. Dieses Projekt wurde in Frankfurt, Rabat und Casablanca gezeigt.

Das Schauspielhaus Frankfurt präsentierte Englerts großformatige Schauspielerprotäts an den Fenstern des Hauses. Das nachfolgende Projekt „Between Work and Paradise“ war im Gebäude des Schauspiels ebenso wie auf Plakatwänden in der Stadt zu sehen. Im April 2008 wurde die Ausstellung „Frankfurt day to day“ mit Ansichten der Stadt und des Alltags ihrer Bewohner in Guangzhou / China eröffnet.

Alexander Paul Englert engagiert sich im Journalistenverband und im Fotografieforum Frankfurt. Als Ausgleich zum künstlerischen Schaffen treibt er intensiv Sport. Mit seinem Mountainbike fährt er über Stock und Stein im nahen Taunus wie auch durch Frankfurt, wo er auch als Läufer beim Stadtmarathon an den Start geht. Besonders gerne fährt er, wenn er die Zeit findet, in die Alpen zum Klettern und Hochtourenwandern.

Prof. Dr. Dieter Feddersen

„Carpe diem“ –
„Freue dich über jeden Tag.“

Prof. Dr. Dieter Feddersen

Straße: Beethovenstraße 29
Ort: 60325 Frankfurt am Main
Beruf: Rechtsanwalt und Notar a.D., Honorarprofessor an der Ruprecht-Karls-Universität Heidelberg, Juristische Fakultät
Geburtsdatum: 22.04.1935
Familienstand: verheiratet
Kinder: 2

Er ist Jurist mit Leib und Seele. Überdies auch noch als Vorsitzender engagiert in Aufsichtsräten, darunter den Asklepios Kliniken, der Drägerwerk & Co. KGaA in Lübeck (1979 bis 2008) und der Lindauer Dornier GmbH. Er ist außerdem – mit Leidenschaft – ehrenamtlich tätig, etwa als Vorstand der Dräger-Stiftung, Mitglied des Vorstandes im Förderkreis Freunde der Komischen Oper Berlin e.V. oder als Mitglied des Vorstands der Peter Dornier Stiftung und Mitglied des Vorstandes der Kronberg Academy Stiftung in Kronberg.

Nach dem Abitur 1955 in seiner Geburtsstadt Kiel begann Prof. Dr. Feddersen ein Jurastudium an der dortigen Christian-Albrechts-Universität. Seine Universitäts-laufbahn führte ihn zum zweiten Staatsexamen nach Hamburg. Für die 1964 erfolgte Promotion wählte der politisch engagierte angehende Jurist ein damals ungewöhnliches Thema: „Die Rolle der Volksvertretungen in der DDR".

Seit 1964 war Prof. Dr. Feddersen in verschiedenen Sozietäten als Rechtsanwalt tätig. Als Notar arbeitete er seit 1974 – eine Tätigkeit, die er bis 2005 ausübte. So war er von 1964 bis 1971 in Braunschweig tätig, von 1971 bis 1974 in Wiesbaden. Seit nunmehr 33 Jahren ist er als Rechtsanwalt in der Mainmetropole ansässig, die längste Zeit davon als Partner der heute unter „White & Case" firmierenden internationalen Anwaltssozietät, hervorgegangen aus der 1977 gegründeten Sozietät „Feddersen Laule et al." Seit dem 1. Mai 2005 trägt die Sozietät, in die er 2003 als Of-Counsel eintrat, den Namen „Feddersen Heuer & Partner".

Die Tätigkeit war für Prof. Dr. Feddersen seit jeher ein besonderes Anliegen. Bereits 1975 nahm er einen Lehrauftrag an der Marburger Universität und später an der Ruprecht-Karls-Universität in Heidelberg an. Diese „Leidenschaft und Neugier in meinem Fachgebiet, die Liebe zum Metier", wie er es mit großer Nachhaltigkeit formuliert, war ihm der „innere Beweggrund", zusätzlich zu seinen Kanzleigeschäften die Lehrtätigkeit über mehr als zwei Jahrzehnte hinweg kontinuierlich zu verfolgen. Die Heidelberger Universität berief ihn 1991 zum Honorarprofessor.

In seinem bisherigen Leben ist Prof. Dr. Feddersen vielen herausragenden Persönlichkeiten begegnet. „Einige davon haben mich geprägt, andere waren für meine berufliche Entwicklung entscheidend; für beides bin ich dankbar", betont er mit Nachdruck. Zu den Persönlichkeiten, für welche er nachhaltig Dankbarkeit und Anerkennung empfindet, gehören unter anderen der in New York verstorbene Rechtsanwalt Prof. Dr. Ernst Stiefel, aus der Industrie nennt er die Herren Dr. Heinrich, Dr. Christian, Theo und Stefan Dräger aus Lübeck, Herrn Peter Dornier aus Lindau, Herrn Dr. Joachim Schmidt aus Peine und den Ex-Dyckerhoff-Vorstand Alexander Freiherr von Engelhardt.

Indes, das Bild des Prof. Dr. Feddersen wäre nicht vollständig, würde man nicht seine Leidenschaft für den feinsinnigen, subtilen Humor, aber auch für das politisch-literarische Kabarett nennen. Gern „versprüht" er sein Engagement als Verfasser und musikalischer Begleiter von politisch-kabarettistischen Narrationen. Er ist begeisterter Leser – Theodor Fontane, Walter Kempowski und Günter de Bruyn bezeichnet er als seine Favoriten unter den deutschen Literaten der zwei letzten Jahrhunderte.

„Frankfurt war gut zu uns", meint Prof. Dr. Feddersen und spricht damit die rasche Akzeptanz und die Offenheit an, mit der ihm und seiner alten Sozietät Feddersen Laule und seiner Familie gegenüber getreten wurde. „Gleichwohl haben wir uns hier durch die Qualität unserer Arbeit erst einmal durchsetzen müssen", merkt er nachdenklich an. Privat zieht es das Ehepaar Feddersen in das heimische Schleswig-Holstein oder in die bayrische Heimat seiner Ehefrau, hin und wieder auch in die USA, in der Prof. Dr. Feddersen beruflich und ehrenamtlich tätig ist, unter anderem bei dem American Institute for Contemporary German Studies in Washington D.C.

„Sag beim Abschied leise Servus", zitiert Prof. Dr. Feddersen im Gespräch zum Thema Kultur und Kabarett. Das sollte indessen für den tatkräftigen Träger des Bundesverdienstkreuzes so bald kein Thema sein.

Günther Fischer

„Erfolg ist der Treibstoff
für weitere Herausforderungen.“

(Günther Fischer)

Günther Fischer

Straße: Spenerstraße 21
Ort: 60320 Frankfurt am Main
Beruf: Steuerberater, Wirtschaftsprüfer
Geburtsdatum: 03.10.1948
Familienstand: verheiratet
Kinder: 3

„Erfolg ist der Treibstoff für weitere Herausforderungen" – ist der persönliche Leitsatz von Günther Fischer. Der Steuerberater und Wirtschaftsprüfer betreibt nicht nur eine eigene Kanzlei, sondern übt ein außerordentlich vielfältiges ehrenamtliches Engagement aus, u.a. als Präsident der Steuerberaterkammer Hessen.

Günther Fischer besuchte zunächst in Frankfurt am Main und dann in Bad Vilbel die Schule, die er mit der Mittleren Reife abschloss. Auch wenn sein ehemaliger Berufswunsch nach eigenen Aussagen immer etwas damit zu tun haben sollte, bei dem sich die Räder drehen – also Motorrad oder Auto – hat er dann doch einen weniger Mechaniklastigen Beruf ergriffen. Im Alter von 18 Jahren wollte er so schnell wie möglich die Bundeswehr hinter sich bringen. Heute führt Fischer als Geschäftsführer und Gesellschafter die Kanzlei Milde + Fischer Steuerberatungsgesellschaft mbH und eine Wirtschaftsprüfungsgesellschaft.

Das langjährige CDU-Mitglied engagiert sich auch in beruflichen Themen ehrenamtlich. Zwölf Jahre war er Vorsitzender der Bezirksgruppe Frankfurt des Steuerberaterverbands Hessen e.V. Seit 2003 führt er als Präsident die Steuerberaterkammer Hessen, eine Körperschaft des Öffentlichen Rechts. Im gleichen Jahr wird er Mitglied im Beirat der Deutschen Bundesbank und im Beirat der DATEV eG. in Nürnberg, die Datenverarbeitung und Dienstleistungen für den steuerberatenden Beruf erbringt.

„Das Ehrenamt ist wie die Sahne im Kaffee. Die ehrenamtliche Tätigkeit ist Last und Lust zugleich. Last, weil sie zulasten der persönlichen Freizeit geht, und Lust, weil man unschätzbare Begegnungen mit tollen Menschen hat und seinen Horizont erweitert", beschreibt Vereinsmensch Günther Fischer, der seit 1982 in insgesamt sechs Harheimer Vereinen die Mitgliedschaft pflegt, die Motivation für seine uneigennützigen Aktivitäten. Sein Anspruch an sich selbst ist dabei, die Aufgaben so perfekt wie möglich zu lösen. Günther Fischers Stärken liegen in seiner Verlässlichkeit und Zielstrebigkeit sowie seiner Vorliebe, es gern mit Menschen zu tun zu haben – woher wohl auch seine glückliche Verbindung zwischen Beruf und ehrenamtlicher Tätigkeit rührt. Klar, dass Faulheit und Unzuverlässigkeit auf seiner persönlichen No-go-Liste gehören. Zu dem zählt Fischer zu solchen Menschen, die man als Macher bezeichnet: „Ich gestalte die Dinge gern mit. Dabei sind mir Werte wie Ethik, Toleranz, Freundlichkeit, Offenheit und Harmonie wichtig", so das Credo eines Mannes, der bereit ist, gleichfalls für andere Verantwortung zu übernehmen. Dabei genießt er aber auch – nach eigenen Worten in eher stiller Weise – den Erfolg, wenn Dinge, in die man investiert habe, gelingen.

Privat erholt sich der aktive 60-Jährige beim Skifahren, Golf und Radeln. Fleisch aller Art, Pasta und Gemüse bereiten dem kulinarischen Genießer die meisten Gaumenfreuden. Ein weiteres Faible sind Uhren und Sportgeräte, für die er „ein Vermögen ausgeben könnte". Ihm ist es nicht zuletzt wichtig, Familie und Beruf miteinander zu vereinen. Seinen Kindern rät der Vater, sich zu eigenen Persönlichkeiten zu entwickeln.

Markus Frank

„Das wahre Glück liegt in der Erfüllung eines Gedankens!“

Markus Frank

Strasse: Bethmannstraße 3
Ort: 60311 Frankfurt am Main
Beruf: Selbständiger KFZ-Meister
Geburtsdatum: 04.04.1969
Kinder: 1

Markus Frank entwickelte sein Interesse an Politik in den 80er Jahren. Als in seiner Heimatstadt Frankfurt am Main die Positionen zwischen der in Entstehung befindlichen alternativen Umweltschutzbewegung und den vorhandenen Institutionen noch unversöhnlich aufeinander trafen, war er als stellv. Stadtschulsprecher mitten im Diskussionsprozess.

Mit dem Erleben der Unmenschlichkeit an der innerdeutschen „Grenze" mit vielen, auch jugendlichen Todesopfern, wuchs in ihm der Entschluss, sich für Freiheit und Demokratie zu engagieren. Über die Junge Union kam er zur CDU und wurde bald mit wichtigen Aufgaben betraut.

Nach der Kommunalwahl 2006 erkannte er zusammen mit anderen kreativen Köpfen, dass eine Zusammenarbeit mit den Grünen für Frankfurt viele neue Chancen bedeuten würde. So entstand die erste schwarz-grüne Koalition in einer hessischen Großstadt. Seine Fähigkeit, die Dinge ideologiefrei und sachbezogen zu sehen, kam ihm dabei zugute. Die führende Stellung Frankfurts beim Bau von energiesparenden Gebäuden ist ein Beispiel für die gelungene Versöhnung von Ökonomie und Ökologie. Der beschossene Wiederaufbau der Frankfurter Altstadt und die Rekonstruktion von bedeutenden Einzelbauwerken lassen die geschichtlichen Wurzeln der Stadt wieder stärker sichtbar werden.

Seine Lehrzeit als Kraftfahrzeugmechaniker schloss der von Technik faszinierte Markus Frank als Innungs- und Kammerbezirkssieger ab und erwarb sich so die Berechtigung zur vorzeitigen Meisterprüfung. Heute führt er einen eigenen KFZ-Meisterbetrieb und ist Betreiber zweier Tankstellen. Seinen Sachverstand bringt er im Vorstand der KFZ-Innung und vielen Vereinen und Verbänden ein. Besonders wichtig ist ihm, dass junge Menschen eine gute und solide Ausbildung erhalten. Dafür wurde er mit dem Förderpreis des deutschen Handwerks ausgezeichnet.

Seine freie Zeit verbringt Markus Frank im Kreis seiner Familie und Freunde. Gerne geht er im Schwanheimer Wald spazieren oder genießt mit dem Fahrrad die Natur. Eine besondere Freude sind ihm Besuche mit seiner Tochter Anna Viktoria in den Frankfurter Museen. Dort wird nicht nur das Wissen der Menschheit vermittelt, sondern auch Gedanken und Lebenswelten in ihrer Mannigfaltigkeit zueinander in Diskussion gestellt.

Dass er die Frage eines Magazins nach seinem Lieblingswohnort mit „Frankfurt, weil es vielseitig und spannend ist" beantwortete, überrascht nicht.

Dr. Paul-Stefan Freiling

**„Was immer Du tust,
tue es umsichtig und beachte das Ende!“**

(Sprichwort aus der Römischen-Antike)

Dr. Paul-Stefan Freiling

Straße: An der Welle 4
Ort: 60422 Frankfurt am Main
Beruf: Rechtsanwalt
Geburtsdatum: 30.03.1961
Familienstand: verheiratet
Kinder: 4

Große, herausfordernde Projekte packt er nur allzu gerne an. „Es kommt einfach nur darauf an, mit welchen Partnern man diese realisiert“, erläutert er. Dr. Paul-Stefan Freiling weiß, wovon er spricht. Er hat seine Kanzlei 2003 als selbständiger Rechtsanwalt gegründet, 2004 war er dann Gründungspartner der Kanzlei-Partnerschaft mit zwei Kollegen. Um besagte große Projekte im Wirtschaftsrecht zu stemmen, hat er sich ein ausgeklügeltes System des Netzwerkens mit Großkanzleien aufgebaut. „Das schafft Synergien und ermöglicht es, auch große Finanzvolumina, etwa im Bereich von Unternehmenskäufen, zu realisieren.“ Auf keinen Fall beabsichtigt er, seine Kanzlei übermäßig personell aufzustocken. Die Mandanten haben so die Sicherheit, individuell betreut zu werden und wissen dabei, dass sein umfangreiches Netzwerk mit fachlich hoch qualifizierten Ressourcen in den Kooperationskanzleien bereit steht, das es ermöglicht, nationale wie internationale Geschäfte erfolgreich abzuschließen.

Es war schon seit jeher die Überzeugung des 1961 in Duisburg geborenen Dr. Paul-Stefan Freiling, dass Kooperationen und gezieltes Netzwerken im Rechtswesen innovative und damit auch notwendige Management-Instrumente sind, um der breiten Vielfalt an Mandanteninteressen gerecht zu werden. Seine Wirtschaftskanzlei betreut eine große Klientel aus dem anglo-amerikanischen Raum. Insbesondere Mandanten aus New York, den neu-englischen Metropolen der amerikanischen Ostküste und aus London schätzen die Flexibilität seiner Kanzlei. Auf der Basis der Vernetzung sind sowohl deutsche wie internationale Vertragsgestaltung ebenso effizient zu realisieren, wie die rechtliche Beratung bei Auslandsinvestitionen.

Der ehemalige Rechtsberater der Treuhandanstalt Berlin, die Dr. Paul-Stefan Freiling 1993/1994 in Fragen der Privatisierung betreute, studierte in Freiburg und Bonn Jura; sein 2. Staatsexamen legte er 1990 ab. Geprägt durch seinen Vater, ebenfalls Volljurist, schien sein beruflicher Weg vorbestimmt. Architektur indessen war zunächst sein Berufswunsch – die kreative Idee und deren Umsetzung sah er hier am ehesten gegeben. Doch dann entdeckte er die schöpferische Kraft der Sprache, die den Beruf des Juristen maßgeblich bestimmt. Schließlich sei der juristische Vertrag „ein Abbild des Willens der beteiligten Menschen, der passgenau in Sprache zu übertragen sei“, betont er nachhaltig. Es sei neben der Netzwerkarbeit insbesondere diese „sprachschöpferische Tätigkeit“, die ihn in seinem Beruf aufgehen lasse.

Als Vater von vier Kindern sieht Dr. Paul-Stefan Freiling in der Erziehung die Vermittlung des christlichen Glaubens als das Fundament an, auf dem das weitere Leben fußt. Ohne Zwang, aber als alltägliches Ritual, gehören das Gebet und das Gespräch über den Glauben zu den Selbstverständlichkeiten im Hause Freiling. Er selbst ist im katholischen Pfarrgemeinderat und in der Bezirksversammlung Hochtaunus ein engagierter Mitstreiter. Da nimmt es nicht Wunder, dass er die Wahl Kardinal Josef Ratzingers zum Papst Benedikt XVI. neben der deutschen Wiedervereinigung zu einem der prägendsten und erfreulichsten Ereignisse in seinem Leben zählt. Wenn dann noch genügend Zeit für das Familien-Beisammensein, für klassische Musik (Mozart, Mendelssohn) und für ein gutes Buch bleibt, so ist er – beinahe zumindest – restlos zufrieden.

Indes, Dr. Paul-Stefan Freiling kann sich gut vorstellen, dass unsere Gesellschaft weitaus besser harmonieren würde, wenn sich mehr Menschen auf den Weg machten, stärker ehrenamtlich bürgerschaftlich aktiv zu werden. „Im persönlichen Beziehungsgeflecht, im eigenen kleinen Umfeld, kann man mit kleinen Schritten viel mehr erreichen, als man gemeinhin glaubt.“ Neben verschiedenen ehrenamtlichen Aufgaben, ist der sprachbegabte Jurist (Englisch, Französisch, Russisch) im Schulelternbeirat vertreten; überdies ist er als Oberstleutnant d.R. die Kontaktperson der Stadt Frankfurt zur Bundeswehr.

Frankfurt und das Rhein-Main-Gebiet sind für Dr. Paul-Stefan Freiling und seine Familie der für Beruf, Familie und Freizeit ideale Lebensraum; ins Allgäu geht's, wann immer Zeit bleibt, zum Wandern und Skifahren.

Dr. Christian Garbe

„I shall be telling this with a sigh
Somewhere ages and ages hence:
Two roads diverged in a wood, and I –
I took the one less travelled by,
And that has made all the difference.“

Dr. Christian Garbe

Strasse: Altenhöferallee 3
Ort: 60438 Frankfurt am Main
Beruf: Geschäftsführer FIZ Frankfurter Innovationszentrum Biotechnologie GmbH
Geburtsdatum: 14.03.1965

Sein Job sind die zukunftsträchtigen Biowissenschaften oder Life Sciences. Als Geschäftsführer des FIZ Frankfurter Innovationszentrum Biotechnologie trägt Dr. Christian Garbe die Verantwortung für diesen Bestandteil am weltweit bedeutenden Wirtschafts- und Technologiestandort Frankfurt-Rhein-Main. Eine schwere Last, die er aber aufgrund seiner langjährigen Erfahrungen im Industrie- und Finanzsektor kompetent zu stemmen vermag. Dort beschäftigte sich der promovierte Agrarökonom unter anderem mit Businessmodellen für Zukunftstechnologien und -produkte sowie deren Finanzierung.

Christian Garbe kam in Hameln zur Welt. Nach dem Studium der Agrarwissenschaften mit Schwerpunkt Wirtschafts- und Sozialwissenschaft an der Göttinger Universität im Jahr 1992 promovierte er dort 1996 durch ein von der DFG gefördertes Forschungsprojekt. Im Jahr darauf vertrat Dr. Garbe die Interessen des Deutschen Bauernverbandes in umweltpolitischen Fragestellungen sowie im Bereich der Bio- und Gentechnologie auf nationaler und europäischer Ebene. Dann wechselte er zu dem Schweizer Life Science-Unternehmen Novartis, für das er drei Jahre lang als Business Analyst auf internationaler Ebene tätig war. Dabei kamen ihm seine Sprachkenntnisse in Französisch, Englisch und Spanisch zugute. Zu seinem Bereich gehörte die Bewertung der Potenziale der Biotechnologie für Produktentwicklungen. Für die DZ BANK AG analysierte Dr. Garbe seit 2000 Biotechnologie- und Pharmaunternehmen und baute ein Biotechnologiezertifikat auf. Längst lag sein beruflicher Schwerpunkt fest, der sich auf Erfolg versprechende Businessmodelle mit den dazugehörigen Produkten, Technologien und deren nachhaltiger Finanzierung fokussiert. Seit der Gründung der FIZ Frankfurter Innovationszentrum Biotechnologie GmbH 2002 ist Dr. Garbe Geschäftsführer des Infrastrukturprojektes.

„Mit dem FIZ Frankfurter Innovationszentrum Biotechnologie ist es uns gelungen, am Wirtschaftsstandort Frankfurt-Rhein-Main einen neuen Identifikationsort für kleine und mittlere Unternehmen im Life Science-Bereich aufzubauen. Durch eine starke Fokussierung auf wenige Indikationsgebiete, eine maßgeschneiderte Infrastruktur und dynamische Netzwerke bietet das FIZ die optimale Plattform für forschende Unternehmen. Auch international, unter anderem in Osteuropa und Asien, gilt das FIZ als erfolgreiches Beispiel für den Aufbau eines marktorientierten Forschungsclusters", erläutert FIZ Geschäftsführer Garbe.

Seine persönliche Aufgabe an der Spitze des FIZ sehe er darin, das Innovationszentrum in einem zukunftsweisenden Geschäftsmodell national und international weiter zu etablieren und zu expandieren. Die allgemeine Bedeutung von Einrichtungen wie dem FIZ kann Christian Garbe nur betonen: „Die Relevanz der Biotechnologie für die kosteneffiziente Entwicklung von Medikamenten und Diagnostika ist größer denn je. Sie wird von der demographischen Entwicklung in den hoch entwickelten Volkswirtschaften noch verstärkt." Wie erfolgreich das FIZ und die Arbeit des Geschäftsführers ist, mag der zweite Bauabschnitt verdeutlichen, der nach der Vollauslastung des ersten 2007 baulich in Angriff genommen wurde. Für seine Arbeit in der gesellschaftlichen Zukunftsentwicklung wurde Dr. Garbe in die F.A.Z.-Preis-Reihe „Unsere Köpfe des Jahres" aufgenommen. In seiner ganzen technologisch-wissenschaftlichen Zukunftsarbeit vergisst der FIZ-Chef aber nicht seine Visionen vom ökonomischen und sozialen Ausgleich zur Weiterentwicklung der Gesellschaft.

Frankfurt am Main

Prof. Dr. med. Dr. rer. nat. Dr. med. habil. Gerd Geisslinger

Prof. Dr. med. Dr. rer. nat. Dr. med. habil. Gerd Geisslinger

Straße:	Theodor-Stern-Kai 7
Ort:	60590 Frankfurt am Main
Beruf:	Universitätsprofessor, Arzt und Apotheker
Geburtsdatum:	04.03.1961
Familienstand:	verheiratet
Kinder:	2

„Gehabte Schmerzen, die hab ich gern" – so hält er's mit Wilhelm Busch, der international anerkannte Schmerzforscher Prof. Dr. Dr. Gerd Geisslinger. Er jagt quasi dieser Sentenz ein Forscherleben lang hinterher – mit Erfolg, wie zahlreiche Publikationen und Auszeichnungen dokumentieren, und für das Wohl der Patienten. Dabei treiben ihn die persönliche Neugier und der eigene Forscherwillen an.

Das Licht der Welt erblickte Gerd Geisslinger in Creglingen. Nach Abitur und Bundeswehr studierte er von 1981 bis 1985 Pharmazie und von 1986 bis 1991 Humanmedizin in Erlangen. Diese Konsequenz zeigt, dass der Berufswunsch schon ziemlich früh innerlich fest zementiert war – es galt nur, sich fit zu machen für ein Forscherleben. Im Jahr 1986 bekam er die Approbation als Apotheker und 1993 als Arzt. In den Jahren 1990 und 1992 promovierte der ehrgeizige Wissenschaftler zum Dr. rer. nat. und Dr. med., wobei er sich in der Zwischenzeit als Gastwissenschaftler am St. Vincent`s Hospital in Sydney aufhielt. Nach einigen Jahren als wissenschaftlicher Hochschulassistent am Institut für Pharmakologie und Toxikologie der Universität Erlangen ließ auch die Habilitation für Pharmakologie und Toxikologie zum Dr. med. habil. nicht lange auf sich warten. Im Jahr 1998 erhielt der vergleichsweise noch junge Privat-Dozent gleichzeitig einen Ruf auf den Lehrstuhl für Pharmakologie und Toxikologie der Ruhr-Universität Bochum und auf den Lehrstuhl für Klinische Pharmakologie nach Frankfurt. Er entschied sich für Frankfurt und wurde Universitätsprofessor und Direktor des Instituts für Klinische Pharmakologie am pharmazentrum Frankfurt der Goethe-Universität. Einen Ruf zurück nach Erlangen lehnte Gerd Geisslinger einige Jahre später nicht nur aus wissenschaftlichen Gründen ab: „Mittlerweile mag ich Frankfurt sehr, vor allem weil diese Stadt viel bietet und auch eine schöne Umgebung hat."

Mehrere Auszeichnungen wie der Förderpreis für Schmerzforschung, Sertürner-Preis, Leon Goldberg Award der amerikanischen Gesellschaft für Klinische Pharmakologie oder der Ehrenpreis der Deutschen Schmerzgesellschaft weisen den Forscher und Fachbuchautor (Coautor und Mitherausgeber von „Mutschler Arzneimittelwirkungen") mit nationaler und internationaler Reputation aus. Mitgliedschaften in zahlreichen Fachverbänden, Herausgeber- und wissenschaftlichen Gremien sowie Stiftungen untermauern die Nachfrage nach seinem Expertenwissen und seine vielfache Vernetzung. Darüber hinaus ist er Gründungsmitglied und Sprecher des Vorstands von ZAFES, dem Zentrum für Arzneimittelforschung, -entwicklung und -sicherheit. „Durch Zusammenführen von Hochschule, Industrie und Biotechnologie wird im ZAFES die Anwendung neuer Erkenntnisse biomedizinischer Forschung optimiert – ein entscheidender Vorteil im Hinblick auf die wettbewerbsfähige Entwicklung innovativer Arzneimittel", so Prof. Geisslinger zu seiner Chairman-Funktion, der nach eigenen Angaben „zugleich Wert legt auf anwendungsorientierte Forschung und Grundlagenforschung, um dem Patienten zu dienen." Das deckt sich auch mit seinem beruflichen Lebensmotto: „Forschung und Lehre bedeutet Fördern durch Fordern!" Spaß hat der „Prof" aber auch bei der Ausbildung seiner Studierenden. Er versteht es auf eine unnachahmliche Weise die Studierenden in den Hörsälen für die Wichtigkeit des Faches Klinische Pharmakologie und Arzneimitteltherapie zu interessieren – auch über den Pflichtunterricht hinaus.

Seine karge Freizeit verbringt der Hochschullehrer am liebsten mit seiner Familie. Darunter ist auch mal ein Stadionbesuch bei der Eintracht.

Heinz-Otto Gengnagel

„Mehr sein als scheinen."

(Heinz-Otto Gengnagel)

Heinz-Otto Gengnagel

Straße:	Kaulbachstraße 71
Ort:	60596 Frankfurt am Main
Beruf:	Jurist Präsident des Tennisclub Schwarz-Weiß e.V.
Geburtsdatum:	07.02.1943
Familienstand:	verheiratet
Kinder:	keine

Heinz-Otto Gengnagel kam 1943 in München zur Welt. Sein Vater war während des Krieges Dorfschullehrer in der Holledau. Nach dem Krieg zog der Vater mit seiner Familie in seine Heimatstadt Frankfurt zurück. Hier wuchs Heinz-Otto Gengnagel auf und wurde von der Liberalität der Großstadt geprägt. Wie ein roter Faden zog sich sein Hang nach Selbstständigkeit und Lust auf Abenteuer durch sein Leben.

Als ausgebildeter Jurist übte er die Tätigkeit eines Rechtsanwalts von 1974-2000 aus. Parallel dazu betätigte er sich schon seit 1980 in der Immobilienbranche. Heute verwaltet und modernisiert er noch Wohnungen, die sich in seinem Bestand befinden. Mit seinem Talent zur Selbstständigkeit und seinem großen Unternehmungsgeist gründete er zusammen mit seiner Schwester noch während seines Studiums eine Feriensprachschule in Cannes an der Cote d'Azur, die von 1968-1982 betrieben wurde. Die Schule wurde in eigener Regie aufgebaut und in Form eines Internats von den beiden Geschwistern geleitet. Schüler aus Italien, England, Amerika, insbesondere aus Deutschland, machten das Unternehmen zu einem großen Erfolg. Neben dem Französischunterricht standen Sportarten wie Reiten, Segeln, Fußball, Tennis und auch kulturelle Aktivitäten auf dem Freizeitprogramm. Einige der Schüler wurden in Ihrem späteren Leben prominent, wie der Hollywood Regisseur Roland Emmerich, der von seinem 14ten Lebensjahr bis zum Abitur jeden Sommer in Cannes verbrachte.

Ein weiterer Höhepunkt in seinem bewegten Leben war 1965 im Alter von 22 Jahren die Teilnahme an einer Sahara-Kongo-Expedition über 30 000 km mit 8 Studenten. Die Spuren des grausamen Algerienkriegs waren noch nicht verschwunden und der Kongokrieg tobte. Das Interesse an dieser Reise war in Presse und Fernsehen entsprechend groß. Afrika ließ ihn nicht mehr los. 1975 ging es zu viert für 2 Monate im VW-Bus durch Westafrika.1988 ging er für das Winterhalbjahr als Fahrer eines Mercedes-Unimogs und Mitorganisators von Abenteuerreisen wieder in die Sahara. Seine Reiseabenteuerlust führte ihn 1991 für 6 Wochen mit Bussen und Eisenbahn durch Südamerika. Im Hinterland von Ecuadors wusch er Gold in den Bächen. Eine weitere Südamerikareise von Feuerland bis zu den Wasserfällen von Iguacu folgte 1992 mit seiner heutigen Ehefrau.

Der sportliche Werdegang ist nicht weniger bewegt. Während seiner Schulzeit spielte HOG Handball und später Prellball und wurde in dieser Sportart 3mal Hessenmeister. Zum Tennisspielen kam er schon in frühen Jahren durch seinen Vater. Als Student hat er jahrelang geboxt und stand auch im Ring. Ebenso spielte er fast 30 Jahre aus Spaß an der Freude Fußball mit der Hobbymannschaft „Knockout Devils", die nicht nur im Rhein-Maingebiet, sondern in der ganzen Welt wie Paris, London, Philippinen, Prag usw. ihre Spiele austrugen. Herausragendes Ereignis war ein Spiel dieser reinen Amateurmannschaft in Haiti im ausverkauften Stadion gegen eine junge Profimannschaft, die im Glauben waren, so eine weite Reise könne nur die Frankfurter Eintracht unternehmen. Mit seinem Schwager segelte er in der Tempestklasse mehrere Meisterschaften mit. Auch mehrere längere Törns auf Segelyachten machte er durch das ganze Mittelmeer.

Nach einer Tennispause von fast 25 Jahren kam ein Neuanfang mit der gelben Filzkugel als Mitglied im Tennisclub Schwarz-Weiss, 2001 als Präsident dessen Geschicke des Vereins. Als Novum hat er wegen der damaligen beginnenden Tennismüdigkeit die aktive Werbung um neue Mitglieder mit Erfolg im Tennisclub eingeführt. Der Tennisclub Schwarz-Weiss besteht seit 1924. Die Anlage besteht aus 8 Sandplätzen, einem schönen Clubhaus mit Terrasse und einem Kinderspielplatz. Zur Zeit besteht der Club aus 430 Mitgliedern, davon 100 Jugendlichen. Jedes Jahr nehmen ca. 20 Mannschaften an den Wettbewerben des Hessischen Tennisverbandes teil. 2004 wurde der Tennisclub Schwarz-Weiss vom Landessportbund zum Verein des Monats von Hessen gewählt. Das vielseitige Engagement des Vereins außerhalb der Tenniscourts mit einem Kulturkreis, Radtouren, Wintergymnastik und einer jährlichen Reise in die Türkei zur Saisonvorbereitung fand hier seine Anerkennung. Einen perfekten Rahmen für eine lockere Atmosphäre finden die Mitglieder in ihrem Vereinslokal, in dem italienische Spezialitäten zu günstigen Preisen angeboten werden.

Heinz-Otto Gengnagel wünscht sich für die Zukunft Gesundheit, um noch einige Jahre weiter sportlich aktiv sein zu können. Auch der Natur- und Umweltschutz liegt ihm am Herzen und er hofft, dass dieser blaue Planet auch für zukünftige Generationen bewohnbar bleibt. Für 2008 wünscht er sich etwas mehr Freizeit. Auch möchte er noch einmal für längere Zeit die Stille der Sahara genießen, deren Zivilisationsferne eine besondere Faszination auf ihn ausübt.

Dr. hc. Ernst Gerhardt

Dr. hc. Ernst Gerhardt

Straße:	Neue Kräme 29
Ort:	60311 Frankfurt am Main
Beruf:	Stadtkämmerer a.D. Senator e.h.
Geburtsdatum:	10.09.1921
Familienstand:	verheiratet
Kinder:	3

Ernst Gerhardt wurde am 10.09.1921 in Frankfurt am Main geboren.

Nach seiner Schulzeit lernte er Kaufmann. Dem Arbeitsdienst, dem Militärdienst und der Kriegsgefangenschaft folgte von 1945 bis 1960 die Tätigkeit als Kaufmann in einem bedeutenden Industrie-Unternehmen in Frankfurt am Main. Er engagierte sich ab 1931 bis zur Auflösung durch die NS-Gewaltigen in katholischen Jugendorganisationen, was nach dem Krieg fortgesetzt wurde. Der Christlich-Demokratischen Union trat Ernst Gerhardt 1953 bei. Er war von 1961 bis 1972 Kreisvorsitzender dieser Partei, Mitglied des Landesvorstandes Hessen und von 1955 bis 1958 Kreisvorsitzender der Christlich-Demokratischen Arbeitnehmerschaft. Er war von 1977 bis 1989 Landesvorsitzender der Kommunalpolitischen Vereinigung der CDU Hessen, von 1970 bis 1990 deren stellvertretender Bundesvorsitzender und von 1960 bis 1990 Vorsitzender des „Arbeitskreises Große Städte". CDU-Stadtverordneter im Stadtparlament von Frankfurt am Main war er 1956 bis 1960.

Von 1960 bis 1989 gehörte Ernst Gerhardt ununterbrochen hauptamtlich dem Magistrat der Stadt Frankfurt am Main an. Dort betreute er verschiedene Dezernate, unter anderem konzipierte er bereits 1961 den „Plan zur Einhaltung von Luft, Wasser und Lärmschutz". Als Sozial- und Gesundheitsdezernent war er Initiator des Kommunalen Altenplanes, des Krankenhausplanes. Der Ausbau des ambulanten Pflegedienstes, sowie überhaupt der ambulanten Dienste, war sein Verdienst.

Von 1978 bis 1989 war er als Stadtkämmerer für die Finanzpolitik, das Liegenschaftswesen, die städtischen Beteiligungen und die kirchlichen Angelegenheiten verantwortlich.

Daneben war er von 1969 bis 1989 als CDU-Abgeordneter im Landeswohlfahrtsverband Hessen, ab 1977 Fraktionsvorsitzender.

Von 1972 bis 1989 war er Mitglied im Verbandsausschuss des Umlandverbandes Frankfurt am Main.

Ernst Gerhardt hat an der kommunalpolitischen Entwicklung seiner Vaterstadt seit dem Ende des Zweiten Weltkrieges entscheidenden Anteil. Er ist Träger des Großen Bundesverdienstkreuzes mit Stern, erhielt die Ehrenplakette der Stadt Frankfurt am Main, Ehrensenator der Johann Wolfgang Goethe-Universität Frankfurt am Main, Präsident der Freunde der Universität Tel Aviv und 2001 wurde ihm der Dr. hc. der Universität Tel Aviv zuteil. Von Papst Johannes Paul II. wurde ihm das Komturkreuz mit Stern des Gregoriusordens verliehen. Die Wilhelm Leuschner-Medaille erhielt er am 01.12.1986.

Tim Gondorf

„Sport ist ein vernünftiger Versuch des modernen Zivilisationsmenschen, sich Strapazen künstlich zu verschaffen“

(Peter Bamm)

Tim Gondorf

Straße: Rotlintstraße 44 a
Ort: 60316 Frankfurt am Main
Beruf: Personaltrainer
Geburtsdatum: 29.02.1976
Familienstand: ledig
Kinder: keine
Homepage: www.peak-personaltraining.de

Tim Gondorf ist ein bemerkenswerter und fleißiger junger Mann mit vielen Talenten gesegnet, vorausschauend und mit außergewöhnlichen Ideen packt er das Leben an. Er wuchs in Hanau auf, seine Ausbildung und seinen Beruf führten ihn nach Frankfurt. Schon als Kind war er sportbegeistert und wurde von seinen Eltern unterstützt und gefördert. Er spielte Handball, Tennis, seine besondere Leidenschaft aber war das Skateboard fahren. Erfolgreiche Sportler wie Mike Vallely & Ray Barbee waren dabei seine Vorbilder. Während seiner Schulzeit spielte er Hockey beim THC-Hanau. Nach seinem Abitur entschied er sich an der Fachakademie FAKD in Frankfurt Grafik-Design zu studieren. Das Studium wurde ihm aber bald zu eindimensional. Vielseitig wie er ist, wechselte er schließlich zur Musik – eine seiner weiteren Leidenschaften, der er schon während seines Studiums als professioneller DJ nachging.

Zunächst arbeitete er als Label-Manager bei Neuton und absolvierte im Anschluss daran – auf berufsbegleitender Ebene – bei der EBAM in Köln seine Ausbildung zum Musikkaufmann. Schließlich führte er fünf Jahre sein eigenes Schallplattenlabel, Séparé Recordings und war parallel weiterhin als Disc Jockey unterwegs. Und so schließt sich der Kreis: In dieser Zeit begann er als Ausgleich mit dem Laufen und fand so wieder zum Sport.

2004 nahm er dann an seinem ersten Marathon teil, dem Stadtmarathon in Frankfurt, nach einem halben Jahr Trainingszeit. Er begann zu schwimmen und Rennrad zu fahren, wurde ein erfolgreicher Marathonläufer. Dann steckte er sein Ziel höher: Iron Man 2007 in Frankfurt – mit Erfolg bestanden! Sein sportlicher Lebenstraum ist die Teilnahme am Ironman in Hawaii. Die Faszination Sport ließ ihn nicht mehr los. Er machte seine große Leidenschaft zum Beruf. Ein wissenschaftliches Fundament zur gelebten Praxis schuf er mit dem Studium der Sportwissenschaften. Seine Magisterarbeit steht Ende 2008 an.

Tim Gondorf arbeitet gerne mit Menschen, er liebt die Leichtigkeit des Sports und die Herausforderung anderen dadurch zu helfen ihre Ziele zu erreichen. Aus dieser Motivation heraus gründete er im Herbst 2007 – parallel zu seinem Studium – seine Firma peak personal training. Personal Training bedeutet für ihn mehr als eine reine Trainingsbetreuung. Es soll eine körperliche und geistige Balance schaffen und dem Menschen helfen sein natürliches Gleichgewicht zu finden. In unserer schnelllebigen Zeit wird das Thema „Work-Life-Balance“ immer wichtiger. Sport ist ein gutes Ventil!

Zu seinem wohl durchdachten Konzept gehören – neben den wissenschaftlich fundierten Trainingseinheiten – sowohl das allgemeine Gesundheitscoaching als auch die spezielle Ernährungsberatung und die sporttherapeutische Betreuung mit dem Schwerpunkt auf Kardiologie. Weitere Bestandteile des Peak-Portfolios sind Traningsdiagnostik und Einkaufsberatung (mit dem Fokus auf Laufschuhberatung) – sozusagen als Basis für erfolgreiches Training.

Ziel ist – die Optimierung des Wohlbefindens, des Gesundheit und Fitness. Es macht ihm immer wieder besondere Freude einen „Büromenschen“ durch gezieltes, gemeinsames Training und bessere Ernährung dazu zu bringen, beruflichen Stress abbauen zu können und größeres allgemeines Wohlbefinden zu erleben. Ein schöner Nebeneffekt durch die besondere persönliche Beziehung während des Trainings entstehen auch Freundschaften ganz eigener Art. Als Personal Trainer besucht er seine Kunden zu vereinbarten Terminen am Arbeitsplatz, zu Hause, in der Natur und auch im Fitness-Studio.

Sightjogging ist ein weiteres besonderes Angebot von peak personal training. Frankfurt-Touristen, Business-Reisende und Hobby-Läufer haben hier die Möglichkeit etwas für ihre Fitness zu tun und dabei gleichzeitig die Sehenswürdigkeiten Frankfurts zu erleben. Man wird von einem Sightjogging-Guide vom Hotel abgeholt und rund eine Stunde laufend durch Frankfurt geführt, wobei natürlich auch Tipps für gesundes Laufen gegeben werden. Zwischen 5 und 10 km lang sind die Touren und dauern eine Stunde. Gondorf verfügt über die entsprechenden Qualifikationen als zertifizierter Fitnesstrainer, durch sein Studium der Sportwissenschaften, durch seine Erfahrung als Marathonläufer u. Ironman-Finisher, als Personal Trainer im Premium Health Club Wave II, als Trainer für Ausdauersport (Triathlon, Marathon, Laufen) – so macht er authentisch und dabei immer sympathisch den gesundheitlichen Nutzen des Sports an sich bewusst. Derzeit wirkt er zusätzlich – neben Selbstständigkeit und Studium – an der Realisierung eines der größten Sportevents von Nike – dem Human Race – mit.

Als Vereinsmitglied bei der Eintracht Frankfurt möchte er, dass versteht sich von selbst, dass seine Mannschaft erfolgreich ist! In seinem Triathlonverein engagiert er sich nebenher noch im Vereinssport.

Gute Freundschaften haben bei ihm Priorität und werden groß geschrieben. Zudem wünscht er sich, ganz klassisch, Familie und Kinder.

Francisco González

Francisco González

Strasse: Wilhelm-Leuschner-Straße 23
Ort: 60329 Frankfurt am Main
Beruf: Diplom-Betriebswirt; Wirtschaftskonsul
Geburtsdatum: 10.09.1966
Familienstand: verheiratet
Kinder: 3

Er ist vor allem ein Vermittler und ist mit viel Engagement und Freude bei seiner Aufgabe. Francisco González leitet die Frankfurter Außenstelle von PROMEXICO, einer mexikanischen Handelsdelegation mit wichtigen Aufgaben in Ost- und Zentraleuropa. Sowohl in dieser Region als auch in Mexiko fördert der vielsprachige und musische Delegationsleiter Investitionen. Eine zukunftsträchtige Funktion, schließlich plant Mexiko den Aufstieg in die Industrienation.

Als Direktor für Europa II von PROMEXICO in Frankfurt und Zuständigkeitsbereich Ost- und Zentraleuropa muss Francisco González ein großes Verständigungspotenzial haben. Das liefert ihm seine Sprachkenntnis in Spanisch, Englisch, Deutsch und Japanisch. Dazu kommt seine Menschlichkeit – nach eigenen Angaben eine wichtige Voraussetzung für seinen Job. PROMEXICO, das der Mexikanischen Handelskammer angegliedert ist, hat sich drei Hauptaufgaben gestellt: 1. die Förderung europäischer Investoren in Mexiko, 2. die Förderung mexikanischer Investoren in Europa und 3. die Förderungen von Neugründungen mexikanischer Tochtergesellschaften. Francisco González hat demnach einen riesigen Zukunftsmarkt zu beackern, schließlich will das Land mit der größten Volkswirtschaft Lateinamerikas und der zehngrößten weltweit in die Liga der entwickelten Industrienationen aufsteigen – gleich China, Russland oder Indien. Da hat Mexikos Staatspräsident Felipe Calderón einen ehrgeizigen nationalen Entwicklungsplan bis zum Jahr 2030 angelegt. Die Voraussetzungen dafür sehen gut aus, zumal das Land OECD-Mitglied ist und die bilateralen Wirtschaftsbeziehungen stimmen: Die deutsch-mexikanische Handelbeziehungen lassen weiteres Potenzial zu. Der deutsche Export belief sich 2005 auf einen Wert von 8,7 Milliarden US-Dollar, der Import aus Mexiko 2,6 Milliarden US-Dollar.

In diesem politisch-wirtschaftlichen Rahmen spielt PROMEXICO eine wichtige Rolle – mit Francisco González an der Spitze. „Deutschland hat längst erkannt, dass sich in Mexiko ein großer Zukunftsmarkt öffnet. Und auch für Mexiko ist der deutsche Markt hoch interessant. PROMEXICO spielt dabei eine wichtige Mittlerrolle auf beiden Länderseiten."

„Unsere Aufgabe besteht darin, die kleinen und mittelständischen Unternehmen bei der Etablierung auf dem mexikanischen Markt zu unterstützen sowie Investitionen in Deutschland zu fördern", erläutert der mexikanische Handelsdelegierender González in seinem Frankfurter Büro. Zu den weiteren Tätigkeiten zählen unter anderem Organisation von individuellen Unternehmertreffen und Seminaren für Investitionsinteressierte, Informationen über den Import von Produkten aus Mexiko, Informationen über Investitionsmöglichkeiten in Mexiko, Informationen über Messen in Mexiko. Darin sieht dann auch Francisco González einen Teil seiner aktiven Basisarbeit, wenn er Vorträge wie zum Beispiel „Mexiko – eine strategische Alternative" hält und erklärt, warum der mexikanische Wirtschaftsmarkt so interessant ist.

Privat hält der Konsul für Handelsfragen, der seinen Arbeitstag mit einem doppelten Espresso startet, seine Familie für sein größtes Kapital. „Ohne sie bin ich nichts!" Eher ungewöhnlich für einen Mexikaner, aber durchaus nicht für einen Weltmann, ist seine Vorliebe, in der Schweiz Ski zu fahren. Seinen Traumberuf Pilot hat der Musikliebhaber längst aufgegeben, aber nicht sein Vorhaben, in naher Zukunft den Pilotenschein zu machen.

Daniel Grabmann

„Hilfe, mein Haus säuft zu viel Sprit."

(Daniel Grabmann)

Daniel Grabmann

Straße: Nassauer Straße 2
Ort: 60493 Frankfurt am Main
Beruf: Geschäftsführer
Geburtsdatum: 04.12.1979
Familienstand: ledig

Er ist mit seinen gerade mal 28 Lenzen der jüngste Unternehmer des Gewerbevereins Frankfurt-Heddernheim und bereits schon einer der erfolgreichsten. Der 1979 in Frankfurt gebürtige Daniel Grabmann ist ein Paradebeispiel für unternehmerisches Denken und dessen zielstrebige Umsetzung. Die sieht er selbst in seiner profunden Ausbildung und seiner sprichwörtlich tagtäglichen Sieben-Tage-Arbeitswoche realisiert.

Der Weg, den er bis zur Gründung seiner Firma „Energieberatung Grabmann" zurückgelegt hat, ist gepflastert mit vielen Ausbildungsbausteinen. „Nur so", ist er Youngster überzeugt, „konnte ich meinen Berufswunsch auf dem Terrain erneuerbarer Energien erfolgreich in die Tat umsetzen." Nach einer Ausbildung zum Gas-Wasser-Installateur in den Jahren 1999/2000, folgte eine Weiterbildung zum staatlich geprüften Techniker für den „Fachbereich Heizung-Lüftung- und Klimatechnik". Damit nicht genug, setzte er 2005 seinen „Betriebswirt" bei der Handwerkskammer noch oben drauf. Desweiteren noch die Abschlüsse für den Gebäude-Energieberater und Fachkraft für Solartechnik. Alle Urkunden der einzelnen Ausbildungsgänge prangen „herrschaftlich" in seinem Heddernheimer Büro.

Die Solarthermie und die Photovoltaik stehen in seinem Aufgabengebiet im Vordergrund. Er berät seine Kunden insbesondere über den Weg einer persönlichen Bestandsaufnahme der Häuser und Gebäude, die mit Solartechnik bestückt werden sollen. Eine exakte Analyse der Immobilie für deren optimale Ausstattung mit Solar- oder Photovoltaik-Anlagen ist die Grundlage für eine detaillierte Beratung des Kunden. Und „der Kunde will letztlich auch genau wissen, was er mit erneuerbarer Energie tatsächlich einspart gegenüber herkömmlicher Energieversorgung", erläutert Daniel Grabmann seine Überzeugungs- und Verkaufsarbeit. „Zumeist kann ich dies mit Belegen und Fakten von laufenden Anlagen schlüssig dokumentieren", gibt er zu verstehen. Dennoch gibt er zu, dass viele Länder in Europa schon „viel weiter sind mit einer guten Infrastruktur erneuerbarer Energien." Spanien nennt er exemplarisch als ein Land, das hier gut aufgestellt ist, aber auch andere Länder, „in denen man sofort ein offenes Ohr für erneuerbare Energien hat." Hierzulande sei noch viel Überzeugungsarbeit zu leisten.

Sein Vater ist für Daniel Grabmann ein vorbildlicher Mentor. Der Marketing-Experte hat seinen Sohn auf Schritt und Tritt unterstützt, sein unternehmerisches Denken gefördert und ihn stets dazu angespornt, in seinem Drang geschäftlich zu expandieren, nicht nachzulassen. So gibt es nun eine weitere Niederlassung von „Grabmann Energieberatung" in Thüringen – weitere sollen folgen. „Es ist doch sonnenklar", gibt er zu bedenken, „dass die fossilen Brennstoffe Öl und Gas endlich sind; und nicht zuletzt haben wir eine Verantwortung unserer Umwelt gegenüber." Nachfolgende Generationen „sollen doch noch eine gesunde, blühende und grüne Erde erleben dürfen", betont er vehement. Da müsse es doch unser aller Bestreben sein, den CO 2-Ausstoß endlich herunter zu fahren.

Der bekennende Christ und praktizierende Protestant Daniel Grabmann, sieht seine Arbeit nicht zuletzt unter dem Aspekt von ökologischer und christlicher Verantwortung für die Gesellschaft insgesamt. „Wir alle brauchen ein Denken, das von mehr Zuversicht für uns, unsere Zukunft und unsere Welt bestimmt ist", fordert er ultimativ. Er jedenfalls trägt seinen Teil dazu bei und wünscht sich, dass ökologisch bewusstes Denken und Handeln in Deutschland flächendeckend Schule macht.

In der Mainmetropole hat der „echte Frankfurter" seine Heimat. Die würde er nur für Besuche seiner Niederlassungen oder zu Urlaubszwecken verlassen. Von letzterem indessen, kann der umtriebige Geschäftsmann Daniel Grabmann im Moment nur träumen.

Graf zu Solms-Laubach

Graf zu Solms-Laubach

Straße:	Roseggerstraße 31
Ort:	60320 Frankfurt am Main
Beruf:	Diplom-Kaufmann
Geburtsdatum:	07.03.1940
Familienstand:	verheiratet
Kinder:	4

Als Sohn des Kunsthistorikers und Direktors im Frankfurter Museum für Kunsthandwerk wuchs Friedrich Ernst Graf zu Solms-Laubach behütet in einer traditionellen Adelsfamilie im hessischen Kloster Arnsburg auf. Der Berufswunsch des jungen Grafen ging in die Private Equity und Immobilienbranche. Er wurde Bankkaufmann und beendete das Studium der Betriebswirtschaft an der Johann-Wolfgang-Goethe-Universität als Diplom-Kaufmann.

Seine Karriere begann er bereits als Student, indem er sich für die Immobilienbranche interessierte und Tankstellengrundstücke erwarb, die über Mietvorauszahlungen von Mineralölgesellschaften finanziert wurden. So schaffte er es bereits in jungen Jahren, auf ein höheres Einkommen als sein Vater zu kommen.

Doch als Bauträger und Projektentwickler in der Immobilienbranche sah es anders aus. Er benötigte Geld zur ersten größeren Investition am Standort Erlensee und lieh sich einen Teil des notwendigen Eigenkapitals als Privatdarlehen von dem früheren Bankhaus Gebr. Bethmann. Das Projekt war ein voller Erfolg, denn alle 80 Wohnungen in Erlensee ließen sich sofort verkaufen.

Im Jahr 1976 gründete Graf zu Solms-Laubach seine erste Firma – Gesellschaft für Vermögensanlagen Graf Solms KG. Sie wurde später in die GS Invest GmbH umfirmiert. Des weiteren folgten Firmen wie die GS Real Estate GmbH oder die GS Holding GmbH. Insgesamt vereint die Graf Solms Gruppe, die mittlerweile seit mehr als 35 Jahren erfolgreich auf einem hart umkämpften Immobilienmarkt besteht, zehn Firmen. In diesem Zeitraum konnte unter dem Konzept eines stetigen Vermögensaufbaues ein Projektvolumen von mehr als 500 Millionen Euro realisiert werden. Die GS Real Estate GmbH mit Firmensitz in Frankfurt am Main agiert als bankenunabhängiger Projektentwickler, Bauträger und Asset Manager. Der Schwerpunkt der Gesellschaft liegt in den Bereichen Gewerbe-, Büro- und Logistikimmobilien sowie Wohnungsbau. Neben der Durchführung eigener Projekte bietet die Unternehmensgruppe auch Immobilienentwicklungen im Rahmen eines Joint Ventures an.

„Ich bin ein Vollblut-Immobilienkaufmann", spricht der Graf das Vollsortiment an, das seine Firmen vertritt und anbietet. Zu den Projekten zählen unter anderem Büro- und Wohnungsneubauten oder Restaurierung denkmalgeschützter Bauten, Altbausanierung, Gewerbeparks, Einzelhandel, sowie der Bau exclusiver Fincas auf Mallorca.

Friedrich Ernst Graf zu Solms-Laubach fühlt sich in Frankfurt und der Region am wohlsten. Da liegt nichts näher, auch in der Rhein-Main-Metropole gemäß seinem Leitsatz – Lieber selbst machen als sich auf andere verlassen – gestalterisch tätig zu sein. So hat der gräfliche Immobilien-Profi mit den Konstabler Arkaden in der Vilbeler Straße ein Stadtentwicklungsprojekt erfolgreich realisiert. Dort wurde ein 1899 erstelltes, denkmalgeschütztes Haus, einst als Kaufhaus genutzt, in ein modernes Bürohaus umgebaut. Für den angrenzenden Schwedenkronenplatz stiftete Graf Solms drei Plastiken des Künstlers Klaus Richter.

An dem denkmalgeschützten, im Jahr 1910 erbauten Gemini-Haus in der Hanauer Landstraße wurde die historische Fassade restauriert und ein modernes Bürohaus errichtet. In der Elbestraße wurde mit dem Elbhof ein hochmodernes Bürohaus erstellt und somit ein Beitrag zur Umwandlung eines urbanen Problemgebiets geleistet. Andere Projekte außerhalb von Frankfurts, die dort zur Stadtentwicklung beigetragen haben sind unter anderem der Büro- und Technologiepark Oberursel mit rund 10.000 Quadratmetern vermietbarer Fläche oder der Technologie- und Waldpark in Dietzenbach-Steinberg mit ca. 36.000 Quadratmetern vermietbarer Fläche. Auch in verschiedensten Standorten in den neuen Bundesländern wurden über 4.500 Wohnungen saniert und veräußert.

In seiner Freizeit sucht Graf zu Solms-Laubach Entspannung beim Golf, Tennis, Skifahren, Kunst sammeln oder auf der Jagd.

Dr. Ingrid Gräfin zu Solms-Wildenfels

„Zu neuen Ufern lockt eine neue Tat."

(Dr. Ingrid Gräfin zu Solms-Wildenfels)

Dr. Ingrid Gräfin zu Solms-Wildenfels

Straße: Deutschherrnufer 51
Ort: 60594 Frankfurt am Main
Beruf: Vorsitzende INGRID zu SOLMS-Stiftung
Geburtsdatum: 07.07.
Familienstand: „glücklich geschieden“

Ihr Herzenswunsch war das Medizin-Studium nicht, dass die Gräfin zu Solms-Wildenfels in Mainz, Basel, Würzburg, Frankfurt und Heidelberg (Promotion) absolvierte. Jura hätte es eigentlich sein sollen. Seit frühester Kindheit mit einem starken Gerechtigkeitsbewusstsein ausgestattet, sah sie dort eher die Chance, ihre Ideen und Überzeugungen, insbesondere die Förderung exzellenter beruflicher Ausbildungen für Frauen umzusetzen.

Später indessen sollte sich zeigen, dass die durch beide Elternteile medizinisch „vorbelastete“ Gräfin zu Solms-Wildenfels gerade durch ihren ganzheitlichen Arbeitsansatz der ärztlichen Diagnose, Behandlungsmethoden und Gesprächsführung für viele Menschen überaus hilfreich und wegweisend sein sollte. Nicht zuletzt durch ihre Vorträge über „Medizin im Alter“ und ihre persönliche Beratung als Stiftsärztin im Wohnstift „“Augustinum“ in Bad Soden im Taunus, der Ort, in dem sie von 1973-1998 auch ihre Praxis als Internistin und Psychotherapeutin hatte. Schließlich sei „die Medizin als Forschungserlebnis ja auch der Wegweiser zur Gründung der Ingrid zu Solms-Stiftung 1994“ gewesen. Im Fokus: die Förderung weiblicher geistiger Eliten in Wissenschaft und Kultur, zugleich Initiativen zur Durchsetzung von Menschenrechten und Völkerverständigung. „Es ist mein leidenschaftliches Interesse, Missstände anzupacken, wie z. B. die unzureichende Vergabe von Top-Positionen in der Medizin – immer noch eine Männer-Domäne und daran wollen wir etwas ändern“, gibt sie mit Vehemenz zu verstehen.

Eine Besonderheit der Ingrid zu Solms-Stiftung ist das Fellowship-Prinzip. Es ist eine Initiative, die den Preisträgerinnen in Wissenschaft (jährlich verliehen) und Kultur (jährliche Preisvergabe), zusätzlich zu den Einzelauszeichnungen eine langfristige immaterielle Karriereunterstützung bietet. Die Fellowship ist ein berufs- und karriereorientiertes Netzwerk aller Preisträgerinnen der Stiftung und damit von hoch qualifizierten Medizinerinnen, Natur-Wissenschaftlerinnen und Musikerinnen. Das Prinzip: Coaching innerhalb des Preisträger-Teams; die Fellows tauschen Informationen, Ideen und Perspektiven untereinander aus. Kontakte zu Wissenschaft, Wirtschaft, Kunst und Politik – auch und gerade zu den Entscheidungsträgern – werden gefördert. Ein externes Coaching, etwa im Bereich Selbstpräsentation und „personel marketing“ rundet diese ausgeklügelte Form der Fellowship ab. Das Gütsiegel dieser akribischen Förderung: Eine in der Öffentlichkeit mit hohem Respekt aufgenommene Buch-Edition „Heditary Tumors“ mit wissenschaftlichen Beiträgen aller Fellows.

Förderung und gegenseitige Unterstützung von Belangen berufstätiger Frauen in qualifizierten Führungspositionen untereinander, ist auch in den „Zonta-Clubs“ das erklärte Ziel. Gräfin zu Solms-Wildenfels begründete den Club in Bad Soden im Taunus 1988. Rasch erwarb sie sich in den ca. 120 deutschen Clubs mit rund 4.000 Mitgliedern hohe Meriten. Sie wurde 1996 als Repräsentantin der deutschen Zonta-Clubs gewählt und hatte die deutschen Interessen als International Director bei Zonta International in Chicago zu vertreten – der Koffer war stets gepackt und griffbereit. Mit den USA verbindet die Gräfin zu Solms-Wildenfels indessen weit mehr als die bloße Wahrung deutscher Zonta-Interessen. 2005 übernahm sie das Amt der Präsidentin der Steuben-Schurz-Gesellschaft. In ihrem Aufgabenbereich stehen die Partnerschaft und der kulturelle Austausch zwischen Deutschland und Amerika ganz „hoch im Kurs“. „Wir haben den Amerikanern für ihren Einsatz beim Wiederaufbau Deutschlands viel zu verdanken“, berichtet sie über die älteste, 1948 gegründete deutsch-amerikanische Freundschaftsorganisation. Im Rahmen ihrer Rede bei der Steuben-Parade 2007 in New York hat sie dies erneut nachaltig deutlich gemacht, verbunden überdies mit der Betonung des Einsatzes deutscher Institutionen für eine vertrauenvolle Partnerschaft beider Nationen.

Stets in Erinnerung bleiben wird der Gräfin zu Solms-Wildenfels der charismatische Büchner- und Goethe- Preisträger Fritz Usinger, der sie nach dem 2. Weltkrieg als Lehrer durch ihre Schulzeit in Friedberg geführt hat. Ein reger Briefwechsel verband sie über Jahre und liegt heute im deutschen Literaturmuseum in Marbach.

„Mehr Mut“ wünscht Gräfin zu Solms-Wildenfels den berufstätigen Frauen hierzulande – und: „Frauen müssen sich ihren Teil vom Kuchen selber nehmen“, insistiert sie mit Nachdruck.

Trotz ihrer vielen Reisen und beruflichen Stationen außerhalb der Mainmetropole fühlt sich Gräfin zu Solms-Wildenfels „überaus wohl in Frankfurt“, mehr noch: Die Stadt am Main „war und ist der wirkliche regionale Ankerplatz“ in ihrem Leben.

Ernst Dietrich Haberland

„Man braucht eine Aufgabe, um glücklich und zufrieden zu sein.“

(Ernst Dietrich Haberland)

Ernst Dietrich Haberland

Straße:	Untermainkai 83
Ort:	60329 Frankfurt am Main
Beruf:	Leiter Frankfurter Künstlerclub e.V.
Geburtsdatum:	28.12.1931 in Königsberg
Familienstand:	geschieden
Kinder:	2

Am 28.12.1931 wurde Ernst Dietrich Haberland in Königsberg, Ostpreußen, geboren. Nach einer behüteten Kindheit im wohlhabenden elterlichen Haus kam er mit 10 Jahren auf ein Internat in Ostpreußen. Seine Mutter war an einer Bonbonfabrik mit 240 Mitarbeitern beteiligt und sein Vater hatte einen Obst-, Gemüse- und Südfrucht Großhandel in Königsberg.

Auf dem Internat wurden er sehr sportlich und musisch erzogen, was ihm später sehr zugute kam. Im Januar 1945 musste seine Mutter mit 3 Kindern, seiner Schwester 15 Jahre, Ernst Dietrich Haberland 14 Jahre und seinem Bruder 4 Jahre alt, vor den Russen mit einem Treck (Pferd und Wagen) auf die Flucht gehen. Über Umwege kamen sie im April 1945 in einem Dorf in der Nähe von Flensburg an. Er ging 1/4 Jahr auf die Dorfschule, um einen Schulabschluss zu haben. 1946 starb seine Mutter mit 40 Jahren und sein Vater war bereits 1944 in Russland gefallen. Durch den Krieg und der Vertreibung waren 22 Personen aus der näheren Verwandtschaft umgekommen.

Nach einer Landwirtschafts- und anschließend einer Handwerkslehre als Wagner, hatte Ernst Dietrich Haberland im Akkord 2 1/2 Jahre in einer Autokarosseriefabrik im Ruhrgebiet gearbeitet. Dort verdiente er Geld für sein Studium auf der Karosseriebauschule in Kaiserslautern. 1955 schloss er mit der Karosseriebaumeisterprüfung und als Autokarosseriekonstrukteur (Ingenieur) ab. Anschließend arbeitete er als Karosseriekonstrukteur und in der Produktionsleitung in Automobilfabriken. 1960 begann er eine Tätigkeit als Bezirksingenieur im VW-Werk, um VW-Händler betriebswirtschaftlich im In- und Ausland zu beraten. Die Leitung eines Fuhrparks mit 1.500 VW Transportern und Tätigkeit als Verkaufsleiter und Geschäftsführer in VW-Betrieben rundete sein Wissen ab. 1985 kam er nach Frankfurt, um in der Pfalz, dem Saarland und Südhessen VW/Audi Händler betriebswirtschaftlich zu beraten. Eine entsprechende Tätigkeit hatte Ernst Dietrich Haberland auch nach seiner Pensionierung bis zum 68. Lebensjahr durchgeführt. 1963 hatte er geheiratet und bekam 3 Kinder. Der älteste Sohn verstarb leider mit 10 Jahren nach einem Unfall auf dem Schulweg. Dies war ein großer Schicksalsschlag. Seit der Scheidung von seiner Frau 1987 lebe er mit seiner Lebensgefährtin Frau Dr. Hannelore Gwildis in Frankfurt zusammen.

Als Ernst Dietrich Haberland nach Frankfurt kam, lernte er als Stadtführer mit dem „Freundeskreis Liebenswertes Frankfurt" diese Stadt kennen und lieben. Hierbei fand er an allen gotischen Kirchen Frankfurts den Namen des Frankfurter Stadt- und Dombaumeisters der Gotik Madern Gerthener. Dieser baute unter anderem den Frankfurter Domturm. Da ihn Architektur besonders der Gotik und Romanik immer interessierte, hatte er 1992 nach 6jähriger Recherche eine Monografie über diesen bekannten deutschen Baumeister geschrieben: „Madern Gerthener der Stadt Frankenfurt Werkmeister", was ihn sehr bereicherte.

Ernst Dietrich Haberland kann als Konstrukteur mit dem Bleistift gut umgehen. In Frankfurt malte er vor allen Dingen Architektur. So unternahm er mit dem Frankfurter Maler Hans-Ludwig Wucher mehrere Malreisen in die Provence. Herr Wucher bewog ihn, 1990 in den bereits 1955 gegründeten Frankfurter Künstlerclub einzutreten, um seine Bilder auszustellen und andere Künstler zu treffen. Ende 1994 hatte er seine erste sehr erfolgreiche Ausstellung, während dessen hielt Ernst Dietrich Haberland im Nebbienschen Gartenhaus einen Dia-Vortrag über Madern Gerthener, und seine Partnerin Frau Gwildis gab als Geigerin 2 Konzerte. Das weckte das Interesse des Vorstandes und so wurde er 1995 in den Beirat und 1996 als 1.Vorsitzender des Frankfurter Künstlerclubs gewählt. Der alte Vorstand Herr Gerd Ammelburg und Frau Limpert waren über 80 Jahre alt und gaben gerne ihr Amt ab.

Inzwischen ist der Frankfurter Künstlerclub ihr Lebensinhalt geworden. Die Mitgliederzahl ist von 180 auf 340 angestiegen und wesentlich verjüngt. Das Nebbiensche Gartenhaus wurde von innen und außen renoviert, so dass sie eine würdige Spielstätte haben, in einer ganz ausgezeichneten Innenstadtlage in der Bockenheimer Anlage. Sie organisieren mit Hilfe anderer Mitglieder 12 Bilderausstellungen sowie 80 Konzerte und Lesungen jährlich mit qualifizierten regionalen Künstlern. Ihr Anliegen ist es, regionalen Künstlern ein Forum zu bieten, wie es in der Satzung vorgesehen ist, und einen wesentliche kulturellen Beitrag dem Kulturleben Frankfurts beizusteuern. Hierbei geht es um qualifizierte Veranstaltungen, die an größeren Plätzen nicht geboten werden können. Daher ist ihr Publikum auch sehr auf spezielle Veranstaltungen eingestimmt und genießt die persönliche Atmosphäre im Nebbienschen Gartenhaus. Ziel ist es, die Veranstaltungen wie ein Hauskonzert durchzuführen. Etwa 10.000 Besucher kommen jährlich in das Nebbiensche Gartenhaus.

Ernst Dietrich Haberlands Aufgabe ist es, den Kontakt zur Politik, den Behörden und Sponsoren zu pflegen. Hinzu kommt die Arbeit am Computer, wie Flyer und Plakate entwerfen, sowie den meisten Telefon- und Briefverkehr abzuarbeiten. Frau Dr. Gwildis hält den Kontakt zu den Künstlern und plant die Veranstaltungen zusammen mit Fachleuten aus dem Verein. Dies bedeutet für beide eine etwa 40stündige, ehrenamtliche Wochenarbeitszeit. Es ist erstaunlich, dass sich auch mit finanzieller Unabhängigkeit nur wenige Menschen bereit erklären, so eine reizvolle Aufgabe zu übernehmen.

Dr. Klaus-Dieter Hartmann

„Erfolg lässt sich nur durch qualifizierte Arbeit erzielen!"

Dr. Klaus-Dieter Hartmann

Straße:	Friedensstraße 2
Ort:	60311 Frankfurt am Main
Beruf:	Rechtsanwalt und Notar
Geburtsdatum:	17.06.1930
Familienstand:	verheiratet
Kinder:	2

Mit der Zeit kommt Ruhe und Ausgeglichenheit. Das trifft umso deutlicher für die Lebenszeit zu, in der mit fortschreitendem Alter die gleichnamige Weisheit zunimmt. Und dies hat auch Dr. Klaus-Dieter Hartmann erfasst. Der heute 78-Jährige bezeichnet sich selbst als Harmoniemensch und nicht als streitig tätigen Jurist. Seine beruflichen Vorlieben waren notarielle Beurkundungen, Verhandlungen und Interessensvertretungen – außergerichtlich.

Klaus-Dieter Hartmanns angestammte Heimat ist Frankfurt. Der Junge wuchs in einer Kaufmannsfamilie auf. Sein Vater gab ihm – wie fast alle Eltern das tun – den Rat mit auf den Lebensweg, dass eine rechtschaffene Lebensführung aus Fleiß und Anstrengung besteht. Das hat er sich zu Herzen genommen. Nach dem Abitur 1948 studierte der junge Hartmann Jura und im Anschluss an das bestandene Referendarexamens 1952, promovierte er zum Dr. jur. Dann startete er 1956 als Anwaltsassessor in die Berufspraxis und wurde zwei Jahre später als Rechtsanwalt zugelassen.

Im Jahr darauf machte er sich mit einer eigenen Kanzlei und Partner Dr. Kappus selbstständig und wurde 1966 als Notar zugelassen. Seit dem expandierte die Kanzlei zu einer jetzt großen Sozietät von Anwälten und Notaren. Auch kam mit fortschreitendem Alter die Zeit der Verantwortung außerhalb beruflicher Kernaufgaben. Im Jahr 1981 wurde der Jurist Vorstandsmitglied der Notarkammer Frankfurt. Von 1985 bis 1989 war er Vizepräsident und von 1989 bis 2001 Präsident. Nach dem Ausscheiden wurde Dr. Klaus-Dieter Hartmann angesichts seiner Verdienste zum Ehrenpräsidenten ernannt. Ab dem Jahr 1993 wurde Dr. Hartmann Mitglied des Präsidiums der Bundesnotarkammer, dem er bis zum Jahr 2001 angehörte und die Interessen der Gesamtheit des Notariats vertrat.

Im Laufe seiner Berufszeit legte er mehr und mehr den Schwerpunkt auf die Notartätigkeit und Beratung von Unternehmen. Sein besonderes Interesse galt neben rechtshistorischen Abläufen dem Handels- und Gesellschaftsrecht. Den entsprechenden Ausschuss führte er seit 1986 als dessen Vorsitzender.

Darüber hinaus äußerte er sich in einer Reihe von Fachschriften zu aktuellen Rechtsproblemen. Die Würdigung seiner Verdienste um den Berufsstand gipfelte 1999 in der Verleihung des Verdienstkreuzes am Bande des Verdienstordens der Bundesrepublik Deutschland.

Heute ist Dr. Klaus-Dieter Hartmann im Ruhestand und genießt beispielsweise ein Fußballspiel „seiner" Frankfurter Eintracht. Oder er vertreibt sich kurzweilig die Zeit im traditionellen Herrenclub „Frankfurter Gesellschaft". Auch Wandern gehört zu seinem Freizeitspaß oder – darf's etwas mehr sein? – Fernreisen in die USA oder in asiatische Länder, um Land, Leute, Kultur und gutes Essen kennen zu lernen. Ein eher häusliches Hobby ist die Philatelie, die der Sammler leidenschaftlich betreibt. In dieser Umgebung greift er auch gern mal zum Buch – mit Themen zu allgemeiner Geschichte, Rechtsgeschichte oder als entspannende Lektüre: Karl May.

„Visionen habe ich keine und noch nie gehabt. Ich bin Realist. Einzig meine Anwaltspraxis will ich in guten Händen wissen", lässt der Jurist i. R. wissen. Das Wohlergehen seiner Familie liegt ihm natürlich besonders am Herzen. Sein Motto „Erfolg lässt sich nur durch qualifizierte Arbeit erzielen", hat er an seine Kinder fruchtbar weitergegeben. Die Tochter ist als Richterin und der Sohn als Anwalt tätig.

Thorsten Heil

**„Folge bei Deinem Handeln nur Deinem Gewissen
im Rahmen Deiner Möglichkeiten
und nicht der Hoffnung nach Dankbarkeit.
Eine unerfüllte Erwartungshaltung
verursacht Enttäuschung, unerwartete Anerkennung
hingegen umso mehr Freude.“**

(Thorsten Heil)

Thorsten Heil

Straße:	Bolongarostraße 82
Ort:	65929 Frankfurt am Main
Beruf:	Jurist, Geschäftsführer
Geburtsdatum:	05.10.1967
Familienstand:	ledig
Kinder:	keine

Leistung, Disziplin und soziales Engagement sind für Thorsten Heil im Leben wichtig. Der studierte Jurist setzt klar definierte Prioritäten, zu denen ein gut organisiertes Netzwerk und Umsatzziele ebenso zählen wie, Sozialkompetenz oder moralische Werte. Beruflich ist der Italienbegeisterte als Geschäftsführer der BME Akademie GmbH und als Mitglied der Geschäftsleitung beim Bundesverband Materialwirtschaft, Einkauf und Logistik (BME) mit Sitz in Frankfurt/M. tätig.

Gleich nebenan in Offenbach am 05. Oktober 1967 geboren, absolvierte Thorsten Heil 1988 in Obertshausen das Wirtschaftsgymnasium mit Abschluss Abitur. Danach verschlug es ihn zur Pacific Bank GmbH, wo er eine Lehre absolvierte. Es folgte der Wunsch nach einem Studium. Thorsten Heil musste sich zwischen Betriebswirtschaftslehre und Juristerei entscheiden. Obwohl BWL als Favorit galt, wählte er das Jurastudium. Im Anschluss war er beim Institute for International Research (IIR), weltweit größter Kongressanbieter, für die Bereiche Deutschland, Österreich und Schweiz tätig, bevor er zu dem in Washington ansässigen Unternehmen ESI International, Marktführer für globale Projektmanagement Consultingleistungen, wechselte. Auf Grund dieser erfolgreichen Tätigkeit, erhielt er ein Angebot des in New York ansässigen Mitbewerber International Institute for Learning (IIL) über die Leitung der Regionen Deutschland, Österreich, Schweiz und Osteuropa, welches er gerne annahm. Im Jahre 2001 gründete er in Köln einen Beirat u.a. mit der FDP-Politikerin und Bundesjustizministerin a.D. Sabine Leutheusser-Schnarrenberger zur Förderung von virtuellen Plattformen in der Aus- und Weiterbildung. Von 2006 bis 2008 begleitete Thorsten Heil das Amt des Vize Präsidenten des Project Management Institute (PMI) in der Schweiz.

Gegenwärtig ist Thorsten Heil als Geschäftsführer der in Frankfurt ansässigen BME Akademie GmbH, der Aus- und Weiterbildungseinrichtung für Einkäufer und Logistiker, und durch dieses Amt auch Mitglied der Geschäftsleitung des Bundesverbandes Materialwirtschaft, Einkauf und Logistik (BME) e.V. Darüber hinaus ist er Cooperate Council Mitglied bei PMI in Österreich und Mitglied im Ausschuss Bildungswirtschaft der IHK Frankfurt.

Bewunderung ringt ihm seine frühere Chefin Ms. E. LaVerne Johnson ab, mit der ihn heute eine herzliche Freundschaft verbindet. Die erfolgreiche Unternehmerin aus New York, u.a. CEO und Präsidentin von IIL Inc., habe aus eigener Kraft ein weltweit tätiges und hoch profitables Unternehmen aufgebaut. „In meiner Laufbahn hatte ich das Glück es immer mit Chefs zu tun zu haben, von denen ich sehr viel lernen konnte und die mich so mitgeprägt haben“, so der heutige BME Akademie-Geschäftsführer.

Entwicklungshilfe für notleidende Menschen in der dritten Welt ist ein wichtiger Signalbegriff für den BME Akademie-Chef. „Ich engagiere mich dort besonders für Kinder in Afrika.“ Aber nicht nur die Sozialkompetenz im bürgerschaftlichen Engagement ist ihm persönlich wichtig, sondern auch ein Netzwerk aus Kontakten beruflicher und privater Art. Thorsten Heil ist in der Welt schon viel herum gekommen und pflegt internationale Verbindungen. Dabei verliert er nicht den Blick für die Nähe und erwartet auch von seinen Mitarbeitern soziale Kompetenz als Basis der Arbeit. Als Privatmann schätzt er die Familienbande und wahre Freundschaften, in die er entsprechend Zeit investiert.

„Jeder hat sein Leben selbst in der Hand. Dabei zählt Leistung, aber nicht die vergangene. Leistung, die man in der Gegenwart bringt, zählt“, bekennt er und schränkt aber gleich ein, „dass auch glückliche Umstände zum Erfolg beitragen. Wenn die nicht gegeben sind, ganz besonders bei Kindern, dann fühle ich mich verpflichtet, zu helfen.“ Der Frühaufsteher beginnt seinen Tag morgens um 5.30 Uhr mit Joggen. Dabei legt er zwischen zehn und 20 Kilometern zurück. „Ich bin ein Genussmensch und es fällt mir nicht immer einfach mich zu disziplinieren. Der Gourmet liebt nicht nur italienisches Essen, sondern auch das Land der Römer, in dem er sich wenigstens fünf Wochen im Jahr aufhält – vorzugsweise am Meer in der Toskana.

Alexander Andre Heinz

Alexander Andre Heinz

Strasse: Darmstädter Landstraße 85
Ort: 60598 Frankfurt am Main
Beruf: Diplom-Kaufmann
Geburtsdatum: 29.07.1969
Familienstand: ledig

Echte Sportler geben niemals auf – das weiß auch Alexander Heinz, der einst Feldhockey auf Bundesligaebene spielte. Er hat seinen Karriereweg konsequent durchgezogen vom Studium über verschiedene verantwortungsvolle Aufgaben und Leitungsposten bis zum Vorstandssprecher der FrancónoRheinMain AG. Privat liebt der Cosmopolit ferne Reiseziele, aber auch den entspannenden Spaziergang am Frankfurter Mainufer.

Er ist als Spross einer sportlichen Familie in Frankfurt zur Welt gekommen, in der der Großvater Olympiateilnehmer war. Nach dem Schulabschluss studierte Alexander Heinz Betriebswirtschaftslehre an der J.W.Goethe-Universität seiner Heimatstadt. Ausgestattet mit dieser Kompetenz startete er 1997 bei Mannesmann VDO AG ins Berufsleben mit dem Verantwortungsbereich Logistik-Controlling. Kurze Zeit später wechselte er zu Brückner Maschinenbau mit Leitungsfunktion in unterschiedlichen Projekten wie Warehouse Solution. In der Zeit 2000/01 verschlug es Alexander Heinz nach Spanien zu Rothenberger Spain, Durango. Dort war er als Manager zuständig für den Export nach Kanada, USA und Deutschland. Sprachlich vorbereitet hatte sich der Kaufmann durch einen viermonatigen Sprachkurs in Bilbao. Für das gleiche Unternehmen war er von 2002 bis 2004 in der Niederlande Geschäftsführer, unter anderem mit Länder-, Personal- und Akquirierungsaufgaben betraut. Ein Jahr später ging`s als Marketing Manager von Moeller Electric Shanghai nach China. Und im September 2007 erreichte Heinz den vorläufigen Höhepunkt auf der Karriereleiter: er wurde Vorstandssprecher der FrancónoRheinMain AG. In dieser Position hat er die Bereiche Investor Relation, Marketing, Key Account, Relationship und Asset Management zu verantworten.

Alexander Heinz` Arbeitgeber ist eine Immobiliengesellschaft, die in Mehrfamilienhäuser im Rhein-Main-Gebiet investiert und dabei auf eine längerfristige Optimierung des Mietzinshaus-Portfolios abzielt. Der Vorstandssprecher setzt als ausgesprochener Teamplayer und Netzwerker zur Erfüllung seiner Aufgaben auf erfolgsbezogenes Arbeiten: „In meiner Position sind Multitasking-Fähigkeiten gefragt und gleichzeitig ein hohes Potenzial an Ruhe, wenn es hektisch wird." In dem Bereich von FrancónoRheinMain AG arbeite er mit allen Branchen zusammen und bekomme so vielfältige Einblicke, die er in der aktuellen Finanzsituation so sehe: „Dass die Aktienkrise beendet ist, glaube ich noch nicht. Wir müssen uns auf weitere Flauten gefasst machen." Dagegen will er seine Erfahrung und Kompetenz einsetzen, „um das Unternehmen weiter auf dem Markt zu etablieren!" Obendrein ist der Vorstandssprecher Mitglied der Frankfurter Gesellschaft für Industrie und Handel.

In seiner kargen Freizeit ist gleichfalls Vielfalt angesagt – von Fußball und Golf über Oper, Theater, Geschichte bis hin zu Reisen in ferne Länder und Regionen wie Antarktis, Australien und Neuseeland. Die stehen aber noch auf dem Wunschzettel, dagegen faszinieren Alexander Heinz die Kulturen und Menschen von Asien oder China, die er bereits besuchte. Oder er schaut auch schon mal bei Eintracht Frankfurt vorbei, wenn diese ein Heimspiel hat. Zu solchen Besuchen begleitete ihn in der Jugendzeit häufig seine Großmutter. Überhaupt ist Heinz ein Familienmensch, der in dieser trauten Umgebung Halt und Kraft findet und an die sich auch seine Wünsche nach Wohlergehen richtet. Als eingefleischter Sportler hat er sich für die eigene Lebensplanung das berühmte und eindringliche Churchill-Zitat „Never, never, never give up" zu eigen gemacht.

Claus Helmer

„Ich nehme die Menschen wie sie sind, es gibt keine anderen.“

(Claus Helmer)

Claus Helmer

Straße: Neue Mainzer Straße 14-18
Ort: Frankfurt am Main
Beruf: Schauspieler, Regisseur und Theaterdirektor
Geburtsdatum: 23.02.1944
Familienstand: verheiratet
Kinder: 1

Eines war für Claus Helmer schon immer klar: Er wollte Schauspieler werden. Nach seinem 50-jährigen Bühnenjubiläum im Jahr 2007 und den nunmehr 36 Jahren als Direktor der Frankfurter „Komödie", hat Claus Helmer immer noch nicht genug von den „Brettern, die die Welt bedeuten". Als dienstältester Theaterdirektor der Republik denkt er nicht an Ruhestand. Claus Helmer sagt dazu: „Solange ich gesund bin, werde ich weiterhin Theater machen. Das ist wirklich mein Leben. Ich wüsste gar nicht, was ich sonst machen sollte, ich bin es nicht gewohnt, einfach nur rum zu sitzen und nichts zu tun. Ich habe seit meinem 12. Lebensjahr am Theater gearbeitet. Ich könnte ohne Theater gar nicht sein."

Der Österreicher mit Sachsenhäuser Wurzeln – seine Großmutter lebte hier – absolvierte seine Schauspielausbildung am renommierten Max-Reinhardt-Seminar in Wien und sammelte dort reichlich Bühnenerfahrung. Fast alle Wiener Bühnen hat er bespielt, unter anderem auch die des Burgtheaters.

1965 holte ihn Fritz Rémond nach Frankfurt, an dessen Seite stand er das erste Mal in „Telemachos Clay" auf der Bühne des Kleinen Theaters im Zoo. Ein Kontakt, aus dem eine starke väterliche Freundschaft erwuchs. Claus Helmer fühlt sich von Fritz Rémond positiv beeinflusst und will dessen Werk in dessen Sinne weiterführen. Als 1995 das traditionsreiche Theater vor dem Ruin stand, übernahm Claus Helmer die Direktion des „Fritz Rémond Theaters im Zoo" und rettete so das Haus vor der Schließung. Ein bisschen verrückt sei es schon, in Zeiten, in denen zahlreiche private Theater die Türen für immer schließen mussten, selbst ein bankrottes zu übernehmen. Doch sparen kann er – mit preußischer Disziplin und Wiener Charme, titelte es einmal die Frankfurter Allgemeine Zeitung. Dass er seine Hauptdarstellerin, die Schauspielerin Christine Glasner, nur aus Kostenersparnis geheiratet habe, sei aber nur ein Gerücht, verteidigt sich Claus Helmer.

1967 gab Claus Helmer seinen Einstand in der Komödie Frankfurt – seit 1972 ist er der Direktor des 1950 gegründeten klassischen Boulevardtheaters im Herzen Frankfurts. Hier bekommt der Zuschauer Komödien, Schwänke und Musicals mit bekannten Stars präsentiert. Komödien sind die Leidenschaft des Schauspielers, Regisseurs und Theaterdirektors. Für Claus Helmer könnte es gerne mehr gute Komödien geben – doch ist es eben eine Kunst, Menschen zum Lachen zu bringen. „Lachen ist etwas sehr Gesundes ... Leute die ungern lachen" erinnern Claus Helmer „an Magenkranke, die sich ärgern, wenn andere gut essen." „Den größten Blödsinn, den es gibt", nennt er die Unterscheidung zwischen E und U, für unterhaltendes und ernstes Theater. Diese Unterscheidung gibt es nur in Deutschland – „den Begriff", so Claus Helmer, „muss wohl ein Beamter erfunden haben." Für ihn gibt es nur gutes und schlechtes Theater, ganz einfach.

Längst ist der Wiener in Frankfurt heimisch geworden. „Eine übersichtliche Großstadt, faszinierend durch die baulichen Kontraste, eine fantastische Skyline und Menschen, die einander akzeptieren," so beschreibt er Frankfurt. Er bewundert den Wiederaufbau nach dem Krieg, den wirtschaftlichen Aufschwung der Stadt und ihre vielen kulturellen Einrichtungen.

Die Liste seiner Ehrungen, sowohl die seiner Heimat Österreich, als auch die der Stadt Frankfurt, ist lang – zu lang, um sie en detail hier aufzuführen. Exemplarisch nur ein paar klangvolle Titel, wie: Träger des „Österreichischen Ehrenkreuzes für Wissenschaft und Kunst" und der „Ehrenmedaille in Gold" des Österreichischen Fremdenverkehrs, „beliebtester Bühnenkünstler an Frankfurts Theatern", gewürdigt vom damaligen Kulturdezernenten Prof. Hilmar Hoffmann, der ihm den von der Volksbühne gestifteten „Harlekin" überreichte. Träger des „Ehrenrings" und der „Ehrenplakette" der Stadt Frankfurt, vom Bund erhielt er das „Bundesverdienstkreuz am Band" und vom Land, den „Hessischen Verdienstorden am Band". Vom Bundespräsidenten der Republik Österreich verliehen, trägt er den Professorentitel.

Dr. Michael Henning

„Damit das Mögliche entsteht, muss immer wieder das Unmögliche versucht werden.“

(Hermann Hesse)

Dr. Michael Henning

Straße:	Ulmenstraße 23-25
Ort:	60325 Frankfurt am Main
Beruf:	Managing Partner von Otto · Henning & Company
Geburtsjahr:	1966
Familienstand:	verheiratet
Kinder:	2

Dr. Michael Henning hat sich mit dem eigenen Unternehmen seinen Lebenstraum erfüllt. Er ist Mitbegründer von Otto · Henning & Company und deren verantwortlicher Managing Partner für den Bereich Consumer, Retail & Logistics und die Branche Pharma/Healthcare. Sein Lebensmotto ist gerade als Unternehmer aber auch als Unternehmensberater für ihn und seine Klienten leitend: „Neue Wege gehen, unbekanntes ausprobieren, auch mal einen Fehler riskieren" – vor allem aber: „etabliertes aufbrechen, Gegebenheiten aus einer neuen Perspektive betrachten, um wirklich Neues schaffen zu können."

Für seine Ausbildung war ihm die Verbindung aus Wirtschaft und Technik eine Herzensangelegenheit. „Denn wie kann technologischer Fortschritt ohne wirtschaftliche Überlegungen erfolgreich in nutzbare Innovationen umgesetzt werden – gar nicht." Nach dem Abitur in Darmstadt begann er das Studium des Wirtschaftsingenieurwesens Fachrichtung Maschinenbau an der Technischen Universität in Darmstadt, setzte es an der Columbia University in New York fort und beendete es mit dem Diplom an der Technischen Universität in Berlin. Seine berufliche Karriere begann er 1992 bei Airbus Industries in Toulouse setzte es bei Cap Gemini von 1993-1997 fort. Zuletzt war er dort als Manager im Bereich Chemical/Pharma tätig. „Als Unternehmensberater hast Du eine einmalige Arbeitsumgebung auf der Top-Management Ebene großer Unternehmen und Konzerne und gerade hier wird eine Unangepasstheit der Ideen erwartet."

Dr. Michael Henning gründete 1997 zusammen mit zwei weiteren Partnern die Strategie-Beratung Consulting Partner Group und war vier Jahre lang deren geschäftsführender Partner. Seit 2001 firmiert das Unternehmen unter Otto · Henning & Company. Parallel zu seiner selbständigen Tätigkeit im eigenen Unternehmen, promovierte er an der Universität Kassel im Bereich Wirtschaftswissenschaften über Management Informations- und Steuerungssysteme im Projektmanagement. „Mein Unternehmen ist mein Mikrokosmos, der mir meine kreativen und gestalterischen Freiräume ermöglicht aber auch viel Verantwortung abverlangt und du darfst dir nicht zu schade sein, im guten Anzug unter den Besprechungstisch zu kriechen, wenn der Beamer nicht funktioniert."

Dr. Michael Henning ist publizistisch tätig, so ist er Herausgeber und Autor des „General Counsel Benchmarking Reports", in dem Organisation und Strategie der Rechtsabteilungen der 150 größten deutschen Unternehmen untersucht werden. „Ein Hobby, dass sich zum Geschäft entwickelt hat."

Für Bücher könne er ein Vermögen ausgeben. Den ganzen Tag könnte er in einem Buchladen verbringen und schmökern. „Hier kann ich meine Zeit total vergessen."

Dr. Michael Henning fasziniert die deutsche Geschichte nach 1945. „Das ist Unternehmertum pur – in allen Bereichen." Neben der Geschichte gilt sein besonderes Interesse der Musik, er selbst spielt Gitarre. Außerdem treibt er Sport, seine bevorzugten Sportarten sind Golf, Tennis, Ski- und Snowboardfahren und das Laufen. Er liebt die italienische genauso wie die asiatische Küche und sammelt alte Rotweine.

Weltweit ist er unterwegs gewesen, hauptsächlich in den USA, und spricht Englisch und Französich. Doch am wohlsten fühlt er sich in seiner Heimatstadt Frankfurt und der Rhein/Main-Region. Die Familie, die Kinder, die hier geboren wurden, und der Kontakt zu Freunden, bereiten ihm eine besondere Freude. „Viele Geschäftspartner sind über die Jahre enge Freunde geworden."

Auf die Frage, was ihm besonders am Herzen liege, antwortet Dr. Michael Henning: „Engagement für kranke Kinder." Doch er schaue genau, wo das Geld hinfließt. Er ist Mitglied des Kuratoriums der Kinderhilfsstiftung e.V. in Frankfurt/M. und Mitglied im Rotary-Club in Offenbach-Dreieich.

Neues ausprobieren, offen sein, sich nicht verschließen – das treibt ihn beruflich und privat an.

Brigitte Herbers

„Einseitige Bildung ist keine Bildung. Man muss zwar von einem Punkt aus – aber nach mehreren Seiten hingehen. Es muss gleich viel sein, ob man seine Bildung von der mathematischen oder philosophisch-künstlerischen Seite hat.“

(Johann Wolfgang v. Goethe)

Brigitte Herbers

Straße:	Kaiserstraße 12
Ort:	60311 Frankfurt am Main
Beruf:	ehemalige Caféhaus-Besitzerin
Geburtsdatum:	09.11.1946
Familienstand:	verheiratet
Kinder:	3

Ein Leben für den Kaffee-Genuss in Frankfurt – Brigitte Herbers leitete in vierter Generation das Alte Café Schneider, Frankfurts ältestes Café im Familienbesitz. Doch seit 2007 betreibt die Kette „Wieners KAFFEE" das Traditionshaus.

Die Grundschule absolvierte Brigitte Herbers in der Rhein-Main-Metrople Frankfurt. Dann besuchte sie die Klosterschule der Ursulinen in Geisenheim am Rhein und wechselte dann ins Elisabethengymnasium Frankfurt, das sie kurz vor dem Abitur verließ. Sie stieg ins elterliche Unternehmen, das ihr Vater als Konditormeister zusammen mit seiner Frau führte, ein und arbeitete im Alten Café Schneider. Vor zwölf Jahren hat sie dann den Betrieb übernommen und mit ihrer Familie und rund 20 Angestellten weiter geführt.

„Unser Traditionscafé war bei vielen Prominenten aus Funk, Fernsehen, Politik und Kultur beliebt. Literaturkritiker Marcel Reich-Ranicki oder Schauspieler Karl-Heinz Böhm zählten zu unseren Gästen, aber auch alle Oberbürgermeister von Frankfurt. In der Nachkriegszeit war Frankfurts berühmteste Prostituierte Rosemarie Nitribitt hier Stammgast", erinnert sich die einstige Café-Chefin. Sie hatte sich für das „genussvolle" Familienunternehmen Tag und Nacht eingesetzt und war mit ihren Mitarbeitern kreativ tätig – damit sich die Gäste wohl fühlten. „Alle Torten wurden frisch zubereitet, dafür haben insgesamt sechs Konditoren gearbeitet. Die Torte unseres Hauses trug die Bezeichnung Sarah Berna, wie die Schauspielerin, und war mit Haselnüssen und Schokolade gebacken", erzählt Brigitte Herbers aus vergangenen Betriebstagen. Für die Köstlichkeiten aus der Küche gab`s auch jede Menge Preise. So wurde das Alte Café Schneider vom Magazin „Feinschmecker" unter die 100 besten Cafés in Deutschland gewählt. Auch in anderen Gastronomieführern sahnte das Kaffeehaus stets gute Noten oder Sterne ab.

In ihrer Aufgabe als Café-Betreiberin lag ihr immer am Herzen, junge Menschen auszubilden. „Ich war meinen Lehrlingen stets Ansprechpartner zugleich als Mensch und Chefin", unterstreicht Herbers. In Bildungsfragen legt sie auch heute noch Wert, dass nur breit angelegte Kenntnisse echte Bildung ist – egal ob im naturwissenschaftlichen oder philosophisch-künstlerischen Bereich. Daher hat sie auch Aufgaben außerhalb des eigenen Cafébetriebs übernommen und sich als ehrenamtliche Richterin beim Arbeitsgericht oder im Vorstand des Hotel- und Gaststättenverbandes betätigt.

„Mir war es wichtig, dass der Nachfolgebetreiber das Neue Café Schneider auch als eigenständige Konditorei in Frankfurts Innenstadt betreibt", verrät die ehemalige Café-Chefin etwas erleichtert, die in ihrem Hause immer gern den Kontakt zu Menschen aus Wirtschaft, Politik und Kultur pflegte. Nun kann sie nach der Geschäftsaufgabe ihren wohl verdienten Ruhestand genießen – was ihr mit ihrer inneren Gelassenheit als Lebenseinstellung sehr gut gelingen wird.

Klar – so eine Wirtin wie Brigitte Herbers hat privat wie beruflich gern Gäste und Gesellschaft um sich, um sie zu verwöhnen. Diese gesellige Vorliebe fürs Umsorgen setzt sich bis in die Familienfeiern fort, die bei solch perfektem Service stets gut gelingen.

Lothar Herbst

**„Geduld das zu ertragen was nicht zu verändern ist,
Kraft das zu verändern was man kann,
Klugheit beides voneinander zu unterscheiden."**

Lothar Herbst

Straße:	Solmsstraße 38
Ort:	60623 Frankfurt am Main
Beruf:	Dipl.-Soziologe, Vorstandsmitglied Mainova AG
Geburtsdatum:	25.04.1956
Familienstand:	verheiratet
Kinder:	1

Von der Arbeitnehmerseite zur Arbeitgeberseite – diesen Bereich umspannt die Karriere von Lothar Herbst, der rund 20 Jahre in leitenden Gewerkschaftsdiensten stand. Heute steht er an der Spitze des Frankfurter Energielieferanten Mainova AG, dessen Geschicke er im Vorstand leitet. Dieses spannungsvolle Spektrum kann in seinem Tätigkeitsumfeld nur ein Gewinn sein.

Am linken Niederrhein in Lank-Latum, heute Stadtteil von Meerbusch, wurde Lothar Herbst geboren. In Krefeld absolvierte er 1974 sein Abitur und begann dann ein Lehrerstudium in den Fächern Französisch und Sozialwissenschaft, schwenkte dann aber um auf den Fachbereich Soziologie, in dem er mit Diplom abschloss. Bereits seine Abschlussarbeit über die Auswirkung der Konzentration in der Elektrizitätswirtschaft auf die Arbeitsbedingungen der Beschäftigten, legte ihn auf die Arbeitnehmerseite fest. Diese okkupierte er dann auch beruflich in den Jahren von 1985 bis 2005.

Wissenschaftlicher Angestellter, Geschäftsführer oder Büroleiter waren die Leitungspositionen, die Lothar Herbst dabei ausfüllte. Zu seinen Arbeitgebern zählten unter anderem Genossenschaftlich Wohnen e.V, ÖTV und verdi, wobei er sich in den unterschiedlichsten Themen sattelfest machte: unter anderem Gemeinwirtschaft, Wirtschaftsdemokratie, private und öffentliche Energieversorgung, ÖPNV, Stadtverwaltung, kommunale Eigenbetriebe, stadtnahe Vereine, Bund und Länder, Gesundheitswesen, Verkehr und Luftfahrt. Von 2003 bis 2005 war Herbst Geschäftsführer der Frankfurter verdi-Bezirksverwaltung mit 65.000 Mitgliedern und 70 Beschäftigten. Zuvor war er in der Bundesfachgruppe Luftfahrt, führte Tarifverhandlungen mit Airlines oder leistete internationale Arbeit im Zusammenhang mit Internationale Transportarbeiter-Föderation (ITF) und Europäische Transportarbeiter-Föderation (ETF). Seit 2006 ist der Rheinländer Vorstandsmitglied der Mainova AG und dort als Arbeitsdirektor verantwortlich für die Bereiche Personal, Interne Dienste und Immobilienmanagement, Sicherheit und Umweltschutz, Arbeitsmedizinischer Dienst, Angelegenheiten des Betriebsrates, Informatik und Zentraleinkauf.

„Zu meinen Zielen bei der Mainova gehört, das Unternehmen noch erfolgreicher zu machen, vor allem im Ausbau der Unternehmensstruktur, wie auch in der Weiterentwicklung der Unternehmenskultur“, so der Mainova-Chef. Zuvor war er dort bereits sieben Jahre lang als Mitglied im Aufsichtsrat tätig. In der Zeit von 1999 bis 2003 nahm er weitere Aufsichtsratsmandate wahr, so bei den Stadtwerken Verkehrsgesellschaft Frankfurt/M. GmbH, bei den Stadtwerken Frankfurt/M. Holding GmbH, bei der Lufthansa Service Gesellschaft – oder bei Fraport AG.

Lothar Herbst kam durch die ÖTV im Jahr 1987 nach Frankfurt. „Durch meine Tätigkeit habe ich nicht nur profunde Einblicke in regionale Unternehmen und Verwaltungen bekommen, sondern ich konnte auch die Region besser kennen lernen. Heute bin ich mit Frankfurt ganz eng verbunden“, gibt er gerne zu.

Geprägt von seiner Ausbildung und seiner langjährigen Gewerkschaftszeit ist sein soziales Gewissen.

In seiner Tätigkeit als ehrenamtlicher Arbeitsrichter dominierte das Motto „Verständnis für den Anderen“, das für Lothar Herbst aber auch heute noch gilt. Zu seinen sozialen Aktivitäten gehören für den Riesling-Genießer das Engagement für die Deutsche Knochenmarkspenderdatei DKMS und Ärzte ohne Grenzen. Erholung findet er bei intensiver Lektüre im Urlaub und beim Genuss von deutscher und italienischer Küche. In seiner Freizeit ist der Mainova-Chef beim Radfahren und Langlauf auf Ausdauer aus. Diese Ausdauerqualitäten sind auch mit seinem persönlichen Leitsatz kompatibel: „Geduld aufzubringen für unveränderbare Dinge und Kraft für Dinge, die man selbst bewegen kann.“

Manfred Herbst

Manfred Herbst

Strasse: Triftstraße 53
Ort: 60528 Frankfurt am Main
Beruf: Diplom-Betriebswirt
Geburtsdatum: 15.02.1952
Familienstand: verheiratet

Als Pionier des Direktmarketings blickt Manfred Herbst auf mehr als 30 Jahre Erfahrung zurück. Über alle Stationen seines beruflichen Aufstiegs hinweg zieht sich das Direktmarketing wie ein roter Faden – vom Bankkaufmann bis zum Mitglied des Vorstands von DIREKTE LEBEN Versicherung AG in Frankfurt/M. Er hat wichtige Akzente in der Direktmarketing-Branche gesetzt und zwei bekannte Finanz- und Versicherungsunternehmen mit aufgebaut.

Manfred Herbst wurde im niedersächsischen Landwehr geboren. Nach der Schule absolvierte er von 1969 bis 1972 eine Lehre als Bankkaufmann. Von 1975 bis 1978 besuchte er die FH für Wirtschaft in Berlin, die er als Dipl.-Betriebswirt abschloss. Danach wirkte er an der überaus erfolgreichen Entwicklung der Firma Borek in Braunschweig mit. Als Bereichsleiter für Marketing-Service war Manfred Herbst maßgeblich an der exponentiellen Umsatzentwicklung des Unternehmens auf das Vierfache beteiligt. Zurück im Finanzdienstleistungsbereich bei der Bausparkasse Mainz, bestand seine Aufgabe darin, mit Direktmarketing-Aktionen Interessenten für das Eigenheim, also Bausparer zu generieren. Von 1991 bis 1995 leistete Manfred Herbst Aufbauarbeit bei der Quelle Bausparkasse in Nürnberg. Dort leitete er als Direktor den Direktvertrieb und war in diesem Zeitraum für die Gewinnung von rund 100.000 Bausparern und den Aufbau eines Bestandes von zwei Milliarden DM Bausparsumme verantwortlich.
1996 erhielt Manfred Herbst die nächste Gelegenheit, ein Unternehmen vertrieblich auszurichten und die Weichen für eine erfolgreiche Entwicklung zu stellen – in der DIREKTE LEBEN Versicherung AG. Er selbst wurde nach vier Jahren zum ordentlichen Vorstand Marketing und Vertrieb bestellt. Der Erfolg blieb im treu – so wie Manfred Herbst dem Direktvertrieb. „Innerhalb von sieben Jahren haben wir es geschafft, die Gesellschaft in die Gewinnzone zu bringen. Pünktlich zum 10-jährigen Bestehen wurde von der Rating-Agentur Fitch das Qualitätssiegel Finanzstärke A verliehen“, bilanzierte das Vorstandsmitglied. Weitere Auszeichnungen komplettieren das Bild: Dazu zählen die Qualitätssiegel auf Produktseite die Auszeichnungen „Hervorragend“ (FFF) der Rating-Agentur Franke & Bornberg für Berufsunfähigkeitsver–sicherungen und Riester-Rente und „sehr gut“ (FF+) für private Rente. Ein „Gut“ von Finanztest für die Riester-Rente und ein „Sehr gut“ für die Berufsunfähigkeitsversicherungen. Der Kundenservice des Unternehmens wurde vom TÜV Rheinland mit einer Kundenbefragung ebenfalls mit einem hervorragenden „Gut (1,72“) zertifiziert. Visionär wird in den nächsten fünf bis sieben Jahren eine Verdoppelung des Beitragsvolumen angestrebt.

Seinen Arbeitstag beginnt Manfred Herbst morgens um 6.30 Uhr mit Training, Tee und Zeitungslektüre. In seiner Freizeit lernt Manfred Herbst zusammen mit seiner Frau gern die Welt und fremde Kulturen kennen. Stationen waren bereits USA, Südafrika, Thailand, Bali, Hongkong. Doch auch zuhause in Frankfurt gefällt es ihm ausgesprochen gut, „da die Menschen hier sehr herzlich und offen sind.“ Wie Beruf und Privates zusammenhängen, wird bei Golfspieler Manfred Herbst deutlich: „Mit allen Geschäftspartnern, die ich selbst von den Vorteilen einer Zusammenarbeit mit uns überzeugen konnte, hat sich auch eine private Freundschaft entwickelt.“ Das erklärt auch, warum ihm der Job so viel Spaß macht.

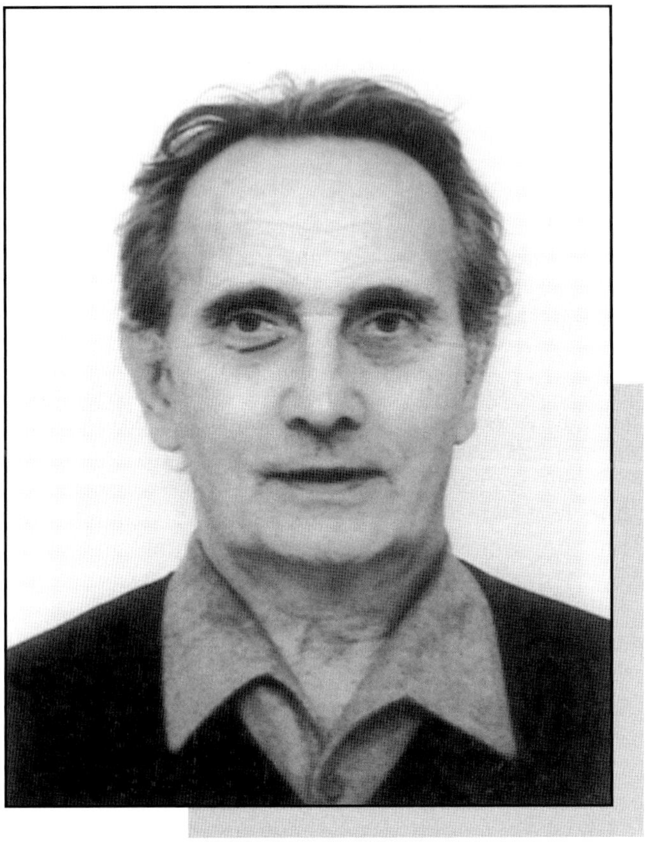

Manfred Herwig

„Willst du immer weiter schweifen?
Sieh, das Gute liegt so nah.
Lerne nur das Glück ergreifen,
denn das Glück ist immer da.“

(Goethe)

Manfred Herwig

Straße: Niedereschbacher Stadtweg 29
Ort: 60437 Frankfurt am Main
Beruf: Raumausstattermeister
Geburtsdatum: 11.08.1935
Familienstand: geschieden
Kinder: 2

Manfred Herwig wurde 1935 in Kassel geboren und wuchs auf dem Lande in der Landwirtschaft auf. Durch den Umgang mit den Pferden entstand sein Berufswunsch Sattler zu werden. Nach der Schulzeit machte er daher eine Lehre als Sattler und Polsterer, die er 1952 mit der Gesellenprüfung abschloss. Sein Gesellenstück war natürlich ein Brustblatt für ein Pferdegeschirr.

Eine Ausbildung zum staatl. geprüften Filmvorführer mit Zertifikat folgte. Diese Tätigkeit, die ihm viel Freude bereitete, übte er 5 Jahre lang in Rotenburg an der Fulda aus. Allerdings nur abends, denn tagsüber arbeitete er weiterhin in seinem erlernten Beruf

Seine besondere Liebe gehört dem Theater und der Literatur, hier bevorzugt er Goethe und Schiller. 1957 besuchte er ein halbes Jahr lang eine Schauspielschule in Frankfurt. Schweren Herzens musste Manfred Herwig seinen Traum, Schauspieler zu werden, aufgeben.

Er machte 1960 seinen Wandergewerbeschein und arbeitete als Subunternehmer für größere Firmen in Frankfurt. Nachdem er sich hier erfolgreich etabliert hatte folgte 1963 seine Meisterprüfung als Raumausstatter in Frankfurt. Ostern 1968 eröffnete er dann das Ladengeschäft in der Friedberger Landstraße.

Auch jetzt mit über 70 Jahren, die man ihm kaum ansieht, hat er immer noch Spaß an seiner Arbeit. Er legt großen Wert auf gewissenhafte Fachberatung in Bezug auf Qualität sowie Farb- und Designgestaltung von Teppichböden, Bodenbelägen, Gardinen und Sonnenschutz.

In den 70er Jahren war er spezialisiert auf die Mipolam-Verlegung, der erste PVC-Bodenbelag und der Mercedes unter den Bodenbelägen zu dieser Zeit.

So bekannte Namen, wie Steigenberger Hotel, Binding Brauerei und Städelscher Museums-Verein waren und sind noch heute unter seinen Kunden privat und geschäftlich.

Er engagierte sich in der Raumausstatterinnung Frankfurt als stellvertretender Schriftführer im Vorstand und kümmerte sich im Prüfungsausschuss um die Berufsausbildung der Lehrlinge.

Lebendig und aktiv wie er immer noch ist, joggt er regelmäßig an den Wochenenden.

In den nächsten 2 Jahren möchte er die Bestände seiner Firma verarbeiten und veräußern, um sein erfolgreiches Berufsleben abschließen zu können.

In seinem wohlverdienten Ruhestand will er dann endlich mal wieder Zeit dafür haben nach Italien zu reisen und in den Bergen Ski fahren zu können.

Thomas Heymann

„Trau dich, deinen eigenen Verstand zu nutzen."

Thomas Heymann

Straße:	Taunusanlage 1
Ort:	60329 Frankfurt am Main
Beruf:	Jurist
Geburtsdatum:	19.11.1952
Familienstand:	verheiratet
Kinder:	1

Wer zu spät kommt, den straft das Leben – Michail Gorbatschows Sentenz trifft jedenfalls nicht auf Thomas Heymann zu. Der 1952 geborene Jurist ist ein für das „Computerzeitalter" zu spät geborenes Kind, dennoch hat er sich zur weltweit anerkannten Koryphäe im IT-Recht aufgeschwungen. Der Gründer der Kanzlei Heymann & Partner beackert zudem noch andere Rechtsgebiete sehr erfolgreich.

Der Sohn eines Gastronomen-Ehepaars hatte nach eigenen Worten eine schöne Kindheit verlebt und eine gute Erziehung genossen. Philosophie war schon immer Thomas Heymanns Leidenschaft, der aber auch den Blick für's Wesentliche hatte und den Beruf des Rechtsanwalts ergriff. „Ich hab Jura studiert, um Geld zu verdienen" so der aufklärende Kommentar dazu. Das tat er in Frankfurt und Hamburg als Stipendiat der Studienstiftung des Deutschen Volkes. Andererseits war er sich schon früh sicher, welchen Beruf er nie ausüben würde, auch wenn er in seiner Familie eine bevorzugte Wahl war. Arzt nämlich, weil er kein Blut sehen kann.

Mit der Juristerei lag und liegt Thomas Heymann aber goldrichtig. Der weitsichtige Jurist war einer der ersten Anwälte, die sich mit Computerrecht befasst und beschäftigt haben. Das machte ihn auch weltweit bekannt. So ist er als einziger deutscher Anwalt in Euromoney's „The best of the best 2004" für den Bereich IT als einer der zehn führenden Anwälte weltweit benannt, gleichfalls als „recommended practicioner" in dem Führer „The worlds leading restructuring lawyers" sowie als „Hot 100 lawyer" durch „The Lawyer" im Jahr 2003. Heymanns Expertisen im Bereich Private Equity, Restructuring und Akquisitionen insbesondere von Technologie-Gesellschaften sowie IT und Outsourcing sind nicht nur in seiner Kanzlei gefragt, sondern auch bei Lesern zahlreicher Veröffentlichungen in rechtlichen Periodika. Oder in der Fachzeitschrift „Computer und Recht", die er als Mitglied der Schriftleitung begleitet, in dem Titel „International Transactions - Due Diligence", an dem er als Mitautor und Herausgeber beteiligt ist, sowie in Fachhandbüchern für IT-Verträge zu Themen „Pflege" und „Oursourcing Vertrag".

Die erst 2005 gegründete Anwaltskanzlei Heymann & Partner ist ein sehr erfolgreiches Projekt, das mit vier Partnern startete. Heute sind daran 24 Anwälte beteiligt und sie ist zu einer führenden Kanzleien avanciert. „Warum es uns so geht, weiß ich nicht", muss der Jurist eingestehen, „doch ich sehe besonders in brenzligen Situationen Wege und Möglichkeiten, wo andere keinen Ausweg vermuten", beschreibt er seine aus Instinkt, Kompetenz und Kreativität gepaarten Überlebensstrategien. Er versteht sich eher als Dienstleister, denn für ihn ist „dienstleistungsorientiertes Handeln die Sprache der Zukunft." Und so will er auch seine Mandanten bestens bedient wissen.

Über seine Kernaufgaben hinaus engagierte sich Thomas Heymann als Vorsitzender, stellvertretender Vorsitzender und Vorstandsmitglied der Deutschen Gesellschaft für Informatik und Recht (DGRI) und als Präsident der IFCLA (International Federation of Computer Law Associations), die er heute als Vice President und board member unterstützt.

In seiner Freizeit widmet er sich der Literatur, der Oper, dem Klavierspiel oder der Geschichte. Sein weitläufiges Interesse gilt Asien oder Indien „mit ihren interessanten Kulturen", aber auch Frankreich. Seiner Tochter wünscht Vater Heymann ihren unabhängigen Werdegang – ganz nach dem Kant`schen Motto: Trau dich, deinen eigenen Verstand zu nutzen.

Eckart C. Hild

„Strafverteidigung ist die Kunst des Machbaren!“

(Eckart C. Hild)

Eckart C. Hild

Straße: Goethestraße 31-33
Ort: 60313 Frankfurt am Main
Beruf: Rechtsanwalt und Notar
Geburtsdatum: 11.09.1943
Familienstand: verheiratet
Kinder: 4

Der geborene Frankfurter genießt als Strafverteidiger hohes Ansehen. Eckart C. Hild ist Anwalt seit 1975 und Notar seit 1989. Seit 2006 ist er Partner in der Sozietät Wicker Hanf, einem Notariat mit sechs Notaren und zwei weiteren Rechtsanwälten.

Er ist Vizepräsident der Frankfurter Rechtsanwaltskammer Frankfurt, Lehrbeauftragter der Fernuniversität Hagen und Ombudsmann der Deutschen Bahn AG.

Auch als Autor und Vortragsredner hat sich Rechtsanwalt Hild einen Namen gemacht.

So hat er gerade mit seinem Bruder Dieter Hild die dritte Auflage des Handbuches „Im Fadenkreuz der Steuerfahnder" fertig gestellt. Die übrigen Veröffentlichungen können unter www.wicker-hanf.de eingesehen werden.

Neben der Verteidigung von Einzelpersonen in Wirtschafts- und Steuerstrafsachen berät Eckart C. Hild verstärkt Unternehmen im Bereich Compliance oder als Geschädigte im Rahmen der Rückgewinnungshilfe durch strafrechtliche dingliche Arreste.

Viele seiner Strafverteidigungen sind bundesweit medienöffentlich geworden. Dennoch nennt er keine Namen, da jedwede Veröffentlichung mit nicht mehr gutzumachenden Nachteilen für den Mandanten verbunden ist. So wird z.B. über die Einleitung von Strafverfahren oder die Anklageerhebung bei bekannten Persönlichkeiten stets ausführlichst anhand von Pressemitteilungen oder Pressekonferenzen der Staatsanwaltschaften berichtet. Die Folgen für die Mandanten sind trotz Unschuldsvermutung verheerend. Nicht selten ist die berufliche Karriere beendet. Daran ändert eine nach mehreren Jahren erfolgte Einstellung des Verfahrens oder ein Freispruch nichts mehr.

Daher ist es neben der Erreichung des mit dem Mandanten definierten und machbaren Verfahrensausganges die zweitwichtigste Aufgabe des Strafverteidigers, jedwede Öffentlichkeit nach Möglichkeit zu vermeiden oder anderenfalls zumindest mitzugestalten.

Sorgen bereitet Rechtsanwalt Hild der Versuch einer europäischen Harmonisierung des Strafverfahrensrechts und des Strafrechts, da zu befürchten steht, das die in Deutschland im Vergleich zu anderen Ländern hohen Standards der Rechte des Beschuldigten nicht aufrecht erhalten bleiben.

Auch mit den Mitteln des Strafrechts national oder international regulierend in die freie Marktwirtschaft eingreifen zu wollen, hält er für verfehlt.

Zu beanstanden ist seiner Meinung auch die immer weiter ausufernde Praxis der Absprachen im Strafprozess.

Neben seiner beruflichen Tätigkeit engagiert sich Eckart C. Hild darüber hinaus in Frankfurt in verschiedenen Funktionen in gemeinnützigen Vereinen und Stiftungen. In seiner knapp bemessenen Freizeit spielt er Golf oder fährt Ski.

Dieter Hochgesand

**„Um an die Quellen zu kommen,
muss man gegen den Strom schwimmen."**

(Stanislav Jerzy Lev)

Dieter Hochgesand

Straße:	Landessportbund Hessen e.V., Otto-Fleck-Schneise 4
Ort:	60528 Frankfurt am Main
Beruf:	Journalist
Geburtsdatum:	08.10.1940
Familienstand:	verheiratet
Kinder:	1

Als Jugendlicher war für ihn – wie für so viele seines Jahrgangs – James Dean ein Idol. Später folgten dann Vorbilder wie Kurt Tucholsky, Willy Brandt, Bob Dylan und ... der „doppelte“ Sokrates. Zum einen der Vater der Philosophie, zum anderen „Socrates Brasileiro“, Sampaio de Souza Vieira de Oliveira, Brasiliens Fußball-Genius. Ein Phänomen am Ball, einer, der wie kaum ein anderer ein Spiel „lesen“ konnte. Denker auf dem Rasen, später aktiv als Arzt. Vielleicht ist es diese einzigartige Kombination aus Ballsport und Philosophie, die Dieter Hochgesand an Sokrates so fasziniert hat. Und in gewisser Weise ein Spiegelbild seiner selbst ist. Auf der einen Seite die ungeheure Liebe zum Ball(sport), auf der anderen Seite die Kunst des Schreibens oder Beschreibens, des Mitteilens. Kurzum des klassischen Journalismus. Der ja durchaus auch philosophische Züge haben kann. Besonders dann, wenn man in dieser Hinsicht so talentiert ist wie Dieter Hochgesand.

Aber der Reihe nach. Dieter Hochgesand wird am 08.10.1940 in Frankfurt-Sachsenhausen geboren. Schon von Kindesbeinen an hat ihn der Sport, vor allem Fußball, begeistert. Und seit der Schulzeit auch sein „Händchen für's Schreiben“. Obwohl in manchen Fächern eher lernfaul, war er bei Aufsätzen, Kurzgeschichten und Gedichten stets einer der Besten – schon früh erkennt er sein Talent. Sein Berufswunsch kommt daher nicht von ungefähr: Journalist.

Nach der kaufmännischen Ausbildung kommt er seinem Ziel tatsächlich ein großes Stück näher – auf eine doch ungewöhnliche Art und Weise: Ein Brief an den damaligen Rundschau-Herausgeber Karl Gerold 1964 öffnet ihm die Tür als freier Mitarbeiter für die Frankfurter Rundschau. Das Ressort Sport entspricht seinem Wunsch, denn als aktiver Fußballer und Leichtathlet konnte er nicht nur Praxis, sondern auch Fachwissen einbringen. Sein Können und Engagement werden belohnt: 1967 absolviert er eine journalistische Ausbildung bei der Rundschau und die berufliche Karriere als Sportjournalist nimmt ihren Lauf. Er ist bei vielen Großereignissen rund um den Globus dabei, berichtet u.a. über fünf Fußball-Weltmeisterschaften, drei Olympische Spiele, Leichtathletik-Weltmeisterschaften sowie zahlreiche Grand-Slam- und ATP-Turniere und begleitet dabei so manchen Weltstar, wie beispielsweise Steffi Graf und Boris Becker.

Ein Weltenbummler ist er, der Dieter Hochgesand, aber ebenso ein ganz Bodenständiger. Im Laufe seiner Tätigkeit bei der Rundschau bekommt er mehrmals die Chance anderswo journalistische Herausforderungen anzunehmen, aber aus familiären Gründen bleibt er in Frankfurt und somit auch der Rundschau treu.

Viel später erst, 1991, verlässt er seinen geliebten Journalismus und wechselt bis zu seinem Ruhestand im Jahre 2003 „auf die andere Seite der Bühne“ ins Frankfurter Waldstadion. Zunächst als Veranstaltungsleiter, später als Geschäftsführer der Stadion GmbH, begleitet er so als Vertragspartner gestalterisch u.a. drei Tennis-Mannschafts-Weltmeisterschaften der Damen (Fed-Cup), Open-Air-Konzerte, die Footballer der „Frankfurt Galaxy“ und natürlich die Frankfurter Eintracht, mit der er sich schon als Journalist fachlich kritisch und danach auch emotional auseinandersetzt.

Aus seinem großen Erfahrungsschatz und Wissen macht er keinen Hehl, aber es an die große Glocke hängen? Nein. Lieber bringt er beides als Autor in Fussball-Fachbücher ein, oder als lizenzierter Trainer des Frauen-Fußball-Bundesligisten SG Praunheim (heute 1.FFC Frankfurt) und des FSV Frankfurt sowie bei der WM 2006 als einer der Pressechefs im Stadion. Und nicht zuletzt auch im Rahmen seiner ehrenamtlichen Tätigkeiten: Präsidiumsmitglied des „Landessportbund Hessen“, stellvertretender Versammlungs-Vorsitzender der „Hessische Landesanstalt für privaten Rundfunk und neue Medien“ und Präsident des „Miltenberg Golf Club e.V.“

Am wohlsten fühlt er sich im Kreis der Familie mit den beiden Enkelinnen sowie der Freunde, in einer schönen Kneipe am Hafen und auf dem Golfplatz. „Ich habe eine fast normale Ballsportkarriere hinter mir: erst war ich Fußballer, dann Tennisspieler und bin jetzt dem Golfsport verfallen. Während also die Bälle als Objekt der Begierde immer kleiner wurden, wurde die Leidenschaft mit ihnen umzugehen immer größer.“ Er ist Italien- und Südsee-Fan, liebt Schiffsfahrten, schaut dabei aber immer als erstes, wo die Rettungsringe sind. „Ich kann nämlich nicht schwimmen“, sagt er und lacht. Was ihn antreibt ist die Lust am Neuen, die Neugier auf Dinge, die er noch nicht kennt. Nur – Schwimmen gehört halt nicht dazu.

Florian Hoffmann

„Man trinkt Tee,
um den Lärm der Welt zu vergessen."

(Chin. Sprichwort)

Florian Hoffmann

Straße:	Bergerstraße 104
Ort:	Frankfurt am Main
Beruf:	Gastronom, Kaufmann
Geburtsdatum:	04.05.1971
Familienstand:	verheiratet
Kinder:	keine

Als Florian Hoffmann 1971 in Trier das Licht der Welt erblickte, ahnte er noch nichts davon, einmal Deutschlands erste Tee-Lounge in Frankfurt zu eröffnen. Seit 2000 lebt und arbeitet er in Frankfurt und kam durch seinen Beruf über Dublin nach Köln, nach München und dann nach Frankfurt. Er verbrachte seine Kindheit und Schulzeit in Trier. Nach der mittleren Reife folgte eine Ausbildung zum Kaufmann im Einzelhandel und gleich danach arbeitete er für eine Firma in der EDV im Vertrieb. Diese Firma schickte ihn im Jahr 1996 nach Dublin, wo er am Telefon Computer verkaufte, holte ihn dann von 1996 bis 1997 nach Köln in den Verkauf, 1997 bis 1999 war er in München und 1999 bis 2000 dann in Frankfurt, wo er jeweils im Verkauf arbeitete, immer für die gleiche Firma. Vom Verkauf wechselte er 2004 in der IT in den technischen Bereich.

Aus seiner Vorliebe für den Tee begann er 2004 parallel dazu mit einem Online-Shop für Tee, das machte er schon im Hinblick und dem Gedanken an eine Gastronomie. Seine Leidenschaft und Begeisterung für den Tee, die er mit seiner Ehefrau Alexandra teilt, bewegte ihn dann im Oktober 2005 zusammen mit ihr die erste Tee-Lounge, das Teelirium in Frankfurt zu eröffnen. Sein Hobby wurde zum Beruf. Der Grundgedanke hierfür entstand beim Besuch eines Coffee-Shops, so etwas auch für Tee zu machen. Der Name Teelirium wurde mit Freunden in weinseeliger Runde aus „delirium"-„tilirium"-„Teelirium" entwickelt.

Im Teelirium, der ersten Tee-Lounge in Frankfurt, bieten Hoffmann + Hoffmann in entspannter und rauchfreier Atmosphäre eine Welt rund um den Tee. Rund 120 verschiedene Teesorten (zum Teil Eigenimporte) aus dem gesamten Sortiment kann man hier genießen, ausprobieren und auch frisch abgepackt mit nach Hause nehmen. Selbstverständlich sind diese Teesorten auch alle im Online-Shop erhältlich. Das umfangreiche Teeangebot wird ergänzt durch frische Scones, Kuchen, weitere Leckereien und auch andere Getränke. Florian Hoffmann möchte, dass Tee in Deutschland ebenso populär wird, wie es der Kaffee bereits ist und seinen Gästen die Welt des Tees näher bringen. In der gelungenen und ansprechend gestalteten Atmosphäre im Teelirium, selbst die Tapeten sind eigens hierfür entworfen und produziert worden, verweilt man gerne, um ausschließlich qualitativ hochwertigen Tee einfach zu erleben. Sein großer persönlicher Einsatz, verbunden mit einer großartigen Idee und einem wohl durchdachten Konzept, führten dann auch schnell zu den entsprechenden Erfolgserlebnissen. Er wollte die Herausforderung und so wagte er den Schritt in die Selbstständigkeit und hatte von Anfang an damit Erfolg, wie man sieht.

Mit durchweg positiver Presse in vielen renommierten Fach- und Zeitschriften, wurde das „Teelirium" hoch gelobt und als neues Konzept vorgestellt, das voll im Trend liegt. Es wird dabei als eine der besten Teestuben in Deutschland bezeichnet. Auch im Fernsehen wurden 2006 Beiträge gesendet und zwar im WDR, im Hessen-Fernsehen und RTL. Eine weitere Besonderheit sind seit November 2006 regelmäßig stattfindende Teeseminare. Hier können die Teilnehmer viel wissenswertes über die Herkunft und die Herstellung von Tee erfahren. Man lernt die weltweiten Anbaugebiete und die verschiedenen Teesorten kennen. Wissen über Ernte und Verarbeitung auf den Plantagen, über die handwerkliche und industrielle Verarbeitung von Tee wird vermittelt. Begleitend dazu probiert man verschiedene Tees und erhält wertvolle Tipps und Anregungen über die richtige Zubereitung. Diese Teeseminare sind sehr gefragt und wegen der begrenzten Teilnehmerzahl ist eine Voranmeldung erforderlich. Teeseminare können auch von Gruppen oder Firmen gebucht werden.

Das Teelirium begleitet das diesjährige japanische Filmfestival in Frankfurt wieder mit einer japanisch angehauchten Tee-Lounge. Im Museum Giersch in Frankfurt findet jeden ersten Donnerstag im Monat eine Tea-Time statt, ein exklusives Arrangement immer im Thema passend zu den ausgestellten Kunstwerken. Für besondere Anlässe, private Familienfeiern oder Firmenevents, kann das Teelirium auch nach Absprache angemietet werden.

Florian Hoffmann hat zusammen mit seiner Ehefrau Alexandra, sein Hobby zum Beruf gemacht. Seinen Stress erlebt er durchweg positiv, da ihm seine Selbstständigkeit Raum für freie Entscheidungen und eigene Ideen lässt. So liest er gerne in Sachbüchern oder Dokumentationen, und ist ein ausgesprochener Kinofan, wenn er nicht mit seinem Lieblingsthema dem Teelirium beschäftigt ist.

Frankfurt am Main

Gemälde von Gerhard Richter (Kunsthalle Weimar)

Prof. Dr. h. c. Dr. h. c. Hilmar Hoffmann

„Niemand ist heute nur ganz und rein eines. Bezeichnungen wie Inder, Frau, Muslim oder Amerikaner sind nicht mehr als erste Orientierungssignale, die, wenn man sie auch nur einen Augenblick lang die tatsächliche Wirklichkeit weiterverfolgt, alsbald verlöschen. Der Imperialismus konsolidierte die Mischung von Kulturen und Identitäten weltweit. Seine schlimmste und paradoxeste Gabe war es, die Menschen glauben zu machen und glauben zu lassen, sie seien einzig, hauptsächlich bzw. ausschließlich weiß oder schwarz oder westlich oder orientalisch.“, Muslim oder Amerikaner sind nicht mehr als erste Orientierungssignale, die, wenn man sie auch nur einen Augenblick lang die tatsächliche Wirklichkeit weiterverfolgt, alsbald verlöschen. Der Imperialismus konsolidierte die Mischung von Kulturen und Identitäten weltweit. Seine schlimmste und paradoxeste Gabe war es, die Menschen glauben zu machen und glauben zu lassen, sie seien einzig, hauptsächlich bzw. ausschließlich weiß oder schwarz oder westlich oder orientalisch.“

(Said, Edward W.: Kultur und Imperialismus. Einbildungskraft und Politik im Zeitalter der Macht. Aus dem Amerikanischen von Hans-Horst Henschen. Frankfurt/M. 1994, S. 442)

Prof. Dr. h. c. Dr. h. c. Hilmar Hoffmann

Straße:	Buchrainstraße 94
Ort:	60599 Frankfurt am Main
Beruf:	ehem. Kulturdezernent der Stadt Frankfurt am Main Ex-Präsident des Goethe-Instituts, Ehrensenator der Universitäten Frankfurt/M. und Tel Aviv
Geburtsdatum:	25.08.1925
Familienstand:	Witwer
Kinder:	2

Er ist die Kultfigur schlechthin vor allem in und um Frankfurt – im Sinne eines Kulturschaffenden, der hohe Reputation gleichfalls in der ganzen Republik und darüber hinaus genießt. Prof. Dr. Hilmar Hoffmann symbolisiert in seiner persönlichen Figur aber auch selbst Kult, der für eine andere, offene Sichtweise auf Kultur und Kulturpolitik steht. Er ist ein theoretischer und praktischer Revoluzzer, der für die Demokratisierung der Kultur kämpft. Sein kulturpolitischer Schlachtruf „Kultur für alle!" erschallte – und tut es noch immer – durch Kommunen, landesweit und über die Staatsgrenzen hinaus – mit der Folge der Umgestaltung kompletter kulturpolitischer Profile.

Hilmar Hoffmann wurde in Bremen geboren. Nach Wehrdienst als Fallschirmjäger und amerikanischer Gefangenschaft studierte er an der Folkwang-Hochschule für Musik und Theater. Danach startete er beruflich durch in Essen als Regie-Assistent. Jüngster Direktor an der Oberhausener Volkshochschule, Internationale Westdeutsche Kurzfilmtage waren weitere Stationen bis er dann erstmals ab 1965 als Kulturdezernent in Oberhausen wirkte, zugleich war er Lehrbeauftragter für Filmtheorie und Kulturpolitik an der Uni Bochum. Im Jahr 1970 kam er als Kulturdezernent nach Frankfurt und blieb dort 20 Jahre im Amt. In dieser Zeit wirkt er in unerhörter Weise, die bundesweit schnell ihre Fangemeinde fand und vor allem die kommunale Kulturpolitik und – programme nachhaltig prägte. „Kultur muss für alle da sein" war seine demokratische Botschaft, die er vehement umsetzte. Nicht Oper oder großes Theater allein mache die Kultur einer Stadt aus, sondern ebenso gleichwertig kleine Veranstaltungen wie Straßentheater oder Tanz als nicht institutionalisierte Kultur für ein breites Publikum – konkretisiert Hilmar Hoffmann. Eben auch Alternativkultur neben etablierter. Sein erstes großes Kabinettstückchen dieser Art landete er mit dem „Kommunalen Kino", das er gleich 1970 in Frankfurt installierte und das zahllose Nachahmer fand. Mit der Frankfurter „Museumsmeile" in den 80er Jahren übertraf er diesen kulturellen Streich – insgesamt 15 neue Museen und Ausstellungen entstanden neu am Mainufer, zum Teil in historischen Prachtbauten. Darunter so wichtige Einrichtungen wie das „Deutsche Filmmuseum", das „Deutsche Architekturmuseum", das „Museum für Moderne Kunst" oder das „Jüdische Museum". Der Kulturprofessor verpasste der Bankenmetropole einen zeitstilistischen Anstrich der besonderen Art. Die Kulturpolitik des SPD-Mitglieds Hoffmann wurde parteiübergreifend akzeptiert. CDU und SPD hielten gemeinsam – welch ungewöhnlicher Umstand! – an dem Dezernenten fest, der ausgetretene Pfade verließ. Ohne Hilmar Hoffmann sähe Frankfurt heute anders aus – weniger vital, weniger bunt!
Auch schulpolitisch mischte sich der Quertreiber ein und forderte, die musische Ausbildung zu verstärken. Ingesamt verlangt der Mitbegründer der „Stiftung Lesen", Kultur als Staatsziel zu erheben und in die Verfassung zu zementieren.

In der Zeit von 1993 bis 2002 war Hilmar Hoffmann Präsident der Goetheinstitute in München, die seiner Meinung nach grundsätzlich dem Zuständigkeitsbereich des Auswärtigen Amtes zugehören sollten – als relevante außenpolitische Säule.

Zu den wichtigen neueren Veröffentlichungen des viel prämierten Kulturbotschafters zählen unter anderem Titel wie „Die großen Frankfurter" (2004), „Lebensprinzip Kultur" (2006), „Frankfurts starke Frauen" (2006) oder „Frankfurts Stardirigenten" (2008). Als Herausgeber hat sich das Ehrenmitglied der Deutschen Filmakademie einen Namen mit dem sechsbändigen Werk „Kulturgeschichte unseres Jahrhunderts" gemacht.

Prof. Dr. med Reinhard Friedrich Gustav Hoffmann

**„Lasst jedermann das tun,
was er am Besten versteht.“**

(Cicero)

Prof. Dr. med. Reinhard Friedrich Gustav Hoffmann

Straße: Friedberger Landstraße 430
Ort: 60389 Frankfurt am Main
Beruf: Ärztlicher Direktor der Berufsgenossenschaftlichen Unfallklinik Frankfurt am Main und Chefarzt der Unfallchirurgie
Geburtsdatum: 17.09.1957
Familienstand: verheiratet
Kinder: 2

Prof. Dr. med. Reinhard Friedrich Gustav Hoffmann kam am 17.09.1957 in Unna/Westfalen als Sohn des Möbeltischlermeisters Erwin Hoffmann und der Arzthelferin Ingeborg Hoffmann, geb. Mork, auf die Welt. Seit 1983 ist er mit der Lehrerin Birgitt Hoffmann verheiratet. Die Söhne Christian und Tobias wurden 1987 in Hannover und 1988 in Los Angeles geboren.

Prof. Dr. med. Reinhard Hoffmann wollte immer Mediziner werden, er empfindet seinen „Beruf als Berufung". Nach dem Abitur am Immanuel Kant-Gymnasium 1976 in Dortmund studierte er von 1976 bis 1983 Humanmedizin an der Ruhr-Universität Bochum und der Heinrich Heine-Universität Düsseldorf. Die Approbation erfolgte am 09.05.1983, das Promotionsverfahren konnte er am 25.05.1983 abschließen. Bis ins Folgejahr leistete er den Wehrdienst ab und war als Stabsarzt der Flußpionierkompanie 801 im Rheinhafen von Krefeld stationiert.

1984 begann er seine berufliche Karriere als Assistenzarzt für Chirurgie am Zentrum Chirurgie der Medizinischen Hochschule Hannover, wo er sechs Jahre blieb. Am 25.03.1992 erfolgte die Facharztanerkennung als Arzt für Chirurgie, am 16.12.1992 der Erwerb der Teilgebietsbezeichnung Unfallchirurgie, beides bei der Ärztekammer Niedersachsen. Inzwischen hatte er als Oberarzt an das Virchow-Klinikum der Humboldt-Universität zu Berlin gewechselt, übernahm dort die Leitungsfunktion der Unfall- und Wiederherstellungschirurgie und war deren Strahlenschutzbeauftragter. Als Leitender Oberarzt 1997 bis 1999 war er ständiger Vertreter der Virchow-Klinikleitung. Zudem übernahm er von 1995 bis 1999 die ständige Vertretung von Prof. Dr. N. Haas im BG-Heilverfahren.

Seit dem 01.05.1999 ist er Chefarzt der Unfall- und Wiederherstellungschirurgie am Klinikum Offenbach. Bis 2003 war dort auch Chefarzt des Zentrums für Schwerbrandverletzte. Am 07.03.2000 wurde ihm die außerplanmäßige Professur der Medizinischen Fakultät Charité der Humboldt-Universität zu Berlin erteilt. Seit 2001 ist er stellvertretender Ärztlicher Direktor der Klinikum Offenbach GmbH. Und seit dem 01.07.2004 ist Prof. Dr. med. Reinhard Hoffmann Ärztlicher Direktor der Berufsgenossenschaftlichen Unfallklinik Frankfurt am Main und Chefarzt der Unfallchirurgie.

Klinische Schwerpunkte und besondere Fertigkeiten von Prof. Dr. med. Reinhard Hoffmann sind die Versorgung Schwerverletzter, die Endoprothetik, komplexe Gelenkfrakturen, lange Röhrenknochen sowie die Becken- und Hüftchirurgie.

Er ist Mitglied der Deutschen Gesellschaft für Unfallchirurgie e. V. und der Deutschen Gesellschaft für Orthopädie und Orthopädische Chirurgie e.V. Besondere Kontakte pflegt er zu Professor Tscherne in Hannover und Professor Haas in Berlin.

Von seinen Managementfähigkeiten sticht das Zeitmanagement hervor. Prof. Dr. med. Reinhard Hoffmann kann besonders gut planen – mit Zeit umgehen. Er selbst arbeitet viel und gerne.

Neben seiner Wirkungsstätte Frankfurt und dem Rhein/Main-Gebiet fühlt er sich in der Holsteinischen Schweiz und in Hamburg am wohlsten. Danach gefragt, was ihn antreibe, antwortet Prof. Dr. med. Reinhard Hoffmann, man darf das schreiben: „Meine Frau." Ein guter Rotwein und eine Pfeife bereiten ihm besondere Freude. Für einen guten Rotwein kann er ein Vermögen ausgeben. Außerdem isst er gerne Pasta.

Er hat die Vision, „dass aus der Bundesrepublik keine zweite DDR wird." Sein Rat an die Kinder ist: „Selber Chef werden."

Prof. Dr. med. Reinhard Hoffmann ist Mitglied der Kinderhilfestiftung Frankfurt e.V. und Mitglied der Rotarier Offenbach-Dreieich.

Dr. med. h.c. Dieter Walter Fritz Hofmann

**„Alle Kinder sind gleich,
unabhängig von Geschlecht, Hautfarbe, Sprache,
Religion, Meinung oder Herkunft.“**

(Dr. h.c. Dieter W. F. Hofmann)

Dr. med. h.c. Dieter Walter Fritz Hofmann

Straße:	Steinlestraße 31
Ort:	60596 Frankfurt am Main
Beruf:	Versicherungskaufmann, 1. Vorsitzende der Kinderhilfestiftung e.V.
Geburtsdatum:	17.06.1948
Familienstand:	verheiratet
Kinder:	4

Dr. med. h.c. Dieter W. F. Hofmanns Passion gilt den Kindern, die auf besondere Unterstützung angewiesen sind, vor allem den chronisch kranken, körperlich und geistig behinderten sowie den misshandelten Kindern in der Rhein-Main-Region.

Der vierfache Familienvater und gelernte Außenhandelskaufmann begann nachzudenken, als das Kind eines guten Freundes schwer erkrankte. Dies löste bei ihm den Impuls aus, sich verstärkt mit medizinischen Fragen auseinander zu setzen. Mit einem Spendenprojekt zugunsten krebskranker Kinder, initiiert durch die Wirtschaftsjunioren der Stadt Offenbach, gründete Dieter W. F. Hofmann schließlich die Kinderhilfestiftung e.V. Dieses Projekt finanzierte maßgeblich die verbesserte Ausstattung der onkologischen Station im Zentrum für Kinderheilkunde (ZKI) des Universitätsklinikums Frankfurt am Main. Es war unübersehbar, wie groß die Defizite im Bereich der räumlichen und apparativen Ausstattung zu diesem Zeitpunkt waren. Wo doch das Rhein-Main-Gebiet als besonders attraktiver Wirtschaftsstandort galt. Damit war die Entscheidung gefallen, schnell und unbürokratisch Hilfe zu leisten.

Begonnen hat Dieter W. F. Hofmanns Engagement für die Kinderhilfestiftung e.V. bereits vor über 25 Jahren. Genau so lang, wie es diesen Verein gibt. Seit Gründungstag im Jahre 1982 ist er deren 1. Vorsitzender und hat sich in dieser Zeit große Verdienste um die Verbesserung der Versorgungssituation von chronisch kranken Kindern erworben.

Am Herzen liegen Dieter W. F. Hofmann vor allem die chronisch kranken Kinder. Sein Wunsch, die Situation von kranken und behinderten Kindern zu verbessern, treibt ihn an. Mehr als 350 Projekte hat die Kinderhilfestiftung in dem Vierteljahrhundert ihres Bestehens gefördert, eine Reihe davon auch initiiert. „Das Jubiläumsjahr 2007 war das erfolgreichste Jahr in der Geschichte der Kinderhilfestiftung", so Dr. med. h.c. Dieter W. F. Hofmann. „Viele Projekte konnten auch 2007 erfolgreich umgesetzt werden, wie beispielsweise der Bau des integrativen Dinosaurier-Spielplatzes für behinderte und nichtbehinderte Kinder im Frankfurter Stadtteil Schwanheim." Allein dafür hat der Verein nahezu 400.000 Euro an Spendengeldern mobilisiert.

Der Ehrendoktor für Humanmedizin und Träger des Verdienstordens des Landes Hessens, der Ehrenplakette der Stadt Frankfurt sowie des Bundesverdienstkreuzes, möchte kleine wie große Projekte gefördert wissen und engagiert sich dabei in erster Linie in nächster Umgebung, hier im Rhein-Main-Gebiet. Dabei will er schnell, unbürokratisch und wirkungsvoll helfen. Jeder Spenden-Euro fließt zu 100 Prozent in die Projektarbeit und kommt unmittelbar den betroffenen Kindern zugute. Die Verwaltungsaufgaben des Vereins werden ausschließlich durch die Beiträge der Mitglieder und durch ehrenamtliches Engagement getragen. Die Transparenz bezüglich der Spendenverwendung ist immer sichergestellt, da in Absprache mit dem Förderer seine Spende einem gewünschten Projekt direkt zugeführt wird. Die Kinderhilfestiftung versteht sich als ein „Anwalt der Kinder" und sieht ihre Funktion in Koordinations- und Moderationsaufgaben. Dr. Hofmann setzt sich mit seinem Verein für die Anliegen der Kinderkliniken ein, um ihnen ein Forum für ihre Anliegen und Probleme zu bieten und nach außen zu kommunizieren.

Sein Engagement hat maßgeblich zur Verbesserung der Behandlung und Versorgung chronisch kranker Kinder im Rhein-Main-Gebiet beigetragen. Unter seinem ehrenamtlichen Vorsitz wurden Kinderkliniken der Region baulich saniert, medizinisch technisch ausgestattet und modernisiert. Neben seinem Engagement für die Kinderhilfestiftung setzt er sich zusätzlich als Vorstandsmitglied des Clementine Kinderkrankenhauses und als Mitglied des Kuratoriums für die Theodor Stern Stiftung ein.

Sein Lebensmotto heißt Freude durch die Freude anderer. Besondere Menschen im Leben von Dieter W. F. Hofmann sind Prof. Dr. med. Otto Hövels, der ehemalige Dekan des Fachbereichs Humanmedizin am Universitätsklinikum Frankfurt und sein Klassenlehrer Lothar Wetzel. Die Energie für sein Schaffen geben ihm viele sportliche Hobbys, Reisen nach Florida und nicht zuletzt seine Ehefrau Angela. Ohne sie, so gesteht Dr. Dieter W. F. Hofmann, würde er die vielfältigen Aufgaben nicht bewältigen können.

Dieter W. F. Hofmann will Vorbild sein, motivieren und zeigen, dass mit privater Initiative viel erreicht werden kann, und dass es sich lohnt, aktiv daran mitzuwirken.

Frank Holzapfel

**„Man trinkt Tee,
damit man den Lärm der Welt vergisst."**

(Chinesisches Sprichwort)

Teehaus Ronnefeldt, Frank Holzapfel

Straße:	Kurfürstenplatz 38
Ort:	60486 Frankfurt am Main
Beruf:	Inhaber des Teehauses Ronnefeldt
Geburtsdatum:	05.08.1939
Kinder:	2 Söhne

Frankfurt als Standort für ein Teehaus ist recht ungewöhnlich, da Teeimporteure doch eher in die Hafenstädte im Norden unseres Landes gehören. Doch schon allein seine Lage ist eine einzigartige Facette im Porträt des Teehauses Ronnefeldt. Es war Johann Tobias Ronnefeldt, der im Jahr 1823 hier sein Unternehmen gründete. Und dies wohlüberlegt. Er erkannte die Chance der zentralen geographischen Lage Frankfurts. Und er nutzte sie konsequent, indem er von hier aus die europäische Top-Gastronomie und -Hotellerie mit den besten Teequalitäten belieferte.

Seitdem sind 185 Jahre vergangen. Es ist eine Frankfurter Erfolgsgeschichte, die in den vergangenen 24 Jahren und gegenwärtig vom Inhaber Frank Holzapfel fortgeschrieben wurde und wird. Er hat als vielseitiger Agentur- und Marketing Profi das Unternehmen 1984 übernommen und setzt, wie einst der Firmengründer, auf Topqualität bei den Tees und im Service. In der Gastronomie und im gehobenen Fachhandel wurde Ronnefeldt zielstrebig zur führenden Teemarke entwickelt. Diese exklusive Positionierung wird durch einen extrem hohen Qualitätsanspruch begründet, auf dem Holzapfel und sein Produktteam unnachgiebig beharren.

An dieser Haltung wird sich auch in Zukunft nichts ändern. Denn die Söhne von Frank Holzapfel, Jan-Berend und Arne, werden als die kommende Unternehmer-Generation die Ronnefeldt-Erfolgsstory fortsetzen.

Es bleibt also dabei: Ronnefeldt kauft und verarbeitet ausschließlich Spitzentees aus den besten Teegärten der Welt. Das gibt Teekennern die Sicherheit, nur orthodox hergestellte Tees zu genießen. Orthodoxe Teeherstellung bedeutet, dass Ronnefeldt Tees mit größter handwerklicher Sorgfalt und möglichst geringer Maschinenbelastung geerntet und produziert werden. Das kommt der Teequalität und dem Teegeschmack zugute, denen Ronnefeldt letztlich seine Erfolge verdankt.

Konsequente Markenpolitik und Kundenbetreuung hat Ronnefeldt eine hohe Reputation in Deutschland und aller Welt eingebracht. Das seit der Gründung des Unternehmens verfolgte Vertriebskonzept wird fortgesetzt. Von Frankfurt aus werden die Kunden in aller Welt bedient. Internationale Absatzschwerpunkte liegen neben ganz Europa im Nahen und Mittleren Osten sowie in Russland und Asien.

Der wachsende Erfolg hat im Laufe der Jahre auch zu einer Verdoppelung der Arbeitsplätze an den Ronnefeldt-Standorten Frankfurt und Worpswede geführt. Seine hervorragende Markstellung schöpft das Unternehmen aber nicht nur aus der Tradition. Ebenso bedeutend und charakteristisch ist die innovative Dimension, auf der Inhaber Holzapfel besonderen Wert legt. Dazu gehört zum Beispiel die Gründung der Ronnefeldt Tea Academy®, die mit den exklusiven Ausbildungsprogrammen TeaMaster® Silber und TeaMaster® Gold dafür sorgt, dass das Servicepersonal mehr Tee-Kompetenz erhält, um die Gäste von Premium Hotels wie Kempinski Hotel Adlon Berlin, Baltschug Moskau und Jumeirah Burj Al Arab Dubai zu beraten und mit Spitzentees zu verwöhnen.

Doch auch bei Produkt-Innovationen ist Ronnefeldt ein vorbildlicher Schrittmacher in der Welt des Tees. Für die Teekanne wurde mit dem Tea-Caddy® eine neue Aufguss-Variante entwickelt, die viele Nachahmer bei Konkurrenz gefunden hat. Und im 185. Jubiläumsjahr kam eine weitere Ronnefeldt-Innovation auf den Markt: Der LeafCup®. Ein Convenience-Produkt, das die anspruchvolle Tasse Tee mit hochwertigem vorportioniertem Blatt-Tee ermöglicht.

Die Qualitäts-Philsophie von Ronnefeldt ist Erfolgsrezept zugleich. Hierzu sei ein Sprichwort aus den berühmten Teegärten Sri Lankas zitiert: „Good Tea pays“. In anderen Worten: Hohe Tee-Qualität hat ihren Preis, macht aber alle glücklich und zufrieden: die Tee-Genießer, die Gastronomen und natürlich auch das Teehaus Ronnefeldt.

Prof. Josef Homola

„Für Erfolg gibt es keinen Aufzug, man muss die Treppe nehmen."

(Prof. Josef Homola)

Prof. Josef Homola

Straße:	Theodor-Heuss-Allee 108
Ort:	60486 Frankfurt am Main
Beruf:	Dipl.-Ing. Architekt, FRICS
Position:	Vorsitzender des Vorstandes der ARCADIS HOMOLA AG und Honorarprofessor an der FH Potsdam
Geburtsdatum:	07.04.1943
Familienstand:	verheiratet
Kinder:	1

Sein Markenzeichen ist die Innovation – er hasst Trägheit und Stillstand. Erfolg habe viel mit Disziplin zu tun, sagt Prof. Josef Homola. „Statt nachzudenken, wo du stehst, überlege, wo du hinwillst." Es seien mindestens 20 Jahre harte Arbeit nötig, um über Nacht Erfolg zu haben. Wenn Erfolge da sind, genießt er sie gerne im Team.

Der gebürtige Prager machte sein Abitur mit 1,0 und begann Mathematik zu studieren. Nach einiger Zeit wechselte Josef Homola zu Architektur und Städtebau und legte 1966 sein Diplom ab. 1968 kam der Diplom-Ingenieur nach Deutschland und erhielt politisches Asyl. Zunächst als planender Architekt, arbeitete Josef Homola in Architekturbüros in München und Berlin. Bei der Bayerischen Bauträger AG erhielt er 1973 als Projektmanager die Gesamtprokura. Anschließend übernahm er die Geschäftsführung der ALBA Allgemeine Bau- und Anlagen Planungsgesellschaft mbH. 1982 gründete Prof. Homola seine eigene Ingenieurgesellschaft, die heutige ARCADIS HOMOLA AG.

ARCADIS ist führend als internationaler Anbieter von Beratungs-, Projektmanagement- und Ingenieurleistungen. Ihre Arbeitsschwerpunkte liegen in den Bereichen Infrastruktur, Umwelt und Immobilien. Sie setzt dabei auf die Verbesserung von Mobilität, Zukunftsfähigkeit und Lebensqualität. Weltweit gehören ihr 14000 Mitarbeiter an, damit ist sie eines der größten Consultingunternehmen der Welt. Die Tochtergesellschaft ARCADIS HOMOLA AG hat Büros in Berlin, Frankfurt/Main, München, Dresden und Köln. Prof. Josef Homola ist seit 1999 Vorsitzender des Vorstands der ARCADIS HOMOLA AG, seit 2003 Mitglied im Beirat der ARCADIS Deutschland GmbH.

Bei der Organisation von Projekten und Großprojekten setzt er auf die strategische Entwicklung – er ist Generalist. Prof. Josef Homola ist gerne in einem dynamischen Team tätig. Er hat in Spanien, Schweiz und den USA gearbeitet und spricht Deutsch, Tschechisch, Englisch, Russisch und etwas Chinesisch. Außerdem beschäftigt er sich mit Rhetorik und Dialektik, hält Vorträge und Seminare zu diesen Themen. Er sagt von sich, er sei kein „Stammtischmensch".

Ihn fasziniert das „Management ohne Manager", sprich, sich selbst organisierende Einheiten. Sein Lieblingsautor ist der Brasilianer Ricardo Semler, geschäftsführender Gesellschafter des Maschinenbauers Semco, eines der am schnellsten wachsenden Unternehmen Brasiliens, dessen Credo es ist: „Wir haben keine Unternehmenspolitik." Vielmehr lässt Semco die Arbeitnehmer entscheiden, wie produziert werden soll und wie die Gewinne unter den Arbeitnehmern aufgeteilt werden sollen.

Seit 2006 unterrichtet Prof. Josef Homola Projektmanagement am Fachbereich Architektur und Städtebau der FH Potsdam. Prof. Homola gilt als jemand, der – so der Dekan des Fachbereichs, Prof. Bernd Albers, in seiner Einführungsrede – „in herausragender Weise das aktuelle Tätigkeitsfeld des Projektmanagements entwickelt, definiert und auf nationaler wie internationaler Ebene erfolgreich praktiziert hat." Er habe „die Baubetreuung quasi erfunden" sagte sein Kollege Prof. Dr. Dieter Stassen über ihn in der Laudatio. Seit dem 05.12.2007 ist Josef Homola Honorarprofessor. An der Arbeit mit jungen Menschen erzeugt ihm besondere Freude „zu sehen, dass die Saat aufgeht."

Die Honorarprofessur ist nicht die erste wissenschaftliche Tätigkeit von Prof. Josef Homola. Von 1994 bis 1996 lehrte er als Gastprofessor an der Universität GHK Kassel. Seit 1996 ist Prof. Homola FRICS, Fellow of the Royal Institution of Chartered Surveyors London, seit 1999 Privatdozent für Immobilienökonomie an der International Real Estate Business School.

Nebenberuflich war er unter anderem 12 Jahre als Vorstandsmitglied des Deutschen Verbandes der Projektmanager im Bauwesen aktiv.

Doch am meisten Spaß macht ihm seine (jetzt noch) kleine Tochter.

Prof. Dr. Axel Honneth

„You don't need a weatherman to know which way the wind blows."

(Bob Dylan)

Prof. Dr. Axel Honneth

Straße: Grüneburgplatz 1
Ort 60629 Frankfurt am Main
Beruf: Professor für Philosophie
Geburtsdatum: 18.07.1949
Familienstand: verheiratet
Kinder: 2

Egalitäre Anerkennungsverhältnisse, diese gesellschaftliche Vision steckt im „Kampf der Anerkennung“, der 1990 erstellten Habilitationsschrift des Geschäftsführenden Direktors am Institut für Sozialforschung in Frankfurt am Main, Prof. Dr. Axel Honneth. Sie gilt für den wichtigsten Repräsentanten der jüngeren Generation der Frankfurter Schule auch heute noch.

Geboren wurde Axel Honneth als Sohn eines Arztes in Essen. Die sozialen Unterschiede im Nachkriegsdeutschland waren in dieser Region der Bergarbeiter besonders ausgeprägt und prägend für den Gymnasiasten Axel Honneth. Da scheint die Sensibilität für den gesellschaftlichen und individuellen „Kampf um Anerkennung“ bereits angelegt. In seiner „Behütetheit“ erlebte er Theater und Oper, las Werke von Steinbeck, Sartre, Walser oder Handke. Nach dem Abitur begann er 1969 in Bonn Philosophie zu studieren, wechselte dann an die Universität in Bochum und zur Soziologie im Nebenfach. Von 1974 bis 1976 setzte Axel Honneth sein Studium an der FU Berlin fort und war dort wissenschaftlicher Assistent am Institut für Soziologie, ehe er dann 1982 mit der „Kritik der Macht. Foucault und die Kritische Theorie“ promovierte. In dieser Zeit hatte der Habermas-Anhänger eine einschneidende telefonische Begegnung mit Habermas selbst, der ihm ein Forschungsstipendium am Münchner Max-Planck-Institut für Sozialwissenschaft gewährte. Danach assistierte er Habermas am Fachbereich Philosophie der Goethe-Universität in Frankfurt, bis er 1985 seine Arbeit an der Habilitationsschrift: „Kampf um Anerkennung“ startete und im gleichen Jahr als Gastdozent an der McGill University in Montreal wirkte. Im Jahr 1987 folgte eine Gastdozentur an der Kyoto University in Kyoto und von 1989 bis 1990 war er Fellow am Wissenschaftskolleg in Berlin. Im gleichen Jahr habilitierte er im Fachbereich Philosophie der Universität in Frankfurt am Main. Es folgten Professuren in Konstanz, Berlin und Frankfurt, sowie die Vertretung des Spinoza-Lehrstuhls am Department of Philosophy der University of Amsterdam, bevor der Sozialphilosoph im Jahr 2000 zusätzlich Geschäftsführender Direktor am Institut für Sozialforschung in Frankfurt am Main wurde. Im Jahr 2006 war er Gastprofessor an der Ecole des Hautes Etudes et Sciences Sociales in Paris.

Zu seinen neueren Auszeichnungen zählen unter anderem das Harris Visiting Professorship am Department of Philosophiy des Darthmouth College in Hanover/New Hampshire 2006, ein Guest-Professorship am Department of Philosophy am Boston College in Boston 2005, die Tanner Lectures on Human Values an der University of California in Berkeley 2005, die F. Palacky Honorary Medal for Merit in Social Sciences (Academy Council of the Academy of Sciences des Tschechischen RepublicAwards) 2004 oder The Rice University Lecture Series an der Rice University in Houston/Texas 2002.

Zu seinen wichtigsten Publikationen seit 2003 gehören „Pathologien der Vernunft. Geschichte und Gegenwart der Kritischen Theorie“ (2007), „Verdinglichung. Eine anerkennungstheoretische Studie“ (2005), „Umverteilung oder Anerkennung? Eine politisch-philosophische Kontroverse“ (gemeinsam mit Nancy Fraser, 2003) und „Unsichtbarkeit. Stationen einer Theorie der Intersubjektivität“ (2003).

Prof. Axel Honneth ist kein Sozialromantiker, dennoch hat er eine Vision von „geglückter Gesellschaftlichkeit“ und steht in der Tradition von Rousseau, Lukács und anderen Sozialphilosophen mit dem gesellschaftskritischen Blick auf die komplexe Spannung von Individualismus und Gesellschaft – und dem Ausblick auf egalitäre Anerkennungsverhältnisse. Diese realisiert der Habermas-Schüler zumindest für sich als Professor an der Universität, denn bei seinen Studenten genießt er in Kompetenz und Hinwendung zu den Studierenden die uneingeschränkte Anerkennung.

Michael Ilgner

„Im Sport gibt es keinen Konjunktiv, der Ball ist im Tor, oder eben nicht."

Dr. Michael Ilgner

Straße: Burnitzstraße 42
Ort: 60596 Frankfurt am Main
Beruf: Wirtschaftsingenieur, Geschäftsführer
Geburtsdatum: 01.05.1971
Familienstand: verheiratet
Kinder: 2

Im Sport gibt es keinen Konjunktiv – das weiß aus hautnaher Erfahrung der ehemalige Olympiateilnehmer Dr. Michael Ilgner. Der einstige Wasserball-Spitzensportler leitet heute die Stiftung Deutsche Sporthilfe (DSH) als Geschäftsführer und Vorstand.

Dr. Michael Ilgner wurde im unterfränkischen Werneck geboren. Er besuchte im nahen Schweinfurt die Schule, die er mit dem Abitur abschloss. Danach leistete er seine Bundeswehrzeit in der Sportkompanie Warendorf. Im Anschluss studierte er Wirtschaftsingenieurwissenschaften an der Universität in Karlsruhe, wo er auch promovierte. Parallel sammelte Dr. Michael Ilgner zunächst Vertriebs- und Marketingerfahrungen bei Nokia und Campana & Schott. Im Jahr 1999 wechselte er zur Strategie- und Beratungsagentur Booz Allen Hamilton, in der er seit 2003 zur Geschäftsleitung zählte. In den folgenden zwei Jahren führte Michael Ilgner unter anderem ein pro-bono Projekt-Beratungsteam von Booz Allen Hamilton, das sich in Kooperation mit dem Vorstand der Deutschen Sporthilfe mit der Organisation, den wirtschaftlichen Perspektiven und Finanzierungsmöglichkeiten der Stiftung beschäftigte.

Der Sportler Ilgner legte eine „bewegte" Karriere als Wasserballer hin. Er war mehrere Jahre Mitglied der Junioren- und A-Nationalmannschaft. Mit dem deutschen Nationalteam gewann er bei der Europameisterschaft 1995 in Wien die Bronzemedaille. Im Jahr 1996 nahm er an den Olympischen Spielen in Atlanta teil. Insgesamt acht Jahre lang, von 1990 bis 1997, gehörte Michael Ilgner zu den deutschen Elite-Sportlern, die von der Stiftung Deutsche Sporthilfe gefördert wurden. Dr. Michael Ilgner verstand es stets, seine berufliche Karriere mit seiner Sportlaufbahn glücklich zu verbinden. Dafür wurde er im Jahr 2003 mit dem Sportpreis des Bayerischen Ministerpräsidenten ausgezeichnet.

Am 01. März 2006 wurde Dr. Ilgner Vorsitzender der Geschäftsführung der Stiftung Deutsche Sporthilfe (DSH) und damit Mitglied des fünfköpfigen DSH-Vorstandes. In diesem Zusammenhang und mit der Persönlichkeit Ilgners, strich damals Vorstandsvorsitzender Hans Wilhelm Gäb die Relevanz heraus, für eine Straffung der Strukturen, für eine weitere Managerkompetenz und Hauptamtlichkeit in der Stiftung. Zumal der ehemalige Leistungssportler seit langem mehrfach verbunden ist mit der Sporthilfe – sowohl als ehemaliger geförderter Sportler als auch in einer vorherigen Beratertätigkeit.

„Als ehemals Geförderter versuche ich, auch in meiner jetzigen Funktion als Geschäftsführer, in allererster Linie im Sinne der Athleten zu handeln. Besonderen Wert legen wir dabei zum Beispiel auf das Programm „Duale Karriere" zusammen mit der Deutschen Bank, das sportliche und berufliche Karriere miteinander verbindet und eine Perspektive über die sportliche Laufbahn hinaus ermöglichen soll", formuliert Ilgner einige Sporthilfe-Ziele für die Athletenförderung.

Privat engagiert sich der Sporthilfe-Manager und Fair-Player seit mehreren Jahren für das caritative Projekt „Horizont" der Schauspielerin Jutta Speidel für obdachlose Kinder und Mütter.

Edgar Itt

„Mit der richtigen Einstellung kann jeder sein eigenes Olympia erleben – im beruflichen Alltag wie im Privatleben."

(Edgar Itt)

Elke Jannusch

Straße: In den Biegen 9
Ort: 60437 Frankfurt am Main
Beruf: Maskenbildnerin
Geburtsdatum: 17.12.1942
Familienstand: geschieden
Kinder: 2

Unstudiert mit ständiger Lernbegierde – so beschreibt sich Elke Jannusch mit einem Schuss Selbstironie. Die gelernte Maskenbildnerin engagiert sich mit großem persönlichen Einsatz als Erste Vorsitzende im Tennis-Club Harheim TCH e.V. und legt dabei ihren Schwerpunkt auf die Kinder- und Jugendarbeit.

Elke Jannusch ist eine waschechte Frankfurterin, die der Region bis heute verbunden und treu geblieben ist. Nach der Schule ging sie zum Hessischen Rundfunk (HR), wo sie sich als Maskenbildnerin ausbilden ließ. In ihren Berufsjahren beim HR hatte sie besondere Begegnungen unter anderem mit Hans-Joachim Kulenkampff, den sie noch heute als „eines der größten Showtalente des Fernsehens“ bezeichnet. Aber auch Vico Torriani oder den King of Rock 'n' Roll, Elvis Presley, mit seinem Vater Vernon, traf sie. Später wechselte die Maskenbildnerin als Selbstständige in die Versicherungsbranche. „In meiner Tätigkeit muss ich als Dienstleisterin immer up-to-date sein. Kompetenz, Flexibilität, Offenheit und Zuverlässigkeit sind dabei sehr wichtig“, beschreibt sie ihre Anforderungen an sich selbst. In ihrer beruflichen Beratungs- und Betreuungsfunktion sei sie persönlich stark vom Lob und von der Anerkennung ihrer Kunden abhängig – auch nach dem Motto „Mundwerbung ist die beste Werbung“.

Elke Jannusch ist leidenschaftliche Tennisspielerin und seit einem Vierteljahrhundert Mitglied im Tennis-Club Harheim e.V. Der ist ihr mittlerweile nicht nur zur sportlichen und Freizeitheimat geworden, sondern so ans Herz gewachsen, dass sie ihm als Erste Vorsitzende vorsteht. Vor allem die Förderung der Kinder und Jugendlichen hat sie sich auf die Fahne geschrieben. „Wir bieten im Tennis-Club Harheim dem Nachwuchs unter professioneller Anleitung optimale Möglichkeiten, sich sportlich auszutesten und zu verbessern. Dabei sollen die Kinder im Sieg und auch in der Niederlage lernen, wie sie für sich Selbstbewusstsein gewinnen. Sie sollen dadurch über den Sport hinaus Erfahrungen für das Leben sammeln“, erläutert die Vereinschefin den tieferen Grund der Nachwuchsförderung.

Unter ihrer Federführung und unter Mithilfe zahlreicher Helfer und „guter Geister“ ging die Jubiläumsfeier zum 25-jährigen Vereinsbestehen im August 2007 erfolgreich über die Bühne. An dieser Veranstaltung bescheinigte Professorin Dr. Daniela Birkenfeld, Frankfurter Stadträtin für Soziales und Sport, in ihrer Rede dem Verein ausdrücklich die hohe Qualität in der Kinder- und Jugendarbeit. Dass Elke Jannusch den TCH mit ihrem Führungsstil nachhaltig geprägt hat, passt zu ihrem persönlichen Zitat, „Wer in die Fußstapfen anderer tritt, hinterlässt selbst keine Spuren“.

Freude bereitet der heute 65-Jährigen das herzhafte Lachen eines Kindes. Auch wenn es nicht in ihren musikalischen Geschmack passt, begleitete die Junggebliebene ihre Enkeltochter Laura zu zwei Konzerten von „Tokio Hotel“. Doch lässt sich die glühende Anhängerin von Eintracht Frankfurt akustisch lieber von der Bassbariton-Stimme des großen Sängers Thomas Quasthoff in aller Ruhe und Abgeschiedenheit verwöhnen.

Und kulinarisch? Kulinarisch am liebsten von ihrer Tochter Gabriela mit echter Hausmannskost oder ihrem Sohn Matthias, der es als leibhaftiger „Gourmet-Koch“ immer wieder schafft, Fleisch und Fisch mit allen Beilagen auf den „Punkt“ zu servieren.

Jürgen Karpinski

„Ein Recht gibt es nur in der Pflicht."

(Jürgen W. Karpinski)

Jürgen Karpinski

Straße:	Königslacher Straße 15-21
Ort:	60528 Frankfurt am Main
Beruf:	Geschäftsführer
Geburtsdatum:	13.11.1949
Familienstand:	verheiratet
Kinder:	2

Jürgen Karpinski wurde in Bad Gandersheim (Harz) geboren, wuchs aber in Frankfurt am Main auf, besuchte hier die Schule und könnte fast als echter Frankfurter gelten. Eine Ausbildung zum Kraftfahrzeug-Mechaniker entsprach seiner Neigung für die Technik im und am Auto. Innovation ist für ihn eine ständige Herausforderung zur Neuorientierung, insbesondere in der Kraftfahrzeugtechnik- und Elektronik.

Jürgen Karpinski ist jetzt 58 Jahre alt und hat bisher viel in seinem Leben erreicht, z.B. den Meisterbrief als Kraftfahrzeugmechaniker- und Elektriker. Als Kfz-Meister gehörte er sowohl dem Gesellenprüfungsausschuss als auch einer Meisterprüfungskommission 25 Jahre lang an. Die Handwerkskammer Rhein-Main nutzt seine umfangreichen beruflichen Erfahrungen und so wurde er bereits 1988 in die Vollversammlung und 1999 in deren Vorstand gewählt. Für die Gerichte ist Herr Karpinski als ehrenamtlicher Richter und öffentlich bestellter und vereidigter Gutachter und Sachverständiger tätig. Die Industrie- und Handelskammer Frankfurt macht sich seine fundierten Sach- und Fachkenntnisse im Verkehrs- und Einzelhandelsausschuß und der Vollversammlung zunutze. Seit 1988 leitet er als Obermeister die Geschicke der Innung des Kraftfahrzeug-Handwerks Frankfurt und Main-Taunus-Kreis und seit 2004 lenkt er als Präsident und Landesinnungsmeister die Geschicke des Kraftfahrzeuggewerbes Hessen mit 4000 Betrieben. Für die Landesfachschule des Kfz-Gewerbes Hessen trägt er ebenfalls seit 1988 die Verantwortung.

Die Liste seiner ehrenamtlichen Tätigkeiten ist beeindruckend lang. So ist er nicht nur Verwaltungsrat der Innungskrankenkassen Baden-Württemberg und Hessen (IKK), Verwaltungsrat der Deutschen Automobil Treuhand (DAT), Beirat des TÜV-Süd-Konzerns und im Präsidium der Arbeitgeberverbände des Hessischen Handwerks und Mitglied des Hessischen Handwerkstags, sondern auch Gründungsmitglied der Stiftung Polytechnische Gesellschaft und Vorstandsmitglied im höchsten deutschen Kraftfahrzeuggremium, dem Zentralverband Deutsches Kraftfahrzeuggewerbe (ZDK). Andere Menschen für ein Ziel zu begeistern erzeugt bei ihm Freude.

Trotz seines Erfolges vergaß er nie die Schwächeren in unserer Gesellschaft, die er finanziell, auch in seinen verschiedenen Ehrenämtern, stets unterstützte. Besonders kämpft er gegen Vorurteile und für die Rechte der Benachteiligten in unserer Gesellschaft und setzt sich dafür ein, dass auch diese Menschen nicht vergessen werden. Seit mehr als 35 Jahren ist Jürgen Karpinski für die berufliche Aus- und Weiterbildung junger Menschen verantwortlich.

Das große Engagement von Jürgen Karpinski ist nicht unhonoriert geblieben. 1994 erhielt er das Silberne Ehrenzeichen und 2006 wurde ihm die Goldene Ehrennadel des Kraftfahrzeug-Verbandes überreicht. 1999 erhielt er das Silberne Ehrenzeichen und im Jahr 2005 die Goldene Ehrennadel der Handwerkskammer Rhein-Main. Nach dem Bundesverdienstkreuz am Bande im Jahr 2000 erhielt Jürgen Karpinski 2008 den Ehrenbrief des Landes Hessen aus den Händen von Staatsminister Dr. Alois Rhiel und Wirtschaftsdezernent Boris Rhein.

Sein volles berufliches Engagement bringt er mit der Leitung seiner eigenen Kfz-Betriebe in Idstein und als Geschäftsführer der Auto-Schmitt-Gruppe in Frankfurt ein, deren 75-jähriges Firmenjubiläum er mit bedeutenden Persönlichkeiten aus Wirtschaft, Politik und Sport und über 450 geladenen Gästen im April 2008 feiern konnte.

Im Laufe der Zeit empfing er u.a. die Frankfurter Oberbürgermeister Rudi Arndt, Dr. Walter Wallmann, Wolfram Brück, Dr. Volker Hauff, Andreas von Schöler und Dr. Petra Roth, die hessischen Staatsminister Armin Clauss, Udo Corts, Jochen Riebel, Dr. Alois Rhiel und Volker Bouffier, die Bundesminister Klaus Töpfer, Friedrich Bohl und Hans Eichel sowie die Bundeskanzlerin Dr. Angela Merkel.

Dass bei einem so ausgefüllten Berufsleben das Wenige an Freizeit gezielt und sinnvoll geplant werden muss, versteht sich von selbst. Im Urlaub interessieren ihn fremde Kulturen und Nationen, ganz besonders aber das Bergsteigen, der Marathonlauf und das Lesen anspruchsvoller Lektüre.
Trotz aller haupt- und ehrenamtlichen Aktivitäten erlebt man Jürgen Karpinski privat als einen Menschen, der ein besonderes herzliches Verhältnis zu seiner Familie und seinen Freunden hat, der herzhaft lachen kann und hier neue Kraft für seine vielen Aufgaben findet.

Prof. Dr. med. Dr. h. c. Manfred Kaufmann

„Die etwas Dickeren leben glücklicher und vielleicht auch länger."

(Prof. Dr. med. Dr. h. c. Manfred Kaufmann)

Prof. Dr. med. Dr. h. c. Manfred Kaufmann

Straße:	Theodor- Stern-Kai 7
Ort:	60590 Frankfurt am Main
Beruf:	Direktor der Frauenklinik der Goethe-Universität
Geburtsdatum:	08.10.1946
Familienstand:	verheiratet
Kinder:	2

Er ist bekannt für sein Rezept für frischen Lachs mit Gemüsen und gerösteten Algen. Das Geheimnis liegt dabei am frisch gehackten Koriander. Dazu empfiehlt er einen Winkeler Jesuitengarten, Riesling Kabinett trocken. Nicht alle Rezepte, die Prof. Manfred Kaufmann in seinem Beruf ausstellt, können so delikat sein.

Nach dem Studium der Humanmedizin in Erlangen und Heidelberg und der Promotion zum Dr. med., arbeitete er als wissenschaftlicher Assistenz am Deutschen Krebsforschungszentrum und als Facharzt an der Frauenklinik der Universität in Heidelberg. Er erhielt ein Ausbildungsstipendium an der Mayo Clinic in Rochester, Minnesota, USA, und am Sloan-Kettering Cancer Center, New York City. Nach der Habilitation arbeitete und unterrichtete er als Oberarzt und Professor an der Klinik für Gynäkologie und Geburtshilfe in Heidelberg. Seit 1995 ist er Direktor der Frankfurter Universitätsklinik für Frauenheilkunde und Geburtshilfe, von 1997 bis 2001 war er zudem Prodekan der medizinischen Fakultät.

Prof. Dr. Manfred Kaufmann ist derzeit Vizepräsident der Deutschen Krebsgesellschaft, stellvertretender Vorsitzener der Arbeitsgemeinschaft Gynäkologische Onkologie in der Deutschen Gesellschaft für Gynäkologie und Geburtshilfe und der Deutschen Krebsgesellschaft. Er gründete den Verein „Alumni Medizin“ und „Freunde der Goethe-Universität“. Sein besonderes Engagement aber gilt dem Brustkrebs, den er nicht nur behandelt, sondern dem er auch vorzubeugen mahnt. So erfolgte durch ihn 1995 die Gründung der „Aktion Bewusstsein für Brustkrebs“, deren Vorsitzender er seitdem ist.

Prof. Manfred Kaufmann ist der Autor bzw. Ko-Autor von mehr als 500 wissenschaftlichen Publikationen, 29 Büchern, 180 Buchbeiträgen und 12 wissenschaftlichen Filmen. Er ist Vorstandsmitglied verschiedener Fachgesellschaften, Herausgeber im Editorial Board verschiedener medizinischer Zeitschriften und Mitglied in zahlreichen internationalen wissenschaftlichen Vereinigungen.

Prof. Manfred Kaufmann erhielt zahlreiche Auszeichnungen, so den Johann Georg Zimmermann-Preis für Krebsforschung 1983 und 1988, den Gerhard Domagk-Wissenschaftspreis in Münster 1989 und den Deutschen Krebspreis 1992. 2006 erfolgte die Ehrenpromotion zum Doctor of Sciences am Petrov Research Institute, St. Petersburg. Im Jahr 2007 wurde Prof. Manfred Kaufmann der Wilhelm Warner-Preis für Krebsforschung verliehen.

In seiner Freizeit besucht er zusammen mit seiner Frau, Dr. phil. Brigitte Kaufmann, Kunstausstellungen, Museen und Ateliers. Die Malerei hat es ihm angetan, wäre er nicht Arzt, wäre er gern Maler. Vor allem die Renaissance und die Moderne haben es ihm angetan. Prof. Manfred Kaufmann ist Mitglied im Museum Moderne Kunst, Mitglied im Verein „Kunst in Frankfurt e.V.“, Mitglied des Kuratoriums des Hessischen Kulturpreises und war Präsident des Rotary Club „Alte Oper“ 2006/07.

Seine Schwäche ist die Ungeduld. In seiner seiner Jugend war er aktiver Zehnkämpfer. Heute befürwortet er „mäßige, aber regelmäßige Bewegung.“ Er ist bekennender Fan von „Eintracht Frankfurt“. Sein Lebensmotto lautet: „It is never too late.“

Dr. h. c. Walther Leisler Kiep

„Das zweite – ungeschriebene – Grundgesetz der Bundesrepublik Deutschland ist Partnerschaft und Freundschaft mit Amerika."

(Dr. h. c. Walther Leisler Kiep)

Dr. h. c. Walther Leisler Kiep

Straße: Holzhecke 31
Ort: 60528 Frankfurt am Main
Beruf: International Consultant
Geburtsdatum: 05.01.1926
Familienstand: verheiratet
Kinder: 4

Dr. h. c. Walther Leisler Kiep wuchs in Hamburg, Istanbul und Frankfurt am Main auf. Als junger Mann hatte er ursprünglich den Wunsch, Seeoffizier zu werden wie Vater und Brüder, doch daran hinderte ihn ein Dienstunfall beim Reichsarbeitsdienst. Nach dem Abitur an der Frankfurter Liebig-Schule, studierte er Geschichte und Volkswirtschaftslehre an der Johann Wolfgang Goethe-Universität. Die jüngste deutsche Geschichte interessierte ihn, doch, so schreibt er in Brücken meines Lebens: „In unseren Geschichtsvorlesungen klaffte ein Vakuum. Der Nationalsozialismus fand dort nicht statt." Er ging in die freie Wirtschaft und begann eine erfolgreiche Laufbahn im Versicherungswesen.

Das Jahr 1945 hat er als einen materiellen und moralischen Zusammenbruch empfunden. Nach den Nürnberger Prozessen glaubte er nicht, dass Deutschland in die westliche Gemeinschaft zurückkehren würde. Doch die amerikanische Aufbaupolitik habe den Anstoß gegeben, sich politisch zu engagieren, und dies früher als geglaubt. Für Dr. h. c. Walther Leisler Kiep war der Hessische Kreis von Bedeutung, einem losen Zusammenschluss gesellschaftlich interessierter und engagierter Meinungsbildner aus dem Rhein/Main-Gebiet, der es sich zur Aufgabe gemacht hat, den überparteilichen und unabhängigen Dialog zwischen Politik, Wirtschaft, Wissenschaft, Religion und Kultur zu beleben und fördern.

Nach dem Mauerbau 1961 beschloss er, in die Politik zu gehen, und dachte zunächst an die FDP, entschied sich aber noch im selben Jahr, Mitglied der CDU zu werden. Den Weg in die Zukunft – „Rückkehr in die demokratische Völkerfamilie des Westens" – sah er von der CDU beschritten. Bald übernahm er Aufgaben auf Kreisebene. 1965 wurde Dr. h. c. Walther Leisler Kiep im Obertaunus zum Bundestagsabgeordneten gewählt. Damit begann seine politische Tätigkeit, die ihn über zahlreiche Stationen führte. 1971 ließ er sich zum Bundesschatzmeister der CDU wählen und wurde so Mitglied des Präsidiums seiner Partei; er behielt dieses Amt für 21 Jahre. Von 1976 bis 1980 war er Finanzminister des Landes Niedersachsen. Zwischen 1976 und 1999 war er persönlicher Beauftragter von Bundeskanzler Helmut Schmidt, Helmut Kohl und Gerhard Schröder für internationale Sondermissionen.

Dr. h. c. Walther Leisler Kiep hat die Vision des Beitritts der Türkei zur Europäischen Union – dies wäre für ihn ein revolutionärer Schritt. Als das Land, das seit seiner Kindheit eine persönliche Bedeutung für ihn hat, aufgrund unsicherer Wirtschaftslage, immenser Auslandsverschuldung und an Bürgerkrieg grenzenden Terrors in die Krise geriet, koordinierte er 1978/79 erfolgreich die westliche Finanzhilfe, um den drohenden Staatsbankrott des NATO-Partners abzuwenden. Die großen Themen, mit denen Dr. h. c. Walther Leisler Kiep sich beschäftigt, vom Irakkrieg über die Innenpolitik und die Rolle des Verfassungsgerichtes bis zur Anpassung der sozialen Marktwirtschaft sind so umfangreich, dass sie sich in diesem Rahmen nicht angemessen darstellen ließen.

Es liegt Dr. h. c. Walther Leisler Kiep besonders am Herzen, dass man kritische Entwicklungen sehe und sein Verhalten darauf ausrichte. Er glaubt an Fortschritt, man dürfe aber nicht zufrieden sein mit dem Erreichten, sondern es handele sich um einen stetigen Prozess. Seine eigene Philosophie ist die, sich stets zu bemühen und keine Entmutigung aufkommen lassen, niemals nachzulassen. Dr. h. c. Walther Leisler Kiep hat langjährige und intensive Kontakte in die USA, darunter zu etlichen Präsidenten wie Richard Nixon, Ronald Reagan oder George H. W. Bush. Ein besonderer Kontakt ist der zu John F. Kennedy gewesen, den er zweimal getroffen hat. Der Amerikaner hat ihn in seinen Absichten bestärkt, die „JFK" einmal so formulierte: „Frage nicht, was dein Land für dich tun kann, sondern was du für dein Land tun kannst!"

Die Liste der ehrenamtlichen Tätigkeiten von Dr. h. c. Walther Leisler Kiep ist lang. Von 1994 bis 2000 war er Präsident der European Business School, Östrich-Winkel; seit 2001 ist er deren Ehrenpräsident. Insbesondere war er von 1984 bis 2000 Vorsitzender der Atlantik-Brücke; 2004 ist er deren Ehrenvorsitzender geworden. Die Atlantik-Brücke ist ein gemeinnütziger Verein zur Förderung des gegenseitigen deutsch-amerikanischen Verständnisses, zu deren Zweck sie Konferenzen, Seminare, Vorträge, Begegnungen, Veröffentlichungen und Austauschprogramme ermöglicht. Dr. h. c. Walther Leisler Kiep ist – so der heutige Vorsitzende Dr. Thomas Enders über ihn – ein „Brückenbauer aus Leidenschaft".
Dr. h. c. Walther Leisler Kiep hat eine harmonische und glückliche Familie, trotz des tragischen Verlustes eines Sohnes. Die Kinder wohnen mit zahlreichen Enkeln in der Nähe, die Familie bildet einen „großen Kreis". Zur Ruhe setzen wird er sich nicht, dazu sei er noch zu neugierig.

Sascha Klein

„Es ist nicht wenig Zeit, die wir haben sondern viel Zeit die wir nicht nutzen.“

Sascha Klein

Straße: Hanauer Landstrasse 188
Ort: 60314 Frankfurt am Main
Beruf: Werbekaufmann, Kommunikationswirt
Geburtsdatum: 20.08.1980
Familienstand : ledig

Sascha Klein bezeichnet sich selbst als talentierten Texter und Netzwerker sowie passionierten Marketing- und Medienmenschen. Das klingt ein klein wenig nach Understatement. Dabei hätte das der „junge Mann“ absolut nicht nötig.

Sascha Klein wird am 20.08.1980 in Hofheim am Taunus geboren. Schon in jungen Jahren wusste er, in welche Richtung er sich bewegen würde – beruflich und privat: in die Kommunikationsbranche und nach Frankfurt.
Nach dem Abitur macht er eine Lehre als Werbekaufmann bei Jones Lang LaSalle in Frankfurt, danach folgt die Akademie für Marketing-Kommunikation in Rödelheim und mehrere freie Mitarbeiten als Konzeptionierer sowie im Promotionbereich. Neben seinem Studium arbeitet Sascha Klein als Redakteur für die Onlinesite www.nachtagenten.de. Ein durchaus wegweisendes Engagement. Denn hier schnuppert er erstmals intensiv Online-Luft – und lernt sie lieben.

So kommt dann, wie so oft, eins zum anderen und Sascha Klein entwickelt zusammen mit sechs Freunden eine Idee für eine eigene Online-Community: „sportme“ (www.sportme.de). Die Jungs hatten es nämlich einfach satt, sich zum Kicken via Telefonkette verständigen zu müssen. Aus der ursprünglichen Idee entwickelte sich nach und nach das Konzept eines einmaligen „Online Social Networks“ für Sportler und Vereine. Neben einem umfassenden Profil, welches Sportlern verschiedenste Funktionen bietet sich darzustellen, als Fan zu outen oder seine Bilder zu präsentieren, bekommt jeder User eine Übersicht seines Sports. Diese Übersicht hält den Sportler stets auf dem neuesten Stand über die Sportarten, die ihn wirklich interessieren. „sportme" orientiert sich dabei nicht nur an den klassischen Sportarten und olympischen Disziplinen, sondern bietet neben Fußball und Co. auch eine Basis für Trendsportarten, wie Capoeira oder Le Parkour.

„sportme“ wird einen Tag vor Sascha Kleins mündlicher Prüfung an der Akademie Anfang 2007 in Berlin gegründet. Der Erfolg in vielerlei Hinsicht lässt nicht auf sich warten: Die „sportme“-Seite erfreut sich wachsender Userzahlen und es hagelt Auszeichnungen. Auf der IFA Venture Lounge wird sie zum besten Startup Deutschlands gewählt, außerdem Platz 1 bei den Open Web Awards 2007 und den 3. Preis bei der Software Initiative Deutschland.

Mit www.sportme.de hat Sascha Klein also eine interessante Internetplattform für Sportler und Förderer geschaffen. Für Rich Chernomaz, Trainer der Frankfurt Lions, hat es zum Beispiel den unschätzbaren Vorteil, dass sich seine Mannschaft hier optimal organisieren und online in Kontakt bleiben kann. Handball Weltmeister Dominik Klein freut sich, dass über „sportme“ endlich ein Austausch mit Fans, Freunden und Mitspielern möglich ist. Immer mehr namhafte Sportlerinnen und Sportler finden den Weg zu „sportme“. Angefangen vom „sportlichen Moderator“ Pierre Geisensetter über die Deutsche Fecht-Meisterin Monika Sozanska bis hin zu Lars Nieberg, Olympiasieger im Springreiten.

Durch den engen Kontakt zu lokalen Veranstaltern und Sportfunktionären wie Matthias Scholze von den Frankfurt Lions organisiert Sascha Klein viele Events und Aktionen, zum Beispiel das Showtraining der Lions über den Dächern Frankfurts oder „Sportler gegen Rassismus". Überhaupt: Frankfurt. Er wusste ja früh, wie gesagt, dass er sich hier niederlassen würde. Frankfurt ist für ihn nämlich Lebensqualität, „dank der Frankfurter, dank des Äpplers, dank der doch wieder dörflichen Stadtteile und vor allem dank des Mains“ wie er einmal in einem Interview feststellte. Am liebsten ist er an warmen Tagen am Sachsenhäuser Museumsufer oder durchtanzt Frankfurter Nächte am liebsten in Frankfurts schönstem Club: dem Velvet Club. Nein, eigentlich hat er neben sonnigen Tagen und strahlend blauem Himmel doch am allerliebsten das Lachen seiner Nichte Emily und das Lächeln seiner Lebensgefährtin Jasmin. Und regelmäßige Siege der Frankfurter Eintracht…

Dr. med. Peter Kleine

„Nicht Kunst und Wissenschaft, ja auch Geduld will bei dem Werke sein!“

Priv.-Doz. Dr. med. Peter Kleine

Straße: Theodor-Stern-Kai 7
Ort: 60590 Frankfurt am Main
Beruf: Human-Mediziner
Geburtsdatum: 25.07.1960
Familienstand: verheiratet
Kinder: 3

Die Gesundheit meines Patienten soll oberstes Gebot meines Handelns sein – ein Satz aus der Genfer Deklaration, den sich Prof. Dr. Peter Kleine ganz dick auf die eigene Fahne geschrieben hat. Der prämierte Spezialist ist Leiter des Schwerpunktes Thoraxchirurgie an Klinik für Thorax-, Herz- und Thorakale Gefäßchirurgie am Universitätsklinikum Frankfurt und zugleich Leiter der Abteilung für Thoraxchirurgie am St. Elisabethen-Krankenhaus in Frankfurt. Auch angesichts der verantwortungsvollen doppelten Leitungsaufgaben bleibt er stets „cool", wenn er Ansprechpartner für seine Patienten ist.

Peter Kleine absolvierte 1979 in Neheim-Hüsten das Franz-Stock-Gymnasium mit der Abiturnote von 1,1. Damit war der Weg für ein Medizinstudium über die Numerus-clausus-Hürde sofort frei. Doch der junge Abiturient wählte das Fach aus Überzeugung, denn ihn interessierte schon immer Humanmedizin und darüber hinaus die Informationstechnologie. Von 1979 bis 1985 studierte er in Aachen, ein Semester verlegte er nach Kanada (Regina). Im Jahr 1986 erfolgte die Ausbildung zum Chirurgen in der Herz-Thorax-Chirurgie am Klinikum Westend in Berlin. Zwei Jahre später wechselte er ins Zentralklinikum Augsburg. Ab 1989 war er im Klinikum Singen tätig und wurde Facharzt für Allgemeine Chirurgie. Im Herz- und Gefäßzentrum Bad Bevensen absolvierte Peter Kleine seine Facharztausbildung für Thorax- und Kardiovaskularchirurgie und arbeitete dort bis zum Jahr 2000 als Oberarzt. Noch im gleichen Jahr 2000 verschlug es den Mediziner nach Frankfurt/M. Hier habilitierte er drei Jahre später. Er leitet heute den Schwerpunkt Thoraxchirurgie an Klinik für Thorax-, Herz- und Thorakale Gefäßchirurgie am Universitätsklinikum Frankfurt und seit 2007 die Abteilung für Thoraxchirurgie am St. Elisabethen-Krankenhaus. In dieser Doppelfunktion hat der Privatdozent auch eine Kooperation zwischen beiden Kliniken geknüpft – für eine höhere Effizienz in der Gesundheitsversorgung. Darüber hinaus ist er im Universitätsklinikum verantwortlich für den Bereich Qualitätsmanagement und konnte die DIN ISO-Zertifizierung 9001:2000ff für die Abteilung erreichen. Seit 2003 ist PD Dr. Kleine Vorsitzender der Arbeitsgruppe Qualitätsmanagement der Deutschen Gesellschaft für Thorax-, Herz- und Gefäßchirurgie. Außerdem ist er seit 2003 Gesundheitsökonom, der zwischen Verwaltung und Medizin den Standard ärztlicher Ausstattung vermittelt. Die Kompetenz dazu holte er sich in einem Fernstudium für BWL für Ärzte.

Beruflich sieht sich der Mediziner in der Forschung beheimatet – mit Schwerpunkt Herzklappen-Chirurgie. Dennoch ist er ein guter Praktiker, für den das Wohl des Patienten absolute Priorität hat: „Der Patient muss das Gefühl vermittelt bekommen, menschlich und fachlich gut versorgt zu sein. Daher betreue ich meine Patienten von der Einlieferung bis zur Entlassung" – deutet der Arzt seine ethische Sicht auf den Patienten an. Für ihn sei es außerdem wichtig, den Patienten seinen Tagesstress nicht spüren zu lassen – gemäß dem Motto: Nicht Kunst und Wissenschaft, ja auch Geduld will bei dem Werke sein.

Über seine Forschungsergebnisse berichtet Professor Kleine regelmäßig in internationalen Vorträgen – von den USA bis Australien. Peter Kleine ist unter anderem Träger des Hans-Borst-Preises der Deutschen Gesellschaft für
Thorax-, Herz- und Gefäßchirurgie, den seine Arbeitsgruppe für die besten Vortragsplanung erhielt. Darüber hinaus ist der geschäftige Arzt Buchautor unter anderem des Titels „Qualitätsmanagements in der operativen Medizin" (Steinkopf Verlag 2008). Seine Familie gibt ihm nach eigenen Worten die Kraft zur Bewältigung der beruflichen Aufgaben.

Prof. Dr. med. Frank Koch

Prof. Dr. med. Frank Koch

Straße:	Augenklinik der Goethe Universität, Theodor-Stern-Kai 7
Ort:	60590 Frankfurt am Main
Beruf:	Facharzt für Augenheilkunde
Geburtsdatum:	27.10.1959
Familienstand:	verheiratet
Kinder:	1

Für chirurgische Eingriffe, vorzugsweise am Augenhintergrund, gibt es deutschlandweit, viele sagen europaweit, keinen besseren, als Prof. Dr. med. Frank Koch. Der erfahrene Operateur hat in seiner Laufbahn über 19.000 operative Eingriffe, vornehmlich an der Netzhaut, im Glaskörperraum und an der Augenlinse, vorgenommen. Professor Koch ist aber auch ein weltweit anerkannter klinischer Forscher und Entwickler: So hat er über 100 richtungsweisende wissenschaftliche Arbeiten in international anerkannten Fachzeitschriften veröffentlicht und sich intensiv mit der Frühbehandlung von Augenerkrankungen befasst. Professor Koch wurde mit mehr als zehn weltweit hoch renommierten Preisen geehrt. Darunter finden sich so begehrte Auszeichnungen wie der „Achievement Award der American Academy of Ophthalmology“ und der „American Vitreous Society Honor Award“.

Durch eigene technische Neuentwicklungen treibt er unermüdlich eine Vielzahl von hochinnovativen Projekten voran: Dazu gehören der Aufbau eines Ausbildungssimulators genau so wie die neuartige Integration von minimalchirurgischen Techniken und Medikamentenapplikationen in das Auge.

Tausende von Patienten und die internationale Augenforschung können also froh sein, dass er sich nicht für den Beruf entschieden hat, mit dem er als Junge geliebäugelt hat: Berufsreiter. Seine halbe Kindheit, die meiste Zeit davon in der Schweiz, hat er nämlich auf dem Rücken von Pferden verbracht. Geboren am 27.10.1959 in Essen, macht er dort dann auch sein Abitur und studiert ab 1978 am dortigen Universitäts-Klinikum Humanmedizin. Es gibt Überlegungen, sich zur Neurologie hin zu spezialisieren. Aber auch hier folgt wieder eine Entscheidung in die richtige Richtung – wenn man sein Wirken und seine Erfolge späterhin betrachtet.

Die Dissertation erarbeitet er im Jahr 1985 über das Thema „Auswirkungen einer Dauerlichtbestrahlung auf die Gefäße der Netzhaut und den subretinalen Raum: tierexperimentelle, morphologische Befunde“ an der Universität in Essen und schließt diese mit „Summa cum laude“ ab. Für seine herausragende Dissertation wird er zusätzlich ausgezeichnet. Die Netzhaut wird rasch zu seinem Spezialgebiet im Rahmen der Augenarzt-Ausbildung an der Universität Bonn.

Die Facharztanerkennung für Augenheilkunde erhält er 1988. Im selben Jahr übernimmt er offiziell die Leitung der Netzhautabteilung der Universitäts-Augenklinik Bonn in der Position eines Oberarztes. 1996 wechselte er dann an die Universitäts-Augenklinik Frankfurt am Main (C3 Professur). Dort widmet sich Professor Koch dem Aufbau einer Abteilung mit dem Schwerpunkt Netzhaut- und Glaskörperchirurgie. Durch ihn zählt die Abteilung inzwischen in Europa zu den führenden Einrichtungen ihrer Art.

Auch sein Forschungsschwerpunkt gilt seither dem Aufbau einer Drittmittel- und Forschungsförderungsfinanzierten Arbeitsgruppe zur grundlagenorientierten Erforschung von Regulationsmechanismen neovaskulärer Erkrankungen des hinteren Augenabschnitts und deren Behandlungsmöglichkeiten.

Medizinische Arbeit und Forschung ist für ihn aber weiß Gott kein Elfenbeinturm: Austausch, Kooperation, Synergien schaffen – nur so lassen sich Fortschritte generieren. So hat er sich maßgeblich für den Brüderschlag zwischen deutscher und europäischer Augenheilkunde sowie der Ophthalmologie in den USA eingesetzt, indem er 2001 zum Mitbegründer der European VitreoRetinal Society avancierte, der er bis zum Jahr 2004 als Präsident vorstand. In jährlichen Abständen werden die wissenschaftlichen und klinischen Fortschritte außerdem in einem 1998 ins Leben gerufenen internationalen Symposium in den Universitäts-Augenkliniken in Frankfurt und Marburg diskutiert (VitreoRetinal Symposium, VRS-Frankfurt-Marburg). Er ist – man merkt es ganz schnell – irgendwie eine Art medizinischer Kosmopolit. Aufgrund seines Wissens und seiner Erfolge lebt er „international“ und hat eine Vielzahl internationaler Freunde. Das alles ist natürlich und leider nicht so einfach zu vereinbaren mit dem von ihm so geliebten Familienleben: Professor Koch ist verheiratet und hat einen Sohn.

Seit fast 30 Jahren treibt ihn unverändert die Vision an, Operationen durchführen zu können, die das Auge deutlich weniger belasten. Und seit fast 30 Jahren ruft bei ihm ein Faktum ganz besondere Freude hervor: Wenn jemand wieder besser sehen kann.

Ralf Koch

„Sportvereine bieten allen Menschen eine sportliche und soziale Heimat."

(Ralf Koch)

Ralf Koch

Straße: Otto-Fleck-Schneise 4
Ort: 60528 Frankfurt am Main
Beruf: Hauptgeschäftsführer Landessportbund Hessen
Geburtsdatum: 28.05.1952
Familienstand: verheiratet
Kinder: 4

„Service- und Dienstleister für die im Dachverband organisierten Vereine“, so formuliert Ralf Koch eine der zentralen Aufgaben als Hauptgeschäftsführer des Landessportbundes Hessen. Dabei geht sein Blickwinkel – nicht zuletzt als überaus engagierter Lobbyist in der Wiesbadener und Berliner Politik – weit über das reine Vereinsgeschehen hinaus. Er ist ein „Macher“ im besten Sinne, und bietet mit dem lsbh für die Sporttreibenden in Hessen, respektive im organisierten Sport seines Landesverbandes, in den Verbänden und Vereinen optimale Beratung, Hilfeleistung und Förderung an. Und das im monetären wie im non-monetären Bereich. „Die Dienstleistung für die Vereine muss individuell erfolgen, ganz egal ob es etwa um Rechtsberatung oder die Unterstützung bei der Ausbildung qualifizierter Übungsleiter gehe“, fordert er ultimativ.

Der Sportmanager Ralf Koch, der von 1972-1979 in Frankfurt Sport und Germanistik studierte, wollte zunächst eigentlich ins Lehramt. Sein Vater war generell gegen eine hauptberufliche Tätigkeit im Sport – das habe doch langfristig keine Zukunft. Er sollte sich täuschen! Die Prosperität des lsbh, die neu aufgelegten Projekte im Freizeit-, Breiten- und Familiensport sind groß an Zahl und qualitativ mit staatlichen Gütesiegeln ausgezeichnet. Dabei sollen die vom Dachverband organisierten Projekte eine Vorbildfunktion für die Vereine haben, zur Nachahmung, bzw. zur Integration in das Sport-Angebot der Vereine angelegt.

Innovative und der Zeit angemessene Konzepte und Modelle, die nicht zuletzt der u.a. demografischen Entwicklung in der Bevölkerung Rechnung tragen, sind Ralf Koch hier besonders wichtig. So ist ein wichtiger Bereich die Förderung des Sportangebots für Ältere. „Der Weg zum Arzt führt bei vielen älteren Menschen nicht wirklich zu einer Verbesserung des Gesundheitszustandes“, erläutert er. Wenn dieser aber „verordnet“, dass Bewegung der richtige Weg zu einer physisch-psychischen Verbesserung sei, dann können diese Menschen an speziell auf sie abgestimmte Projekte besuchen und bekommen die Kosten von der Krankenkasse ersetzt. Natürlich ist die dauerhafte Bindung an einen Verein und damit die Kontinuität in der Bewegung hier der beste Weg.

„Sport in der Schule“ ist dem lsbh ein wichtiges Thema. Wissenschaftliche Untersuchungen in den letzten zehn Jahren zeigen ein immer passiveres Verhalten von Kindern und Jugendlichen, damit verbunden ein hoher Prozentsatz übergewichtiger Heranwachsender. Also muss aus Sicht präventiver Gesundheitsorientierung der Sport in der Schule – respektive im Ganztagsschulbereich – einen deutlich höheren Stellenwert bekommen. „Die Erfahrung und wissenschaftlichen Auswertungen zeigen: Aus übergewichtigen Kindern werden zu 90 % übergewichtige Erwachsene“, betont Ralf Koch mit Nachdruck. Hier ist die dauerhafte Bindung an einen Sportverein und ein regelmäßige Bewegung „geradezu existentiell“ unerlässlich.

Trends und Entwicklungen in der Gesellschaft aufzuspüren und sie umgehend sportpolitisch auf die Tagesordnung zu setzten, ist für Ralf Koch selbstverständlich. Dazu gehören etwa Sportangebote für Menschen mit Migrationshintergrund. „Sport im Verein ist der soziale Kitt der Gesellschaft“, ließ dereinst Alt-Bundeskanzler Schröder verlauten. „Integration im alltäglichen sportlichen Vereinsleben ist ein bedeutender Faktor modernen Vereinsmanagements“, betont Ralf Koch mit Nachdruck. Überhaupt ist es dem Hauptgeschäftsführer des lsbh darum zu tun, dass die Sportvereine stets flexibel auf Veränderungen in Politik, Wirtschaft und Gesellschaft reagieren und mit Unterstützung des Dachverbandes ihre Angebotspalette ständig erweitern um attraktive Sportangebote für jedes Alter und jeden Bedarf anzubieten. „Das gilt auch für die zeitliche Flexibilität der Angebote – Vereine können hier durchaus noch von Fitnessstudios lernen“, so Koch. Und fügt hinzu, dass „das Potenzial von Kooperationen – Kindertagesstätten, Schulen, Schwimmbädern, Fitnessstudios – bei weitem noch nicht ausgeschöpft ist“.

Ehrenamtlich arbeitet der unermüdliche „lsbh-Chef“ als Geschäftsführer und in naher Zukunft als Vorstand der „Hessischen Sporthilfe“. Überdies ist er in seiner Heimatstadt Heusenstamm als Stadtverordneter – Ressort Jugend, Soziales, Sport – tätig.
„Teamgeist, Fairness, gegenseitige Wertschätzung“ – für Ralf Koch nicht nur das Motto eines intakten Vereinslebens; vielmehr auch der status quo für ihn und den von ihm hoch geschätzten lsbh-Präsidenten Dr. Rolf Müller in der „fruchtbaren Zusammenarbeit mit der weltoffenen Stadt Frankfurt“.

Thomas Köntgen

Thomas Köntgen

Straße: Helfmann-Park 5
Ort: 65760 Eschborn
Beruf: Dipl.-Kaufmann
Geburtsdatum: 27.05.1967
Familienstand: verheiratet
Kinder: 2

Nachhaltigkeit ist der Antrieb, Beharrlichkeit und Zuversicht sind die Eigenschaften von Thomas Köntgen. Der Verantwortungsbereich des diplomierten Kaufmanns ist das Risikomanagement in der Immobilienfinanzierung. Dabei hat er es in den Vorstand der Eurohypo AG als der führenden Immobilien- und Staatsfinanzierungsbank geschafft.

Ein gebürtiger Rheinländer im hessischen Frankfurt, das geht durchaus. Und bei Thomas Köntgen sogar sehr gut – seit mehr als zwölf Jahren. Geboren in Düsseldorf, hat er dort von 1986 bis 1988 von der Pike auf den Beruf des Bankkaufmanns bei der Dresdner Bank AG gelernt. Gleich im Anschluss BWL-Studium an der Albertus-Magnus-Universität zu Köln mit Abschluss Dipl.-Kaufmann und parallel dazu „praktische Ausbildung" durch berufliche Stationen bei der Colonia-Nordstern Immobilien AG in Köln und der IC Immobilien Consulting & Anlagegesellschaft mbH in Düsseldorf. Im Jahr 1996 kam er dann in die Mainmetropole zur AHB Allgemeine Hypothekenbank als Trainee und Kreditanalyst im zentralen Kreditbereich Großkunden. Thomas Köntgen wechselte 1997 zur Deutschen Bank AG mit Aufgaben im Kreditrisikomanagement Immobilien Zentrale. Zwei Jahre später war er Abteilungsleiter Kreditrisikomanagement Internationales Geschäft. Mit der Unterschrift unter die Fusionsverträge 2002, aus der die Eurohypo AG aus dem Zusammenschluss von drei Vorgängerinstituten als neue Bank entstand, wechselte Köntgen dorthin als Abteilungsleiter Kreditrisikomanagement Real Estate Investment Banking Europe. Von 2004 bis 2007 war er Bereichsleiter Kreditrisikomanagement mit Zuständigkeit für das In- und Auslandsgeschäft, Mitglied des Risk Management Committees und des Credit Committees. Seit Januar 2008 ist Thomas Köntgen als Mitglied des Vorstandes der Eurohypo für das Risikomanagement bei Europas Marktführer für die Finanzierung gewerblicher Immobilien verantwortlich. Sein Ziel für das Unternehmen ist es, die Marktführerschaft der Bank und ihre Ertragskraft durch ein proaktives Management von Chancen und Risiken zu sichern.

Beharrlichkeit nennt der Banker als eine wichtige persönliche Eigenschaft. Damit ist er bestens ausgestattet, um im Geschäft erfolgreich zu sein. Beharrlichkeit ist für ihn aber nicht gleichzusetzen mit Dogmatismus. Im Gegenteil: Ziele schon, aber flexibel zu erreichen. Im Privaten gehört für ihn der Rat an die heutige Generation der Schüler dazu, sich nicht zu früh beruflich festzulegen und Neugierde auf das Leben zu bewahren. Dabei spricht er aus eigener, guter Erfahrung, die ihm nicht zuletzt sein offenes, an vielen Dingen interessiertes Wesen ermöglicht hat. Offenheit und starke Integrationskraft sind wohl seine persönliche Erfolgsgaranten, um im Beruf Kunden- und Bankinteressen zum beiderseitigen Vorteil miteinander in Einklang zu bringen. „In meinem Beruf muss eine laufende Bereitschaft zu Veränderungen vorhanden sein", so sein Statement. Ihm selbst sind Ignoranz und Intoleranz zuwider. Weit über die berufliche Tätigkeit hinaus geht sein bürgerliches Engagement als Stiftungsbeirat des Instituts für Immobilienwirtschaft an der Universität Regensburg. Der Kontakt zu einem Finanzdirektor eines weltweit tätigen katholischen Ordens ist ihm wichtig, denn er beleuchtet das Thema Finanzen und Investment aus einer anderen Perspektive".

Der Rheinländer fühlt sich in Frankfurt nach eigenen Aussagen ausgesprochen wohl, „denn die Stadt ist weit lebenswerter als ihr Image vielleicht nahe legt, lebendig, vielseitig und weltoffen – auch wenn die Hessen mitunter Gewöhnungsschwierigkeiten mit der direkten rheinischen Art haben". Zu einer gelungenen Work-Life-Balance für sich selbst zählt Thomas Köntgen die Familie und die Freunde, die Kunst und die Literatur; die Pflege der sozialen Kontakte führt ihn auch nach 12 Jahren regelmäßig in seine Heimatstadt Düsseldorf. Für seine persönliche Zukunft erhofft sich der Banker, „dass ich immer zu neuen Einsichten und Erfahrungen gelange und mir die Neugier auf das Leben und neue Herausforderungen bewahre."

Carmen Renate Köper

„Nicht weil es schwer ist, wagen wir es nicht, weil wir es nicht wagen, ist es schwer."

Carmen Renate Köper

Straße: Lönsweg 10
Ort: 60529 Frankfurt am Main
Beruf: Schauspielerin, Drehbuchautorin, Autorin
Geburtsdatum: 24.03.1927
Familienstand: verheiratet mit Prof. Peter Eschberg
Kinder: 3

Professor Carmen Renate Köper wurde 1927 in Dortmund geboren, wuchs im Ruhrgebiet auf und lebt seit ca. 20 Jahren mit ihrem Mann, dem Intendanten Professor Peter Eschberg, in Frankfurt.

Als sie beschloss Schauspielerin zu werden, hatte sie bis zum diesem Zeitpunkt nie ein Theater von innen gesehen. Eine Ausbildung in der Landwirtschaft, angestrebt aus lebenserhaltenden Gründen nach dem Zusammenbruch des Dritten Reiches 1945, bricht sie ab und nimmt eine Arbeitsstelle in einem frauenlosen Haushalt in Recklinghausen an. Gleichzeitig gelingt es ihr, die Schauspielschule in Bochum von 1945-1947 zu besuchen.

Wenn schon – denn schon, nahm sie sofort danach ein bundesweites Engagement im Tourneetheater „Die Werkstatt" mit Hermann Speelmanns als Tochter in „Der Vater" von Strindberg an. Zu dieser Zeit zog man mit einem einfachen Wagen durchs Land – das war abenteuerlich in der damaligen Nachkriegszeit. Abenteuerlich, aufregend, sehr lehrreich und vor allem: prägend.

Prof. Carmen Renate Köper blickt auf viele erfolgreiche Engagements mit vielen ebenso prägenden Intendanten: an den Stadttheatern Itzehoe, Oberhausen, Kaiserslautern, Dortmund und Wiesbaden ebenso wie in Bochum unter Hans Schalla, Düsseldorf unter K. H. Stroux, Köln unter H. G. Heyme und Jürgen Flimm und natürlich Bonn und Frankfurt unter ihrem Ehemann Peter Eschberg. Und im Tanztheater Wuppertal unter Pina Bausch.

Die wesentlichen Rollen und Stücke, in denen sie ihr großes schauspielerisches Können zeigte, waren Penthesilea, Iphigenie, Lavinia (Trauer muss Elektra tragen), Winnie (Glückliche Tage), Kameliendame, Mutter Courage, Maria Stuart, Ur-Aufführung Clara S. und Burgtheater (E. Jelinek), Besuch der alten Dame und Physiker (Dürrenmatt), Kirschgarten (Tschechow), Antiphon (Barnes), Frau von Stein (Gespräche im Hause Stein), und viele andere mehr.

Neben der Schauspielerei war Carmen Renate Köper seit 1986 auch Drehbuchautorin für eine 18-teilige Fernsehreihe „Leben im Alter". Eigene Fernsehfilme realisierte sie in der Reihe „Erinnern für die Zukunft" für den WDR, Filme über und mit Marianne Hoppe, Steffi Spira, Anja Lundholm, Karl Paryla, Maria Gräfin Maltzahn, Hans Weigel, Otto Tausig, Hermann Langbein, Victor Matejka und viele andere.

Ab 1991 folgten Filmarbeiten beim Hessischen Rundfunk, wie „Der lange Weg nach Frankfurt" (Ehepaar Littwack), „Fragt uns aus" (Arno Lustiger), „Warum habe ich überlebt" (Trude Simonsohn), „Mir ward die Liebe nicht – Bertha Pappenheim, Portait einer ungewöhnlichen Frau."

Im Löcker-Verlag, Wien veröffentlichte Prof. Carmen Renate Köper ihr erstes Buch: „Ein unheiliges Experiment – Das neue Theater in der Scala". Ein Betrag folgte 1997 für das Buch „Zeit der Befreiung", Picus-Verlag, Wien; 1999 „Jüdischer Almanach", Jüdischer Verlag im Suhrkamp Verlag (Beitrag: „Wer war Sonja Okun"); 2007 „Das kurze Leben der Sonja Okun" (Verlag Brandes und Apsel Ffm.) 2008 „Zwischen Emigration und KZ – fünf Leben" (Edition Steinbauer, Wien)

Prof. Carmen Renate Köper, die Professur wurde ihr 1998 vom Bundespräsidenten der Republik Österreich verliehen, sieht ihre Arbeit nicht als Pflicht – ihre Arbeit ist ihr Leben.

1999 wurden ihr die Ehrenplakette der Stadt Frankfurt und die Leuschner-Medaille des Landes Hessen verliehen.

Prof. Carmen Renate Köper setzt sich mit ihrem sozialen Engagement besonders für das Kinderdorf in Pokara in Nepal, das seit 10 Jahren existiert und von ihr gefördert und finanziell unterstützt wird, ein. Hier leben ca. 80 Waisen- und Straßenkinder. Das 8. Lebensjahrzehnt hat Carmen Renate Köper bereits begonnen. Ihre ungewöhnlich positive Ausstrahlung fasziniert und man sieht ihr die Jahre nicht an, sie ist lebendig und voller Lebensfreude. Als unvergessliches Erlebnis beschreibt sie die Feier im Holzhausenschlösschen zu ihrem 80. Geburtstag.
Prof. Köper kennt „berufsbedingt" fast die ganze Welt. Doch am wohlsten fühlt sie sich zu Hause, hält sich fit mit schwimmen, Sauna und ihrem Home-Trainer. Und hier pflegt sie auch ihre Hobbys – wenn es die Zeit erlaubt. Kreativ sein, töpfern und besonders gern kocht sie für ihre Gäste.

Ihr Lebenswunsch: gesund zu bleiben, denn dann kann sie noch lange arbeiten und aktiv sein. Ein Buch über ihren Vater möchte sie noch schreiben und so die besondere Lebenssituation in der Geschichte des 20. Jahrhundert vom Anfang bis zum Ende erzählen.

2002 wurde ihr das Bundesverdienstkreuz 1. Klasse und 2007 die Goetheplakette der Stadt Frankfurt verliehen.

Prof. Dr. med. Horst-Werner Korf

„Facts, not opinions."

(Prof. Dr. med. Horst-Werner Korf)

Prof. Dr. med. Horst-Werner Korf

Straße:	Dr. Senckenbergische Anatomie, Goethe Universität,Theodor-Stern-Kai 7
Ort:	60590 Frankfurt am Main
Beruf:	Universitätsprofessor für Anatomie und Neurobiologie
Geburtsdatum:	20.02.1952
Familienstand:	verheiratet
Kinder:	3

Im Jahr 1763 gründet Johann Christian Senckenberg eine Stiftung, die sich die Verbesserung des Frankfurter Medizinalwesens, der Krankenversorgung und der Ausbildung der Ärzte auf die Fahnen schreibt. Es entsteht ein medizinisches Institut mit Bibliothek, chemischem Labor, Gewächshäusern, Bürgerhospital und „Theatrum anatomicum“. Ein „anatomisches Theater“, aus dem später die „Dr. Senckenbergische Anatomie“ hervorgeht. Sie befindet sich heute auf dem Gelände der Frankfurter Universitätsklinik. Geschäftsführender Direktor der „Dr. Senckenbergischen Anatomie“ am Fachbereich Medizin der Goethe-Universität Frankfurt am Main ist seit 1995 Professor Dr. med. Horst-Werner Korf.

Dabei hatte Horst-Werner Korf (geboren am 20.2.1952) die Anatomie überhaupt nicht im Sinn, als er 1970 nach seinem Abitur in Holzminden das Studium der Medizin in Gießen aufnimmt. Eigentlich wollte er Internist werden. Er wurde es nicht – für die medizinische Forschung und Lehre ein Glücksfall. Nach seiner Promotion „magna cum laude“ bei Prof. Oksche in Gießen, arbeitet er als Medizinalassistent an verschiedenen Kliniken, erhält 1977 seine Approbation als Arzt. Nach 2jähriger Tätigkeit als Stabsarzt in Wetzlar, stellt er sich 1979 neuen beruflichen Herausforderungen: Erst als wissenschaftlicher Angestellter im Institut für Anatomie und Zytobiologie in Gießen, dann dortselbst als Hochschulassistent und schließlich – nach seiner Habilitation 1986 – ab 1990 als Hochschuldozent. Im selben Jahr, am 1.Oktober 1990, wird er zum Universitätsprofessor für Anatomie und Neurobiologie an die „Dr. Senckenbergische Anatomie“ in Frankfurt berufen.

Nicht selten liest man am Ende einer Dissertation zur Erlangung des Doktorgrades eine Danksagung wie diese: „Zu aller erst möchte ich mich ganz herzlich bei meinem Doktorvater Herrn Prof. Dr.Horst-Werner Korf ... für seine umfassende Unterstützung, seine intensive Betreuung und für die ständige Diskussionsbereitschaft bedanken. Seine Ratschläge, Anregungen und Kommentare waren für die Vollendung dieser Arbeit unerlässlich.“

Die „Dr. Senckenbergische Anatomie“ ist mit und dank Professor Dr. Korf ein wichtiger Lehrbetrieb und hat sich wegen seines Engagements in der Forschung auch international auf diesem Gebiet einen Namen gemacht hat. Seine Forschungstätigkeit befasst sich u.a. mit der „Chronobiologie“, also mit den rhythmischen Prozessen in unserem Körper, gesteuert durch unsere „innere Uhr“. Vordringliche Aufgabe und Ziel von Professor Korf ist, in den nächsten Jahren eine Chronomedizin zu entwickeln und zu etablieren – d. h. den Transfer von Forschung in die medizinische Praxis herzustellen.

Man merkt schon: Dieser Mann ist immer auf der Suche – neue Dinge erforschen, neue Wirkstoffe finden, Fakten schaffen, getreu seinem Leitspruch „Facts, not opinions“. Also immer ganz dicht am Tatsächlichen. Für „Körperwelten“ á la von Hagens hat er deshalb rein gar nichts übrig. Sie befriedigten lediglich „eine gewisse Sensationslust der Zuschauer“, stellt er fest. Die Leichen-Schauen seien reine Verfremdungseffekte, die nichts dazu beitragen, einem Laienpublikum anatomische Sachverhalte klarzumachen. Lehrveranstaltungen an den Universitäten böten „mit der nötigen Zurückhaltung“ genügend Anschauung. Anatomie ist seiner Meinung nach etwas fundamentales, eine Dis–ziplin, die von der realen Natur ausgeht. Und sie ist ethischen und moralischen Anforderungen unterworfen.

Klare Aussagen. Ein Mann, der weiß was er sagt und dazu steht und so lebt. Ob als Vorstand der evangelischen Kirchengemeinde in seiner Heimat oder als Mediziner und Forscher. Zahlreiche Mitgliedschaften in Fachgesellschaften und Herausgeber-Gremien legen davon ebenso Zeugnis ab, wie eine Vielzahl von Stipendien, Preisen und Ehrungen. Ob in Deutschland, den USA oder Japan. Ob als Träger der Medaille der Hirosaki University School of Medicine, als Mitglied der Deutschen Akademie der Naturforscher Leopoldina, als Schatzmeister der Frankfurter Medizinischen Gesellschaft oder als Vorsitzender der traditionsreichen Anatomischen Gesellschaft (gegründet 1886).

Professor Korf, verheiratet mit Dr. med. Maria-Beate Korf und Vater dreier Kinder, fühlt sich nicht nur in Frankfurt wohl. Eigentlich überall auf der Welt – befreundete Kollegen und Wissenschaftler vermitteln ihm dann dort ein Stück Heimat.

Prof. Dr. Salomon Korn

„Wenn man das Paradies nicht in sich selbst findet, findet man es nirgendwo."

(Prof. Dr. Salomon Korn)

Prof. Dr. Salomon Korn

Ort: Frankfurt am Main
Beruf: Architekt
Geburtsdatum: 04.06.1943
Familienstand: verheiratet
Kinder: 3

Wenn man das Paradies nicht in sich selbst findet, findet man es nirgendwo – so Salomon Korns Lebensauffassung. Der Architekt, promovierter Gesellschaftswissenschaftler und Buchautor, ist keineswegs ein Introvertierter. Im Gegenteil – der Vizepräsident des Zentralrats der Juden in Deutschland geht wachen Blicks durchs Leben und fordert eine differenzierte Sicht und Gedenkpolitik sowohl im Hinblick auf die deutsche NS-Vergangenheit als auch die DDR-Diktatur.

Der im polnischen Lublin geborene Salomon Korn kam 1946 als „Displaced Person" (DP) über Berlin nach Deutschland und 1948 ins DP-Lager Frankfurt-Zeilsheim. Von 1952 bis 1953 besuchte er ein Schweizer Internat und machte 1964 sein Abitur in Frankfurt. „Beim gelegentlichen Nachsitzen musste ich Gedichte interpretieren, und so habe ich die Schönheiten der deutschen Lyrik entdeckt", schildert der belesene Diplom-Ingenieur, der noch heute als Gedächtnistraining Gedichte auswendig lernt. 1971 beendet er an der TH Darmstadt sein Architekturstudium mit Nebenfach Soziologie und betätigt sich danach als freier Architekt. Doch das genügt dem gesellschaftswissenschaftlich interessierten Planer nicht und so promoviert er 1976 zum Dr. phil.

Salomon Korn entwirft das Jüdische Gemeindezentrum Frankfurt am Main und prägt 1986 bei dessen Eröffnung den denkwürdigen Spruch: „Wer ein Haus baut, will bleiben, und wer bleiben will, erhofft sich Sicherheit." Fortan werden Leben und Geschichte der Juden in Deutschland Schwerpunkte seines gesellschaftspolitischen Engagements. 1988 begleitet er die Ausstellung „Die Architektur der Synagoge" des Deutschen Architekturmuseums Frankfurt und des dortigen Jüdischen Museums als wissenschaftlicher Mitarbeiter. Er nimmt als Preisrichter an Gestaltungswettbewerben für Synagogen und Gedenkstätten teil, publiziert zu sozialwissenschaftlichen und architekturgeschichtlichen Themen, wie etwa der Geschichte der Juden in Deutschland nach 1945 oder Aspekten der Denkmals- und Mahnmalskultur. 1999 wird Salomon Korn Vorsitzender des Vorstands der Jüdischen Gemeinde Frankfurt, der damals zweitgrößten jüdischen Gemeinde in Deutschland. Seit 2003 ist er Vizepräsident des Zentralrats der Juden in Deutschland. Über den früheren Zentralratspräsidenten Ignatz Bubis sagt er: „Ich habe viel von ihm gelernt und ihn dabei schätzen gelernt. Er war eine kraftvolle Persönlichkeit, mit der man gut streiten konnte, weil er Sache und Person stets auseinanderhielt."
Der Kuratoriumsvorsitzende der Hochschule für Jüdische Studien Heidelberg ist Mitglied in zahlreichen Kommissionen, Kuratorien, Stiftungen, Beiräten und Fördervereinen wie zum Beispiel dem Senat der Deutschen Nationalstiftung, dem Stiftungsrat der Europäischen Stiftung Kaiserdom zu Speyer oder dem ZDF-Fernsehrat.

2005 erhielt Korn den CICERO Rednerpreis für die beste rhetorische Leistung im Bereich Politik, im Jahr darauf vom Land Hessen den Ehrentitel Professor für seine Verdienste um das Thema Erinnerung. 2006 wurde er Ehrensenator der Universität Heidelberg, 2008 Mitglied des Universitätsrates der Universität Heidelberg.

Salomon Korn liebt die Natur und hofft, sich immer ein Stück Kindlichkeit bewahren zu können – um einer ungebrochenen Neugier willen. In seiner Freizeit interessiert er sich für Kathedralen, Barockarchitektur, Literatur, Lyrik, die Oper, Reisen und gute Gespräche. Fasziniert ist Professor Korn vom folgenreichen 18. Jahrhundert, das für ihn europäischer war als die beiden darauf folgenden Jahrhunderte. Und als Wohlfühlregion empfindet er vor allem Frankfurt und dessen wunderschöne Umgebung.

Maria Koschate

„Adieu“, sagte der Fuchs. „Hier ist mein Geheimnis. Es ist ganz einfach: man sieht nur mit dem Herzen gut. Das Wesentliche ist für die Augen unsichtbar.“

(Aus: Der Kleine Prinz von Antoine de Saint-Exupéry)

Maria Koschate

Straße:	Carl-von-Weinberg-Straße 2
Ort:	60320 Frankfurt am Main
Beruf:	ehm. GF der Hess. Landesstelle gegen Suchtgefahren
Geburtsdatum:	27.01.1935
Familienstand:	verheiratet
Kinder:	2

Maria Koschate wird 1935 in Großdeuben bei Leipzig geboren. Trotz aller Kriegswirren verbringt sie dort ihre Kindheit unbeschwert im Kreise der Großfamilie mütterlicherseits. Sie besucht bis 1950 die Volksschule. Der Besuch des Gymnasiums wird ihr aufgrund ihrer Herkunft im „Arbeiter- und Bauernstaat" verwehrt. Als die Lebensumstände dort nicht mehr ein Mindestmaß an individueller Entfaltung zulassen, flüchtet sie im Alter von 15 Jahren gemeinsam mit ihren Eltern und ihrem Bruder unter großen Gefahren aus der DDR – zunächst nach Niedersachsen. Dort bekommt sie bei der ebenfalls aus Leipzig übergesiedelten „Alte Leipziger Versicherung" ihre erste Stelle. 1952 zieht sie mit der Belegschaft der „Alten Leipziger" nach Frankfurt am Main und arbeitet dort noch bis 1961 als Lohnbuchhalterin. 1954 heiratet sie ihren aus Breslau stammenden Mann Günter: 1955 bekommen sie ihren ersten Sohn, 1959 folgt die Tochter und 1961 der zweite Sohn, der 1978, im Alter von 16 Jahren, bei einem Verkehrsunfall ums Leben kommt. 1971 übernimmt Maria Koschate bei der Hessischen Landesstelle gegen die Suchtgefahren e.V. (jetzt: Hessische Landesstelle für Suchtfragen e.V.), dem Zusammenschluss der Suchthilfeverbände der Liga der freien Wohlfahrtspflege, die Stelle als Geschäftsführerin und gestaltet bis 1998 die Geschicke des Verbandes.

Im Ruhestand führt sie ihre im Jahre 1980 begonnene ehrenamtliche Tätigkeit als Sozialbezirksvorsteherin der Stadt Frankfurt für den Bereich Suchtkranke fort. Sie koordiniert die Arbeit von 8 ehrenamtlichen Pflegerinnen und Pflegern, die im Auftrag des Jugend- und Sozialamtes (Besondere Dienste 3) hilfebedürftige, suchtkranke Mitbürger betreuen.

Auf Öffentlichkeit und viele Worte steht Maria Koschate nicht wirklich. Trotzdem hat es sie erfreut, als ihr 2001 das Bundesverdienstkreuz, verliehen von Bundespräsident Johannes Rau, im Römer überreicht wird.

Gemeinsam mit ihrem Ehemann engagiert sie sich seit 1963 ehrenamtlich im Landesverband des Deutschen Guttempler-Ordens. Als Vorstandsmitglied des Trägervereins des Reinhold-Kobelt-Hauses, dem Begegnungszentrum der hessischen Guttempler, ist sie heute noch tätig.

Während ihrer über 25jährigen Berufstätigkeit als Geschäftsführerin der Hessischen Landesstelle gegen die Suchtgefahren hat sie nach eigenen Worten ihre „Schreiblust beim Verfassen von Protokollen und Berichten austoben" können. Man kann auch sagen, sie hat geübt: Gemeinsam mit den Pflegerinnen Hella Duffield, Irmgard Meller und Gisela Scheffler veröffentlicht sie Anfang 2008 das Buch „Lebensbrüche" – Geschichten vom ehrenamtlichen Dienst für Suchtkranke der Stadt Frankfurt.

Ohne Rückhalt der Familie ist ein solcher Einsatz aber nicht möglich, muss sie dann auch frank und frei feststellen. Ihr Mann ist über 25 Jahre im medizinisch-technischen Bereich des Arzneimittelkontors der Firma HOECHST AG beschäftigt gewesen und hat sie bei allen „Taten" so gut es eben ging unterstützt.

Wenn man die beiden Ruheständler so beobachtet, kommt man nicht umhin festzustellen, dass es ein besonders liebenswertes Ehepaar ist. 2004 haben sie übrigens ihre „Goldene Hochzeit" feiern können! Die Koschates haben sechs Enkelkinder unterschiedlichen Alters, zwei Mädchen und vier Jungen. Und, wie sagt MK so schön: „Wir lieben sie alle".

Und wenn Maria Koschate trotzdem einmal ganz für sich sein will, dann schreibt sie an ihren Lebenserinnerungen oder malt und zeichnet.

Stephan Kosubek

„Da muss man durch oder kündigen, kündigen geht nicht – also durch.“

(Stephan Kosubek)

Stephan Kosubek

Straße:	Weberstraße 79
Ort:	60318 Frankfurt am Main
Beruf:	Raumausstattermeister
Geburtsdatum:	04.12.1968
Familienstand:	ledig
Kinder:	2

Stephan Kosubek wird am 4.12.1968 in Frankfurt geboren. Nach Abitur und Bundeswehr hat er die Wahl zwischen einer Lehre als Koch oder einer Berufsausbildung als Raumausstatter. Keiner zweifelt, dass er auch an den Herdplatten dieser Welt seiner Kreativität hätte freien Lauf geben können und erfolgreich geworden wäre. Entschieden hat er sich dann aber doch für die etwas „handfestere“ Variante. Dabei wird er nicht „nur“ Raumausstattermeister sondern auch geprüfter Restaurator im Raumausstatter-Handwerk. Er vereint also das Dekorative mit dem Gestalten, Fertigen, dem Erhalten und Wiederherstellen von Objekten. Seine große Leidenschaft war und ist dabei eindeutig die Restaurierung.

Stephan Kosubek geht es nicht um das schlichte Erhalten der ihm anvertrauten Objekte. Er will etwas Neues, Einzigartiges schaffen. Bestes Beispiel dafür ist seine erfolgreiche Teilnahme am Design Mohair Award 2000, einem internationalen Wettbewerb für das Gestalten von Polstermöbeln. Stephan Kosubek gehört zu den 10 Polster-Spezialisten, die aus einem Kreis von 24 Bewerbern dazu eingeladen werden, ihre Modelle bei der Fachmesse RAUMAUSSTATTUNG in Dortmund zu präsentieren. Der Wettbewerb, zu dem wahlweise neue oder restaurierte ältere Polstermöbel eingereicht werden durften, wird veranstaltet von der International Mohair Association, Hauptsitz London. Ziel ist, die alten und so wertvollen Polstermöbel nicht nur vor dem Sperrmüll zu retten, sondern auch darzustellen, wie sie durch fachgerechtes Restaurieren zu kostbaren Schmuckstücken werden, die wieder mehrere Jahrzehnte verwendbar sind.

Das Sofa von Stephan Kosubek, gefunden auf einem Antik- und Trödelmarkt, stammt etwa aus der Zeit von 1860. Defekte Stellen im Gestell waren auszubessern, anschließend erhielt das Sichtholz eine neue Bernsteinschelllack-Politur. Die Polsterung wurde stilgetreu komplett neu aufgebaut: Jutegurte, Taillenfedern deutsch geschnürt, eine Fasson aus Afrik, die Pikierung aus Rosshaar, Weißpolster, Bezug mit leuchtend gelbem Mohair-Velours, Abschlusskordel in den Farben von Holz und Bezugsstoff. Eine Armlehne dieses Modells kann mit einem Hebel in Stufen abgesenkt werden, so dass eine größere Liegefläche entsteht.

Für seine Arbeiten braucht Raumausstattermeister Stephan Kosubek ein gutes Auge und das richtige Fingerspitzengefühl, damit die Fasson für den Stuhl oder Sessel gelingt. Wie sich das anfühlt, steht in keinem Lehrbuch. Aber man kann es lernen. „Die Entwicklung von einem heruntergekommenen Stück zu einem Schmuckstück, die Schönheit die man dann zutage fördert: Das ist der Reiz, den es hat.“ Wenn alte Stühle die Polsterwerkstatt verlassen, dann sind sie wieder wie neu. Und wenn Stephan Kosubek ein Stuhl besonders gut gefällt, dann will er ihn am liebsten behalten. „Aber irgendwo sind ja auch Grenzen gesetzt, man kann ja nicht alle Stücke haben.“ Antike Möbel sind eben seine Leidenschaft.

Die Inspiration für seine wunderbaren Arbeiten holt sich Stephan Kosubek auch auf Auslandreisen nach Paris, Wien, Moulhouse und Weimar. Besonders fasziniert ist er vom Bernsteinzimmer in St. Petersburg. Ebenso beeindruckend sind für ihn die Tapeten in Goethes und Schillers Wohnhäusern in Weimar. Diese Reisen wurden mit dem Bundesverband der Restauratoren gemacht, dort ist er im Vorstand als Schriftführer. In der Raumausstatterinnung ist er stellvertretender Obermeister, zudem ist er Beisitzer im Landesinnungsverband.

Seit dem Jahr 2000 ist er Inhaber der am 01.01.1898 gegründeten Raumausstattung Otto Schlier in Frankfurt am Main. Stephan Kosubek ist Vater zweier Kinder. Seine Familie ist für ihn dann auch ein essentieller Gegenpol zur wahrlich nicht zu knappen Arbeit, zum tagtäglichen Schaffen (im wahrsten Sinne des Wortes) – durch das er aber auch seine Motivation erfährt. Das Handwerk, auch seins, hat nicht per se goldenen Boden. Das weiß er, und so handelt und arbeitet er. Vor allen Dingen immer kundenorientiert. „Der Kunde muss zufrieden sein, muss persönlich und fachgerecht beraten werden. Es reicht nicht aus, einfach nur Schaufensterfronten mit Neuheiten einer Messe zu dekorieren und dazu die Ladentüre zum Verkauf zu öffnen“.

Im Gegensatz zu seinen Objekten, scheint Stephan Kosubek nie fertig zu sein: Er will sich immer weiter bilden, neues dazulernen und vor allem jungen Menschen etwas von seinem Wissen und seinen Fähigkeiten weiter geben.

Andreas Kramp

„Ein Danke, ein Lächeln, eine liebe Geste, ein Schulterklopfen oder eine Umarmung ist mehr wert als alles Geld der Welt. Wahres Glück, echte Freunde, Gesundheit und den Seelenfrieden kann man nicht kaufen!“

Andreas Kramp

Straße: Westendstraße 14
Ort: 60325 Frankfurt am Main
Beruf: Steuer- und Unternehmensberater
Geburtsdatum: 10.02.1966
Familienstand: ledig
Kinder: keine

„Ich möchte gut essen, ich möchte aber auch, dass es anderen gut geht." Nach diesem sozialen Motto lebt Andreas Kramp, der als Mitinhaber eine eigene Steuer- und Unternehmensberatung betreibt. Besonders hilfsbedürftige Kinder unterstützt der ehemalige vitale Karate- und Motorsportler.

Andreas Kramp kam in der Mainmetropole Frankfurt zur Welt. Dort besuchte er auch die Schule, die er 1981 mit dem Abitur abschloss. Ab 1984 absolvierte er eine Lehre als Steuerfachangestellter. Später erlangte er berufsbegleitend den Abschluss des Master of Business Administration (MBA), ein postgraduales generalistisches Managementstudium. Heute ist der Steuer- und Managerfachmann erfolgreicher Mitinhaber von Rüdenauer & Kramp GmbH, einer mittleren Steuerberater- und Rechtsanwaltskanzlei in Frankfurt mit einer Niederlassung in Bad Mergentheim. Seit 1994 zählt auch die Betriebs- und Unternehmensberatung zu den Aufgaben. Die Kanzlei ist Mitglieder der Steuerberaterkammer Hessen (StBK) und des Bundessteuerberaterverbandes Deutschland.

Der Frankfurter Unternehmer ist nach eigenen Angaben ein fröhlicher Mensch und „hat nie schlechte Laune. Meine positive Einstellung hilft mir, nie das Ziel aus den Augen zu verlieren und schon gar nicht aufzugeben." Obendrein ist er sehr kontaktfreudig, was ihn beruflich wie privat weiter bringt. Zu seinen unternehmerischen Visionen zählt die Expansion seiner Kanzlei auf rund 20 Mitarbeiter.

In seinem sozialen Engagement wendet er sich vor allem Kindern in Not zu und findet dabei in der Kinderkrebshilfe, in der Krebsstation der Universitätsklinik Frankfurt, im Mukoviszidose e.V. oder in Spenden für Afrika die richtigen Ansprechpartner beziehungsweise -stellen. „Aber ich mag auch Tiere und habe selbst einen Hund", so Kramp, der auch Tierheime unterstützt. Solche und andere persönliche Hilfsbereitschaft finden unter dem Motto „Leben und leben lassen" einen großen Platz in seinem Herzen. Denn jede einzelne gute Tat, kommt vielleicht irgendwann zurück. „Ich helfe gerne, lasse mich aber ungerne ausnutzen."

Der heute 42-Jährige hat bereits zahlreiche Auslandsaufenthalte hinter sich, wie zum Beispiel in Jakarta oder auf den Philippinen. Dort und anderswo auf der Welt haben ihm seine Englisch- und Französischkenntnisse weiter geholfen sowie ausländische (letztlich in Dubai) Kunden für sein Beratungsgeschäft eingebracht.

Sportlich geht`s aufregend zu bei Andreas Kamp. Er ist Motorsportler und dreht selbst mit seinem Straßenfahrzeug Rover-MG eine der schnellesten Runden auf dem Nürburgring in der Eifel. Ansonsten liebte er den Karatesport, in dem er es schon bis zum Hessen- und Deutschen Meister gebracht hat. Eine beschaulich ruhigere Freizeitbeschäftigung sind Architekturzeichnungen, von denen er einige bemerkenswerte Exemplare besitzt und sie an der Wand präsentiert. Darüber hinaus versteht er es selbst, den Zeichenstift kunstvoll zu führen. Den schönen Dingen zugeneigt ist er auch im Bereich der handgefertigten Uhren mit manuellem Laufwerk, für die „ich ein Vermögen ausgeben könnte."

Prof. Dr. Gerhard Kreysa

"Manchen Menschen fällt es leichter, vom ptolemäischen Glauben abzufallen, als das eigene Ich aus dem Zentrum der Welt zu lösen."

(Gerhard Kreysa)

Prof. Dr. Gerhard Kreysa

Straße:	Theodor-Heuss-Allee 25
Ort:	60486 Frankfurt am Main
Beruf:	Geschäftsführer
Geburtsdatum:	21.09.1945
Familienstand:	verheiratet
Kinder:	2

Beruf kommt von Berufung, dies trifft bei Prof. Dr. Gerhard Kreysa sicher in ganz besonderem Maße zu. Die Erforschung der Chemie wurde für ihn zum Lebenswerk. Er ist ein Vollblut-Wissenschaftler, den nur schwer zu bändigende Neugier und die Lust am Experimentieren schon als Kind antrieben und bis zum heutigen Tage der Motor seiner Arbeit sind.

Geboren 1945 in Dresden, erregte er bereits mit weniger als 12 Jahren mit seinen Experimenten das öffentliche Interesse. Ein verständnisvolles Elternhaus, der Vater Maschinenbauingenieur, die Mutter Lehrerin, ließen den Sohn sein Talent ausleben. Was daraus wurde, ist eine beispiellose Karriere, die ihm Titel und unzählige Ehrungen einbrachte. Dennoch oder gerade deshalb, sind ihm Ruhm und Anerkennung nicht wichtig, für ihn zählt die reine Forschung, das Gestalten und Bewegen, der innovative Ansatz. Ihn interessiert die Leistung, aber auch die berufsspezifische Subkultur. Letztgenannter begegnet er oft mit Skepsis, nicht nur in seinen berufsbedingten Vorträgen, auch in seinen wissenschaftlichen Romanen. In seiner Literatur setzt er sich überdies mit allgemeineren Themen auseinander, Ethik in der Wissenschaft, Forschung im Dialog mit der Gesellschaft und die Energieversorgung als zentrales Problem der Menschheit. Prof. Dr. Gerhard Kreysa versucht sein Metier lebensnah zu vermitteln. Dabei geht es ihm um wahres Verstehen, statt um maßlose Information.

Chemie ist für ihn Dienst am Fortschritt, der gestaltend ins Leben eingreift. Dies vor allem auch der Jugend zu vermitteln, ist ihm ein Anliegen. Dabei sieht er keinen Widerspruch, wenn er von Sustainability und Elitenbildung spricht. Für ihn ist es eine massive Bildungskatastrophe, „dass unser Bildungssystem Schüler in bisher unbekanntem Ausmaß zum Abitur treibt, was damit zu hoffnungsloser Überfüllung unserer Universitäten und letztlich zur Produktion einer noch nie dagewesenen Akademikerarbeitslosigkeit führt." Dabei empfindet er es als unsozial, „dass immer weniger Menschen immer mehr arbeiten müssen, damit immer mehr Menschen immer weniger arbeiten können." Auf die Frage nach seinen Visionen nennt er die Globalisierung, die eine Weltkultur schaffen kann, in der Vernunft und Toleranz als Grundprinzipien vorherrschen.

Geprägt von den Lehrjahren bei Prof. Kurt Schwabe in Dresden, den er als seinen Mentor ansieht und als höchstbezahlten Regimekritiker der DDR bezeichnet, nahm er seine Forschungstätigkeit in Ostberlin auf. Doch dort wurde es ihm hinter der Mauer zu eng. Als logische Konsequenz folgte bald die Flucht in den Westen. Bereits 1973 taucht sein Name in Verbindung mit der DECHEMA in Frankfurt auf. Als wissenschaftlicher Mitarbeiter am DECHEMA-Institut arbeitete er an Forschungsprojekten u.a. für Abwasserbehandlung und Wiederaufarbeitung von Kernbrennstoffen. 1978, im gleichen Jahr seiner Habilitation, übernahm er die Leitung der Arbeitsgruppe „Elektrochemie" am DECHEMA-Institut in Frankfurt am Main. 1986 wechselte Prof. Dr. Gerhard Kreysa als Stellvertreter in die Geschäftsführung der DECHEMA e.V., die er 1992 schließlich komplett übernahm.

Eine weitere Leidenschaft des bekennenden Ungeduldsmenschen ist das Golf spielen. Hierin sieht er eine Symbiose zwischen Physik und Philosophie, die ihn zu der Einsicht zwingt, Gelassenheit zu üben. Golfplätze rund um die Welt hat er schon bespielt, das damit verbundene Reisen ist für ihn immer noch der „längst irrational gewordene begeisterte Nachholbedarf", den er „Flüchtlingssyndrom" nennt.

Es verwundert somit nicht, dass für Prof. Dr. Gerhard Kreysa die Deutsche Wiedervereinigung ein ganz besonderes Ereignis darstellt. Er empfindet es als Privileg, in einem Land wie der Bundesrepublik Deutschland zu leben. Trotz aller Reisen und temporären Aufenthalten in anderen Teilen dieser Welt,kann er sich nicht vorstellen, dauerhaft woanders zu leben. Seine Heimat ist längst Frankfurt geworden, hier ist er fest eingebunden in seinen Freundes- und Bekanntenkreis, in dem er sich wohl fühlt. Sein Leben führt er getreu dem Motto „Lebe dein Leben so, dass es bejahenswert ist."

Volkmar Kübler

„Man sollte nicht versuchen, Dinge zu ändern, die man nicht ändern kann. Man sollte sich aber auch nicht davon abbringen lassen, das zu tun, wovon man überzeugt ist.“

Volkmar Kübler

Straße: Beethovenstraße 8-10
Ort: 60325 Frankfurt am Main
Beruf: Rechtsanwalt und Berater
Geburtsdatum: 07.08.1941
Familienstand: verheiratet
Kinder: 1

Dinge, die scheinbar nicht gehen, zum Laufen zu bringen und Impulse für Neues zu geben, hat Volkmar W. Kübler schon immer gereizt. Vielleicht gerade deshalb engagiert er sich in den unterschiedlichsten Unternehmen und Einrichtungen, aber auch bei der Ansiedlung ausländischer Firmen in Deutschland und Ungarn.

2002 war er Mitbegründer der European Market Entry Strategies, kurz EMES, einer deutsch-US-amerikanischen Wirtschaftsberatungsgesellschaft, deren Geschäftsführender Gesellschafter er ist. Seinen Partner Jason Harlan lernte er noch zu dessen Zeiten bei Southern Energy aus Atlanta kennen. Beide taten sich zusammen, um ausländischen Firmen bei der Ansiedlung in Deutschland zu helfen. Dabei gilt es nicht nur, bürokratische Hürden zu meistern, sondern auch so genannte „weiche" Faktoren zu verstehen. Damit meint Volkmar W. Kübler die deutsche Psychologie, die typische „Denke" und Vorgehensweise. Mit Jason Harlan hat er den perfekten Partner mit amerikanischem Hintergrund und vielschichtigen deutschen Kenntnissen, er hingegen übernimmt den Part des „typischen" Deutschen.

Volkmar W. Kübler ist zudem Geschäftsführer der Fieldstone Deutschland. Sie arbeitet schwerpunktmäßig auf dem Energiesektor sowie auf dem Gebiet der Verkehrsinfrastruktur in Deutschland und Kontinentaleuropa. Die Anwaltskanzlei Kübler & Partner in der Berliner Friedrichstraße neben dem Checkpoint Charlie, deren Seniorchef Volkmar W. Kübler ist, wurde ursprünglich gegründet, um jungen Juristen ohne Anstellung eine Startmöglichkeit als Anwälte zu geben. Sie spezialisiert sich heute zunehmend auf Arbeits- und Medizinrecht. Die Vorstandstätigkeit beim Forschungsinstitut für „Kraftfahrwesen und Fahrzeugmotoren Stuttgart" (FKFS) ist für ihn als einzigem Nichtingenieur dieses Gremiums besonders reizvoll. Die zukunftsorientierte Forschung und modernste technische Entwicklungen auf dem Kraftfahrzeugsektor faszinieren ihn. Der Windkanal ist Weltspitze, und auch in den Bereichen Motorenentwicklung und Mechatronik spielt das unabhängige Forschungsinstitut ganz vorne mit. Dazu passt Küblers Professur an der Tongji-Universität in Shanghai. Er hält dort für Studierende der Ingenieurwissenschaften Vorlesungen über „Strategisches Management" und über „Automobilwirtschaft".

China kennt er intensiv seit dem Jahr 2003. Was ihn dort am meisten beeindruckt, ist die unglaubliche Dynamik auf allen Gebieten. Die Wissbegier und Leistungsbereitschaft der jungen Chinesen sei für uns kaum vorstellbar. Es gelte, die Leute in Deutschland davon zu überzeugen, dass die Globalisierung nicht umkehrbar und etwas Gutes sei, von dem wir letztlich alle profitierten, sagt Volkmar W. Kübler. In wenigen Jahren werde China die Nummer 1 auf der Welt sein. Darauf gelte es sich einzustellen. Deutschland müsse dabei seine zukünftige Rolle finden und habe enorme Chancen. Jungen Menschen rät er, die Welt zu entdecken. Wer nur hier im Lande bleibe, verpasse die Zukunft. Volkmar W. Kübler studierte Rechtswissenschaften, Volks- und Betriebswirtschaftslehre in Tübingen, Bonn und Köln. Er war zunächst einige Zeit in seiner Heimatstadt Tübingen als Rechtsanwalt tätig, dann ging er 1970 zur Deutschen Bundesbahn. Hier konnte er nach eigenen Worten vor allem unter dem Vorstandsvorsitzenden Reiner Maria Gohlke richtig kreativ arbeiten. Es herrschte damals eine unglaubliche Aufbruchstimmung bei der Bahn. Neue Produkte wie z.B. Interregio und Intercity Kurierdienst sind so entstanden. Die Privatisierung wurde vorbereitet, die DB Holding gegründet, deren Geschäftsführer Kübler bis 1992 war. Dann wechselte er und wurde Direktor der Dresdner Bank AG, wo er zunächst Pressesprecher und für Investor Relations verantwortlich war und später den Bereich „Politik und Gesellschaft" aufbaute. Die Übernahme der Bank durch den Allianzkonzern war für ihn Anlass, auszuscheiden.

Besonders prägend für Volkmar W. Kübler war seit seinem Studium die Bekanntschaft mit Hans-Martin Schleyer und ein „Trainee-Programm", das er als Ministerialrat der Deutschen Bundesbahn im Bundeskanzleramt, bei der Lufthansa, bei Prognos und EUROFIMA in Basel, bei Daimler-Benz, der Deutschen Bank und der Dresdner Bank absolvierte.
Seit 2004 ist Volkmar W. Kübler Honorarkonsul der Republik Ungarn für Hessen. Auf dem Weg in die EU hat er Ungarn vielerorts begleitet. Seine Arbeitsschwerpunkte sind Wirtschaftsförderung, Kulturarbeit einschließlich Städtepartnerschaften und die Vermittlung von Kontakten. Er nimmt mehrere Aufsichtsrats- und Beiratsmandate war, und seine vielen ehrenamtlichen Aktivitäten lassen sich nur noch schwer aufzählen. Er ist Rotarier und Träger des Bundesverdienstkreuzes.

Zeit mit seiner Familie und Freunden zu verbringen, für sie auch einmal zu kochen, ist für ihn wichtig. Frankfurt am Main ist für ihn die dynamischste Stadt Deutschlands, eine funktionale Stadt, wo es alles gibt, was man braucht, auch ein großartiges Kulturangebot. Volkmar W. Kübler fühlt sich wohl in Frankfurt. Am wohlsten jedoch fühlt er sich in seiner Hütte auf der Schwäbischen Alb. Hier kann er in Ruhe nachdenken und neue Ideen entwickeln.

Frankfurt am Main

Petra Kyaw

„Es gibt eine Theorie, die besagt, wenn jemals irgendwergenau herausfindet, wozu das Universum da ist und warum es da ist, dann verschwindet es auf der Stelle und wird durch noch etwas Bizarreres und Unbegreiflicheres ersetzt.
Es gibt eine andere Theorie, nach der das schon passiert ist."

(Douglas Adams)

Petra Kyaw

Straße: Praunheimer Landstraße 32
Ort: 60488 Frankfurt am Main
Beruf: Rechtsanwältin, Kanzlei Lipphardt
Geburtsdatum: 20.09.1965
Familienstand: ledig

Sie ist eine quirlige Persönlichkeit: Petra Kyaw, von Beruf Rechtsanwältin, fährt gerne Motorrad oder Ski, reitet leidenschaftlich Polo und betreibt zusammen mit Markus Eisele und Georg Diehl die Polo Sport GmbH, eine Frankfurter Agentur für Events und Consulting rund um Poloturniere. Obendrein hat die Pferdeliebhaberin eine internationale Bildung genossen.

Petra Kyaw absolvierte zunächst an der Pariser Sorbonne eine Sprachausbildung in Französisch, ehe sie in Frankfurt von 1985 bis 1991 Jura studierte. Die Studentin arbeitete als freie Redakteurin und Journalistin bei der Offenbach-Post und BILD-Frankfurt, hospitierte bei ersten Adressen, etwa dem ZDF oder im Ausland, wie bei Radio Corti Vivu, Corté. Nach Korsika, an die Université Pascal Paoli, führte sie auch ein Auslandssemester hin. Nach dem Ersten Staatsexamen 1991 ging sie im gleichen Jahr nach Sevilla, um ihr Spanisch zu vertiefen. Noch vor dem Zweiten Staatsexamen 1994 absolvierte sie ein Praktikum in den Law Offices of Donovan in New York. Es folgte eine freie juristische Mitarbeit beim Rechtsanwalt W. Wickler. Von 1995 bis 1998 schaffte es Petra Kyaw bis zur stellvertretenden Produktionsleiterin RTL Frankfurt bei der TaunusFilm GmbH. Im folgenden Jahr sammelte sie Erfahrungen als Sprecherin, Redakteurin, Projektberaterin und Produktionsleiterin in der internationalen Medienbranche, ehe sie sich für den Beruf der Rechtsanwältin entschied – seit 1999 ist sie in der Kanzlei Lipphardt mit Schwerpunkt Zivilrecht tätig.

Seit Mai 2007 engagiert sich Petra Kyaw zudem als Gesellschafterin und Geschäftsführerin der Polo Sport GmbH, www.polo-deutschland.com, in Frankfurt. „Ich liebe grundsätzlich sportliche Betätigung und im Besonderen den Polosport. Aber auch den Kontakt zu den Pferden. Der Sport ist für mich ein schöner Ausgleich zum Beruf und Büroalltag“, beschreibt die schlanke und Ruhe ausstrahlende Polospielerin ihre sportliche Vorliebe.
Die Polo Sport GmbH organisiert den Frankfurter Spielbetrieb und vermarktet auch Poloturniere. Dabei kommt es vor allem auf das außergewöhnlich, stilvolle Ambiente an, das von dynamischen Polospielern und rassigen Poloponies getragen wird. Der AUDI Gold Cup in Frankfurt wurde 2007 von der Polo Sport GmbH und dem Polo Club Hessen e.V. ausgerichtet und war mit über 3.000 Zuschauern ein fulminanter Erfolg auf Hessens einzigem Polofeld.

Eine andere Vorliebe von Petra Kyaw ist der Besuch moderner Ballettaufführungen. Ansonsten liebt sie Wellness, Fitness und Sonne, auch mag sie es humorvoll und fühlt sich besonders im Süden Spaniens sehr wohl.

Dr. jur. Rudolf Lauda

Dr. jur. Rudolf Lauda

Straße:	Bockenheimer Anlage 36
Ort:	60322 Frankfurt am Main
Beruf:	Geschäftsführer
Geburtsdatum:	03.02.1949
Familienstand:	verheiratet
Kinder:	2

Der gebürtige Frankfurter Dr. jur. Rudolf Lauda lebt und arbeitet als Jurist in Frankfurt mit seiner Familie, sozusagen ein echter Frankfurter durch und durch. Nach seinem Abitur 1968, studierte er Rechtswissenschaften an den Universitäten Mainz und Frankfurt.

Mitte 1975 machte er sein 1. Staatsexamen, während seiner Referendarzeit von 1975-1980 arbeitete er als wissenschaftliche Hilfskraft und Assistent am Lehrstuhl für Zivilrecht und Rechtsgeschichte von Prof. Dr. G. Dilcher an der Joh. Wolfgang Goethe Universität. Diese Tätigkeit übte er bis 1983 aus, denn sein besonderes Interesse gehörte der Rechtsgeschichte, um die historische Entwicklung der menschlichen Gesellschaft unter den rechtlichen Aspekten zu untersuchen. 1980 bekam er seine Zulassung als Anwalt und arbeitete von 1981 an in der Kanzlei Dolce und Lauda, einer Rechtsanwaltskanzlei mit Schwerpunkt für den deutsch-italienischen Wirtschaftsverkehr. Diese Tätigkeit trug dazu bei, dass er Kontakte zu internationalen Anwaltsorganisationen und ausländischen Rechtsanwaltskammern knüpfen und pflegen konnte. Hier insbesondere nach Italien.

Er promovierte 1982, seine Dissertation schrieb er in einem rechtsgeschichtlichen Thema. Zu seinem Tätigkeitsschwerpunkten zählen Urheber- und Wettbewerbsrecht, Recht für Marketing und Recht der beratenden Berufe.

Seit 1984 ist er freier Redakteur der „Neuen juristischen Wochenschrift" im Gebiet des Wettbewerbsrechts und des gewerblichen Rechtsschutzes vom Beck Verlag. Kontinuierlich schreibt er Urteilsanalysen zur Rechtssprechung auf dem Gebiet des Wettbewerbs.

1985 übernahm er die Geschäftsführung der Rechtsanwaltskammer Frankfurt und ist bis heute deren Hauptgeschäftsführer. Die Rechtsanwaltskammer besteht seit 50 Jahren und ist eine Körperschaft des öffentlichen Rechts. Alle Rechtsanwältinnen und Rechtsanwälte sind Mitglied einer Rechtsanwaltskammer. Die Rechtsanwaltskammer ist ihr Selbstverwaltungsorgan und übt die Berufsaufsicht über ihre Mitglieder aus, die ihre Berufsrechte und -pflichten als unabhängige Organe der Rechtspflege wahrnehmen. Hier kann bei Bedarf unabhängig bei der Suche nach einem Anwalt geholfen werden. Es findet Ausbildung und Fortbildung für Juristen statt, sowie die Zulassung von Rechtsanwälten.

Das Ziel von Dr. Rudolf Lauda ist es ein internationales Netzwerk von Anwälten aufzubauen, das mit hilft, an rechtlichen Formen für die Internationale Zusammenarbeit der Völker und Religionen zu arbeiten. Aus der Hoffnung heraus, in Zukunft internationale Konflikte mit rechtlichen Mitteln, die im Rahmen der UNO zu Verfügung stehen, lösen zu können, anstatt mit kriegerischen. So entsteht eine fruchtbare Kommunikationsbasis oder ein Portal für internationale juristische Ziele.

Er reist gerne, bevorzugt nach Italien, und es bereitet ihm große Freude sich mit ausländischen Anwälten zu treffen und dort die Kommunikation zu pflegen und sich auszutauschen. Er setzt sich gerne für andere ein, so ist er Mitglied der International Bar Assocation, des Deutschen Anwaltsvereins, der Frankfurter Juristischen Gesellschaft und der Gesellschaft für gewerblichen Rechtsschutz und Urheberrecht.

Weiter ist er Mitglied des deutschen Werbemuseums in Frankfurt, hier werden projektbezogene Ausstellungen veranstaltet. Mit großen Interesse beobachtet er die historische Entwicklung der menschlichen Gesellschaften, versucht sie mitzugestalten, um wenigstens einige Spuren zu hinterlassen.

Er möchte noch mal das ganz große Buch schreiben über die Geschichte der Anwaltschaft.

Seine Familie liegt ihm sehr am Herzen und hier besonders wichtig sind ihm seine beiden Töchter, für die er gerne mehr Zeit frei machen möchte, um ihnen noch möglichst viel von der Welt zeigen und vermitteln zu können. In seiner Freizeit bewegt er sich gerne in der Natur, macht Wanderausflüge mit Freunden und hält sich mit Gartenarbeit fit.

Susanne Leson

„Ohne Frauen geht es nicht.
Das hat sogar Gott einsehen müssen.“

(Eleonoa Duse)

Susanne Leson

Straße:	Steinlestraße 6
Ort:	60596 Frankfurt am Main
Beruf:	Dipl. Ingenieurin, Innenarchitektin Inhaberin LESON Innenarchitektur & Objektmanagement
Geburtsdatum:	31.01.1967
Familienstand:	verheiratet
Kinder:	2

Für Susanne Leson ist ihr Beruf die Ideale Verbindung zwischen Technik und Kunst. Gegen das Vorurteil, eine Innenarchitektin sei bloß eine studierte „Kissenrückerin", geht sie bereits seit mehr als 10 Jahren erfolgreich am Markt mit ihrem Innenarchitekturbüro vor. Dass sie sich dabei auch immer wieder in einer Männerdomäne beweisen muss, betrachtet sie eher als Sport.

In anderen Ländern längst selbstverständlich, setzt sich in Deutschland erst nach und nach die Erkenntnis durch, Innenarchitektur bereits von Anfang an in ein Bauvorhaben einzubeziehen. Für Susanne Lesons Metier – Architektur im Innenbereich – sind neben planerischen und organisatorischen Fähigkeiten Kenntnisse über Sicherheitsbestimmungen und technisches Knowhow im Bereich des Brandschutzes ebenso Voraussetzung für einen erfolgreichen Abschluss wie die Erfahrungen im Bereich der Lichtplanung und der Akustik. Stilsicherheit in Bezug auf Farbgebung und Materialwahl setzt Susanne Leson als Selbstverständlichkeit voraus.

Bei der Gestaltung von Räumen ist ihr das Ergebnis genauso wichtig wie die enge Beziehung zum Bauherrn und den umsetzenden Handwerkern. Auf den Umgang „Auge in Auge" kommt es ihr an und auf soziale Aspekte.

Vor mehreren Jahren gab es bei Bauvorhaben die Regelung, ca. 5 % der Bausumme in Kunst zu investieren. Diese Regelung hat heute keinen Bestand mehr, der Grundgedanke stand jedoch Pate für eine andere und neue Vorgehensweise von Susanne Leson und ihrem Team. So versucht sie, ihre Bauherren zu motivieren, im Zuge einer Realisierung ihres Bauvorhabens einen Teilbetrag karitativen Einrichtungen als „Soziales am Bau" zugute kommen zu lassen. Für diesen Schritt hat sie bereits einige Bauherren gewinnen können; sofern das Bauvorhaben sich in Frankfurt befindet, ist sie immer bemüht, sozialen Einrichtungen diese Unterstützung zukommen zu lassen, die speziell Frankfurter Bürger und Familien unterstützen.

Anstelle der sonst üblichen Weihnachtspräsente für Kunden, spendet das Büro Leson einen Betrag an karitative Einrichtungen, die speziell im Einzugsgebiet von Frankfurt aktiv sind. Viele weitere Projekte sind angedacht, mit dem Ziel, die berufliche Tätigkeit des Büros als Arbeitsgruppe zur Verfügung zu stellen, um Ehrenamtliches zu fördern oder auch dazu zu motivieren.

Geboren in Krefeld, aufgewachsen in Stuttgart, ging Susanne Leson zum Studium nach Mainz. Dass die Wahl auf Innenarchitektur fallen würde, war ihr dabei immer schon klar, dass es Mainz als Studienort wurde, lag an dessen technischer Ausrichtung. 64 % technischer Anteil erinnert sich Susanne Leson noch heute und verweist auf ihr gutes Zahlengedächtnis.

Ihre Großmutter war es, die den Anstoß zu einer Auslandstätigkeit in New York lieferte. Sie hatte die Idee, mit der dort lebenden Tante von Susanne Leson Kontakte zu einem Architekturbüro aufzunehmen. Bereits wenige Wochen später begann eine prägende Lehrzeit in einem renommierten Büro in Chelsea, verbunden mit einer ereignisreichen Wohnwelt am Central Park, in bester New Yorker Lage.

Nach mehrjähriger Tätigkeit im Messebau, in Architektur- und Innenarchitekturbüros fiel die Entscheidung, in die Selbstständigkeit zu wechseln, als der damals zuständige Ansprechpartner einer großen Investmentbank sie mit einem großen Projekt betraute. Seit mehr als 10 Jahren ist Susanne Leson jetzt mit ihrem Team in Frankfurt-Sachsenhausen ansässig. Die zentrale Lage und die weltoffene Art der Menschen dieser Stadt, war ein ausschlaggebender Grund, den Firmensitz nach Frankfurt zu legen. Wichtig ist Susanne Leson die zentrale Lage innerhalb dieser Republik und die optimale Anbindung durch den internationalen Flughafen.

Susanne Leson ist bekennende Wahlfrankfurterin und liebt die Skyline, genießt es, am Mainufer zu picknicken und zu flanieren, kauft leidenschaftlich gerne in der Kleinmarkthalle ein und gönnt sich und ihren Kindern die Freude, nach einem Einkauf aus der Stadt mit dem „Ebbelwoi-Express" nach Hause in das schöne Sachsenhausen zu fahren.

Die Wochenenden sind allerdings dem Odenwald vorbehalten. Den wochenendlichen Kurzurlaub verbringt die Familie mittlerweile bereits seit Jahren auf einem idyllischen Bauernhof in Fränkisch-Crumbach.

Prof. Dr. Ulrich Leuschner

Prof. Dr. Ulrich Leuschner

Straße:	Interdisziplinäres Facharztzentrum, Schaubstraße 16
Ort:	60596 Frankfurt am Main
Beruf:	Internist, Gastroenterologe, Hepatologe
Geburtsdatum:	17.06.1938
Familienstand:	verheiratet
Kinder:	2, 5 Enkel

Professor Dr. Ulrich Leuschner ist eine weltweit anerkannte Kapazität der Hepatologie. Verantwortlich dafür unter anderem seine Erstbeschreibungen (die heutzutage in der Wissenschaft nicht mehr allzu häufig sind) „markloser Nervenfasern im Hoden von Patienten mit Klinefelter-Syndrom“ sowie des „therapeutischen Effekts von Ursodeoxycholsäure bei primär biliären Leberkrankheiten“. Gerade mit dieser Therapie hat er sich nahezu unsterblich gemacht, wird sie doch inzwischen weltweit eingesetzt und stellt derzeit die einzige therapeutische Möglichkeit bei diesen chronischen Krankheiten dar, die sonst in der Zirrhose enden. Jahre zuvor ist ihm die chemische Auflösung von Pigmentgallensteinen beim Menschen gelungen, was früher für unmöglich gehalten wurde.

Dabei hat zunächst in seinem Leben rein gar nichts auf eine Laufbahn als Arzt und Forscher hingedeutet. Am 17.6.1938 in Breslau geboren, wächst er in einer Juristenfamilie auf. Mit 18 will er zur Marine. In seiner Bundeswehrzeit allerdings reift der Entschluss, sich voll und ganz der Medizin hinzugeben. „Voll und ganz“ wird hier mit Absicht intoniert, sagt er doch, nur „wer von früh bis Mitternacht arbeitet“, kann es in diesem Beruf zu etwas bringen. Das hat er ohne Zweifel getan. Seinen beiden Kindern aber rät er, Jura zu studieren. Honni soit qui mal y pense.

Sein wichtigstes Kapital ist nach eigenen Angaben die Gründlichkeit. Kein Wunder, dass ihn jene Leute so richtig auf die Palme bringen, die sagen, sie hätten alles gemacht, in Wirklichkeit aber nicht fertig sind. Zur Gründlichkeit kommen noch Geduld und Fleiß. „Fertig“ ist der Mann, der nach seinem Studium der Medizin, anfangs auch der Philosophie und Physik, an der Johann Wolfgang Goethe-Universität Frankfurt am Main und seiner Promotion zum Doktor der Medizin im Jahr 1966 zunächst als Assistent im Pathologischen Institut der Universität Mainz und im Institut für Medizinische Physik (Elektronenmikroskopie) Münster arbeitet, bevor er wieder an den Main zurückkehrt: als Assistenzarzt im Zentrum der Inneren Medizin der Johann Wolfgang Goethe-Universität. Nach dem Facharzt für Innere Medizin (1973) und dem Geschäftsführenden Oberarzt und Stellvertreter des Abteilungsleiters (1974) wird er schließlich 1977 zum Professor für Innere Medizin berufen. Zweimal, von 1977 bis 1979 und von 1985 bis 1987, ist er kommissarischer Leiter der Abteilung für Gastroenterologie des Universitätsklinikums. Danach gibt er sich voll und ganz der (Grundlagen-) Forschung hin: Gallensäurenstoffwechsel, Gallensteinauflösung, alkoholische Fettleber, biliäre Leberkrankheiten. Seit 2003 hält Professor Dr. Ulrich Leuschner Privatsprechstunden im Internistischen Facharztzentrum Sachsenhausen (IFS). Vom Anfang seiner medizinischen Laufbahn an hat er sein Wissen, seine Erfahrung, sein Können und vor allen Dingen auch seine Integrität in eine Vielzahl von Stiftungen und Gesellschaften im In- und Ausland eingebracht. Ob als Vorstandsmitglied der Harry und Peter Fuld-Stiftung, die schon jahrzehntelang die Wissenschaft am Universitätsklinikum Frankfurt unterstützt, und die mit der Aktion „SOS Kinderdörfer in aller Welt“, Hermann Gmeiner Fond, assoziiert ist, oder als Gründungs- und Vorstandsmitglied sowie Schatzmeister der Deutsch-Polnischen Gesellschaft der Universität Wroclaw (Breslau). Ziel der 2001 gegründeten Gesellschaft ist die Förderung der deutsch-polnischen Völkerverständigung durch Stipendien, wissenschaftliche Symposien und die Unterstützung von Forschungsarbeiten. Unter anderem sind anlässlich der 300-Jahrfeier der Universität Breslau die Kosten für die Renovierung des gesamten Barockportals des Hauptgebäudes übernommen worden. Ehrenmitglieder sind namhafte Persönlichkeiten aus Wissenschaft, Kirche und Wirtschaft, aus Deutschland, Polen und den USA. Die Gesellschaft ist mit etwa 400 Mitgliedern unterdessen die aktivste und größte an der Universität Breslau.

Familie und Beruf sind ihm das Wichtigste, Rat sucht er bei seiner Frau, beim Lesen vergisst er alles um sich herum und Erfolge feiert er bescheiden. Wie gesagt, Professor Dr. Ulrich Leuschner ist eine Kapazität ... Gastdozenturen führten ihn an viele ausländische Universitäten, Gastvorlesungen unter anderem nach Korea, Japan, China, USA, Argentinien, oder Russland. Ein Kosmopolit, wie er im Buche steht. Trotzdem, oder gerade deshalb, fühlt er sich in Frankfurt so wohl.
Etwa 250 wissenschaftliche Publikationen hat der Mann, der zu schnelles Autofahren seine Schwäche nennt, veröffentlicht, überwiegend in englischsprachigen Fachzeitschriften. Dazu kommen 18 Fachbücher (zum Teil ins Russische und Türkische übersetzt), zahlreiche Buchbeiträge und Lehrfilme. Trotzdem würde Professor Dr. Ulrich Leuschner noch zu gerne ein Buch schreiben: Wegweisende Ideen für Immunologie in der Gastroenterologie. Man kann sich sicher sein, dass er dies auch schaffen wird. Getreu seinem Lebensmotto: Hilf dir selbst, so hilft Dir Gott.

Dr. med. Heinz Lohrer

„Alles in einer Hand."

(Heinz Lohrer)

Dr. med. Heinz Lohrer

Straße:	Otto-Fleck-Schneise 10
Ort:	60528 Frankfurt am Main
Beruf:	Ärztlicher Direktor, Sportmedizinisches Institut Frankfurt am Main e.V.
Geburtsdatum:	09.08.1955
Familienstand:	verheiratet
Kinder:	3 Kinder

Journalist – das sollte es sein! Für Dr. Heinz Lohrer war es der ultimative Traumberuf. Voll der Neugierde „recherchieren, redigieren, Akzente zu setzen im investigativen Journalismus". Nach seinem Abitur 1975 in Donaueschingen hatte er sich „bereits einen Studienplatz erkämpft – an der renommierten Kölner Journalistenschule", berichtet er nicht ohne Stolz.

Doch es sollte alles ganz anders kommen. Er wurde zur Bundeswehr eingezogen, wollte da aber nicht bleiben, „eine Möglichkeit, meine Lage zu verbessern, war ein Medizinstudium", erläutert er, verbunden freilich mit der Verpflichtung, nach dem Studium seinen Zivildienst ableisten zu müssen. So begann er 1976 in Freiburg/Breisgau ein Studium der Humanmedizin und war sich alsbald sicher, mit diesem Fachbereich doch noch näher an seinen Begabungen und Interessen zu sein. Das „Praktische Jahr" absolvierte er bis zum Abschluss seines Staatsexamen 1982 in Donaueschingen. Im Mai jenes Jahres erfolgte die Approbation als Arzt, kurz vor Weihnachten dann „als Weihnachtsgeschenk der besonderen Art" die Promotion und zwar „magna cum laude"! „In einem operativen Fach wie der Chirurgie wollte ich eigentlich nicht arbeiten", merkt Dr. Heinz Lohrer an; mit der Ableistung seines Zivildienstes indessen – als chirurgischer Assistent in Donaueschingen – lernte er das Fachgebiet zu schätzen. Letztendlich wurde die chirurgische Facharztausbildung 1983/1984 ein wichtiger Meilenstein für die weitere berufliche Karriere – bis hin zu einem der renommiertesten Ärzte in der deutschen und europäischen Sportmedizin. Die orthopädische Ausbildung erfolgte im Krankenhaus für Sportverletzte in Lüdenscheid/Hellersen sowie in Freiburg/Brsg. und die fachärztliche Anerkennung in der Orthopädie erfolgte schließlich 1988 – wiederum in Freiburg. Während er bereits schon rund ein Jahrzehnt mit großem Erfolg in der Behandlung der Athleten und hoher Anerkennung – seitens der Medizinerkollegen – als Leiter der orthopädischen Abteilung im Sportmedizinischen Institut in Frankfurt arbeitete, erfolgte 1997 die Ernennung zum Facharzt für Physikalische und Rehabilitative Medizin.

Der ehemalige Zehnkämpfer, der später Joggen, Rennradfahren und Mountainbiken und den Ski-Marathon für sich entdeckte, übernahm 1995 die Position des Ärztlichen Direktors des Sportmedizinischen Institutes. Bereits zuvor, bei den Olympischen Spielen in Barcelona 1992, war Dr. Heinz Lohrer der verantwortliche „Olympiaorthopäde" – betraut mit allen Belangen der „optimalen Versorgung und Vorsorge" für die Topathleten. In Atlanta 1996 und zuletzt 2000 in Sydney war er erneut als „Olympiaarzt" eingesetzt.

Das Aufgabengebiet, das der in Geisingen/Baden gebürtige Dr. Heinz Lohrer im Sportmedizinischen Institut, das die medizinische Betreuung des „Olympiastützpunkt Hessen" sicherstellt, mit seinem 20-köpfigen Team betreut, scheint von Jahr zu Jahr größer zu werden. Nicht genug, dass er als Verbandsarzt für die Leichtathleten und als Leitender Verbandsarzt für den Deutschen Turner Bund fungiert. Er ist zudem in zahlreichen Beiräten ein gefragter Ansprechpartner, sowohl auf wissenschaftlichem, wie auf aktuell praktischem Terrain. Überdies hat er sich nun doch ein wenig zu den Wurzeln seiner beruflich-journalistischen Träume hingewandt: Er ist wissenschaftlicher Beirat verschiedener, auch international angesehener Fachzeitschriften wie „Foot and Ankle International". Dort wird seine spezifische Fachkompetenz im Bereich sportorthopädischer Schäden und Verletzungen der unteren Extremität besonders geschätzt.

Der anerkannte Wissenschaftler und Olympiaarzt Dr. Heinz Lohrer sieht sich selbst eigentlich „in der Rolle eines Tüftlers". Es gibt kein Patentrezept für die Behandlung der Breite und Vielfalt von Sportverletzungen oder Präventivmaßnahmen für bestimmte Verletzungsarten. „Hier ist die Kreativität des Arztes im Zusammenspiel mit Physiotherapeuten und Biomechanikern" gefragt, betont er mit Vehemenz. Schon zwei aufwändige, auf Jahre hinaus angelegte wissenschaftliche Studien hat er initiiert, die dem Leistungssportler schließlich ganz konkret die Genesung erleichtern bzw. diese beschleunigen. Und er war erfolgreich. Für beide Studien erhielt er mit seiner überregionalen Arbeitsgruppe den international renommierten „Michael-Jäger-Preis" (1991/1997).

„Man kann gar nicht gründlich genug diagnostizieren", lautet sein Credo. Dazu habe man als Arzt die Verpflichtung. „Schließlich sollen generell die Operationen immer kleiner und der Wettkampf-Einsatz nach einer Verletzung so rasch und komplikationslos wie möglich erfolgen", erläutert er.

„Mit seiner Familie Sport machen oder in Kärnten Mountainbike fahren und dann in den See springen", nennt der Verfechter einer „ganzheitlichen Medizin" als die großen (Familien)-Glückserlebnisse, die sein Privatleben prägen. „Wenn der Tag dann mit einem delikaten Fisch-Menue endet, so kann er nur vollkommen gewesen sein" schwärmt er mit einem Lachen, das von Herzen kommt. Na denn – Guten Appetit.

Tilman Lombard

OTL.d.R.T. Lombard (PiStOffz VBK 47 Hessen 1998-2002) mit dem Bundesminister der Verteidigung Dr. Franz Josef Jung in Wiesbaden bei der Neuaufstellung des Landeskommandos Hessen im März 2007

„Zeit, die ich nicht genutzt habe, ist unwiederbringlich verloren.“

(Tilman Lombard)

Tilman Lombard

Straße: Teutonenstraße 20
Ort: 65719 Hofheim am Taunus
Beruf: Dipl.-Ingenieur (FH) BDB, Geschäftsführer
Geburtsdatum: 27.10.1942
Familienstand: verheiratet
Kinder: 1

Wer Tilman Lombard gegenübersitzt und eine Weile seinen leisen, aber sehr bestimmten Ausführungen zuhört, dem vermittelt sich sehr schnell das Bild eines extrem komplexen, multiengagierten Mannes.

Still sein, ist seine Sache nicht. Seine Interessen sind so extrem vielschichtig gelagert und spannen einen weiten Bogen von der höchst erfolgreichen beruflichen Existenz über die starke gesellschaftliche Präsenz bis hin zu einer Familiengeschichte, die von Italien über Frankreich nach Preußen als Glaubensflüchtlinge (Calvinisten) reicht.

Nach dem Realschulabschluss beginnt Tilman Lombard eine Maurerlehre und wird auf der damaligen Frankfurter Staatsbauschule zum Hochbau-Ingenieur ausgebildet. Mit dem Eintritt am 01.08.1965 in das 1874 gegründeten Familienbetriebs Jacob Eisele in Frankfurt, schrieb er eine Erfolgsgeschichte fort, die ohne Unterbrechung bis heute reicht. Wichtigstes Kriterium seiner unternehmerischen Tätigkeit ist, dass seine Mitarbeiter immer Brot und Arbeit hatten und haben.

„Die Geschichte der Firma Jacob Eisele ist ein überzeugender Beweis dafür, dass richtig verstandene Tradition nicht Stillstand bedeutet, sondern Ansporn zu immer neuen schöpferischen Leistungen." Soweit ein Zitat des Vorsitzenden des Verbandes baugewerblicher Unternehmen Hessen e.V. Bunk.

Seine ehrenamtlichen Tätigkeiten in der Handwerkskammer Rhein-Main u. a. im Meisterprüfungsaus–schüssen des Stuckgewerbes oder als Abendschullehrer in der Gewerbeförderungsanstalt für Meistervorbereitungslehrgänge im Maler- und Lackiererhandwerk fanden die adäquate Würdung durch den Ehrenbrief des Landes Hessen und dem Goldenen Ehrenzeichen der Handwerkskammer Frankfurt in 2006 in der Frankfurter Paulskirche.

Der Reserveoffizier Tilman Lombard hat mit 58 Jahren als Oberstleutnant der Reserve im VBK 47 (Hessen) durch den Minister der Verteidigung Rudolf Scharping das Ehrenkreuz der Bundeswehr in Gold für seine Verdienste im Territorialheer in Hessen erhalten. Es zeichnet das Bild eines Mannes, der sich einsetzt und kein bisschen müde wird.
Sein Wahlspruch lautet folgerichtig:
„Bleib nicht auf ebenem Feld, steige nicht so hoch hinaus, am schönsten sieht die Welt von halber Höhe aus."

Seine Familiengeschichte kann Tilman Lombard bis ins 13. Jahrhundert zurückverfolgen, wo die Lombard´s den Stammbaum gründeten, dann nach Südfrankreich übersiedelten und bis ins heutige Frankfurt fortschreiben, wo er seine Ruhe und Geborgenheit im Kreise der Familie findet.

Neben ausgedehnten Reisen nach Japan und in die USA pflegt Tilman Lombard seine Liebe zur Geschichte, speziell der Militärgeschichte des Territorialheeres in Hessen, über die er auch mehrere Bücher veröffentlichte.
Für ihn persönlich ist aber das Rhein-Main-Gebiet seine wahre Heimat und eine Welt, in der er sich am wohlsten fühlt. Und das mit all seiner Kraft.

Heiko M. Lotz

**„Was braucht man, um erfolgreich zu sein?
Unwissenheit und Selbstvertrauen.“**

(Mark Twain)

Heiko M. Lotz

Straße:	Günthersburgallee 81
Ort:	60389 Frankfurt am Main
Beruf:	Unternehmensberater
Geburtsdatum:	13.07.1964
Familienstand:	verheiratet
Kinder:	keine

2004, nach 18 Jahren bei der Deutschen Bank, war ein Kapitel des Buches „Heiko M. Lotz" fertig. Er hatte fast alles erreicht, was er erreichen wollte. Nach der Overland High School in St.Louis (USA), der Hochschule für Bankwirtschaft (Frankfurt am Main), der European School of Management and Technology (Berlin) und der University of California (Berkeley, USA) startete der am 13. Juli 1964 in Bad Hersfeld geborene und von seinem dortigen Elternaus im Stadtteil „Hohe Luft" geprägte Heiko M. Lotz als Trainee bei der Deutschen Bank in Frankfurt. Er spricht Englisch und Italienisch fließend, ist Diplom-Bankkaufmann, Diplom-Bankbetriebswirt und hat den Master of Business Administration (MBA). Am Ende war er Managing Director, Corporate and Investment Banking Division. In den Vorstand war's fast nur noch ein Katzensprung.

Aber dann, Schluss. Nach 18 Jahren Banken-Berufslebens stellte er sich die Frage, ob er nun ein neues Kapitel aufschlagen oder doch gleich ein neues Buch in die Hand nehmen solle. Er entschied sich für letzteres. Man sollte aber schon wissen, so sagt er, ob man schwimmen kann, bevor man sich ins kalte Wasser stürzt. Das kalte Wasser war unter anderem Verlust von Funktion, Macht und Position. Und einem sicheren Gehalt an jedem 15. eines Monats. Aber, Heiko Lotz ist ein analytischer Typ, der zu schnellen Entscheidungen kommt und sie dann auch konsequent und zielstrebig umsetzt. Er handelt aus Überzeugung, auch gegen Widerstände oder Bedenken. Handeln ist Veränderung ist Leben! Dafür ist er bereit, große Energien einzusetzen. Ziel war, nachdem der Entschluss den sicheren Schoß der Bank zu verlassen, in zwei bis drei Jahren in der Selbständigkeit Fuß zu fassen. Er hätte durchaus ein Weingut kaufen können, also ein komplett anderes Leben beginnen, aber die Erfahrungen seiner Frau, die einen eigenen Olivenanbau betreibt, zeigten ihm klar und deutlich die Schattenseiten. Er wollte etwas Eigenes auf die Beine stellen, erfolgreich sein ohne ein Weltunternehmen im Rücken zu haben, und alleine durch den Namen Deutsche Bank schon alle Türen geöffnet zu bekommen.

Heiko Lotz ging eine Partnerschaft ein mit der international agierenden Unternehmensberatung Kohlberg & Associates, Sitz in Boston (USA). Von den Erfahrungen und Empfindungen des Präsidenten und Gründers, Curt Kohlberg, konnte und sollte Heiko Lotz nun profitieren. Kohlberg hatte sich nämlich gut zehn Jahre zuvor in einer ähnlichen Situation befunden. Als „Managing Partner, Head of Europe, Middle East and Africa" hat er das in den USA renommierte Unternehmen auf dem europäischen Markt schnell zum Erfolg geführt. Nach nur einem Jahr war der Break-Even erreicht. Erfolgreiche Menschen zeichnen sich für ihn übrigens nicht durch härteres Arbeiten, bessere Bildung, besondere Fähigkeiten oder Herkunft aus. Vielmehr durch ihr bewusstes und zielgerichtetes Orientieren und Handeln aus Überzeugung. Geprägt wurde diese „Einsicht" vor allem während seiner vielen Jahre in New York zu Ende der 80er und Anfang der 2000er. In dem harten, unnachgiebigen Bank-Business lernte er Zielstrebigkeit und Selbstbewusstsein und er reifte durch die Aufgaben. Ein wichtiger Nebeneffekt dieser, seiner Auslandsaufenthalte: Auch privat ist New York zu einem Anker geworden. Er hat viele Freunde dort, ihm liegt viel daran, diese privaten Kontakte auch über die Entfernung hinweg aktiv zu pflegen.

Heiko Lotz ist ein Mann, der gelernt hat, bewusst zu leben und zu handeln. Er will nicht mehr getrieben sein. Wie früher, als der Stress sein Leben bestimmte. Mit der ersten Maschine zum Termin hinfliegen, Aufgaben erfüllen und mit der letzten Maschine zurück kommen. Nein, heute kann er sich die Zeit nehmen. Zeit nehmen für seine Hobbies Skifahren, Reisen, Musik, Kino, Kochen, Fußball oder den Austausch mit guten Freunden bei einem Glas Wein. Zeit nehmen für das entspannte Reisen mit seiner Frau, für sein Engagement für die SOS Kinderdörfer in Marokko und Kenia. Zeit nehmen für andere Menschen und andere Länder. Die unterschiedlichen Einstellungen, Lebensweisen und Kulturen dort kennen-, verstehen- und schätzen zu lernen.

Mit offenen Augen durchs Leben gehen, das treibt ihn an. Dabei bloß nichts bereuen, die Vergangenheit muss akzeptiert werden. Die Zeit ist kostbar. Heute muss man leben, heute muss man sich auf morgen freuen. HL hat sich den unbändigen Wunsch und die Freude am Leben erhalten – oder vielleicht doch erst gefunden? Heiko Lotz hat den großen Schritt und den großen Schnitt gewagt. Und gewonnen.

Walter Ludwig

„Mit gutem Beispiel vorangehen!"

Walter Ludwig

Straße: Steinweg 10
Ort: 60313 Frankfurt am Main
Beruf: Geschäftsführer
Geburtsdatum: 26.06.1942
Familienstand: verheiratet mit Dr. Michaela Ludwig
Kinder: 4

Wenn man Walter Ludwig kennenlernt und ihm eine Weile zuhört, erlebt man einen Mann, der in sich ruht und dabei eine Souveränität ausstrahlt, die in globalisierten, ultraschnellen Zeiten kaum noch zu finden ist.

Und es ist durchaus vorstellbar, dass es schon bei seiner Geburt feststand, nur diesen Beruf auszuüben, den er jetzt so überzeugend ausfüllt: Wertpapierhändler mit einer Präsenz von über 35 Jahren an einem der bedeutendsten Börsenplätze der Welt. Konstanz, Hartnäckigkeit und klare Geschäftsprinzipien ermöglichen seinen Erfolg in einem harten, rasend schnellen Markt.

Alles begann 1968 mit einer Banklehre. Es erfolgte schon bald der Einstieg an der Frankfurter Börse und 1979 die Bestellung als Kursmakler, dessen Aufgaben unter anderem in der Preisfeststellung aller internationalen Werte bestand.

Im Rahmen der Internationalisierung der Frankfurter Börse wurde der Beruf des Kursmaklers abgeschafft. Dies bot Walter Ludwig im Jahre 1998 die Gelegenheit zur Gründung seiner eigenen Kapitalgesellschaft, der heutigen Wertpapierhandels GmbH im Steinweg zu Frankfurt.

Seine Klientel, bestehend aus Banken und Finanzdienstleistern, kann sich dabei auf die langjährige Erfahrung und das breitgefächerte know-how des Walter Ludwig verlassen, dessen wichtigstes Geschäftsprinzip der Erfolg seiner Kunden ist. Denn gerade die höchst sensiblen Wertpapiergeschäfte sind von zwei grundsätzlichen Faktoren abhängig: Dem absoluten Gespür für die Entwicklung der weltweiten Märkte und Vertrauen in den Geschäftspartner. Und hier bewährt sich immer wieder die Lebensphilosophie des Walter Ludwig: „Mit gutem Beispiel vorangehen!“

Der Eindruck eines zufriedenen, in sich ruhenden Menschen täuscht keineswegs und kommt auch nicht von ungefähr: Ludwig Walter entstammt einer Familie, die ihm glückliche Geborgenheit und eine unbeschwerte Kindheit gab.

Er betont mehrfach, das er die längste Friedenszeit seit 300 Jahren erleben durfte, was sich in einer absolut entspannten Lebenshaltung ausdrückt und einen Menschen formte, der unter allen Umständen eine positive Stimmung weiter gibt.

Walter Ludwig spielt zur Entspannung Golf, pflegt seine Liebe zu den Bergen, bezieht aber seine Kraft und Ausgeglichenheit hauptsächlich aus dem harmonischen Familienleben mit seiner Frau und den 4 Kindern.

Ein weiter wichtiger Rückhalt ist sein ausgeprägtes Fernweh, das ihn schon rund um die Welt führte und so den Blick für die übergeordneten Dinge schärft.

Und wo immer sich Walter Ludwig aufhält, entwickelt er schnell das Gefühl, zu Hause und zufrieden zu sein.

Er wird allerdings auch nicht müde zu betonen, wie wichtig und vor allen Dingen, wie schön es ist, immer wieder nach Hause zu kommen.

Und wer kann heute schon von sich behaupten, keine Feinde zu haben und sein berufliches Glück auch einem glücklichen Familienleben zu verdanken?

Walter Ludwig kann das!

Prof. Dr. Ingo Marzi

„Vernünftig entscheiden – konsequent handeln."

Prof. Dr. Ingo Marzi

Straße: Theodor-Stein-Kai 7
Ort: 60590 Frankfurt am Main

Beruf: Universitätsprofessor, Unfallchirurg und Orthopäde
Geburtsdatum: 31. 07.1959
Familienstand: verheiratet
Kinder: 3

Optimale Behandlung aller Patienten bei hoch professionellem Arbeitsanspruch – mit dieser Anforderung an sich und sein Team – beginnt Prof. Dr. Ingo Marzi den intensiven und umfangreichen Arbeitstag in der Klinik für Unfall-, Hand- und Wiederherstellungschirurgie des Klinikum der J. W. Goethe-Universität in Frankfurt/M., die er als Direktor leitet. Zudem trägt er als Ärztlicher Direktor der Orthopädischen Universitätsklinik Friedrichsheim gGmbH auch dort die Verantwortung für die medizinische Versorgung.

Und dies sind die Stationen seines beruflichen Werdeganges: Abitur am humanistischen Rabanus-Maurus-Gymnasium in Mainz, Medizinstudium an der Universität Mainz 1977-1983, Grundwehrdienst als Stabsarzt, Promotion im Fach Neurologie, Assistenzarzt in der Chirurgischen Abteilung des Krankenhauses St. Marienwörth in Bad Kreuznach, 1983 Beginn der akademische Laufbahn an der Chirurgischen Universitätsklinik Homburg/Saar, 1987 Forschungsaufenthalt am Department of Pharmacology der University of North Carolina at Chapel Hill, USA, 1988-1992 Erweiterung der chirurgischen Kompetenzen an der Chirurgischen Universitätsklinik Homburg/Saar, 1992 Oberarzt der Abteilung Unfallchirurgie, Erwerb der fachärztlichen Qualifikationen für Chirurgie, Unfallchirurgie, Handchirurgie, Notfallmedizin und zuletzt auch das neue Fach Orthopädie/Unfallchirurgie, 1993 Habilitation an der Medizinischen Fakultät der Universität des Saarlandes, 1996 ständiger Vertreter des Direktors der Abteilung für Unfall-, Hand- und Wiederherstellungschirurgie und Ernennung zum außerplanmäßiger Professor, 1999 bis 2001 kommissarischer Direktor der Abteilung für Unfall-, Hand- und Wiederherstellungschirurgie an der Uniklinik Homburg/Saar, seit dem Jahr 2001 ist er C 4 Professor an der der Johann Wolfgang Goethe-Universität Frankfurt, Direktor der Universitätsklinik für Unfall-, Hand- und Wiederherstellungschirurgie.

In den sieben Jahren seines Frankfurter Wirkens entwickelte Marzi seine Klinik zu einer großen unfallchirurgischen Universitätsklinik, mit weiterhin steigenden Patientenzahlen. Seit 2007 ist Professor Marzi zudem Ärztlicher Direktor der Orthopädischen Universitätsklinik Friedrichsheim, in der mittlerweile neben orthopädischen auch zahlreiche unfallchirurgische Operationen durchgeführt werden. Mit der Fusion von Traumatologie und Orthopädie hat die Universität Frankfurt ganz im Sinne der aktuellen Entwicklungen und den Herausforderungen des medizinischen Alltags eine frühzeitige und zukunftsweisende Entscheidung vor allem im Interesse der Patienten getroffen.

Universitätsprofessor Marzi ist darüber hinaus mit zahlreichen Funktionen in nationalen und internationalen medizinischen Gesellschaften und Zeitschriften engagiert. Er ist federführender Herausgeber der internationalen englischsprachigen Zeitschrift „European Journal of Trauma and Emergency Surgery", dem offiziellen Organ der Europäischen Gesellschaft für Unfallchirurgie und Notfallchirurgie. Unter seiner Leitung haben sich die Forschungsgruppen auf dem Gebiet des Blutungsschocks, des Organversagens und der Geweberegeneration außerordentlich entwickelt, was sich in einer großen Anzahl an Forschungsprojekten, Veröffentlichungen und Doktoranden erkennen lässt.

Über die gängige Unfallchirurgie und Orthopädie hinaus sind neben der Hand- und Wiederherstellungschirurgie weitere von Professor Marzi geförderte Spezialisierungen zu nennen: die Kindertraumatologie, Schwerstverletztenbehandlung, die zielorientierte Behandlung von Sportverletzungen, die Entwicklung minimalinvasiver Operationstechniken einschließlich der Computer-Navigation auf den Gebieten der Wirbelsäulenverletzungen sowie der Knochen- und Gelenkerkrankungen. Dass die Ergebnisse der Forschung und die an dem Universitätsklinikum erprobten Methoden schnell die Praxis niedergelassener Ärzte und Kollegen in den Krankenhäusern erreichen, ist dem Frankfurter Professor ein besonders Anliegen. Deshalb sind er und seine Mitarbeiter besonders in der studentischen Ausbildung sowie der ärztlichen Weiterbildung mit modernen Lehr- und Trainingskonzepten engagiert.

In seiner Klinik herrscht eine gute und kreative Arbeitsatmosphäre. Ja, es gibt Stress, rund um die Uhr, aber es ist in der Regel „positiver Stress", da man in dem Fach Unfallchirurgie die Erfolge meist rasch sehen kann. Hinter dem offenen Arbeitsstil von Professor Marzi steht aber ein hoher Anspruch an sich selbst und alle Mitarbeiter. Allgemein wird seine Sachlichkeit, Offenheit, Toleranz, aber auch sein Insistieren geschätzt.

Jan H. Mayer

„Man muss künstlerische und betriebswirtschaftliche Belange in Einklang bringen."

(Jan H. Mayer)

Jan H. Mayer

Straße:	Hanauer Landstraße 5-7
Ort:	60314 Frankfurt am Main
Beruf:	Direktor Internationales Theater Frankfurt
Geburtsdatum:	05.08.1942

Andere Kulturen interessierten Jan Mayer immer schon, und als er vor Jahren das TiB (Theater in Bornheim) kennen lernte, welches auch Vorführungen in englischer, französischer und russischer Sprache anbot, empfand er dies als ungeheure kulturelle Bereicherung. Er spricht davon, dass es für ihn eine sprunghafte Steigerung der Lebensqualität am Standort Frankfurt gewesen sei. Diesen schätzt er für seine Internationalität und seine strategisch günstige Lage. Mit seinem Internationalen Theater verfolgt er insbesondere zwei Ziele: Zum einen kulturelle Heimat für Ausländer zu bieten, die hier leben, zum anderen für alle Neugierigen ein Schaufenster in die jeweilige Kultur zu schaffen.

Mehr Neugierde ist ein weiterer Punkt, den Jan Mayer sich in unserer Gesellschaft wünscht. Dabei stellt sich die Sprache oft als trennendes Element heraus, obwohl Sprache für ihn persönlich immer die Verbindung darstellte. Nun muss er oft feststellen, dass die Leute sich nicht trauen, eine Vorstellung zu besuchen, deren Sprache sie nicht ganz verstehen. Dabei ist es gar nicht nötig, jedes Wort zu verstehen, „um die Stimmung, die Dramaturgie, die Emotionen – das Wesentliche eines Theaterstücks mitzunehmen."

Auch von der Presse kann sich Jan Mayer, sowohl in seiner Funktion als Theaterdirektor, als auch in seiner Eigenschaft als Leser mehr Aufmerksamkeit vorstellen. „Es sollte doch die Informationspflicht der hiesigen Presse sein, nicht nur über die großen Häuser zu berichten, vielmehr die kleineren Spielstätten gleichermaßen in der Berichterstattung zu berücksichtigen, um die breite kulturelle Bandbreite Frankfurter Theater abzubilden", schlägt er vor.

Jan Mayer kämpft für das Leben seines Internationalen Theaters schon seit über zehn Jahren. Die Kultur war es, die den Betriebswirt mit volkswirtschaftlichem Hintergrund, den Banker mit langjähriger Entwicklungshilfe-Erfahrung zum Theater brachte. Als er erfuhr, dass das Theater in Bornheim umziehen müsse und dafür die nötigen Mittel fehlten, war dies für ihn der Anlass einzugreifen.
Er gründete einen Verein von Freunden zur Finanzierung des Theaters und bot dem damaligen Direktor Werner Andreas seine Hilfe als Finanzberater an. Mit ihm zog ein modernes Rechnungswesen in den Theaterbetrieb ein, der durch den Umzug auch eine enorme Vergrößerung erfahren hatte. Die ursprünglich 50 Plätze des TiB hatten sich nun mehr als verdreifacht, die Miete gar verzehnfacht. Wirtschaftliche Transparenz war für den Erhalt unumgänglich und so wurde aus Jan Mayer, dem kulturinteressierten Finanzmann, und Werner Andreas, dem Theatermann, mehr und mehr ein Team.

Werner Andreas Vorliebe für Musicals und eigenen Produktionen rissen fast unschließbare Löcher in den eh schon angeschlagenen Haushalt. Als die Stadt Ende 1997 dem Theater das Vertrauen entzog und die finanzielle städtische Unterstützung einstellen wollte, drohte dem Theater das Aus. Eine Erneuerung musste her, weg von der Produktionsbühne, hin zu einer breiten Basis als reine Gastspielbühne. So kam es zum Wechsel in der Leitung des Hauses. Werner Andreas blieb Programm-Verantwortlicher, Jan Mayer kümmerte sich um die Finanzen und übernahm die ehrenamtliche Geschäftsführung des Theaters. Gleichzeitig wurde ein neuer Trägerverein für eine Gastspielbühne gegründet. Heute bietet das Internationale Theater sieben Sparten, vom Sprech- und Musiktheater, über nonverbale Darbietungen, klassischem und ethnischem Tanz bis hin zu klassischer Musik und Weltmusik mit insgesamt 28 Kulturen, die im Jahr zu Gast sind.

In einer Stadt wie Frankfurt, in der das Thema Integration und Migrationshintergrund eine ganz besondere Bedeutung haben, „stellt eine Einrichtung wie das Internationale Theater eine unbezahlbare Begegnungsstätte dar, deren Leistung zum gegenseitigen Verständnis und somit zum harmonischen Zusammenleben nicht hoch genug anerkannt werden kann", bilanzierten die in- und ausländischen Gäste der 10 Jahres Feier die Bedeutung des Internationalen Theaters.

Geschäftsführer: Malte Wolpert

We MOVE the world – Umzüge weltweit

A.T. Meissner & Wolpert GmbH & Co. KG
Multimediale Transporte • Relocations

In der Wirtschaftsmetropole Frankfurt sind viele internationale Großunternehmen und ausländische Konsulate ansässig.

Manager und Diplomaten leben daher in unserer Stadt, doch meist nur für einen begrenzten Zeitraum. Der öftere Ortswechsel mit dem gesamten Hausstand gehört für diese Berufsbilder schlicht mit dazu.

Damit das Stress-Potenzial, das ein Umzug mit sich bringt, so gering wie irgend möglich gehalten wird, gibt es den Relocation-Komplettservice von A.T. Meissner + Wolpert:

Manager/Diplomat und Familie benötigen nur ihr Handgepäck, alles andere von Terminplanung über Einpacken bis zum Aufbau und Einräumen erledigt A.T. M+W!

Von diesen Leistungen profitiert nicht nur der, der beruflich umzieht, denn: „Jeder Umzug ist Vertrauenssache“, sagt Malte Wolpert, Geschäftsführer von A.T. Meissner und Wolpert, „Möbel sind nicht irgendein Transportgut, sondern Wertstücke, die vielleicht bezahlbar, aber nicht ersetzbar wären. Dessen sind wir uns bewusst. Zuverlässigkeit, Loyalität, Integrität sind unsere Maßstäbe neben selbstverständlich handwerklichem Können und Geschick.

Auch technisch sind wir Spezialisten für hochwertiges Inventar. In Sachen Packmittel und Packverfahren sind wir immer auf dem neuesten Stand, damit die Wertgegenstände unbeschädigt ankommen.

Full-Service ist für uns kein leeres Wort. Wenn nötig, sind wir rund um die Uhr für unsere Kunden da.“

Diese Maßstäbe gelten auch für den Umzug ganzer Unternehmen oder Behörden mit PCs, sensiblen technischen Geräten und vertraulichen Unterlagen bzw. Daten. Deswegen wird A.T. M+W Möbeltransporte von renommiertesten Unternehmen immer wieder herangezogen, zumal wir uns auch im Bereich Hochsicherheit bzw. „besondere Anforderungen“ bewegen, wie z.B. an Flughäfen.

Seit mehr als 30 Jahren ist unser Unternehmen ein Garant dafür, dass Umzug **kein** „Reizwort“ sein muss!

Klaus Meyer

Klaus Meyer

Straße:	Eschersheimer Landstraße 80
Ort:	60322 Frankfurt am Main
Beruf:	Diplom-Pädagoge
Geburtsdatum:	13.05.1958
Familienstand:	verheiratet
Kinder:	keine

Eine Stimme rasselt in Hochgeschwindigkeit einen Text herunter und man hat den Eindruck als würden sich die Worte überschlagen. Klaus Meyer „liest" eine e-mail und dabei hilft ein besonderes Sprachausgabeprogramm des Computers. Denn Klaus Meyer ist seit 37 Jahren blind. Seit seiner Geburt hat er „Grüner Star". Dadurch verlor er das Augenlicht eines Auges mit einem Jahr und – trotz mehrerer Operationen – des anderen Auges mit dreizehn Jahren.

Seit 1992 arbeitet der studierte Pädagoge als Referent für Öffentlichkeitsarbeit beim Blinden- und Sehbehindertenbund in Hessen e. V. (BSBH). Seit Oktober 2007 teilt er sich mit Elisabeth Stockmann die Geschäftsführung der Selbsthilfeorganisation. „Integration und aktive Teilhabe am gesellschaftlichen Leben sind die Kernaufgaben unserer Organisation. Wir gehören in die Gesellschaft mittenrein. Deshalb lautet das Motto des BSBH „Wir wollen gesehen werden."

Sportlich startete Klaus Meyer durch. Als Kind spielte er leidenschaftlich Fußball und war im heimischen TSV Beuren als Leichtathlet aktiv. Der Leichtathletik, vor allem dem Laufen, blieb er treu – auch nachdem er erblindete. Sein sportliches Talent und viel Training bescherten ihm zahlreiche Erfolge: unter anderem gewann er die Silbermedaille über 400 Meter bei den Paralympics 1980 in Arnheim/Holland und er wurde Vizemeltmeister im Marathon 1994 in Berlin. Zum Abschluss seiner internationalen Karriere errang er bei den Paralympics 1996 den 4. Platz im Marathon in Atlanta sowie im Jahr 2000 den 5. Platz in Sydney. Dort war eine Begegnung mit einem blinden mongolischen Marathon-Läufer besonders beeindruckend. Der Mongole war allein zu den paralympischen Spielen angereist und vertraute auf die Unterstützung seiner Umgebung. Er trug ganz einfach ein Schild mit der Aufschrift „HELP". Dem Athleten wurde unkompliziert und von vielen Menschen geholfen. Dieses Erlebnis bestärkte Klaus Meyer in seinem Denken „Mobilität heißt nicht, überall alles allein hinzubekommen, sondern eben auch Hilfe zuzulassen und anzunehmen". 2004 gründete Klaus Meyer gemeinsam mit Freunden SKILLS 04 Frankfurt – einen leistungsorientierten Laufsport-Club für blinde, sehbehinderte und sehende Sportler.

Neben dem Sport gibt es zahlreiche andere Interessen. Klaus Meyer liebt die Literatur. Da er nicht der schnelle Punktschriftleser ist, greift er gern zum Hörbuch. Sein Lieblingsautor ist Theodor Fontane – am liebsten gelesen von Gert Westphal. So zählen „Der Stechlin" oder „Die Wanderungen durch die Mark Brandenburg" zu seinen Favoriten des Literaten. Sein absolutes Lieblingsbuch ist „Der englische Patient" von Michael Ondaatje. Er schwärmt davon „als ein Buch zum in Sprache Schwelgen." Mit seiner Ehefrau, einer Kunsthistorikerin, besucht er Museen und lässt sich die Exponate beschreiben. Sehr gerne nutzen beide Audioguides, die über das Hören auf spannende und informative Art und Weise durch Ausstellungen führen. Nicht nur im Museumsbereich stehen die „akustischen Begleiter" zur Verfügung, „ganz Ohr" waren beide auch bei einer Audioguide-Stadtführung durch Straßburg.

Leidenschaftlich gern kocht Klaus Meyer. Neben dem Ausprobieren neuer Rezepte steht natürlich aus Liebe zu seiner Heimat die schwäbische Küche im Vordergrund: Selbstgemachte Spätzla, Flädlasupp, Lensa mit Spätzla, schwäbischer Saurbroada, schwäbischer Wurschtsalat und nicht zu vergessen, gfüllte Nudla (Maultaschen) mit Kartoffelsalat.

Hier sein Tipp für Nachahmer: Schwäbische Spätzle
Zutaten: 250 g Mehl; 4 Eier („meine Mutter hat gerne mehr Eier genommen, so erhalten die Spätzle eine schöne goldgelbe Farbe"); etwas Salz

Zubereitung: Das Mehl in eine Schüssel geben, in der Mitte eine Kuhle formen, die Eier und das Salz hineingeben. Alles mit einem Rührlöffel kräftig zu einem glatten Teig schlagen, eventuell noch etwas Wasser hinzugeben. Wenn der Teig glatt ist, ihn eine halbe Stunde ruhen lassen. In der Zwischenzeit in einem großen Topf Salzwasser erhitzen. Die Spätzle portionsweise durch eine Spätzlepresse (Kartoffelpresse) in das leicht kochende Wasser pressen. Die Spätzle sinken zunächst auf den Boden des Kochtopfs. Wenn sie wieder an die Wasseroberfläche kommen, sind sie fertig. Mit einem Schaumlöffel abschöpfen und auf einem Teller servieren. Dazu passt schwäbischer Sauerbraten.

Dr. jur. Erich Michel, LL.M

„They that give up essential liberty to obtain a little temporary safety deserve neither liberty nor safety."

(Benjamin Franklin)

Dr. jur. Erich Michel, LL.M

Straße:	Taunusanlage 1
Ort:	60329 Frankfurt am Main
Beruf:	Partner der Kanzlei Bird & Bird
Geburtsdatum:	17.02.1961
Familienstand:	verheiratet
Kinder:	2

Erich Michel wird am 17.02.1961 in Mülheim an der Ruhr geboren. Mit der Stadt im westlichen Ruhrgebiet verbindet er allerdings ambivalente Erinnerungen. Eine durchaus erfüllte, glückliche Kindheit, aber auch der frühe Tod seines Vaters. Er starb, als Erich Michel gerade mal 16 ist. Also in einem Lebensabschnitt, in dem Jungs ihren Vater sehr dringend brauchen.

Nach Absolvieren des Karl-Ziegler Gymnasiums in Mülheim an der Ruhr beginnt er an der Ruhr-Universität in Bochum das Studium der Rechtswissenschaften. Nach dem Studium sowie des erfolgreichen Abschlusses des anschließenden Referendariats, promoviert er am Lehrstuhl für Bürgerliches Recht und Rechtsgeschichte der Neuzeit von Prof. Dr. Hermann Dilcher an der Ruhr-Universität Bochum. Um eine bereits begonnene Spezialisierung im Bereich des internationalen Wirtschaftsrechts zu vertiefen, entschließt er sich zu einem Auslandsstudium. Dr. Erich Michel geht in die USA. An der University of Georgia in Athens schließt er mit dem Master of Laws 1991 erfolgreich ab.

An eine schnelle Rückkehr nach Deutschland denkt er nicht – erst einmal arbeitet er ein Jahr als Associate im New Yorker Büro einer großen, renommierten internationalen Sozietät. Dort wächst sein Interesse für das M&A Geschäft (also für Fusionen und Übernahmen) sowie für Kapitalmarkttransaktionen. Nebenbei arbeitet er für die Anwaltszulassung in New York, wo er nach bestandener Bar Examination dann auch 1992 zugelassen wird. Das klingt alles „easy". Ist es aber nicht. Unter den Anwaltsexamina der 50 Bundesstaaten ist das Bar Exam von New York aufgrund der wirtschaftlichen Bedeutung New Yorks und der dortigen Zulassungsvoraussetzungen sehr attraktiv. Der Weg dorthin ist allerdings ein hartes Stück Arbeit, weil man beim Erlernen des äußerst umfangreichen und detaillierten Prüfungsstoffes sowie bei der Prüfung selbst unter einem unglaublichen Zeitdruck steht.

Aber, geschafft ist geschafft und nach zwei Jahren Amerika kehrt er zurück nach Deutschland und tritt in eine große, überörtliche Sozietät ein. In ihr wird er nach einigen Jahren Partner. Seit 2004 ist er als Partner in einer großen internationalen Sozietät tätig. Daneben bringt er seine Erfahrung als Aufsichtsrat bei verschiedenen Unternehmen ein, zuletzt als Vorsitzender des Aufsichtsrats der dtms AG (Deutsche Telefon- und Marketing Services AG) in Mainz.

Mit Frankfurt verbindet ihn insbesondere der Börsengang des Frankfurter Flughafens Fraport AG. Dabei leitete er das Team der Rechtsanwälte, welches die Bundesrepublik Deutschland, das Land Hessen und die Stadtwerke Frankfurt am Main Holding GmbH beriet.

„Es macht mich glücklich, dass mir durch die Mandatierung für den Börsengang des Frankfurter Flughafens Gelegenheit gegeben wurde, an dem Wachstum der Job-Maschine Flughafen, die für die Stadt Frankfurt am Main und die ganze Rhein-Main Region von überragender Bedeutung ist, mitzuarbeiten und die Transaktion in nicht einfachen Börsenzeiten zu einem großen Erfolg zu bringen."

Auch die Arbeit an komplexen Unternehmensverkäufen beziehungsweise Übernahmen bereiten ihm Freude. Zuletzt beriet er einen Zulieferer aller großen Automobilkonzerne bei einem Joint Venture mit US-amerikanischen und mexikanischen Partnern, welches den Aufbau einer Produktionslinie zur Belieferung des mittel- und nordamerikanischen Marktes zum Ziel hat.

Fairness und Offenheit prägen dabei immer seinen Verhandlungsstil. Kein Wunder also, dass Dr. Erich Michel einen ausgezeichneten Ruf als Gesellschaftsrechtler genießt. Laut „JUVE Handbuch Wirtschaftskanzleien" gehört er zu den häufig empfohlenen Anwälten. Respekt!

Privat hat er viel Spaß mit seiner Familie, seiner Frau Christina und den beiden Söhnen Philipp und Julian, sieben und zehn Jahre alt, mit denen der Freund klassischer Automobile so manchen Wochenendausflug im Familien-Oldtimer unternimmt. Auch wenn es nicht immer einfach ist, Beruf und Familie unter einen Hut zu bringen, gilt sein Dank seiner Frau Christina, ohne deren Unterstützung Vieles nicht hätte erreicht werden können.

Boris Milgram

„Das wertvollste bei einem Menschen ist das Leben. Das wird ein Mal gegeben. Man soll es so durchleben, dass es nicht quälend schmerzlich sein wird für nutzlos gelebte Jahre.“

(Nikolai Ostrowsky)

Boris Milgram

Straße:	Hotel Memphis, Münchner Straße 15; Hotel Admiral, Hölderlinstraße 25
Ort:	60316 Frankfurt am Main
Beruf:	Hotelmanager
Geburtsdatum:	17.09.1973
Familienstand:	verheiratet
Kinder:	2

„Hotelmanager ist für mich der schönste Beruf der Welt" – sagt der Hotelmanager. Und dass sich sein Wunsch erfüllt hat, ist kein Zufall, sondern vielmehr das Ergebnis seines Engagements, seiner Zielstrebigkeit, seines Ehrgeizes und nicht zuletzt seines ganz besonderen Talents im Umgang mit Menschen.

Boris Milgram wird am 17.09.1973 in Odessa/Ukraine geboren. Schon als Kind hat ihn der Sport, vor allem der Fußball, begeistert. Und er hat damals schon das, was unbedingt dazu gehört: Ehrgeiz! Profi-Fußballer will er also damals werden, wie sein sportliches Vorbild Diego Maradona. Kein Wunder, dass er seine schulische Ausbildung auf einem Sportinternat absolviert und in jeder freien Minute „kickt". Trotz vieler Erfolge – zur Profifußball-Karriere hat es dann doch nicht gereicht. Nach seinem Abitur beginnt er zunächst ein Studium der Elektrotechnik an der Staatlichen Polytechnischen Universität Odessa. „Odessa ist die wichtigste ukrainische Stadt am Schwarzen Meer," erzählt er, „am großen Hafen war immer etwas los, fremde Menschen, fremde Kulturen, das alles hat mich begeistert und das wollte ich kennen lernen."

Gesagt getan: 1993 kommt er als jüdischer Zuwanderer nach Frankfurt am Main und damit auch seinem Ziel „Hotelier" zu werden ein Stück näher: Er besucht für sechs Monate die Deutsche Sprachschule der Otto-Benecke-Stiftung, absolviert im „Steigenberger Airport Hotel" eine Ausbildung zum Hotelfachmann, sammelt viele Erfahrungen in der Hotellerie, vor allem im Bereich der Führungsebene. Der Anfang ist gemacht und „der Weg ist das Ziel", dementsprechend beginnt der „Neu-Frankfurter" im Jahr 2000 (zusätzlich zu seinem Arbeitstag im Hotel) ein Abendstudium an der Frankfurter Verwaltungs- und Wirtschaftsakademie, das er vier Jahre später erfolgreich als Diplom-Betriebswirt (VWA) abschließt.

„Dieser Weg" hat sich gelohnt: Im gleichen Jahr erfüllt sich Boris Milgram seinen Traum und übernimmt im August 2004 als selbständiger Unternehmer das „Hotel Admiral" (www.hoteladmiral.de). Ein kleines aber feines Hotel in ruhiger Lage, unweit vom Frankfurter Zoo. Bereits drei Jahre später verantwortet er mit dem Hotel Memphis (www.memphis-hotel.de) ein weiteres Hotel in Frankfurt. Das charmante Designer Hotel in der Münchner Straße verfügt über 42 Zimmer und liegt sehr zentral in unmittelbarer Nähe zum Hauptbahnhof. Beide Hotels sind komfortabel ausgestattet und bieten Geschäftsreisenden wie Privatreisenden beste Startbedingungen, die pulsierende Main-Metropole zu erleben.

Ein Mann – zwei Hotels. Wie er das alles schafft? Sein besonderes Talent ist der Umgang mit Menschen, seine Philosophie dabei: „Behandle jeden Menschen so, wie du auch von ihm behandelt werden möchtest" und er lebt danach. Er kennt Sitten und Gebräuche vieler fremder Kulturen, spricht neben deutsch auch englisch und russisch, sieht jeden Arbeitstag wie ein „Fußball-Spiel": „Man kommt hin, spielt und will unbedingt gewinnen." „Ich habe kein Geheimrezept", sagt er und lächelt ,„meine Arbeit ist das beste Training dafür."

Bei soviel Engagement und zeitintensiven Herausforderungen bleibt dem Hotelmanager denn da überhaupt noch Zeit für ein Privatleben? Und ob. Das verbringt er natürlich am liebsten mit seiner Frau und seinen beiden Töchtern. Mit leuchtenden Augen erzählt er, dass seine beiden Töchter zweisprachig aufwachsen (deutsch und russisch) und es freut ihn, dass es „in Frankfurt Möglichkeiten gibt, in speziellen Schulen neben der Sprache auch die russische Kultur zu erlernen."

In seiner Freizeit genießt er am liebsten gemeinsame Spaziergänge mit der Familie und Urlaube in Spanien oder Italien. Er liest gerne, am liebsten politische Romane, Biographien und Krimis und hat auch seine Liebe zum Sport, vor allem Fußball, beibehalten. Wann immer es seine Zeit erlaubt, kickt er mit Freunden oder schaut sich Spiele in der Arena an. Klar, dass sein Herz für die Eintracht schlägt.

Bernd Moos-Achenbach

„Leben und Leben lassen."

Bernd Moos-Achenbach

Straße: Hauptstraße 106
Ort: 65843 Sulzbach / Taunus
Beruf: Manager für Delikatessen und Radsport
Geburtsdatum: 08.09.1952
Familienstand: verheiratet
Kinder: 3

Die besonderen Talente des Bernd Moos-Achenbach.
Da gab es keine Diskussion in der Familie: Wenn Hermann Moos seinen Bruder Erwin zu einem Radrennen begleitete, war die junge Familie mit Ehefrau Agnes und den Söhnen Erwin und Bernd dabei. 42 Jahre lang hat Hermann Moos zusammen mit seinem Bruder Erwin auch den Radklassiker „Rund um den Henninger-Turm“ organisiert. Erwin Moos ist im Herbst 2002 nach einer schweren Krankheit verstorben. Bernd Moos-Achenbach hat damals seine Nachfolge angetreten. „Es war der Wunsch meines Bruders, dass Bernd Geschäftsführer der Gesellschaft zur Förderung des Radsports wird, die Veranstalter von „Rund um den Henninger-Turm“ ist, erklärt Hermann Moos damals. Auch er lebt inzwischen nicht mehr. Aber die Familientradition im Hause Moos, Radrennen zu veranstalten, lebt. Bernd Moos-Achenbach ist in die Fußstapfen von Vater und Onkel getreten. Nach und nach überließ Hermann die Verantwortung seinem Sohn Bernd. Auf seinen Rat konnte Bernd immer bauen, denn Mister Radsport, so nannte man Hermann Moos, kannte sich im deutschen und internationalen Radsport aus.

Gern erinnert sich Bernd an die letzten Jahre, wo er bei großen Rennen anfangs Onkel und Vater, dann den Vater begleitete. Hierbei konnte er wichtige Kontakte knüpfen und ausbauen (leider verstarb Hermann viel zu früh ...). Schon früh erkannte Hermann die Qualitäten seines Sohnes Bernd in der Organisation von Events. Bei einem Interview sagte er: „Ich habe Bernd schon immer in seiner frühen Berufswahl unterstützt, es gibt keinen Beruf, der so viel Kreativität und Organisation vereint, wie in der Hotellerie. Denkt man doch nur daran wie viel Erfahrung bei großen Events verlangt wird, wenn so viele Elemente, wie Service, Küche, Showacts, Vorträge usw. zusammen kommen.

Den Beweis lieferte Bernd 2005 zum ersten Mal, als er die volle Verantwortung für den größten Ein-Tages Sportevent Deutschlands (Studie der Zeitschrift „Sponsor news“ im Ranking der 40 meist besuchten Veranstaltungen in Deutschland) übernahm und weiter ausbaute. Das Angebot von vier Jedermann-Rennen und zwei Inline-Skate Wettbewerben mobilisiert 5.000 Teilnehmer mit ständig wachsender Tendenz. Breitensport wird am 1. Mai ganz groß geschrieben! Seit 46 Jahren betreibt die Gesellschaft zur Förderung des Radsportes aktive Nachwuchsarbeit. Traditionell wird das Profirennen von 9 weiteren spannungsgeladenen Nachwuchsrennen flankiert. Die jüngsten Starter sind erst 6 Jahre alt! Aber ohne Profisport ist diese Aufgabe nicht zu stemmen. Die Formel ist ganz einfach: ohne Profis kein Fernsehen, ohne Fernsehen keine Partner. Die Sponsoren brauchen heute keine standardisierten Sponsoring Pakete, sondern individuelle Möglichkeiten ihrer Präsentation, so Bernd Moos-Achenbach.

Bernd Moos-Achenbach ist gelernter Koch. 1976 legte er die Prüfung zum jüngsten Küchenmeister in Deutschland ab. Es folgten Jahre der Wanderschaft, in denen er in namhaften Häusern im In- und Ausland die Kunst des Kochens verfeinerte. Nach der Hochzeit mit seiner Frau Petra trat er in die Geschäftsleitung der Delikatessen Manufaktur Achenbach ein, einem Haus, das inzwischen 100 Mitarbeiter hat, feinste Paté, Terrinen und Desserts in die ganze Welt liefert.

Aktiv betreibt Bernd Moos-Achenbach den Radsport nur auf dem Hometrainer, als Helfer aber unterstützte er vielerlei Wettbewerbe. Schon als Bub ging es jeden Sonntag zu irgendeinem Radrennen in ganz Deutschland. Hinten auf dem Bänkchen des Lautsprecherwagens hat er gesessen und ist das erste Mal „Rund um den Henninger-Turm“ mitgefahren. Ab seinem 18. Geburtstag und dem Bestehen der Führerscheinprüfung durfte er dann Kommissäre oder Pressevertreter durch den Taunus chauffieren. „Nur zwei Mal war ich beim Henninger-Rennen nicht dabei. Damals hielt ich mich zu meiner Ausbildung in England und Frankreich auf“, erinnert sich Bernd Moos-Achenbach. Vor fünf Jahren dann fragte ihn sein Vater, ob er sich nicht stärker engagieren wolle. Bernd Moos-Achenbach wollte: „Ich geriet schnell in ein Fieber“, sagt er rückblickend. „Zum Glück hatte meine Frau Verständnis für mein neues Hobby. Und meine drei Töchter Katrin, Sandra und Julia helfen sogar mit.“

Der Manager Bernd Moos-Achenbach hat sich zwei Ziele gesetzt. Erstens will er das Rennen in den Händen der Familie Moos halten, und zweitens will er den Klassiker organisatorisch weiter entwickeln und damit die Spitzenposition für Eintagesrennen in Deutschland halten und in Europa verbessern. Der wichtigste Sportstandort Deutschland und die Sporthauptstadt Frankfurt bieten noch weitere große Möglichkeiten für den Sport, speziell für den Radsport. In deutschen Haushalten stehen 60 Millionen Fahrräder, die regelmäßig von über 40 Millionen Deutschen zu rund 2,8 Milliarden Fahrten genutzt werden. Radfahren ist die populärste Sportart Deutschlands. (Rudolf Scharping)

Andreas Moses

**„Niemals aufhören anzufangen,
niemals anfangen aufzuhören."**

**Meiner Familie und meinen engsten Freunden,
die mich immer treu unterstützt haben,
sage ich ein herzliches „Vergelt's Gott".**

Andreas Moses

Straße:	Senckenberganlage 10-12
Ort:	60325 Frankfurt am Main
Beruf:	Rechtsanwalt
Geburtsdatum:	18.08.1971
Familienstand:	ledig

Andreas Moses wurde im Jahre 1971 in Bad Homburg geboren und lebt seitdem in seiner Heimatgemeinde Neu-Anspach, der vor kurzem die Stadtrechte verliehen worden sind. Hier wuchs er gemeinsam mit seinen beiden Brüdern, die ebenfalls in Neu-Anspach wohnen, auf. Zwei Schwestern wohnen außerhalb des Hochtaunuskreises.

Nach der Grundschule in Neu-Anspach wechselte er zur Christian-Wirth-Schule nach Usingen, wo er 1991 sein Abitur ablegte. Hierauf folgte das Studium der Rechtswissenschaften an der Justus-Liebig-Universität in Gießen.

Schon die Praktika während der Studienzeiten absolvierte er bei Rechtsanwalt und Notar Fritz Steinacker, den viele Frankfurter nicht nur als renommierten Strafverteidiger, sondern auch als jahrzehntelangen Vorsitzenden der FTG kennen. So ergab es sich, dass Andreas Moses nach seiner Zulassung als Rechtsanwalt im Jahr 2000 und nach dem Ausscheiden der seinerzeitigen Partner Dr. Rainer Eggert und Horst Loebe direkt als Sozius in die 1945 gegründete Kanzlei eintreten konnte.

Arbeitsschwerpunkte sind das Straf- und Wirtschaftsstrafrecht sowie das Bau- und Architektenrecht. Die Sozien von Andreas Moses haben ihre Arbeitsgebiete unter anderem im Bereich des Strafrechts, des Arbeitsrechtes, des Markenrechtes und des gewerblichen Rechtsschutzes.

Ein besonderes Anliegen ist es Andreas Moses, sich ehrenamtlich für die Allgemeinheit einzusetzen. Bereits seit 1995 ist er Vorsitzender der CDU Neu-Anspach, politisch ist er auch als stellvertretender Vorsitzender der Stadtverordnetenversammlung und als Mitglied des Kreistages des Hochtaunuskreises aktiv.

Auch außerhalb der Politik widmet er dem ehrenamtlichen Engagement viel Zeit. Als Vorsitzender leitet er die Handballabteilung der Sportgemeinschaft 1862 Anspach und die Chorvereinigung seiner Heimatgemeinde. Er ist außerdem Mitglied in über 30 regionalen und überregionalen Vereinen.

Antriebsfeder für sein umfangreiches ehrenamtliches Engagement ist seine tiefe Überzeugung, dass ein jeder seinen Beitrag zu Demokratie und dem Gemeinwohl leisten muss. Als langjähriger Kommunalpolitiker weiß er, dass eine Vielzahl von gemeinnützigen Tätigkeiten und Projekten nur ehrenamtlich leistbar sind, weil sie ohne Ehrenamt nicht finanzierbar wären.

Seine Passion ist das Reisen, welches ihn schon auf fast alle Kontinente der Erde führte.

In seiner knapp bemessenen Freizeit geht Andreas Moses joggen, walken oder ins Fitness-Studio, er ist außerdem ein leidenschaftlicher Ski-Fahrer. Er schaut auch gerne Fußball und Biathlon und trifft sich mit guten Freunden und Bekannten in den Lokalen seiner Heimat.

Prof. Dr. Harald Müller

„Wo aber Gefahr ist,
wächst das Rettende auch."

(Friedrich Hölderlin)

Prof. Dr. Harald Müller

Straße:	Leimenrode 29
Ort:	60322 Frankfurt am Main
Beruf:	Geschäftsführer Hessische Stiftung Friedens- und Konfliktforschung
Geburtsdatum:	13.05.1949
Familienstand:	verheiratet
Kinder:	keine

Handlungsoptionen für Friedensprozesse wissenschaftlich zu erforschen, zu formulieren und sie auf der politischen Bühne einzufordern – darum kreist sein gesamtes berufliches Denken und Handeln. 1949 in Frankfurt geboren, war es schon in seiner Jugend das Anliegen von Prof. Dr. Harald Müller, die „Zusammenhänge von Krieg und Frieden zu verstehen." Damit einher ging stets die pragmatische Überlegung, Friedensprozesse in Krisenregionen der Welt zu optimieren.

Der Auschwitz-Prozess und der Vietnam-Krieg waren für den Angehörigen der „Achtundsechziger-"Generation prägende Erfahrungen. Aber auch die Kuba-Krise von 1962, während der US-Präsidentschaft von John F. Kennedy ist ihm in seine „Erinnerungen eingebrannt", erläutert Prof. Dr. Harald Müller mit großem Ernst. Dass die Sowjetunion auf Kuba eine Militärbasis errichten wollte, war für die Vereinigten Staaten inakzeptabel – die Planungen für atomare Einsatzpläne der USA waren weit gediehen und schienen unausweichlich. Der dritte Weltkrieg? „Die Menschen um mich herum hatten Angst – wie die ganze Weltgemeinschaft ebenso", kommentiert er eindringlich die unmittelbare atomare Bedrohung zu dieser Zeit. Der Eintracht Frankfurt-Fan erinnert sich, dass während eines Fußball-Spieles im damaligen Waldstadion, die „erlösende Nachricht kam, dass die beiden Seiten sich geeinigt hatten und die Krise abgewendet war." Ein persönliches und weltweites Aufatmen! Das Augenmaß des bald darauf ermordeten Präsidenten Kennedy, will er für die derzeitige Bush-Administration keinesfalls gelten lassen. Diese schaffe mit ihrer „aggressiven Anti-Terror-Politik Kriegsschauplätze auf der ganzen Welt – und das auch noch im Irrglauben, friedensstiftend zu agieren", kritisiert er entschieden die aktuelle Politik im „Weissen Haus".

Durch sein Engagement für eine weltweite Abrüstung hat sich Prof. Dr. Harald Müller international hohe Meriten erworben. Der „weltpolitische Generalist", wie er sich selbst bezeichnet, gilt als der deutsche Experte in Sachen globaler Abrüstung. Auf diesem Gebiet ist er nicht nur im politischen Berlin ein gefragter Gesprächspartner und Berater, wie sieben Jahre Mitgliederschaft im Abrüstungsbeirat von Kofi Annan bezeugen. Rund um den Globus ist er unterwegs, um seine wissenschaftlich untermauerten Thesen in Abrüstungsfragen mit Politikern und Organisationen zu diskutieren. Und diese in konkret gefasste Lösungsvorschläge zu überführen.

Der studierte Germanist, Soziologe, Philosoph und Politikwissenschaftler, der 1981 an der Frankfurter Universität promovierte und sich 1994 an der TU Darmstadt habilitierte, pflegt als Professor für Internationale Beziehungen an der hiesigen Universität ein enges Verhältnis zu seinen Studenten. „Es ist überaus wichtig, gerade den jungen Menschen die Bedeutung der Friedensforschung zu vermitteln. Sie werden diejenigen sein, die in den kommenden Jahren und Jahrzehnten die Friedensprozesse in der Welt voran bringen werden." Im „Hauptquartier" der Hessischen Stiftung für Friedens- und Konfliktforschung (HSFK) sind viele seiner Studenten und Tutoren in die aktive Arbeit eingebunden.

Drei Persönlichkeiten haben Prof. Dr. Harald Müller während seiner beruflichen Karriere maßgeblich beeinflusst. Zum einen der „Erfinder" der HSFK, Prof. Ernst-Otto Czempiel, auf dessen Initiative hin die Stiftung 1970 als erste deutsche Institution dieser Art ins Leben gerufen wurde. „Eine Persönlichkeit hoher Integrität, für meinen Werdegang war die wissenschaftliche Leistung meines Mentors stetes Vorbild", betont er mit Nachdruck. Johann J. Holst, der ehemalige norwegische Außenminister, hat ihm in ihrer mehrjährigen Zusammenarbeit beigebracht, wie praktische Politik funktioniert. Nicht zuletzt hat der Abrüstungsexperte den früheren Spitzenbeamten der Internationalen Atom-Energie-Organisation (IAEO), David Fischer, ganz oben auf seiner Liste – „ein Mann, der wie kein Zweiter praktischen Sinn und konzeptionelle Visionen für die internationale Nichtverbreitungspolitik verband."

Eine „Weltordung, kooperativ und rechtsgestützt", nennt Prof. Dr. Harald Müller als unerlässliches Konstrukt für eine in gegenseitigen Abhängigkeiten stehenden globale Staatengemeinschaft. „Ansonsten ist das Chaos vorprogrammiert", gibt er zu bedenken. Dies ist auch das Thema seines neuesten Buches „Wie kann eine neue Weltordnung aussehen?"

In seiner wenigen Freizeit genießt der überzeugte „Fan" der Mainmetropole das Lesen – und zusammen mit seiner Frau klassische Musik, das Bergsteigen und Skifahren.

Harald Muth

**„Zu wissen,
die Familie ist da."**

(Harald Muth)

Harald Muth

Straße: Westerbachstraße 60
Ort: 60489 Frankfurt am Main
Beruf: Tischlermeister
Geburtsdatum: 02.09.1960
Familienstand: verheiratet
Kinder: 2

Das erste, was auffällt, ist der angenehme Holzgeruch beim Betreten der Schreinerei. Oder, wie es Harald Muth korrekt ausgedrückt haben möchte, der Tischlerei. Und die ebenso korrekte Berufsbezeichnung des Harald Muth lautet: Tischlermeister.

Seit 1904 im alten Frankfurter Stadtteil Rödelheim ansässig, leitet Harald Muth die Tischlerei nunmehr in der 4. Generation als Inhaber und Geschäftsführer. Der ursprüngliche Berufswunsch des Tontechnikers wurde schnell ad acta gelegt, denn Harald Muth gehört zu der Sorte Mensch, die zupacken, nicht lange fackeln und konkretes auf die Beine stellen. Weiter die Schulbank drücken, war nicht unbedingt in seinem Sinne.

Als logische Folge und nicht zuletzt auch der Familientradition folgend, begann Harald Muth eine Lehre als Tischler, die er ebenso erfolgreich abschloss, wie die Meisterprüfung im Jahre 1984. 1996 übernahm er die Tischlerei von seinem Vater, um sie in eine neue Epoche in der langen Firmengeschichte zu führen.

Nach einigen, durchaus auch turbulenten Jahren, ist die Tischlerei heute auf den Innenausbau spezialisiert und dabei auch für die Zukunft gerüstet. Denn die Arbeitsphilosophie Harald Muths, absolut nichts von der Stange zu liefern, ist der Motor aller weiteren Entwicklungen. Individualität in der Planung, im Entwurf und letztendlich der praktischen Ausführung hat absolute Priorität und der Kundenwunsch immer Vorrang. Dabei sind 100 % Perfektion das Minimum, mit weniger kann sich Harald Muth nicht zufrieden geben.

So wird auch die Tradition des Unternehmens, wie auch die des Tischlerhandwerks, nicht nur bewahrt, sondern auch höchst erfolgreich weitergeführt, denn Qualität aus einer Hand war und ist durch nichts zu ersetzen. Dabei bedauert Harald Muth zu tiefst, dass es ihm nur noch begrenzt möglich ist, selbst handwerklich aktiv zu sein, doch die kaufmännischen und administrativen Aufgaben binden ihn zu sehr.

Hinzu kommen noch seine ehrenamtlichen Tätigkeiten in der Schreiner-Innung als Lehrlingswart, wo ihm die Bewahrung der handwerklichen Traditionen besonders am Herzen liegen. Darüber hinaus füllen auch noch seine Tätigkeiten im Bildungsausschuss und in der Handwerkskammer seinen Terminkalender aus.

Bei allem Engagement für Beruf und Unternehmen findet Harald Muth kaum noch Zeit zum aktiven Sportkegeln und wie er, eingebunden in Beruf, Ehrenämter und Familie, das Sportabzeichen geschafft hat, ist ihm heute noch etwas schleierhaft. Ruhe und Muße findet er bei seinen Fischen an seinem Gartenteich und im Schoße der Familie, deren Gesundheit und Wohlergehen ihm besonders am Herzen liegen und aus deren Verständnis er die Kraft für sein engagiertes Berufsleben findet. Zusammenhalt ist ein ganz wichtiges Familienthema im Kreise der Muths, verbunden mit der Hoffnung, dass in späteren Zeiten die Kinder auch für die Eltern da sind.

In der Gegenwart aber wünscht sich Harald Muth eine Berghütte in freier Natur, wo er sich erholen und entspannen kann. Dass diese Hütte nach höchst individuellen Entwürfen gestaltet und ausgebaut ist, sollte bei einem Mann wie Harald Muth nicht verwundern. Wünschen wir ihm das Beste dazu.

Dr. Jeffrey T. Myers

„Das wahre Portrait eines jeden Menschen stellt sich zusammen aus den zahllosen – auch längst vergessenen – Akten der Freundlichkeit, die er einmal anderen Menschen erwiesen hat.“

(Dr. Jeffrey T. Myers)

Dr. Jeffrey T. Myers

Straße:	Römerberg 9
Ort:	60311 Frankfurt am Main
Beruf:	Pfarrer
Geburtsdatum:	16.11.1952
Familienstand:	verheiratet
Kinder:	1

Der Kirchenmann aus Kansas City, USA, lebt die Vision des judäischen Propheten Micha, nach der eines Tages jeder unter seinem Feigenbaum in Frieden wohnen wird. Frieden und Glück und Gerechtigkeit werden herrschen. Eine Vision. Okay. Dr. Jeffrey Myers, seit 1988 Pastor an der Alten Nikolaikirche am Römerberg, lässt sich aber immer wieder neue Dinge einfallen, um dieser Vision ein klein wenig näher zu kommen. Dafür setzt er im Namen der Kirche manchmal auch ungewöhnliche Akzente. Der Erfolg – wenn man das in diesem Zusammenhang sagen darf – gibt ihm recht.

Gemeinsam mit seiner Frau, Andrea Braunberger-Myers, ihres Zeichens Pfarrerin der Paulsgemeinde, zu der die Nikolaikirche gehört, hat er seine Gemeinde zum Blühen gebracht. Mit amerikanischer Unbekümmertheit und Humor.

Da lädt er schon mal eine Atemtherapeutin zum Durchatmen in die Kirche ein oder ärgert die Geschäftswelt zu Weihnachten mit einem mannshohen Osterhasen auf dem Balkon der Nikolaikirche – um gegen die inzwischen nach Gusto ausgeweiteten kirchlichen Festtagsperioden zu protestieren. Oder er wettert gegen den verkaufsoffenen Palmsonntag. Als Amerikaner weiß er den arbeitsfreien Sonntag nämlich durchaus zu schätzen. 22 Jahre lebt er nun schon in seiner zweiten Heimat Deutschland. Seine Frau stammt aus Bad Homburg – kennen und lieben gelernt hat er sie allerdings in Schottlands Hauptstadt Edinburgh an der dortigen Universität. Gemeinsam haben sie einen Sohn, Marc.

Heimisch ist er wirklich geworden, mit der Sprache – er spricht tadelloses Deutsch mit sympathisch amerikanischem Akzent – und mit der Stadt: Frankfurt als Stadt der Gegensätze, wie er sagt. Fachwerk neben Hochhäusern, Kirchtürme im Schatten der Bankentürme. Frankfurt als Lebensraum für Menschen aus etwa 175 verschiedenen Ländern, die auf engstem Raum relativ friedlich zusammen leben. Hier werde, meint er, diese Spannung nicht nur ausgehalten, sondern die Vielfalt als bereichernd angesehen und genutzt. Frankfurt als, last but not least, Weltmeister der Gastfreundschaft (spätestens seit der Fußball-Weltmeisterschaft 2006).

Die WM ist überhaupt ein typisches Zeichen dafür, wie der Pfarrer eines der traditionsreichsten Frankfurter Gotteshäuser doch gerne mal den Pfad des Konventionellen verlässt – um an seine Schäfchen zu kommen. So wurden während der vier WM-Wochen die Kirchentüren länger als üblich offen gehalten und den Besucherinnen und Besuchern ein interessantes Programm dargeboten. Ob das Mittagsgebet unter der Rubrik „Halbzeit" an den fünf Frankfurter Spieltagen oder Musik und Turmbesteigung für Fußball- und Nicht-Fußball-Fans an den Freitagabenden.

Das war genau das Richtige für ihn. Mit Menschen unterschiedlichster Herkunft zusammen zu sein. Ansprechpartner zu sein. Mit ihnen gemeinsam etwas zu unternehmen. Mit seiner unkonventionellen amerikanischen Art kommt der stellvertretende Vorsitzende der Frankfurter Bibelgesellschaft, der übrigens an der Uni Mainz promoviert hat, sowieso schnell mit anderen in Kontakt. Diese „internationale Klientel" kannte er übrigens schon lange vor der WM. Der Theologe ist nämlich auch Pfarrer an der Frankfurter Messe und damit – so ganz nebenbei – der einzige hauptamtliche Messeseelsorger in der Evangelischen Kirche in Deutschland. Alltag ist für ihn dort die Tasse Kaffee mit einem allein reisenden Messebesucher und ein Plausch über Gott und die Welt. Gelegentlich gelingt es ihm, einen Messebesucher zu überzeugen, wieder in die Kirche einzutreten. Da werden die Dinge deutlich, die ihn unter anderem antreiben: Neugier, Not, die Suche nach den richtigen Worten und Hoffnung.

„Life goes on" ist seine Lebensphilosophie. Das Leben geht weiter. Er würde dafür noch so viel mehr tun wollen, so viel liegt dem Mann noch am Herzen, dem so wundervolle, einfache Dinge wie das Taufen eines neu geborenen Babys, das große Stadtgeläut und das Wandern mit seiner Familie ganz besondere Freude machen.

Irgendwie blitzt sie hier wieder auf, diese Vision des Propheten Micha. Das sichere Leben, das friedliche Nebeneinander und Miteinander. Jede und jeder von uns unter seinem persönlichen Feigenbaum.

Dr. Claus Nolting

„Das Leben wird aus der Geschichte verstanden, aber in der Gegenwart gelebt.“

(frei nach Søren Kierkegaard)

Dr. Claus Nolting

Straße:	Grüneburgweg 58-62
Ort:	60322 Frankfurt am Main
Beruf:	Vorstandsvorsitzender COREALCREDIT BANK AG
Geburtsdatum:	09.06.1951
Familienstand:	geschieden
Kinder:	3

Seine Allgemeinbildung stellt er nicht zur Schau. Braucht er auch nicht. Selbst im Gespräch über das operative Tagesgeschäft blitzt sie immer wieder auf, ganz ohne Attitüde, lediglich um etwa einen konkreten Sachverhalt plastisch werden zu lassen. Da ist Dr. Claus Nolting mit anschaulichen Vergleichen aus Politik, Sport, Wissenschaft, Kultur und Geschichte wortgewandt zur Stelle – und schafft Klarheit, wo der klassische Bankjargon ihm nicht zur Erläuterung ausreicht. Beethoven mag er ebenso wie die Stones oder die Kunst der Moderne und Postmoderne.

Das Denken jenseits aller Scheuklappen und über den Tellerrand hinweg, mag seine Wurzeln auch darin haben, dass Dr. Claus Nolting ein Quereinsteiger im Bankgeschäft ist – „ein Umstand, der mir in meinem Berufsleben immer von Nutzen war und ist", wie er betont.

Aufgewachsen in einem „Selbständigen Elternhaus", hat er in Marburg und Bonn Jura studiert; nach seiner Promotion dann in Köln und Bonn als Rechtsanwalt gearbeitet. Die Anwaltstätigkeit sollte nicht lange vorhalten – rasch entdeckte er sein Interesse an der Finanzwelt und dem Bankwesen. Indes, nicht als Jurist, vielmehr als „General Manager" sieht sich der Banker in der Verantwortung.

Als beruflich in vielfacher Hinsicht wichtige Zeit erachtet Dr. Claus Nolting die Jahre, die er von 1996-2002 als Vorstand der Hypo-Vereinsbank München erlebte. In diese Zeit fiel unter anderem die erste große Bankenfusion in Deutschland zwischen der Bayerischen Vereinsbank und der Bayerischen Hypo- und Wechselbank.

Von besonderer Bedeutung sind für den sportbegeisterten Manager seine vielfältigen Auslandsberührungen, erweitern sie doch den Horizont und sind ständige Anregung zur Selbstreflexion. Bereits als Jugendlicher hatte er an einem mehrmonatigen USA-Schüleraustausch teilgenommen und kam im weiteren Verlauf seiner Karriere unter anderem in den Genuss einer Top-Fortbildung an der ‚Harvard Business School' in Boston.

Zur heutigen COREALCREDIT BANK, einer Spezialbank für gewerbliche Immobilienfinanzierung in Deutschland, kam Dr. Claus Nolting im Oktober 2006. Das Vorgängerinstitut stand vor einer existentiellen Krise. Unter seiner Leitung und Mitwirkung wurde das Finanzinstitut komplett restrukturiert und gelangte bereits 2007 – nach Abschluss der geschäftlichen Neuausrichtung – wieder in die Gewinnzone. „Wir sind erfolgreich in den Markt zurückgekehrt und werden 2008 unsere Position am Markt festigen und ausbauen", gibt sich der Vorstandsvorsitzende dezidiert zuversichtlich. Gleichwohl ist die Tonlage, in der Dr. Claus Nolting die kurz- und mittelfristigen Zukunftsperspektiven „seiner" Bank erläutert, zwar optimistisch, aber auch von Realitätssinn geprägt. „Wir müssen bei dem sich immer schneller vollziehenden Wandel der Märkte stets bereit sein, die Herausforderung anzunehmen und uns mit neuen Entwicklungen offensiv auseinanderzusetzen", mahnt er an. Spricht's, und fasst das Gesagte bündig in der „philosophischen Formel" zusammen: „Die einzige Konstante ist die Veränderung!"

„Verschiedene Welten" habe er im Laufe seines bisherigen Lebens kennen gelernt. Aufgewachsen in der Zeit des deutschen Wirtschaftswunders habe er die verschiedenen gesellschaftlichen und kulturellen Strömungen, wie das Entstehen der Popkultur und der Protestbewegung der 68er intensiv miterlebt, um dann in das Computer- und Informationszeitalter hineinzuwachsen. Das waren schon spannende Zeiten", erinnert sich der gesellschaftspolitisch interessierte Bankenchef. Er zeigt sich heute besorgt um die gesellschaftliche Entwicklung hierzulande. „Auch wenn wir noch eine der weltweit stärksten Volkswirtschaften mit hervorragenden Standortbedingungen sind, so haben große Teile der Bevölkerung und der politischen Führung die Herausforderungen der weltweiten Entwicklungen nicht wirklich angenommen."

Obwohl Wahl-Münchner, hat Dr. Claus Nolting die Vorzüge der Mainmetropole schätzen gelernt. Besonders gefällt ihm hier die Weltoffenheit und Internationalität der business community, wie auch die Lebendigkeit der Kultur- und Kunstszene.

Uschi Ottersberg

Uschi Ottersberg

Strasse: Pfaffenwiese
Ort: 65929 Frankfurt am Main
Beruf: Geschäftsführerin
Geburtsdatum: 06.10.1953
Familienstand: ledig

Vom Band-Catering zur Topmanagerin der Jahrhunderthalle Frankfurt – diesen Weg hat Uschi Ottersberg zurückgelegt. Die Managerin hat die berühmte Veranstaltungsstätte auf Vordermann gebracht, indem sie mit dem bestehenden Veranstaltungsprogramm brach und für frischen Wind in der Halle sorgte.

Geboren wurde Uschi Ottersberg in Bremerhaven als Tochter eines Kapitäns. Nach der Schule ließ sie sich zur Kauffrau ausbilden. Doch sie wollte mehr, holte das Wirtschaftsabitur nach und studierte in Oldenburg Sport und Geographie. Während ihres Studiums jobbte in einer Veranstaltungshalle und war für das Catering der Bands verantwortlich. Später tourte Sie selbst mit verschiedenen Bands durch Deutschland. Während dieser Zeit lernte sie berühmte Kollegen wie Fritz Rau oder Marek Lieberberg kennen. Es folgten 10 Jahre bei der renommierten Deutschlandhalle in Berlin als Projektleiterin für Konzerte und Sportveranstaltungen, sowie als Produzentin von „Menschen, Tiere, Sensationen". Ihre fachliche Kompetenz führte sie 1996 auch an die Tafel von Fürst Rainier und Prinzessin Stefanie als Jury-Mitglied des Zirkusfestivals in Monte Carlo.

Dem Angebot von Peter Schwenkow, Chef der Deutschen Entertainment AG (DEAG), die Leitung der Jahrhunderthalle Frankfurt zu übernehmen, folgte sie nach kurzer Bedenkzeit. Dort erwartete sie eine schwere Aufgabe. Die Halle wurde zuvor noch mit mehreren Millionen DM subventioniert, das Programm sprach nur ein ausgesuchtes – vor allem bildungsorientiertes – Publikum an. Durch die Umstellung zum privatwirtschaftlichen Unternehmen fehlten nun Gelder und Besucher – Uschi Ottersberg stellte kurzerhand um, verließ eingefahrene Bahnen und füllte die Hallen mit einem attraktiven und bunt gemischten Programm. „Veranstaltungen sind dann erfolgreich, wenn unsere Gäste und Kunden die Halle glücklich und zufrieden verlassen. Auf unserem Programm stehen die unterschiedlichsten Ereignisse von Pop/Rock- und Klassik-Konzerten, Comedy-Veranstaltungen bis hin zu Haupt–versammlungen, Kongressen, Präsentationen und Tagungen. Hinzu kommen spannende Eigenproduktionen", gibt die Unternehmerin Einblicke in die Programmvielfalt. Das hat sich für die nun subventionsfreie Halle und ihre zahlreichen Gäste aus dem gesamten Rhein-Main-Gebiet allemal gelohnt. Zahlen belegen das: rund 850.000 Besucher im Jahr kann die Halle vorweisen.

2007 wurde die Jahrhunderthalle Frankfurt von der Vereinigung Deutscher Veranstanstaltungsorganisatoren e.V. mit dem Conga-Award für das beste Kongresszentrum Deutschlands ausgezeichnet. Eine Anerkennung, die Uschi Ottersberg besonders freute.

Die Managerin hat ihr Ziel durch ihren Ehrgeiz, ihre Energie und ihr unternehmerisches Gespür erreicht, was sie nach eigenen Worten auszeichnet und „womit ich auch neue Herausforderungen schaffe."

Privat genießt sie ihre knappe Freizeit im Kreise guter Freunde. Außergewöhnliche Veranstaltungen stehen auch dann auf dem Programm. Immer an ihrer Seite – Hundemischling Gringo, der ihr auf Ibiza zugelaufen ist und der sie seitdem stets begleitet. Ihre große Leidenschaft aber ist das Reisen und Kennenlernen fremder Kulturen. Das liegt ihr im Blut, da kommt die Kapitänstochter wieder durch.

Peter Possmann

„Genieße jeden Tag."

Frankfurt am Main

Rainer Pudenz

„In der Ruhe liegt die Kraft."

(Volksmund)

Rainer Pudenz

Straße:	Sternstraße 31
Ort:	60318 Frankfurt am Main
Beruf:	Regisseur
Geburtsjahr:	1956
Familienstand:	ledig
Kinder:	keine

Anlässlich des 25-jährigen Bestehens der Kammeroper Frankfurt schreibt Mitherausgeber Rainer Pudenz im Vorwort der Jubiläumsschrift „Bekenntnisse einer Leidenschaft“ unter anderem:

“Es waren wunderbare 25 Jahre, reiche Fülle – ich steh am Strand und guck aufs Meer, erfüllt von bescheiden machender Dankbarkeit, denn ich durfte tun, was ich wollte, herausfinden, was ich kann, Menschen kennen lernen, die mich möglich gemacht haben. Der Kamm könnte schwellen, doch der Dank überwiegt.

Und mögen die Talente zuhauf in die Wiegen gelegt werden – es muss ja auch noch zu Tage treten, es müssen ja auch die Zufälligkeiten am Wegesrand liegen, und dann muss vor allem Ermutigung von Freunden her, das Allerschönste statt des Zweitschönsten anzugehen, sich das zuzutrauen. Zu meinem großen Glück bin ich nicht geworden, was ich glauben werden zu wollen, Popstar nämlich ... Aber das hatte immerhin schon am Rande mit Musik zu tun. Und auch die jahrelangen Bemühungen im Rahmen meiner Ballettausbildung sind glücklicherweise gescheitert, aber das hatte schon hautnah mit der Bühne zu tun.

Am Anfang war das Geld, ich suchte schlicht einen `Job` und bewarb mich bei der Oper als Statist. Was mich schon gefährlich nah an den Traum vom Popstar trug. Dann versetzte es mich in die Garderobe, wo ich den Damen und Herren Künstlern die Knöpfe zumachen und die Kleider reichen durfte. Was mir immerhin die in der Jugend so wichtigen Körperkontakte ermöglichte. Gebracht hat es wirklich nur dreierlei: Erstens lernte ich die unangenehme Hierarchie des etablierten Musikbetriebs kennen. Zweitens lernte ich Arturo kennen, einen wunderbaren Menschen im Ballettensemble der Oper, mit dem ich in den Folgejahren über Ballett und Musik reden konnte. Und drittens erlebte ich die erschöpfte Begeisterung der Sänger und Akteure, wenn sie nach den Auftritten von der Bühne kamen, glücklich, erlöst, beseelt. Ich begann zu verstehen, was Musik kann, was Bühne soll.

Nicht dass das nun Schlag auf Schlag gegangen wäre, keineswegs gerade verlief der Weg, nur der Keim war in die richtige Erde gelegt. Und ich wollte es genauer wissen, bewarb mich als Regieassistent und wurde von zwei Stars des Gewerbes angenommen, Giancarlo del Monaco und Siegfried Schoenbohm. Vor allem Schoenbohm ließ mich tun – meine jugendlichen, unverbrauchten, vor Kraft strotzenden Phantasien belebten ihn. Ich durfte lernen und inszenieren und natürlich tat ich alles, außer meinen Job: Als Regieassistent war ich definitiv ungeeignet.

Nach dem Abbruch der Regieassistentenausbildung ging ich, fürs tägliche Brot, als Beauftragter in die Marktforschung, und es dauerte Jahre, ehe der Zufall sich bereit erklärte, das nichtssagende Elend zu beenden. Mit einem Dirigenten, der ein Amateurorchester leitete, entstand im Gespräch das Projekt einer Operninszenierung, Pimpione von Telemann, und genau das haben wir dann auch gemacht.“

Bis heute ist Rainer Pudenz als Regisseur mit Hang zum Unkonventionellen erfolgreich tätig, und Kritiker bescheinigen dem Italienfan und Musikliebhaber Mut, Idealismus, Kreativität und Teamgeist in seinen Inszenierungen ebenso wie risikofreudiger Spürsinn, Spritzigkeit und ein dicker Strahl Frechheit.

Außerhalb der Theaterwelt bewegt sich der „Inszenator“ und Frankfurt-Liebhaber gern in Museen, wo ihn vor allem Skulpturen in den Bann ziehen. Kulinarischen Attraktionen überlässt er sich mit viel Genuss vorzugsweise in angenehmer Geselligkeit bei einem guten Wein – eben ganz à la „La Vita e bella“.

Nadia Qani

Nadia Qani

Strasse: Eckenheimer Landstraße 52
Ort: 60318 Frankfurt am Main
Beruf: Geschäftsführerin
Geburtsdatum: 14.10.1960
Familienstand: geschieden
Kinder: 2

Von Kabul nach Frankfurt – diesen schweren Weg legte die ehemalige Flüchtlingsfrau Nadia Qani zurück. Schon längst ist sie auch mit dem Herz und Kopf angekommen in Frankfurt, das sie als ihr Zuhause bezeichnet. Heute leitet die mutige Frau den „Ambulanten Häuslichen Pflegedienst“ (AHP) mit multikulturellem Personal, um auch Menschen mit Emigrationshintergrund optimal zu betreuen.

Nadia Qani wurde in der afghanischen Hauptstadt Kabul geboren, wo sie auch die Fachschule Jumhoriat Lycee, der einzigen Schule dieser Art für Frauen in Kabul, absolvierte. Ab 1978 arbeitete sie als Chefsekretärin im Wirtschaftsministerium. Dieses Jahr brachte große Veränderungen: Hochzeit mit Masud Qani und ihr Wechsel an das Gymnasium Sarina in der Provinz Baghlan als Dozentin. Ihr Mann musste aus der Provinz Baghlan nach Kabul flüchten und sich verstecken, ehe er ins Ausland flüchten konnte. Im Jahr 1980 ging Nadia Qani alleine nach Kabul, wo sie drei Monate als Lehrerin an der Volksschule Char Qala unterrichtete und sie dann im Mai des gleichen Jahres selbst aus politischen Gründen flüchten im musste. Sie kam am 26. Juli 1980 in Frankfurt an. Im Dezember des gleichen Jahres wurde sie als politischer Flüchtling anerkannt.

„Für mich war von Anfang an klar, dass die deutsche Sprache nicht nur ein Schlüssel meines Erfolges hier sein wird, sondern auch einer erfolgreichen Integration“, so die heutige Geschäftsführerin, die ohne Habe in Deutschland einen Neuanfang suchte. So besuchte sie rund 15 Monate lang die Bachschule in Frankfurt, mit Unterbrechung wegen der Geburt ihres ersten Sohnes im Jahr 1981. Danach arbeitete sie von 1982 bis 1992 ehrenamtlich in der Gemeinde Sankt Sebastian Kirche mit und leistete Nachbarschaftshilfe für allein erziehende Mütter. In der gleichen Zeit wirkte sie im Asylantenlager in Schwalbach mit und betreute dort Menschen psychosozial. „Wenn ich zurückblicke, sehe ich, wie wichtig es für mich war, auch anderen etwas von mir zu geben. Denn ich habe von vielen Menschen hier in Deutschland und Frankfurt so viel bekommen, dass ich das erreicht habe, was ich heute bin“, motiviert die offenherzige wie schöne Frau ihr Bürgerengagement als Afghanin in Deutschland.

Nadia Qani hat ihre Chance in Deutschland gesehen und so danach gehandelt – auch wenn es ihr manchmal schwer gefallen sein mag. Sie hat vor allem die kulturellen Unterschiede wie Kindererziehung begriffen. „Die Kinderbetreuung in Deutschland hier hat mir meinen erfolgreichen Weg ermöglicht“, stellt sie fest. Und dieser Weg war nicht leicht. Arbeitstage von zwölf und mehr Stunden, Wochenenddienste als Putzfrau und Kassiererin. Ab 1988 die erste besser gestellte Arbeit als kaufmännische Mitarbeiterin beim Hartmannbund – bis 1993 zur Geburt ihres zweiten Kindes. Innerhalb dieser Zeit arbeitete sie zugleich als Altenpflegerin im Frankfurter August-Stunz-Altenhilfezentrum, womit sie auch ihren künftigen beruflichen Tätigkeitsbereich gefunden hat. Im Jahr 1991 versuchte sich Nadia Qani erstmals als Unternehmerin mit QR Glas- und Gebäudereinigung Nadia Qani & Walter Horneff. Zwei Jahre später gründete sie AHP „Ambulanter Häuslicher Pflegedienst“.

Das unermüdliche Engagement der mittlerweile deutschen Staatsangehörigen, als ehemalige Asylbewerberin hier Fuß zu fassen und zugleich soziale Verantwortung zu übernehmen, wurde vierfach ausgezeichnet. 2004 „Together in Hessen“, 2005 „Frankfurterin des Jahres“, 2007 „Best!agers“ und 2008 „Beste Arbeitgeberin im deutschen Gesundheitswesen“. Damit endet aber das gesellschaftliche Engagement der SPDlerin und des Vorstandsmitglieds der Arbeitsgemeinschaft sozialdemokratischer Frauen keineswegs. Seit 2002 ist sie Vorstandsmitglied des Kulturforums der Sozialdemokratie. Von 1994 bis 2003 war sie Gründerin und Vorstandsmitglied von RAH, Verein zur Förderung der kulturellen Werte Afghanistans und seit dem 25.08.2001 ist sie Gründerin und Vorstandsvorsitzende von ZAN, Verein zur Förderung der Rechte afghanischer Frauen.

Prof. Dr. Klaus Reichert

„Wer nur die anorganische Chemie versteht, versteht auch die nicht.“

(Lichtenberg)

Prof. Dr. Klaus Reichert

Straße:	Stettenstraße 54
Ort:	60322 Frankfurt am Main
Beruf:	Professor für Literaturwissenschaft
Geburtsdatum:	22.05.1938
Familienstand:	verheiratet
Kinder:	2

Prof. Dr. Klaus Reichert hat sich der Sprache verschrieben. Seine Familie hat ihn dabei sicherlich entsprechend vorgeprägt. Der Vater war Gymnasiallehrer für Englisch und Musik, der Großvater mütterlicherseits betrieb den Schulbuchverlag Emil Roth in Gießen. Der gebürtige Fuldaer Klaus Reichert verbrachte seine Kindheit in Frankfurt am Main und seine Jugend in Gießen. Die Zeit am humanistischen Gymnasium war geprägt durch Drill, autoritäre, unmenschlich-zynische, Lehrer herrschten vor. Erst die Musik und das Gießener Theater halfen ihm, die Jugend zu überstehen. Der damalige Intendant des Gießener Theaters und Wiener Heldentenor Anton Ludwig war ihm väterlicher Freund. Dessen Tochter Christa Ludwig hörte er dort bei Proben bereits lange vor ihrem internationalen Durchbruch als Opern- und Konzertsängerin. Zu diversen Flöten noch genötigt, über das Klavier zur Geige gekommen, begann er mit 15 Jahren Gefallen am Musizieren zu finden. Hat er sich vorher mit Mozart, Händel, Bach und Schubert auseinander gesetzt, brachte ihm sein Großvater väterlicherseits Wagner näher.

Doch die Sprache ist es, die ihn bewegt. Die Sprache Englisch, die für Prof. Dr. Klaus Reichert in seinem weiteren Leben entscheidende Bedeutung erlangen sollte, und zu der er durch seinen Vater und durch amerikanische Besatzungssoldaten großen Bezug hatte, wurde für ihn zu Schulzeiten erst die dritte Fremdsprache. Zuvor standen Latein und Griechisch auf dem Lehrplan, später folgte Französisch. An der Rechtsschreibreform betrübt ihn „der sprachzerstörerische Unfug des Unternehmens [...], denn es ging dabei ja nicht nur um Begradigungen der gewachsenen Schreibung, sondern um Eingriffe in Bedeutung und Differenzierung."

Prof. Dr. Klaus Reichert studierte Philosophie, Anglistik, Germanistik und Sinologie in Marburg, London, Berlin, Gießen und Frankfurt am Main. In den 60er Jahren war er Lektor der Verlage Suhrkamp und Insel. 1970 legte er seine Promotion in Frankfurt ab. Er war von 1975 bis 2003 Professor für Anglistik und Amerikanistik an der Johann Wolfgang Goethe-Universität in Frankfurt am Main. In dieser Zeit hatte er Gastprofessuren in USA und in Italien inne, Forschungsaufenthalte führten ihn nach Israel, Italien, England und in die USA. 1993 wurde er zum geschäftsführenden Direktor des von ihm gegründeten interdisziplinären Zentrums zur Erforschung der Frühen Neuzeit.

Die Forschungsschwerpunkte von Prof. Dr. Klaus Reichert sind Literatur der Renaissance, Wissenschaftsgeschichte der Frühen Neuzeit, Christliche Kabbala, Geschichte und Theorie der Übersetzung und Literatur der klassischen Moderne. Er ist der Herausgeber der deutschen James-Joyce-Ausgabe und der deutschen Ausgabe der Werke von Virginia Woolf. Er übersetzte u. a. William Shakespeare, Lewis Carroll, James Joyce, John Cage und das Hohelied Salomos. Sein Gedichtband „Kehllaute" erschien 1992, der Folgeband „Wär ich ein Seeheld" 2001. 2006 erschienen das Reisejournal „Wüstentage" und das autobiographisch geprägte „Lesenlernen. Über moderne Literatur und das Menschenrecht auf Poesie". Er erhielt den Christoph-Martin-Wieland-Preis für Übersetzung 1983, den Hessischen Kulturpreis für Wissenschaft 1996 und den Preis der Kritik des Verlags Hoffmann und Campe 2007. Er ist Träger des Österreichischen Ehrenkreuzes für Wissenschaft und Kunst 1. Klasse. Seit 2002 ist er Präsident der Deutschen Akademie für Sprache und Dichtung.

Die christliche Kabbala – einer der Forschungsschwerpunkte von Prof. Dr. Klaus Reichert – interessiert ihn vor allem sprachlich, nicht theologisch. Die Andersartigkeit der Lesetechnik fasziniert ihn. Die Kabbala stülpe keine Bedeutung über den Text, sondern leite sie aus Permutationen der Buchstaben her, wie experimentelle Poesie. Erste Kontakte mit dem Hebräischen knüpfte Prof. Dr. Klaus Reichert während der Studienzeit, als er – um sein Englisch aufzubessern – in London im Hause eines Rabbiners wohnte, der zeit seines Lebens den Dialog zwischen den Religionen suchte. Etwas, mit dem sich auch Prof. Dr. Klaus Reichert beschäftigt, weniger aus religiöser Sicht, mehr aus kultureller.

Die Kultur ist für ihn von entscheidender Bedeutung. Zukunft brauche Herkunft, gerade im Hinblick auf unsere Migrationsgesellschaft. Deutsch, so sagt Prof. Dr. Klaus Reichert, müsse zwar gelehrt werden, aber nicht als Leitkultur. Die Kultur müsse vermittelt werden, sowohl die eigene, als auch die fremde. Das Wissen über andere Kulturen werde in der heutigen Zeit zunehmend wichtig. Dabei sollten Unterschiede nicht verwischt werden. Die Achtung vor dem Fremden und der Respekt vor der Andersartigkeit sind für ihn der Schlüssel für ein friedliches Zusammenleben.

Helmut Reuß

Helmut Reuß

Straße: Galgenstraße 12
Ort: 60437 Frankfurt am Main
Beruf: Maler
Geburtsdatum: 14.11.1944
Familienstand: ledig
Kinder: keine

Helmut Reuß kam 1944 in Bad Homburg zur Welt. In den frühen Nachkriegsjahren zog seine Familie nach Frankfurt, wo er aufwuchs und die Schule besuchte.

Sein Berufswunsch war das Malerhandwerk zu erlernen. Nach der Volksschule machte er 1952-1962 seine Lehre und 1962 seine Gesellenprüfung. In Wiesbaden besuchte er 1966 die Malerfachschule und schloß diese 1967 mit der Meisterprüfung ab.

Danach startete er sogleich in die Selbstständigkeit, er blieb immer Einzelkämpfer, der am liebsten alleine und mit viel Freude seine Arbeit erledigt.

Ihm ist es wichtig eine gute Arbeit zu machen und er sieht danach auch gerne, was er geschaffen hat.

Durch seine zuverlässige und freundliche Arbeitsweise hat er sich in den vielen Jahren einen festen, zufriedenen Kundenstamm aufgebaut, den er regelmäßig betreut.

Vorwiegend führt er Renovierungen bei Privatkunden aus, einige Firmen von mittlerer Größe zählen ebenfalls zu seinen Kunden. Er möchte, dass sein Arbeitsbereich überschaubar bleibt, seine Arbeitsweise hält ihn flexibel für sich und seine Kunden.

Helmut Reuß ist ein sehr ausgeglichener und geradliniger Mensch, mit sich und der Welt zufrieden und wünscht sich, dass er weiter so bleibt.

Die Pflege von guter Freundschaft in seinem Freundeskreis und der harmonische Umgang mit seiner Verwandtschaft bedeuten ihm sehr viel.

So gehört er denn auch dem Kegelclub an, wo regelmäßig in lockerer Runde mit guten Freunden die Kugel gegen alle Neune rollt.

Sozial und christlich geprägt, setzt er sich ein beim Volksbund deutscher Kriegsgräberfürsorger und er ist Mitglied der Kolpingfamilie im katholischen Gesellenverein.

Er ist ein großer Naturfreund und geht deshalb gerne in unberührter Natur mit seinem Hund spazieren.

Zu Hause fühlt er sich am wohlsten, möchte aber trotzdem gerne mal nach Litauen und Ostpreußen reisen, um dort den Soldatenfriedhof zu besuchen und zum Wandern nach Südtirol.

Norbert Richter

„Lebe so, dass Du anderen dabei nicht auf die Füße trittst.“

(Norbert Richter)

Norbert Richter

Straße: Zeil 116-126
Ort: 60313 Frankfurt am Main
Beruf: Geschäftsführer Galeria Kaufhof
Geburtsdatum: 18.11.1965
Familienstand: verheiratet

Sein Herzenswunsch war es zunächst nicht unbedingt, im kaufmännischen Bereich zu arbeiten. Norbert Richter ist ein vielseitig interessierter Mensch. Kunst, Kultur, Architektur, darüber aber auch das politische Tagesgeschehen hat er stets im Visier. Seine besondere Leidenschaft gilt der Archäologie. Den Palast der Kleopatra tauchend „zu erforschen und auszugraben", nennt er spontan als einen seiner präferierten Projekte, an denen er nur zu gern mitgearbeitet hätte.

Doch es sollte anders kommen. Der 1965 in Worms gebürtige Norbert Richter studierte zunächst von 1987-1991 Betriebswirtschaftslehre an der Fachhochschule seiner Heimatstadt. Schwerpunkte seiner akademischen Ausbildung waren Handel, Marketing und Personalwesen. Er arbeitete sich zielstrebig in die oberste Etage des Kaufhaus-Managements. Von 1991-1993 war er Trainee bei Hertie, 1993/1994 Direktionsassistent im Berliner „Kaufhaus des Westens" (KadeWe). Nach weiteren Arbeitsstationen in der Spreemetropole Berlin, darunter seine erste Geschäftsführer-Tätigkeit 1997 in einer großen Karstadt-Filiale, gelangte er „über Umwege" in Düsseldorf und Fulda an den Main, um schließlich im März 2006 seinen heutigen Chefposten in der Galeria Kaufhof an der Hauptwache anzutreten.

„Es ist sicher die beste Lage die ein Kaufhaus in Frankfurt haben kann." kommentiert Norbert Richter die Einzigartigkeit seines Unternehmens auf der Einkaufsmeile Zeil. Insbesondere nach dem jüngst vollzogenen Umbau, ist er mehr denn je von der Qualität „seiner" Galeria überzeugt. Die äußere architektonische Umgestaltung von Blechverkleidung in Sandsteinoptik dokumentiert auch das gestiegene Niveau der „inneren Werte". „Wir sind zukunftsorientiert und passen uns dem gestiegenen Anspruch der Frankfurter Gesellschaft und ihrer Kunden an", erläutert er das Konzept des Hauses. Mit achtzig Markenshops, siebzig ganz neuen Marken im Sortiment, 10 Verkaufsetagen mit einer Gesamtfläche von mehr als 25.000 qm werden nun ganz neue Maßstabe gesetzt – weit über die Frankfurter Stadtgrenzen hinaus. Vorreiter und Motor des innerstädtischen Einzelhandels sei man ganz ohne Zweifel. „Einkaufen als Erlebnis im neuen Lifestyle-Ambiente, hier sind wir der erste Impulsgeber bei der Umgestaltung der Frankfurter Innenstadt", erläutert Norbert Richter nachhaltig.

Seinen 650 Mitarbeiterinnen und Mitarbeitern sowie den 30 Auszubildenden will Norbert Richter ein „Chef zum Anfassen" sein. „Meine Meinung kenne ich selbst, ich bin froh über Anregungen, neue Ideen und Verbesserungsvorschläge in Sortimentsauswahl oder Kundenorientierung", kommentiert er seinen Führungsstil. In regelmäßigen Abständen setzt man sich „hierarchieübergreifend an einen Tisch und diskutiert Optimierungs-Vorschläge der Mitarbeiter. Denen gibt er überdies viel Freiraum für selbständiges, verantwortungsbewusstes Handeln – „Vertrauensvorschuss ist der Schlüssel zu Freude und Effektivität am Arbeitsplatz", ist er überzeugt. Das komme letztlich auch dem Kunden zu Gute, der serviceorientiert und individuell beraten werde.

Auf verschiedenen Gebieten ist Norbert Richter zudem noch beruflich und ehrenamtlich tätig. Er hat einen Lehr- und Prüfauftrag für strategisches Marketing an der Berliner Berufsakademie. Seine Arbeit bringt es mit sich, dass er in geschäftlichen Netzwerken gut organisiert ist. So ist er u.a. Vorstandsmitglied des „Einzelhandelsverbandes Frankfurt/Main – Hochtaunus e.V."; zuvor war er viele Jahre Mitglied der „Tarifkommission der Länderarbeitsgemeinschaft der Mittel- und Großbetriebe Einzelhandel" in Nordrhein-Westfalen. Darüber hinaus empfindet es der Galeria-Chef als selbstverständlich, sich gesellschaftlich sozial und karitativ zu engagieren. Er nennt beispielhaft die „Kinderhilfestiftung Frankfurt", in der er als Kuratoriumsmitglied die Arbeit der Stiftung organisatorisch und finanziell unterstützt.

„Arbeit muss Spaß machen" ist das Credo von Norbert Richter, der gerne lacht, kommuniziert und deutlich werden lässt, dass „ohne Humor im Leben gar nichts voran geht."

Die Stadt am Main hat es dem leidenschaftlichen Globetrotter, den es auf Kulturreisen mit seiner Frau in alle Ecken der Welt verschlägt, sichtlich angetan. „Frankfurt ist eine weltoffene Stadt, hat eine hohe Lebensqualität und Menschen, die freiheraus sagen was sie denken – das sollten wir alle schätzen, die wir hier leben!"

Prof. Dr. Alexander Riesenkampff

Prof. Dr. Alexander Riesenkampff

Straße:	Hochstraße 49
Ort:	60313 Frankfurt am Main
Beruf:	Rechtsanwalt
Geburtsdatum:	16.04.1936
Familienstand:	verheiratet
Kinder:	6

Professor Dr. Alexander Riesenkampff hat, so heißt es in manchen Veröffentlichungen kurz und prägnant, „einen guten Namen und gute Kontakte.“ Zum Glück ist das nicht alles.

Geboren am 16.April 1936 in Riga. In München, Bonn und Köln – wo er auch zum Dr. jur. promovierte – sowie in Philadelphia ist er Student der Rechtswissenschaften, in New York studierte er Business Administration. Von 1967 bis 1972 ist Professor Riesenkampff bei der Chevron Erdoel Deutschland GmbH mit Schwerpunkten M&A (Mergers & Acquisitions) und Recht tätig. 1972 gründet er zusammen mit Dr. Martin Peltzer die Rechtsanwaltssozietät Peltzer & Riesenkampff in Frankfurt am Main. 1999 ist er Mitbegründer der Sozietät CMS Hasche Sigle, in der Peltzer & Riesenkampff aufgegangen ist.

Im Mai 2006 schließt er sich als Namenspartner der Frankfurter Kanzlei Schulte Rechtsanwälte an. Typisch für ihn, wenn viele andere in seinem Alter schon längst auf dem Altenteil sind, fängt Professor Dr. Alexander Riesenkampff erst richtig an. Er will auch nach dem Erreichen der nach dem Sozietätsvertrag für Gründungspartner geltenden Altersgrenze von 70 Jahren noch lange weitermachen. Er habe halt viel Freude an seiner Arbeit und denke nicht ans Aufhören, konstatiert er energisch. Mit Stolz kann ihn erfüllen, dass sein Wissen, seine Erfahrung und auch sein Rat immer noch gebraucht werden.

Besonders, wenn es um Kartell- und Wirtschaftsrecht geht. Das ist sein Metier. Seine Lehrjahre haben ihn dazu bewogen, sich in diese Richtung zu spezialisieren. Und allem Anschein nach war es die richtige Entscheidung. Professor Dr. Alexander Riesenkampff betreut seit vielen, vielen Jahren international tätige Unternehmen im Bereich des Kartell- und Gesellschaftsrechts sowie bei Unternehmenskäufen und -verkäufen.

Sein umfangreiches Wissen gibt er in vielfältigster Art und Weise weiter. Seit 1985 hat er einen Lehrauftrag für internationales Wirtschaftsrecht an der Albert-Ludwigs-Universität in Freiburg im Breisgau. 1993 wurde er zum Honorarprofessor bestellt. Und, zum Glück für alle angehenden und praktizierenden Kartell- und Wirtschaftsrechtler, hat er es in zahlreiche Publikationen, zuletzt als Mitherausgeber und Autor des 2005/2006 im Beck Verlag erschienenen Kommentars zum europäischen und deutschen Kartellrecht, eingebracht.

Man könnte jetzt, nach diesen Zeilen, schnell umhin kommen, Professor Dr. Riesenkampff auf den Juristen zu reduzieren. Völlig falsch. Die Jurisprudenz ist nur ein Herz, das in seiner Brust schlägt. Das zweite ist die Familie. Ohne Zweifel. Allein darin sichtbar, dass er – aus zwei Ehen – Vater von sechs Kindern (vier Mädchen und zwei Jungs) ist. Ohne Familie geht bei ihm nichts. Und, im Gegensatz zu Faust, schlägt in seiner Brust noch ein drittes Herz: Finnland. Schon in den 1970er Jahren knüpft er erste, intensive Kontakte zur Wirtschaft und Industrie des nordeuropäischen Staates. Er arbeitet in der Folge unter anderem mit führenden finnischen Unternehmen zusammen, als diese sich auf dem für Finnland wichtigen deutschen Markt etablierten. Seit 2001 ist er Honorarkonsul von Finnland in Hessen. Professor Dr. Riesenkampff trägt als Mitglied des Vorstands der Deutsch-Finnischen Handelskammer, dem er seit Beginn der 1990er Jahre angehört, aktiv zur Förderung der Handels- und Wirtschaftsbeziehungen zwischen beiden Ländern bei.

Zwischen all den Herzen ist aber noch Platz für Aufsichts- und Verwaltungsräte mehrerer Firmen, verschiedenen Berufsorganisationen und Studienvereinigungen auf nationaler und internationaler Ebene und für sein großes politisches Interesse. Und er engagiert sich politisch. Wie zum Beispiel in der „Gruppe 70“. Einer eben in den 1970ern aktiven Interessengemeinschaft jüngerer Unionsfreunde, die den CDU-Apparat mächtig durcheinanderwirbelt und monatelang für bundesweites Aufsehen sorgt.

All das passiert in Frankfurt am Main. Jener Stadt, die er so immens schätzt. Aus Frankfurt würde er niemals wegziehen. Natürlich liebt er die Ostküste der USA und den Elsass, wo er in seinen Häusern mit seiner Familie gerne und viel Zeit verbringt. Aber Frankfurt verlassen? Niemals.

Prof. Dr. Klaus Ring

Prof. Dr. Klaus Ring

Straße:	Schaumainkai 91
Ort:	60596 Frankfurt am Main
Beruf:	Vorstandsvorsitzender der Stiftung Polytechnische Gesellschaft
Geburtsdatum:	25.02.1931
Familienstand:	verheiratet
Kinder:	2

Professor Dr. Klaus Ring wird am 25.02.1931 in Köln geboren. Als junger Bursche will er Musik studieren – seine musische Begabung ist offensichtlich. Oder Germanistik. Ein sprachliches Talent ist ihm nämlich beileibe auch nicht abzusprechen. Dazu hat er eine ausgeprägte naturwissenschaftliche Ader. Woher das alles kommt? Nicht ursächlich aus seinem Elternhaus. Sein Vater ist ein grundsolider Kaufmann in Essen. Nein, diese „Leidenschaften" werden in der Schule geweckt. Er hat eben gute Lehrer, die ihn auf diesen Weg führen. Und trotzdem. Ihn hat vielleicht etwas ganz anderes nachhaltig geprägt, sein Schaffen, seine Visionen und nicht zuletzt auch seinen Erfolg bestimmt. Ein im Vergleich zum Menschenleben winziges halbes Jahr. Vor dem Studium arbeitet er in einer Dortmunder Zeche als Bergmann. Dort lernt er, was Arbeit heißt. Dort unten bei den Bergleuten lernt er auch – und vor allem – was Gemeinschaft, Zusammenhalt und was Arbeiten in einem Team bedeutet. Kopf und Hand kommen nicht ohne einander aus. Beziehungsweise, ein Kopf wird erst dann richtig schlau, wenn ihm bewusst geworden ist, wie man richtig anpackt.

Diese Erfahrung gepaart mit seiner Liebe zu Kunst, Musik und Sprache und sein spätestens während des Studiums aufflammender, fast schon unbändiger Wille, junge Menschen bei der Entwicklung ihrer Fähigkeiten zu unterstützen, hat ihn letztendlich zu dem geführt, was er heute macht: Präsident und Vorstand der Stiftung Polytechnische Gesellschaft in Frankfurt am Main. Gut, der Weg dorthin war dann doch etwas langwieriger. Er studiert Mikrobiologie und Biochemie an den Universitäten Göttingen, Frankfurt und Kiel. 1962 promoviert er, 1968 habilitiert er und erhält 1971 eine Professur für Mikrobiologische Chemie an der Johann Wolfgang Goethe-Universität Frankfurt am Main.

Ihn begleitet seit jeher der Wunsch, Neues zu lernen, zu tun, zu haben und zu erfahren. Wesenszüge, die ihn prägen und voranbringen, die aber natürlich auch von der Universität über die Maßen geschätzt werden: Prof. Dr. Klaus Ring ist von 1979 bis 1986 Mitglied des Vorstands des Universitätsklinikums und Prodekan für Forschung an der Johann Wolfgang Goethe-Universität Frankfurt am Main und von 1986 bis 1994 folgerichtig deren Präsident. „Zwischendurch" engagiert er sich – ehrenamtlich versteht sich – als Vizepräsident der Hochschulrektorenkonferenz in Bonn, als Mitglied des Präsidiums der Europäischen Rektorenkonferenz in Brüssel oder als Auswärtiges korrespondierendes Mitglied der Tschechoslowakischen Akademie der Wissenschaften, Prag.

Im Jahr 2007 erhält er von Bundespräsident Horst Köhler in Berlin den Verdienstorden der Bundesrepublik Deutschland. Dieser Orden ist die höchste Anerkennung, die die Bundesrepublik Deutschland für Verdienste um das Gemeinwohl ausspricht. In der Begründung des Bundespräsidenten heißt es: „Der ehemalige Präsident der Johann Wolfgang Goethe-Universität in Frankfurt am Main hat sich neben seiner außerordentlichen wissenschaftlichen Karriere in vielfältiger Weise im Bildungsbereich engagiert und setzt dies bis heute fort." Im Vordergrund der Tätigkeiten von Professor Dr. Klaus Ring steht nämlich die Förderung von Bildung – ganz besonders der Weg dorthin. Er wünscht sich schlichtweg Bildung für alle.

Ganz besonders seinem Geschick und seiner Energie ist der Erfolg beim Aufbau der Stiftung Polytechnische Gesellschaft Frankfurt am Main zu verdanken, nachdem er 2004 zum Präsidenten der 1816 gegründeten Polytechnischen Gesellschaft e.V. geworden ist. Als eine der großen privaten Stiftungen Deutschlands engagiert sich die Stiftung für die Frankfurter Stadtgesellschaft. Also keine städtische Stiftung, sondern eine Stiftung für die Stadt. Was nicht allen Politikern im Römer damals gefallen haben soll. Die Stiftung entwickelt eigene Projekte und fördert Projekte Dritter in den Themenfeldern Bildung, Wissenschaft und Technik, zweitens Kunst und Kultur einschließlich der Pflege des kulturellen Erbes sowie drittens Soziales, Karitatives und Humanitäres. Sie soll nach Meinung von Professor Dr. Ring ein Werk für Generationen sein, sozusagen eine „unendliche Geschichte". Und man hat den Eindruck, das wird auch so sein.

Seine Vision ist damit so gut wie in Erfüllung gegangen: Genug Geld zu haben, Wissenschaft und Kultur zu fördern ohne staatliche Rechenschaft abzugeben. Wenn er nicht für die Stiftung unterwegs ist, fühlt er sich natürlich im Kreise seiner Familie am wohlsten und dort, so sagt er, wo Natur, Urbanität und Kultur zusammen treffen.

Prof. Dr. med Siegbert Rossol M.Sc.

Prof. Dr. med. Siegbert Rossol M.Sc.

Straße:	Steinbacher Hohl 2
Ort:	60488 Frankfurt am Main
Beruf:	Chefarzt der Medizinischen Klinik am Krankenhaus Nordwest
Geburtsdatum:	09.05.1958
Familienstand:	verheiratet
Kinder:	1

Am 9. Mai 1958 wird Siegbert Rossol in Bremthal, einem Stadtteil des Taunusstädtchens Eppstein, geboren. Schule, Abitur – alles geht seinen normalen Gang. Nur, im Gegensatz zu vielen seiner Altersgenossen, weiß er schon immer, was er später einmal werden will: Arzt.

In Hamburg, Marburg und Gießen studiert er deshalb Humanmedizin.1988 promoviert er. Er arbeitet als wissenschaftlicher Assistent an der Universitätsklinik Mainz und als Assistenzarzt am Universitätsklinikum Mannheim, wo er dann auch Oberarzt wird. Er spezialisiert sich auf Gastroenterologie, Hepatologie und Infektionskrankheiten. Er erhält nicht von ungefähr 1995 das Alexander von Humboldt Stipendium. Für zwei Jahre forscht er in England am Institute of Liver Studies bei Prof. R. Williams. Anschließend habilitiert er.

Nach und nach wird Professor Dr. med. Siegbert Rossol zu einer anerkannten Kapazität. 1999 gewinnt er den Albert-Knoll-Preis der Saarländisch-Pfälzischen Internistengesellschaft. Bei seinen Forschungen über die chronische Hepatitis B gelingt ihm der Nachweis, dass für Hepatitis-B-Kranke dann günstige Heilungschancen bestehen, wenn sie eine ganz bestimmte und durch den körpereigenen Botenstoff Interferon stimulierte Immunantwort zeigen.

Und, wie soll man sagen – so nebenbei? – studiert er an der Akademie für Weiterbildung der Universitäten Mannheim und Heidelberg von 1999 bis 2004 „Gesundheitsmanagement“ mit dem Abschluss Gesundheitsökonom M.Sc.

Ab 2001 leitet er die Medizinische Klinik am Klinikum Rüsselsheim und nimmt ab Anfang 2006 die Herausforderung der Führung der Medizinischen Klinik am Krankenhaus Nordwest in Frankfurt am Main an.

Die Medizin ist ohne Zweifel seine Berufung, sein Leben. Er sieht sie absolut professionell. Das heißt auch, das Richtige, Mögliche und Sinnvolle in der Verantwortung für die anvertrauten Patienten zu tun.

Wie schafft man das? Natürlich dank des eigenen Könnens und Wissens. Und im Team. Für ihn ist die Zusammenarbeit mit Anderen sehr wichtig – er sieht sich selbst als dynamisch, zukunftsorientierter Teamplayer. Mit einem Faible für – das versteht sich dann quasi von selbst – flache und effektive Hierarchien.

Professor Siegbert Rossol interessiert sich für moderne Medien, steht Hörfunk, TV und Internet progressiv gegenüber. Er engagiert er sich für die Gesellschaft von Kunst und Wissenschaft in Frankfurt, die seit 1802 existiert und über 600 Mitglieder hat. Er fühlt sich wohl in Cornwall im Südwesten Englands und im Allgäu. Die Rhein-Main-Region aber ist seine Heimat, in der er seine Zukunft nicht zuletzt wegen des multikulturellen Zusammenlebens sieht.

Sein Lebensmotto ist: Nicht mit seinem Schicksal hadern, sondern mit einer positiven Lebenseinstellung privat als auch beruflich das Gute suchen. Dazu gehört auch, einmal inne zu halten und dankbar zu sein.

Zum Beispiel für sein noch junges Familienleben mit seiner Frau, Dr. med. Karin Rossol-Haseroth und ihrem gemeinsamen kleinen Sohn, Mick Yves. Ihn aufwachsen zu sehen sei einfach „spektakulär“ und bereite ihm unendliche Freude. Die Familie als Hort des Glücks und als Kraftquelle – für Professor Dr. med. Siegbert Rossol ist dies, neben einer erfolgreichen medizinischen Laufbahn, Wirklichkeit geworden.

Michael Rudy

„Eile mit Weile."

Michael Rudy

Straße:	Kurhessenstraße 1-3
Ort:	Frankfurt am Main
Beruf:	Steuerberater
Geburtsdatum:	22.03.1961
Familienstand:	geschieden
Kinder:	keine

Michael Rudy, Jahrgang 1961, ein echter Frankfurter Bub, erlebte eine unbekümmerte und glückliche Kindheit in Frankfurt. Sein Elternhaus war christlich geprägt durch die Mutter und schon der Vater war selbstständig im Immobilienbereich tätig, mit Vorbildfunktion für ihn. Diese positiven Erfahrungen so behütet aufzuwachsen, gaben ihm das nötige Rückrat in seiner späteren Selbstständigkeit, erfolgreich das Ruder selber in die Hand zu nehmen.

Es war sein Jugendtraum Steuerberater zu werden und nach dem Abitur 1980 startete MR eine 2-jährige Lehre als Steuerfachgehilfe, die er 1982 mit sehr gut bestand. Danach war er als Steuerfachgehilfe praktisch tätig. 1994 bestand MR seine Steuerberaterprüfung und wurde zum Steuerberater bestellt. Das war eines der Highlights in seinem Leben. Doch mit der Bestellung hat das Lernen nicht aufgehört und nur eine permanente Fortbildung (ca. 50 Seminare im Jahr), ermöglicht es einem guten Steuerberater im Dschungel der Gesetzgebung einen Überblick zu bewahren.
Nach einigen beruflichen Stationen in Frankfurt übernimmt MR 1994 die Kanzlei Gering, es ist eine der ältesten Kanzleien in Frankfurt-Bornheim. Herr Gering war unerwartet verstorben. Parallel dazu gründet er zur gleichen Zeit die MIRUDY GmbH Steuerberatungsgesellschaft. Viele Mandanten der ersten Stunde werden noch heute in dritter Generation von ihm betreut. Seit 2006 ist MR als Dozent im informativen Bereich tätig.

MR beschäftigt in seiner Kanzlei durchschnittlich 10 Mitarbeiter und seine Mutter hilft zeitweise immer noch tatkräftig mit. Trotz seiner Spezialisierung auf den klassischen Mittelstand werden Mandanten vom Pizzabäcker bis zum Elektronikgroßhändler in allen Größenordnungen betreut. Der Wirkungskreis erweiterte sich im Laufe der Jahre auf Berlin, Hamburg, München, Magdeburg, Nordrhein-Westfalen, Rheinland-Pfalz, Bayern und Baden-Württemberg.
Gemäß dem Motto „wer rastet – rostet" hat Michael Rudy im Jahre 2007 die Chance ergriffen, den bundesweit ersten Fortbildungskurs zum „Fachberater der Unternehmensnachfolge" zu besuchen: Die beiden Klausuren hat er mittlerweile erfolgreich bestanden (Durchschnittsnote 2) und in Kürze darf sich Michael Rudy zusätzlich „Fachberater für Unternehmensnachfolge (DStDV e.V.)" nennen. Auch im steuerberatenden Beruf werden ähnlich den Rechtsanwälten zunehmend Fachberater existieren.

Neben den klassischen Aufgaben einer Steuerkanzlei, wie Finanzbuchhaltung, Lohn- und Gehaltsabrechnungen, Jahresabschlusserstellung, Steuererklärungen jeglicher Art, finden auch Beratungen im Steuerstrafrecht, bei Existenzgründungen, bei Finanzierungen, bei der Rechtsformwahl und -wechsel und auch im internationalen Steuerrecht statt. Alle Beratungen können auch in Englisch geliefert werden.

Michael Rudy mag den Umgang mit Menschen in allen Facetten und möchte mit seiner Arbeit den Menschen helfen, gegen die Allmacht des Staates bestehen zu können. Dabei unterstützen ihn sein Netzwerk aus Familien-, Arbeits-, Zivil- und Strafrechtsspezialisten.
Die langjährige Erfahrung in der Steuerberatung, über ca. 28 Jahre, sein unternehmerisches Know-How und die Fähigkeit auch über den Tellerrand hinaus zu schauen, sind der Schlüssel für seine erfolgreiche Arbeit. Auch die über Jahre vertrauensvolle Zusammenarbeit mit seinen Mandanten bestätigen diesen erfolgreichen Kurs.

Die politische Entwicklung sieht Michael Rudy in Deutschland mit einer gewissen Besorgnis. Er ist Mitglied im Wirtschaftsrat der CDU und im örtlichen Gewerbeverein.
Immer mit am Ball und als echter Frankfurter ist er natürlich Eintracht-Fan und dort seit 1988 Mitglied. In seiner Jugend war er selbst aktiv in der D & C-Jugend des FV 09 Eschersheim. Wenn es seine Zeit erlaubt, geht er seinem Hobby nach, dem Sammeln und Bauen von seiner Märklin Modelleisenbahn. Er hält sich fit durch Schwimmen und Joggen und nimmt jährlich mit seinem ganzen Kanzleiteam am JP-Morgenlauf als Teamkapitän teil und am Hofheimer Kreislauf. Im Winterurlaub geht es dann auch mal in die Alpen zum Alpinskilauf. Michael Rudy reist gerne rund um den Globus, ein ganz besonderes Erlebnis für ihn war bei dem Anflug auf Johannesburg als 3. Mann im Cockpit dabei sein zu können. Trotz seiner verantwortungsvollen Tätigkeit kann er sich stets auch über Kleinigkeiten freuen und genießt gerne gutes Essen und Trinken, besonders an der Cote d´Azur. Michael Rudy blickt stets optimistisch in die Zukunft und wünscht sich gesund ein schönes Alter zu erreichen und dabei finanziell unabhängig zu bleiben.

Dr. Gerhard Rüschen

„Gesagt ist noch nicht gehört, gehört ist noch nicht verstanden, verstanden ist noch nicht einverstanden, einverstanden ist noch nicht angewendet, angewendet ist noch nicht beibehalten."

(Konrad Lorenz)

Dr. Gerhard Rüschen

Straße:	Am Wolfspfad 1
Ort:	65812 Bad Soden
Beruf:	Diplom-Kaufmann, ehem. Vorstandsvorsitzender der Néstle AG
Geburtsdatum:	23.06.1932
Familienstand:	verheiratet
Kinder:	4

Ein Mann der Kommunikation, des Konsens und des ethischen Managements – Dr. Gerhard Rüschen, ehemaliger Vorstandsvorsitzender der Néstle Deutschland AG. Er markiert einen Wirtschaftsführer mit sozialen Werten, mit Verantwortungsbewusstsein und vor allem für hohe Qualitätsstandards in der Lebensmittelbranche – zur Sicherheit für den Verbraucher. Darüber hinaus hat sich Dr. Rüschen als Vorsitzender des Aufsichtsrats der „Duales System Deutschland GmbH“ für den Umweltschutz stark gemacht.

In Gerhard Rüschen schlägt ein Mannheimer Herz. Nach der kaufmännischen Lehre absolvierte er in seiner Heimatstadt und in München ein BWL-Studium und promovierte zum Dr. oec. publ. Er begleitete mehrere Führungspositionen bei der im Jahr 1970 von Nestlé übernommenen Unifranck Lebensmittelwerke GmbH und der Allgäuer Alpenmilch AG. Ab 1981 führte er dann die Geschäfte des Schweizer Lebensmittelkonzerns in Deutschland als Vorstandsvorsitzender. Unter seiner Federführung formierte sich die Nestlé Deutschland AG aus verschiedenen Nestlé-Töchtern, wie Sarotti, Maggi oder Allgäuer Alpenmilch mit einem damaligen Jahresumsatz von sechseinhalb Milliarden DM und rund 18.000 Beschäftigen. Später wechselte Dr. Gerhard Rüschen in den Aufsichtsrat des Unternehmens als dessen Vorsitzender.

Der Manager Rüschen ist einer, der in seiner Riege total aus der Rolle fällt. Im positiven Sinn. Sein Führungsstil war kein autoritärer, „obwohl ein Unternehmen niemals demokratisch geführt werden kann. Aber man muss versuchen, den Konsens und Ausgleich zu finden, bei unterschiedlicher Interessenslage“, so sein Führungsgrundsatz, der vor allem aus der katholischen Soziallehre geprägt ist. Darüber hinaus war dem ehemaligen Nestlé-Leiter stets der Kontakt zu seinen Geschäftspartnern persönliche Chefsache. Er habe nach eigenen Worten wenigstens alle seine Hauptkunden persönlich gekannt. Was ganz oben auf seiner täglichen Agenda-Liste stand, war die Produktqualität. Damit zeigte er höchste Verantwortung gegenüber seinen Kunden und den Verbrauchern, 1A-Qualität zu liefern. Gerhard Rüschen weiß nämlich darüber hinaus, mit welchen Merkmalen die Bezeichnung Markenartikel aufgeladen ist, und wie dies hochzuhalten ist: „Der Markenartikel hat mich das ganze Leben lang begleitet“, resümiert der ehemalige Vorsitzende des Markenverbandes.

Diese „Saubermann-Haltung“ hielt Gerhard Rüschen aber auch außerhalb des Nestlé-Betriebs aufrecht. Er führte im Aufsichtsrat das Duale System Deutschland GmbH und war so maßgeblich daran beteiligt, den Gedanken des Umweltschutzes innerhalb der deutschen Wirtschaft zu stärken.

Weiterhin engagierte sich der Träger des Bundesverdienstkreuzes federführend im Verband der Kindernahrungsindustrie, in der Bundesvereinigung der Deutschen Ernährungsindustrie und in der Frankfurter Gesellschaft für Handel, Industrie und Wissenschaft. Obendrein gehört er seit 1995 als Vorsitzender der Deutschen Stiftung für Herzforschung an und lenkte unter anderem die Adolf Messer-Stiftung, den Verein zur Förderung der Knochenmarkstransplantation und den Freundeskreis der Universität St. Georgen in Frankfurt.

Der Unruheständler liebt es, sich der Musik, Literatur und dem Theater zu widmen und ganz besonders seiner Familie. Frankfurt ist dem Mannheimer mittlerweile ganz ans Herz gewachsen – wegen des in der Stadt weit verbreiteten bürgerlichen Engagements, wie der ehemalige Spitzenmanager zugibt.

Deutsche Stiftung
für Herzforschung

Prof. Dr. med. Robert Sader

„Ihr sollt die Menschen lieben, wie sie sind und nicht wie ihr sie haben wollt."

(Johann W. von Goethe)

Prof. Dr. med. Robert Sader

Straße: Theodor-Stein-Kai 7
Ort: 60590 Frankfurt am Main
Beruf: Mediziner
Geburtsdatum: 02.04.1961
Familienstand: ledig

Was zeichnet Prof. Robert Alexander Sader als außergewöhnlichen Arzt aus? Seine Kompetenz. Ja, natürlich. Seine große Patientenfürsorge. Ja, klar. Sein tiefes Einfühlungsvermögen für seine Patienten. Auch das! Aber es ist noch viel mehr, denn all diese Eigenschaften zeichnen auch andere gute Mediziner aus. Der Direktor der Klinik für Mund-, Kiefer- und Plastische Gesichtschirurgie der Goethe-Universität Frankfurt am Main wirkt äußerst angenehm auf seine Umgebung, vor allem durch sein uneitles Auftreten, seine Offenheit und sein tiefes Verständnis für das Menschsein – als sozusagen, seine individuellen Alleinstellungsmerkmale in der üppigen Landschaft menschlicher Eigenschaften. Dabei sollen seine wissenschaftlichen Meriten selbstverständlich nicht unter den Tisch fallen.

Robert Alexander Saders grundlegende Lehrzeit erstreckt sich von 1980 bis 1999, dann habilitierte er für das Fachgebiet Mund-, Kiefer- und Gesichtschirurgie. Zuvor studierte er Humanmedizin und Philosophie in Düsseldorf und Wien, Zahnmedizin in Bonn und Köln, absolvierte eine Weiterbildung an der Klinik und Poliklinik für Mund-, Kiefer- und Gesichtschirurgie der Technischen Universität München, Klinikum rechts der Isar, und schloss die medizinischen Fächer mit Promotion, beziehungsweise mit dem Facharzt für Mund-, Kiefer- und Gesichtschirurgie ab. Im Jahr 1997 war er Oberarzt und zugleich Vertreter des Klinikdirektors an der Klinik und Poliklinik für Mund-, Kiefer-, und Gesichtschirurgie der Technischen Universität München.

Es folgten 2001 die Berufung zum External Medical Research Manager am Bonner Forschungszentrum caesar – center of advanced european studies and research, 2002 die Position des stellvertretenden Leiters des Hightech-Forschungs-Zentrum Center of Advanced Studies of Cranio-Maxillofacial Surgery am Klinikum rechts der Isar der TU München und 2002 die Stelle des leitenden Oberarztes mit besonderen Aufgaben und des persönlichen Stellvertreters des Klinikleiters an der Abteilung für Kiefer- und Gesichtschirurgie der Klinik für Wiederherstellende Chirurgie am Kantonhospital/Universitätskliniken Basel mit dem Verantwortungsbereich „Forschung und Entwicklung“ und „Lehre“, sowie für die Abteilung „Kiefer- und Gesichtschirurgie“ am Kantonspital Aargau.

Im Jahr 2004 kam Prof. Sader nach Frankfurt, aufgrund der Berufung auf die C4-Professur für Kiefer- und Plastische Gesichtschirurgie und der Übernahme der Leitung als Direktor der Klinik für Mund-, Kiefer- und Plastische Gesichtschirurgie der Goethe-Universität Frankfurt am Main.

Neben seiner außerordentlichen, wissenschaftlichen und Patientenkompetenz ist „Honorary Professor“ Sader des Ragas Dental College and Hospital im indischen Chennai obendrein ein, auch international, sehr honoriger Forscher seines Faches. Zu seinen zahlreichen wissenschaftlichen Auszeichnungen zählen neben dem Hans-von-Seemen-Preis der Deutschen Gesellschaft für Plastische und Wiederherstellende Chirurgie 2002 unter anderem 2007 der Innovationspreis Medizintechnik für den Bionischen Feuchtkleber, ein Klebstoff aus der Miesmuschel für bessere Haftung von Zahnimplantaten. Im gleichen Jahr wurde der Klinikdirektor mit dem Helene-Matras-Preis der Österreichischen Gesellschaft für Lippen-, Kiefer-, Gaumenspalten und kraniofazialen Fehlbildungen ausgezeichnet sowie Dr. Braithwaite Oration und Medaille der Indian Association for Cleft Lip and Palate and Craniofacial Anomalies für das wissenschaftliche Gesamtwerk, auf dem Gebiet der LKG-Spaltchirurgie – um nur einige zu nennen.

Der Gesichtschirurg hält es wohlweislich mit Goethes Sentenz: „Ihr sollt die Menschen lieben, wie sie sind und nicht wie ihr sie haben wollt.“ Privat hält sich der Hobbyflieger und Geigenspieler gern über den Lüften auf oder – ganz bodenständig – beim guten Essen. Nicht zu unterschlagen ist das breite soziale Engagement des Wissenschaftlers Robert Alexander Sader, der nicht nur jährlich in Nicaragua oder Togo hilfsbedürftige Kinder mit Gesichtsfehlbildungen operiert. Auch in Frankfurt selbst setzt er sich tatkräftig gemeinsam mit dem Stadtgesundheitsamt für die medizinische Versorgung bedürftiger Bürger ein und hat dafür eine eigene Afrikasprechstunde an seiner Klinik eingerichtet.

Dr. Gerd Sandstede

Dr. Gerd Sandstede

Straße:	Esperantostraße 5
Ort:	60598 Frankfurt am Main
Beruf:	Diplom-Chemiker
Geburtsdatum:	05.02.1929
Familienstand:	verheiratet
Kinder:	2

Er ist der Entdecker und Erfinder neuartiger Brennstoffzellen-Systeme und wurde vom Hessischen Ministerpräsidenten Koch im Rahmen der Verleihung des Großen Bundesverdienstkreuzes als Nestor der deutschen Brennstoffzellenforschung bezeichnet. Damit zeichnet sich Dr. Gerd Sandstede als einer der frühesten deutschen Forscher für hocheffiziente Energiewandler und -speicher aus – auf der steten Suche nach erneuerbaren Energien. Doch der promovierte Chemiker hat auch auf anderen Wissenschaftsgebieten international erfolgreich gearbeitet. Seine Verdienste ehrenamtlicher Aufgaben füllt Zeitungsspalten und auch seine Verbandsarbeit, könnte man als unglaublich bezeichnen – nicht nur hinsichtlich des Umfangs.

Gerd Sandstede wurde in Oldenburg geboren. Schon als Schuljunge Anfang der 40er Jahre, beschäftigte er sich mit der Poggendorfschen Batterie, Wasserstoff und dem Detektorradio. Das war prägend. Doch gegen Kriegsende wurde er zunächst Marine-Offiziersanwärter auf dem Schulschiff „Kommodore Johnsen". Nach der Kriegsgefangenschaft lernte er im Jahr 1946 seine künftige Frau Annelotte kennen, die ihn motivierte, sich wieder dem zivilen Leben zuzuwenden. Ab 1949 studierte Gerd Sandstede Chemie und Physik an der Frankfurter Universität. Ab 1955 war er im Battelle-Institut tätig, wo er sich fachlich der Brennstoffzelle widmete und in den VDI-Ortsgruppen, deutschlandweit, Vorträge hielt. Im Jahr 1958 promovierte er über Physikalische Chemie der Grenzflächen und 1962 trat Gerd Sandstede dem Physikalischen Verein bei. Im Battelle-Institut ging es dann steil aufwärts mit der wissenschaftlichen Karriere – bis zum Forschungsdirektor, verantwortlich für alle Institutsbereiche mit knapp 1.000 Mitarbeitern. Von 1990 bis 2004 erfüllte er einen Lehrauftrag an der Fachhochschule Darmstadt über erneuerbare Energien und Energiespeicherung. Ab 1990 war Gerd Sandstede in eigener Mission unterwegs, als freiberuflicher Berater der Sandstede-Technologie-Consulting.

Der Name Gerd Sandstede verbindet sich vor allem mit rund 50-jähriger Forschung auf dem Gebiet der Brennstoffzelle und Wasserstofftechnologie – als elektrochemische Energiesysteme, die der unermüdliche Forscher maßgeblich mitprägte. Das wiegt umso schwerer, als er dieses Forschungsgebiet weiterhin beackerte, während es in Deutschland in den 70er und 80er Jahren auf wenig Interesse stieß. Zu den weiteren Arbeitsgebieten von Gerd Sandstede zählen unter anderem Elektrochemie, chemische Technologie, erneuerbare Energie und Biomasse.

Sandstedes zweite große Leidenschaft ist der traditionelle Physikalische Verein, den er seit 1980 mitgestaltet und seit 1991 ehrenamtlich als Vorsitzender führt. Auch auf diesem Feld hat er sich größte Anerkennung verdient. So gehen vier Förderpreise, die Schüler- und Lehrerförderung, der Ausbau des Vereins (Naturwissenschaften und Astronomie, Volkssternwarte) als Bildungseinrichtung (Technikunterstützung, gesellschaftlicher Bezug, Umwelt), die Erhöhung der Studentenzahl, das Observatorium auf dem kleinen Feldberg, die Förderung der Geschichte der Naturwissenschaften einschliesslich Otto Hahn-Nachlass oder der Planung eines „Science Centers" mit Planetarium, auf sein Konto. Darüber hinaus war er 26 Jahre lang Vorsitzender des DECHEMA-Arbeitsausschusses „Elektrochemische Prozesse", sowie Mitglied in Ausschüssen und Gutachtergremien der Deutschen Forschungsgemeinschaft, der Arbeitgemeinschaft industrieller Forschungsvereinigungen, des VDI und des VDE, um einige zu nennen. Ferner hat er mitgearbeitet in der Gesellschaft Deutscher Chemiker, der Deutschen Physikalischen Gesellschaft, dem Deutschen Wasserstoff- und Brennstoffzellenverband u.a. wissenschaftlichen Gesellschaften. Besonders erwähnen muß man auch die Mitgliedschaft in Beraterkuratorien, z.B. des Bundesforschungsministeriums, der EU, der DECHEMA, des Schweizer Paul Scherrer-Instituts usw.

In der Verbandsarbeit hat sich Gerd Sandstede in außerordentlicher Weise national und international eingebracht. So verantwortete er schliesslich auch viele Fachtagungen oder andere Veranstaltungen wissenschaftlich-technischer Gesellschaften federführend mit, z.B. World Hydrogen Energy Konferenzen, Battelle-Konferenzen in Seattle/USA, DECHEMA-Symposien, ACHEMA-Kongresse u.a. Viel Freude hat ihm auch die Vorstandsarbeit in der Fachgruppe „Angewandte Elektrochemie" (als stellv. Vorsitzender) gemacht oder in den letzten Jahren besonders in der Wasserstoff- und Brennstoffzellen-Initiative Hessen, die er mit aus der Taufe gehoben hat. Als naturwissenschaftlicher Forscher hat Sandstede annähernd 200 Publikationen geschrieben und weit mehr fachliche und andere Vorträge gehalten. Seine ehrenamtlichen Tätigkeiten wurden einerseits durch eine ACHEMA-Plakette und eine DECHEMA-Medaille anerkannt sowie andererseits durch die ISIS-Medaille des Physikalischen Vereins. 2005 folgte dann die Verleihung des Grossen Bundesverdienstkreuzes. Unter diesem Stichwort zusammen mit dem Namen sind auch die Laudatio und viele weitere Informationen im Internet zu finden.

Kai Schadbach

„Freiheit ist ein Gut, das durch Gebrauch wächst, durch Nichtgebrauch dahinschwindet."

(Carl Friedrich von Weizsäcker)

Kai Schadbach

Straße:	Hansaallee 22
Ort:	60322 Frankfurt am Main
Beruf:	Rechtsanwalt
Geburtsdatum:	10.09.1966
Familienstand:	verheiratet
Kinder:	keine

Der aus einer Mediziner- und Apothekerfamilie stammende Kai Schadbach hatte schon als Schüler den Wunsch, in die Wirtschaft zu gehen. Unternehmer war der erklärte Wunschberuf. Das Wirtschaftsingenieur- und Jurastudium: an den Universitäten Paderborn, Kiel, Surrey (GB) und Den Haag (NL). Auf die deutschen juristischen Staatsexamina folgte der Master of Laws (LL.M., honors) an der Case Western Reserve University, Cleveland (USA).

Unternehmertum und -mut sind Dinge, die Kai Schadbach auch bei anderen schätzt. Die 2003 von ihm gegründete Wirtschaftsrechtskanzlei war somit eine logische Konsequenz. Zuvor war er Anwalt bei verschiedenen Großkanzleien in Bonn, Düsseldorf, Frankfurt und Columbus (USA) und sammelte berufliche Erfahrung auch als Leiter der Rechtsabteilung eines börsennotierten mittelständischen Unternehmens. Mit den Mittelständlern kennt er sich aus und berät sie vor allem im GmbH- und Aktienrecht, im Personengesellschaftsrecht sowie bei M&A-Transaktionen.

Frankfurt als Standort seiner Kanzlei sei für den in Norddeutschland aufgewachsenen Kai Schadbach selbstverständlich gewesen, sagt er. Frankfurt sei ein Dreh- und Angelpunkt in Deutschland, an dem alle Wege zusammen führen und von wo aus man in alle Welt startet. Frankfurt sei somit ein Platz, an den es ihn sowieso eines Tages verschlagen hätte. Frankfurt sei eine gute Mitte, hätte alle Vorzüge einer Metropole inklusive der Skyline, bliebe dabei aber angenehm überschaubar. In Frankfurt hat er nicht nur berufliches Glück, auch das Private fand sich hier. Seit letztem Jahr ist er glücklich verheiratet mit einer Wahlfrankfurterin.

Sich selbst charakterisiert Kai Schadbach als zielorientierten Idealisten. Seine Ideale beschreibt er mit Freiheit, Toleranz und Empathie. Er fühlt sich ausgeglichen, trotz allem beruflichen Stress. Arbeit ist für ihn Leidenschaft ohne Sucht. Den Vorwurf des „Workaholic" weist er daher entschieden zurück. Sein Kapital sieht er in seinen Einstellungen zu den Dingen, englisch würde er es mit „attitudes" beschreiben und findet keine adäquate deutsche Übersetzung dafür. Energiegeladen geht er an seine Fälle, steckt sich hohe Ziele und will seinen hohen Ansprüchen genügen. Intellektuelle Stimulanz und ein Berg an Herausforderungen erzeugen bei Kai Schadbach Freude, und komplexe Gestaltungsmöglichkeiten treiben ihn an.

Freiheit ist für Kai Schadbach das höchste Gut, und so hat er nach seiner Schulzeit die Dinge auch selbst in die Hand genommen. Nicht dass es ihm an Unterstützung aus dem Elternhaus gefehlt hätte, dennoch hält er es für wichtig, seinen eigenen Weg zu gehen. Die erste prägende Gestalt außerhalb der Familie war sein Chef aus Schülertagen. Der Gastronom Dieter Hermes aus Sankt Peter-Ording habe Kai Schadbach geformt, seine Zielorientiertheit und Leistungsbereitschaft gefördert, sagt er.

Im Studium hat sich Kai Schadbach aktiv in der Freien Demokratischen Partei Deutschlands, kurz FDP, engagiert. Der Liberalismus ist für ihn mehr eine Lebenseinstellung als eine politische Gesinnung. Zwar steht er der FDP auch heute noch nahe, jedoch fehlt ihm für die aktive Politik die Zeit. Während seines Aufenthalts in den USA hat er den dort vorherrschenden Freiheitsdrang sehr geschätzt. Die Gesellschaft würde dort die Individualität mehr achten als in Deutschland. Der Leistungswille und eine breite Förderung von Talenten sind stärker als der Neid. Für unsere Gesellschaft wünscht er sich mehr Raum für Freiheit und dass Leistung nicht gebremst werde. Wenn dies verstanden würde, wäre es zum Nutzen aller – gerade auch der Schwachen.

Für sich selbst wünscht er sich den weiteren Ausbau seiner Kanzlei und arbeitet daran, die Wirtschaftskanzlei im Transaktionsbereich zu einer der namhaften Mittelstandskanzleien in Deutschland zu machen. Bereits jetzt wird die Kanzlei in unabhängigen Branchenbüchern empfohlen. So listet ihn das Handelsblatt bei den wichtigsten Anwälten im Private Equity-Bereich, also bei Transaktionen mit privaten Beteiligungsgesellschaften. Kai Schadbach ist Autor zahlreicher Fachpublikationen, Lehrbeauftragter der FH Gießen-Friedberg und Referent bei Veranstaltern wie der IHK.

Werner Schaefer

„Kein Leben ohne Kommunikation – keine Kommunikation ohne menschliche Interessen!“

(Werner Schaefer)

Werner Schaefer

Straße: Hessenring 90
Ort: 65817 Eppstein-Bremthal
Beruf: Diplom-Sportlehrer grad.
Geburtsdatum: 29.03.1954
Familienstand: verheiratet
Kinder: 1

Sport ist kein Mord – für den diplomierten Sportlehrer Werner Schaefer. Natürlich. Er leitet seit 20 Jahren den Olympiastützpunkt Hessen. Erfolgreich, natürlich. Das zeigt die voraussichtliche Teilnahme von 35 Sportlerinnen und Sportlern im Hessen-Team, die mit einem Ticket zur Olympiade nach Peking fahren.

Im Jahr 1973 beendete der in Koblenz Geborene das mathematisch-naturwissenschaftliche Gymnasium in Neustadt an der Weinstraße mit dem Abitur. Dann studierte er an der Universität in Mainz Sport und Englisch mit Abschluss Diplom-Sportlehrer. Sein Berufsleben startete er als hauptamtlicher Trainer und Lehrer. Nach zwei Jahren wechselte er an die Sporthochschule zu Köln als Dozent. Im Jahr 1988 verschlug es ihn nach Frankfurt. Dort arbeitete er für den im gleichen Jahr gegründeten Olympiastützpunkt (OSP) Frankfurt-Rhein-Main. Heute leitet Werner Schaefer den Olympiastützpunkt Hessen, wie er nach der Umfirmierung bezeichnet wird und eine von insgesamt 20 BRD-weiten Einrichtungen dieser Art ist. Der OSP im Landessportbund Hessen e. V. ist eine Dienstleistungseinrichtung im Rahmen der Spitzensportförderung des Deutschen Olympischen Sportbundes (DOSB).

„Wir bieten Dienstleistungen an der Stelle an, an der die Möglichkeiten der Spitzenverbände enden. Im Jahr 1992 hat der Landessportbund Hessen e.V. die Trägerschaft übernommen. Einmalig für unsere Einrichtung ist dabei die enge Verzahnung mit dem Leistungssport auf Landesebene und der Abschluss von zehn Kooperationsverträgen mit den meisten hessischen Hochschulen. Das bringt unter anderem deutliche Verbesserungen für Leistungssportler im Studium", umschreibt der hessische OSP-Chef einen Teil der Aufgabe. Dazu zählt weiterhin die Betreuung der Sportfördergruppe der hessischen Polizei in Wiesbaden, der Betrieb von Trainingsstätten, eines Sportinternats und der Kooperation mit einer Eliteschule des Sports. Hessische Spitzensportler werden vom Olympiastützpunkt unter anderem in den Bereichen Trainingswissenschaft, Physiotherapie, Laufbahnberatung und Umfeldmanagement sowie Ernährungsberatung und sportpsychologische Betreuung versorgt.

Stets erfüllt es den einstigen Kunstturner und OSP-Leiter mit ein wenig Stolz, wenn die Leistungen der OSP-Athleten anerkannt werden. Schließlich misst sich auch daran der Erfolg seiner Aufgaben und seiner Führungskompetenz. Dass dieser nicht zu gering ist, zeigen die vergangenen zehn Jahre und aktuell die Teilnehmerliste für Olympia 2008 in Peking. Dort sind Namen wie Fabian Hambüchen (Reckweltmeister), Betty Heidler (Hammerwurfweltmeisterin), von Birgit Prinz (Fußballweltmeisterin) oder Ariane Friedrich (Zwei-Meter-Hochspringerin) gelistet – alles Sportler, die vom OSP Hessen individuell profitiert haben. Auch die vergangenen Olympischen Spiele 2004 in Athen belegen die Fortschritte im hessischen Leistungssport: 23 OSP-betreute Sportler erzielten dort Medaillenränge. Und darin sieht Schaefer auch seine Aufgabe: „Junge Menschen weiter zu formen, damit sie Fortschritte im Leben erfahren können", wie er formuliert.
Eine Wohlfühlgegend ist für den 54-Jährigen die Pfalz, die er als Toscana Deutschlands bezeichnet. Dort wird für ihn auch eine eigene Sprache gesprochen, denn neben Englisch und Französisch gibt er witzigerweise Pfälzisch als dritte Fremdsprache an, die er beherrscht. Überhaupt ist ihm Kommunikation lebenswichtig – gemäß seinem persönlichen Zitat: „Kein Leben ohne Kommunikation – keine Kommunikation ohne menschliche Interessen!"

Peter Cachola Schmal

Peter Cachola Schmal

Straße: Schaumainkai
Ort: 60596 Frankfurt am Main
Beruf: Direktor des Deutschen Architekturmuseums (DAM)
Geburtsdatum: 20.09.1960
Familienstand: verheiratet
Kinder: 3

Peter Cachola Schmal liebt Architektur. Er hat Architektur studiert, gemacht, darüber geschrieben und gelehrt. Als Direktor des Deutschen Architekturmuseums am Frankfurter Museumsufer schätzt er den Austausch mit kreativen Menschen und das Privileg, immer wieder aufs Neue mit den besten seines Faches zusammen arbeiten zu können. Er versteht sich als Förderer der Architektur und möchte mit seinen Ausstellungen und Projekten die interessierte Allgemeinheit ansprechen. Sein Programm tritt heraus aus den Nischen der Fachwelt und öffnet sich nach außen. Dabei misst er den Erfolg seiner Ausstellungen auch an der Wertschätzung des Publikums.

Seine Vision ist ein breites Selbstverständnis des Themas Architektur, welches mit Sachverstand innerhalb der Allgemeinheit rege diskutiert wird. Keine elitäre Auseinandersetzung mit der Thematik, sondern ein lockerer und interessierter Umgang wie es beispielsweise mit Film, Musik, Literatur oder Kunst der Fall ist. Architektur umgibt und beeinflusst den Menschen ständig, daher wünscht sich Peter Cachola Schmal mehr Hinwendung zur Architektur und die gleiche Wichtigkeit wie sie unter anderem die Mode einnimmt.

Seit April 2006 leitet Peter Cachola Schmal das DAM. Er war bereits seit 2000 als Kurator am Museum tätig und verantwortlich für einige der vielbeachteten Ausstellungen, wie die erste Show über digital geplante und realisierte Bauten der „Blobmeister", eine Ausstellung zum Thema „Licht und Schatten in der Architektur" und die große Werkschau über den Bauingenieur Jörg Schlaich und den japanischen Architekten Kisho Kurokawa, oder die Ausstellung „UN Studio: Die Entwicklung des Raums". Darüber hinaus organisierte er Wettbewerbsdokumentationen wie die Planungen zu Ground Zero im Jahre 2002 und die Entscheidung über den Neubau der Europäischen Zentralbank in Frankfurt am Main und das Terminal 3 des Frankfurter Flughafens.

Das Deutsche im Titel des Architektur Museums hat für Peter Cachola Schmal eine große Gewichtung. Das bedeutet für ihn, das Architekturmuseum Deutschlands zu leiten, und diesem Anspruch will er gerecht werden. Berlin ist als Impulsbringer auf dem Vormarsch, und vor ein paar Jahren, als die Besucherzahlen zurückgingen, wurden Stimmen laut, das Museum in Frankfurt zu schließen und nach Berlin zu verlegen. Peter Cachola Schmal will den Standort Frankfurt bewahren und setzt auf Kooperationen und selbst geplante Wanderausstellungen. Die Besucherzahlen steigen stetig und bestätigen sein Führungskonzept. Deutsche Architektur sowohl – national – nach innen als auch – international – nach außen zu transportieren, ist ihm ein Anliegen. im November und Dezember 2007 beispielsweise richtete das Deutsche Architekturmuseum im Auftrag des Bundes den Deutschen Beitrag auf der VII. Internationalen Architektur Biennale (Bienal Internacional de Arquitetura) in São Paulo, Brasilien, aus. Unter dem Titel „Ready for Take-Off. Aktuelle deutsche Exportarchitektur" wurden Bauvorhaben von deutschen Architekturbüros im Ausland präsentiert.

Peter Cachola Schmal wagt sich mit seinen Ausstellungsthemen heraus aus klassischen Architekturinhalten und greift dabei spannende Ansichtsweisen auf, wie die aktuelle Manga- und Anime-Ausstellung beweist. Der Comic und sein filmisches Pendant werden dabei oftmals zu dem Ort, an dem utopische und fantastische Stadtideen dargestellt werden. Auch Grenzthemen wie der Outsider-Kunst nimmt sich Peter Cachola Schmal an. Die Ausstellung „Heterotopia" folgt der individuell-subjektiven Wahrnehmung von Architektur und Städten und zeigt unter anderem Arbeiten des niederländischen autistischen Malers und Grafikers Willem van Genk (1927–2005).

Geboren ist Peter Cachola Schmal als Sohn eines Auslandsdeutschen und einer Philippinin zwischen Aufenthalten in Ägypten und Pakistan: In Altötting erblickte er das Licht der Welt und empfindet diesen Ort durchaus als exotisch. Seine Eltern lernten sich im Studium in den USA kennen und bereisten fortan die Welt. Nach Pakistan verbrachte Peter Cachola Schmal 10 Jahre im Ruhrgebiet, anschließend ging es nach Jakarta. Sein Abitur machte er in Holzminden, den Zivildienst in Baden-Baden und sein Studium absolvierte er in Darmstadt. Seit 1990 lebt und arbeitet er jetzt in Frankfurt und schätzt die Offenheit, die Toleranz und die tolle Lage der Stadt. Manchmal empfindet er Frankfurt als zu klein und beklagt, dass die Stadt zu teuer für junge Leute und Künstler sei – das sei einer spannenden Subkultur abträglich.

Dietmar Schmid

„Man kann alles lernen und trainieren, nur nicht den Charakter.“

Dietmar Schmid

Straße: Herderstraße 27
Ort: 61350 Bad Homburg
Beruf: Dipl.-Kaufmann
Geburtsdatum: 11.03.1947
Familienstand: verheiratet
Kinder: 3

Er ist ein Urgestein der BHF-BANK und heute das dienstälteste Vorstandsmitglied der Bank. Dietmar Schmid ist dort seit über 30 Jahren tätig und eine Persönlichkeit, die immer etwas bewegen will – nämlich unter anderem in seinem zuständigen BHF-Geschäftsbereich, aber auch im sozialen Bereich.

Dietmar Schmid wurde im mittelfränkischen Lichtenau geboren. Er absolvierte von 1965 bis 1967 eine Lehre als Bankkaufmann bei der Stadtsparkasse Karlsruhe. Im Anschluss besuchte er das Wirtschaftsgymnasium Karlsruhe mit Abschluss Abitur. Ab 1970 studierte er Betriebswirtschaftslehre mit den Hauptfächern Bankbetriebslehre/Finanzierung, Personalwesen und Politologie an der Universität Mannheim. Im Jahr 1975 schloss er das Studium als Diplom-Kaufmann ab. Im Anschluss daran war Dietmar Schmid als Studienreferendar für das Höhere Lehramt an beruflichen Schulen und am Wirtschaftsgymnasium tätig. Diese Zeit schloss er als Assessor mit dem Zweiten Staatsexamen 1977 ab. Dann trat er in die BHF-BANK, eine der ersten Adressen von Deutschlands Privatbanken, ein und war zunächst im Bereich Personal tätig. Knapp zwei Jahre später leitete Dietmar Schmid die Ausbildung in der Bank und die Personalentwicklung und avancierte im Jahr 1982 zum Leiter Personalorganisation und Personalplanung. Ab 1988 war er für den Gesamtbereich Personal, Bankbetrieb und IT leitend verantwortlich und stand in der ersten Führungsebene, unterhalb der Geschäftsinhaber.

Als Personalverantwortlicher der BHF-BANK weiß Dietmar Schmid, dass soziale Kompetenz sehr wichtig ist, gerade bei schwierigen Entscheidungssituationen. Auch aus der oberen Führungsebene heraus, kennt er seine Mitarbeiter, Trainees und Auszubildenden: „Bei uns arbeiten ca. 40 verschiedene Nationalitäten. Die besten Auszubildenden der letzten 10 Jahre hatten einen türkischen Emigrationshintergrund." Im Mai 1995 stieg der Fachmann in den Vorstand auf. In seinen Verantwortungsbereich gehört der Geschäftsbereich Asset Management & Financial Services, den er in den zurückliegenden zehn Jahren geprägt und deutlich ausgebaut hat: Mit FRANKFURT-TRUST, der Frankfurter Fondsbank, der Frankfurter Service KAG, den Custody & Derivate Services, sowie dem Joint Venture mit The Bank of New York hat Schmid das Asset Management-Geschäft der BHF-BANK erfolgreich zu einem integrierten Anbieter der gesamten Wertschöpfungskette, von Asset Management bis zur Fondsadministration weiterentwickelt.

„Die Mischung aus persönlicher Leistung und IT-Service überzeugt unsere Kunden." Zu seinen weiteren Vorstandszuständigkeiten gehören Personal und Verwaltung, Bankbetrieb und IT, Zentralsekretariat und Recht.

Neben seiner vielfältigen Gremientätigkeit beim Bundesverband deutscher Banken, dem Bankenverband Hessen und dem Arbeitgeberverband des privaten Bankgewerbes, engagiert sich Dietmar Schmid für karitative, kulturelle, sowie wissenschafts- und bildungspolitische Fragen – insbesondere am Sitz der BHF-BANK in Frankfurt am Main: So ist Schmid bereits seit 1999 Vorsitzender des Vorstandes der BHF-BANK-Stiftung und seit 1996 Mitglied des Aufsichtsrats der Frankfurt School of Finance & Management, sowie Mitglied des Beirats der Eintracht Frankfurt Fußball AG. Darüber hinaus ist Dietmar Schmid seit 2004 Mitglied des Vorstandes und Schatzmeister des Roten Kreuzes in Frankfurt, sowie Präsidiumsmitglied und Schatzmeister der Senckenbergischen Naturforschenden Gesellschaft.

Das biografische Berufsprofil zeichnet den Banker als zielstrebig und ehrgeizig aus. Er selbst schätzt Zuverlässigkeit und Ehrlichkeit, die er sich auch zu eigen gemacht hat und ohne die, eine solche Karriere nicht „hingelegt" werden kann. Dazu passt auch das persönliche Zitat von Dietmar Schmid: „Man kann alles lernen und trainieren, nur nicht den Charakter."

Heinz Schmitz

„Nur wer selber brennt, kann andere entzünden!“

Heinz Schmitz

Straße: Börsenplatz 4
Ort: 60313 Frankfurt am Main
Beruf: CityManager und Geschäftsführer CityForum ProFrankfurt e.V.
Geburtsdatum: 18.09.1961
Familienstand: verheiratet

Er ist der CityManager von Frankfurt – in der Tat. Heinz Schmitz leitet als Geschäftsführer das CityForum ProFrankfurt e.V., eine Initiative mit dem Ziel, Frankfurt als regionale, deutschlandweite und internationale Shopping- und Freizeitadresse zu etablieren. „Frankfurt ist mehr als nur Mainhattens kühle Bankenmetropole“, stellt Heinz Schmitz dezidiert fest und krempelt die Ärmel hoch, um seine interessante Aufgabe lustvoll zu erfüllen – Stadtmarketing für die Rhein-Main-Metropole mit Weltoffenheit, Dynamik, Internationalität und spannungsvollem Bogen zwischen Tradition und Moderne.

Heinz Schmitz ist gebürtig aus Daun in der Eifel. Er bestand 1981 das Abitur, leistete danach seine Bundeswehrzeit ab und begann 1982 ein Studium der Fächer Geographie und Wirtschaftswissenschaften in Trier. Er startete 1990 direkt durch als Geschäftsführer der Marketinginitiative „Aktion Münsterland“ und hat damit auch sein berufenes Betätigungsfeld gefunden. Er wechselte dann als Strategischer Eventmanager zur Vok-Dams-Gruppe, wo er auf der Ebene der Geschäftsleitung von 2001 bis 2002 tätig war. Nach einer kurzen Zeit als Selbstständiger, landete er 2004 beim CityForum ProFrankfurt e.V. als Geschäftsführer.

Das CityForum ist eine privatwirtschaftliche Initiative, die sich zum Ziel gesetzt hat, die Stadt Frankfurt als Topadresse für Shopping und Freizeit zu positionieren und ihre Attraktivität nachhaltig zu steigern. Um der Komplexität von Frankfurt gerecht zu werden, ist es Teil der Strategie, die Stadt als Ganzes zu vermarkten und neben dem Zentrum explizit auch alle Stadtteile mit einzubeziehen.

Geschäftsführer Heinz Schmitz fungiert dabei als CityManager. In seiner Aufgabe hat er die Umsetzung der strategischen Ausrichtung zu verantworten und ist zentraler Ansprechpartner für alle Interessengruppen. Gemeinsam mit dem Vorstand entwickelt er Ideen und Maßnahmen, mit denen das CityForum aktiv wird. Gleichzeitig fungiert er als Bindeglied zu den Behörden und städtischen Repräsentanten.

„Mein Ziel ist es, mit den Akteuren und Partnern des CityForums, Frankfurt über eine authentische Strategie und deren konsequente Umsetzung, zu einer unverwechselbaren Position im Konzert der Metropolen zu verhelfen. Das ist die beste Voraussetzung zur nachhaltigen Steigerung der Anziehungskraft für Shopping und Freizeitgestaltung,“ erläutert der CityManager die geplanten Marketingergebnisse von CityForum. Seine Aufgabe findet Heinz Schmitz nicht nur interessant, sondern sie erfüllt ihn auch mit viel Spaß, denn er habe Umgang mit den unterschiedlichsten Menschen, mit einem breiten Sortiment von Themen zu tun und bilde neue Kooperationen zum Fortschritt Frankfurts und der Region.

„Frankfurt strotzt nur so vor Internationalität, vor allem der Menschen. Und das ist nur ein Aspekt und Vorteil der Mainmetropole. Wir versuchen unter anderem auch die ungeheuren Potenziale der älteren Bürger zu nutzen. Bilden Netzwerke kreuz und quer zu den Menschen, für ein vitales Frankfurt im Sinne des CityForums“, unterstreicht der Stadtmanager.

Mit seiner Energie und seinem Engagement hat Heinz Schmitz im Rahmen von CityForum schon einiges Bemerkenswertes für die „kleinste Megacity der Welt“ erreicht. So kann sich die Initiative das WM-Projekt „CityArena Frankfurt“ auf die Fahne schreiben oder die Etablierung der verkaufsoffenen Themensonntage oder „Frankfurt Book Town“ mit fast 80 lebensgroßen, künstlerischen Buchskulpturen in der Stadt. Damit wurde ein Millionenpublikum bewegt – nach und in Frankfurt.

Prof. Dr./Univ. Miskolc Manfred Schölch

"Es gibt nichts Gutes – außer man tut es!"

(Volksmund)

Prof. Dr./Univ. Miskolc Manfred Schölch

Straße:	Hochstädter Straße 4
Ort:	64342 Seeheim-Jugenheim
Beruf:	Stellvertr. Vorstandsvorsitzender Flughafen Frankfurt Main AG a.D.
Geburtsdatum:	11.06.1942
Familienstand:	verheiratet
Kinder:	2

Lässt man das berufliche Lebenswerk von Prof. Dr. Manfred Schölch einmal Revue passieren, so wird rasch deutlich, dass man es mit einem Mann der Tat zu tun hat. Keine großen Worte, die eine sich selbst feiernde sogenannte „geistige Elite" des Landes gerne parat hat, zeichnen ihn aus; vielmehr ist es seine Geradlinigkeit, seine Beharrlichkeit und seine Integrität, die ihn zu einer bedeutenden Persönlichkeit im internationalen Flughafenwesen werden ließen.

Die Beantragung der Planfeststellung zum Ausbau des Frankfurter Flughafens war im März 2007 der Schlusspunkt einer bemerkenswerten Karriere eines Top-Managers. In intensiven Diskussionen, auch und gerade mit Gegnern des Flughafenausbaus, suchte er auf unzähligen Veranstaltungen Grundlagen für einen Konsens zu schaffen. „Der Fluglärm in bestimmten Regionen ist ja nicht zu leugnen, dennoch muss ich letztlich abwägen, was für das Verkehrsangebot in der Region und darüber hinaus verzichtbar und was elementar notwendig ist", betont er nachdrücklich.

In Frankfurt 1942 geboren, sammelte Prof. Manfred Schölch bereits vor seinem Jura-Studium (1963 bis 1968) an der hiesigen Universität, auf dem Flughafen seine ersten Erfahrungen als Vorfeldarbeiter im Bereich des Gepäckdienstes. Juristischer Mitarbeiter der Flughafengesellschaft wurde er unmittelbar nach Abschluss seines 2. Staatsexamens 1971 – Vorbereitungszeit für einen angehenden „Diplomaten" in Sachen Luftverkehrslogistik und Entscheidungsträger in vielen Flughafen- und Logistikprojekten. Die Entwicklung der Cargo City Süd, in der heute rund 6000 Beschäftigte den Luftfrachtumschlag bewerkstelligen, war ebenso Ergebnis seiner Arbeit wie die Planung und Vergabe der Überbauung des ICE – Flughafenbahnhofs mit dem Airrail – Center, ferner der Erwerb und der Anstoß zur Entwicklung des „Mönchhofgeländes" zwischen Kelsterbach und Raunheim. Bei der Entwicklung des Flughafens Frankfurt-Hahn wirkte er als Aufsichtsratsvorsitzender entscheidend mit. 2007 verlieh ihm die Landesregierung Rheinland-Pfalz dafür die Wirtschafts-Medaille für besondere Verdienste um die Wirtschaft des Landes. promovierte Prof. Manfred Schölch an der Universität Miskolc/Ungarn zum Ph. D. mit einer Arbeit über die Analyse und Optimierung der Transportkette Luftfracht.

Für sein internationales Engagement in zentralen Fragen des Flughafenmanagements und der Luftfrachtentwicklung, z. B. in Polen, Russland, Saudi-Arabien und Kenia hat Prof. Schölch breite Anerkennung gefunden. Die polnische Regierung etwa dankte ihm seine Beratung in Luftverkehrsfragen mit der Verleihung der „Auszeichnung in Gold für Verdienste um das Transportwesen". Mit Recht kann er auch stolz sein auf seine Berufung (1993/1994) zum Mitglied im „Rat der Weisen für Luftverkehrsfragen" der EU – Kommission in Brüssel. Es freut ihn sichtlich, dass man ihn in der Branche schätzt als einen besonnenen Pragmatiker – beharrlich in der Sache, wenn es um die Fortentwicklung des Luftverkers geht, moderat in der Vorgehensweise und auf die Kräfte einer positiven Streitkultur vertrauend, wenn er mit Andersdenkenden in einen Dialog eintritt. Wenn sich solche Charaktereigenschaften mit einem hohen Grad fachlicher Qualifikationen vereinen, wird es verständlich, dass die europäische Sektion des weltweiten Flughafenverbandes „ACI" ihn im Juni 2005 zu ihrem Präsidenten wählte.

Besonders geprägt haben Prof. Schölch in seiner beruflichen Entwicklung zwei Männer, der frühere Vorstandsvorsitzende des Flughafens Erich Becker und das Vorstandsmitglied Dr. Hans Joachim Borst. Beide erkannten in dem jungen Juristen die Anlagen zum Manager, vertrauten ihm ein Arbeitsumfeld mit vielen Freiheiten und Gestaltungsmöglichkeiten an. „Ich verdanke beiden wirklich viel", erinnert sich Prof. Schölch, „ihr Vorbild war und ist mir auch Verpflichtung; meinen Mitarbeitern habe ich von Anfang an ebenso viel Vertrauensvorschuss und Freiraum gewährt – nur so kann eine intensive und erfolgreiche Team-Arbeit gelingen, auch und gerade in einem so großen Unternehmen wie der Fraport", erläutert Prof. Schölch seine Arbeitsauffassung in Sachen sozialer Kompetenz bzw. des Personalmanagements.

Nicht zu kurz kommt bei Prof. Schölch das Engagement für die Gesellschaft. Seit 1988 bis heute ist er als ehrenamtlicher Handelsrichter beim Landgericht Frankfurt berufen. Seit 1992 ist er Kurator im Kuratorium des Fraunhofer-Instituts für Materialfluss und Logistik, seit 1993 Lehrbeauftragter an der TU Darmstadt, an der er noch heute eine Honorarprofessur wahrnimmt. Sozialem Engagement widmet er sich im Rahmen des Lions-Clubs Flughafen Frankfurt.

In seiner Freizeit widmet sich Prof. Schölch seinem Zuhause, seinem 8000 qm großen ehemaligen Bauernhof. Der leidenschaftliche Handwerker erledigt viele der Instandsetzungsarbeiten allein. „Mauern, Verputzen, Betonieren, alles habe ich mir selbst beigebracht" erzählt er nicht ohne Stolz. Die Parallele zum „aktiven Arbeitsleben" liegt für ihn dabei auf der Hand. „Ob ich durch die Cargo City Süd fahre oder durch mein Gehöft laufe – dort wie hier sehe ich das Ergebnis, zu dem ich mit meiner Arbeit beigetragen habe, ich sehe nicht nur Akten, ich sehe Fakten".

Petra Schrimpf

„Mit viel Liebe zum Detail!“

Petra Schrimpf

Straße:	Schneckenhofstrasse 7
Ort:	60596 Frankfurt am Main
Beruf:	Interior-Stylistin
Geburtsdatum:	24.04.1951
Familienstand:	verheiratet
Kinder:	1

Als Interior-Stylistin ist sie ein Augenmensch. Nach ihrer Ausbildung zur Bankkauffrau, wie von ihren Eltern gewünscht, geht sie ihren eigenen Weg. Petra Schrimpf gestaltet Räume, in denen Menschen arbeiten, leben oder ihre Freizeit verbringen.

Geboren in Oschatz, kam sie nach vielen Umzügen mit sieben Jahren nach Frankfurt/M. Im Schuljahr 1967 hat sie ihre Mittlere Reife in der Tasche und erlernt zunächst den Beruf der Bankkauffrau. Immer mehr spürt sie, dass der Wunsch mit Kindern zu arbeiten, das „Spiel der Zahlen" der Bankkauffrau verdrängt. Der „Berufung" folgend, lässt sie sich zur staatlich anerkannten Erzieherin ausbilden und gründet einen privaten Kindergarten. Auf dem Abendgymnasium holt Petra Schrimpf das Abitur nach und kämpft gegen die Startbahn West. Das Magister-Studium im Fach Kunstpädagogik mit Schwerpunkt Film, Malerei, und Kunstgeschichte finanziert sie mit Jobs wie – Hostess in der Alten Oper – oder mit der Konzeption einer Ausstellung anlässlich des 100-jährigen Bestehens der Deutschen Bank am Rio de la Plata.

Nachdem ihre Tochter geboren wird, übernimmt Petra Schrimpf das Management der Zahnarztpraxis ihres Mannes. Ihrem Sinn für Gestalten und Einrichten folgend, wird natürlich erst einmal „renoviert". Mit ihrem Mann gründet sie eigenes Labor – auch hier wird renoviert – und Petra Schrimpf wird Geschäftsführerin. Sie organisiert die Praxis so, dass ihr eigener Arbeitsplatz überflüssig wird: Ein gutes Konzept, welches Zeit und Geld spart.

Heute arbeitet sie als Interior-Stylistin und stattet sowohl Privat- als auch gewerbliche Räume aus. Sie führt „Home & Office", Frankfurts kleinstes Möbelhaus in der Schneckenhofstrasse 7 – denn Einrichten ist ihre wirkliche große Leidenschaft.

Endlich kann sie in ihrem „dritten Beruf" dieser Leidenschaft, dem Gestalten, mit viel Liebe zum Detail selbstständig nachgehen. „Ein gutes Raumkonzept spart nicht nur Zeit und Geld, sondern lässt die Menschen entspannen", so die Erkenntnisse von Petra Schrimpf, die schon immer viel Kreativität entfaltete. Zu ihren Projekten zählen Gästeappartements für Banken, Restaurants, Hotels, Büros, Ferienhäuser und gelegentlich auch Jachten und Wohnmobile. „Oftmals sind es nur die kleinen Dinge, die die Harmonie im Raum stören. Ein Umräumen kann manchmal wahre Wunder bewirken", weiß die erfahrene Interior-Designerin.

Neben dem Nutzen steht in ihrem Geschäft „Home & Office" die Ästhetik im Vordergrund. Dort finden Liebhaber exquisiter Möbel, Wohnaccessoires und Textilien, stets das Richtige, sei es für die eigenen vier Wände, für Feiern oder als Geschenk. Die ausgewählten Produkte sind international, und, „es ist für jeden etwas dabei", wie die Frankfurter Geschäftsfrau, die von ihrem Vater, einem Piloten, zur Weltoffenheit geprägt worden ist, versichert. Petra Schrimpf bietet auch Interior-Workshops für Laien unter dem Motto „Einrichten wie ein Profi". Um sich zu präsentieren und informieren, besucht sie im Jahr immerhin bis zu zwölf Fachmessen. Eindrücke sammelt sie auf ihren weltweiten Reisen – wie zum Beispiel nach Indien, Tahiti, USA, Ägypten, Russland, Thailand und natürlich Nord- und Südeuropa. Dabei kommt ihr zugute, dass sie fließend Englisch und ein wenig Italienisch und Französisch spricht.

Mit „Home & Office" feiert sie dieses Jahr zehnjähriges Bestehen.

Privat ist Petra Schrimpf nicht nur reiselustig, sondern hat auch ein großes Herz für Kinder. Sie hat die Patenschaften für zwei Kinder aus Tibet übernommen. Zehn Jahre lang hat sie sich aktiv für den Kinderschutzbund engagiert und am „Sorgentelefon" für Kinder und Jugendliche aktiv – und später im Vorstand – mitgearbeitet. Vielleicht rührt ja aus dieser innigen Zuwendung zu Kindern und ihrer Lebenserfahrung die Vorliebe für Schülerpraktikanten, um ihnen Einblicke hinter die Kulissen dieses Berufs zu ermöglichen. Und auch hier pflegt sie ganz besonders:
Die Liebe zum Detail!

Armin Schröter

„Wenn du liebst, was du tust,
wirst du nie wieder in deinem Leben arbeiten."

(Konfuzius, chin. Philosoph, 551-479 v. Chr.)

Armin Schröter

Straße: Adalbertstraße 26
Ort: 60486 Frankfurt am Main
Beruf: Diplomkaufmann, MLP-Geschäftsstellenleiter
Geburtsdatum: 11.05.1966
Familienstand: verheiratet

Armin Schröter ist ein Mann der Zahlen. Der Leiter der MLP-Geschäftsstelle Frankfurt nimmt's exakt – und das ist auch gut so. Der Finanzdienstleister berät vor allem Akademiker und vermögende Privatkunden in deren Geld- und Versorgungsangelegenheiten.

Aus Pinneberg stammt Armin Schröter. In seinem Elternhaus wurden dem Jungen preußische Tugenden vermittelt, die ihm später in seinem Beruf sehr hilfreich sein sollten. Aber auch der Familienzusammenhang war bei den Schröters stark ausgeprägt, der ihm Sicherheit und Geborgenheit spüren ließ. Im schleswig-holsteinischen Heikendorf bei Kiel hatte Armin Schröter die Heinrich-Heine-Schule besucht und im Jahr 1986 das Abitur gemacht. Es folgte eine Lehre zum Bankkaufmann bei der Kreissparkasse Plön, die er 1989 abschloss. Besonders im Bereich Finanzdienstleistung konnte der junge Zahlenmensch schnell feststellen, dass er geschäftlich auch gerne mit Menschen zu tun hat. Doch zunächst stand die Bundeswehrzeit auf dem Plan, die er bei der Marine verbrachte. Im Jahr 1990 begann er ein Studium der Betriebswirtschaftslehre in Siegen. In dieser Zeit, 1992 und 1993, hatte er Gelegenheit, nach Vancover (British-Columbia) zu reisen und dort zu studieren. Im Jahr 1995 schloss er den Studiengang erfolgreich ab und kam dann nach Hessen – und dort gleich in die Mainmetropole. Im April 1999 stieß er zur MLP, wo er zunächst im Vertrieb tätig war. Armin Schröter hielten nach dem Wechsel des Arbeitgebers viele Sparkassen-Kunden die Treue, was ihn in seiner Kompetenz und Vertrauenswürdigkeit in einem so hochsensiblen Thema wie Finanzen nur auszeichnet. Auch bei MLP erkannte man die „Rechenkunst" als professionelles Knowhow, die Beratungskapazitäten und den Fleiß des Finanzdienstleisters. Seit Oktober 2007 ist Armin Schröter Leiter der MLP-Geschäftsstelle in Frankfurt/M.

„Ich möchte meine Kunden mit 65 noch persönlich betreuen. Meine Arbeitsweise hat Langfristigkeit und Solidität zum Ziel. Anders geht es nicht, wenn man als seriös auf dem Markt und bei den Kunden gelten will, schließlich ist unsere Finanzplanung für die Kunden als lebensbegleitendes Konzept angelegt", erklärt Armin Schröter seinen Arbeitsstil. Dieses selbst gesteckte Pensum schafft er nur mit einem hohen Maß an Pflichtgefühl, Disziplin und vor allem Ehrlichkeit – den Erziehungszielen seiner Eltern, denen er für diese pädagogische Schule heute umso dankbarer ist.

Mittlerweile hat sich der kühle Norddeutsche im Herzen des Landes gut eingelebt und ist leidenschaftlicher Eintracht-Fan geworden. Da stehen Besuche in der Commerzbank-Arena obligatorisch auf dem Freizeitplan. Aber der Finanzexperte kann es auch ruhiger angehen lassen, wenn er sich in Ausstellungen entspannt herumtreibt und Kunst und Kultur auf sich einwirken lässt. Ein wahrer Ausgleich zu dem geschäftlichen Zahlenmaterial. Schröters Oldtimer-Leidenschaft offenbart zugleich seine Vielseitigkeit. Dieses Hobby kann er hautnah im eigenen Porsche von 1968 erleben.

Eine andere Art von Lebensfreude kann er am Meer bei Sonne und Wind genießen. Armin Schröter, der gern reist, hält sich am liebsten am Wasser auf. Dass der Kindernarr keinen eigenen Nachwuchs hat, bedauert er etwas. Dafür kümmert er sich viel um die Kinder in seiner Familie.

Preisträger der Bruno H. Schubert-Stiftung

1983 Jacques-Yves Cousteau
1984 Prof. Dr. Berndt Heydemann
1985 Prof. Dr. George Schaller
1986 Prof. Dr. Wolfgang Haber
1987 Dr. Grenville Ll. Lucas
1988 Dr. Richard Faust
1989 Prof. Dr. Herbert Sukopp
1990 Prof. Dr. Nikolay N. Woronzow
1991 Prof. Dr. Peter Berthold
1992 Prof. Dr. Michael Succow
1993 Prof. Dr. Dr. h. c. Sven Björk
1994 Prof. Dr. Vo Quy
1995 Dr. Nafis Sadik
1996 Prof. Dr. Edward O. Wilson
1997 Hubert Weinzierl
1998 Dr. Mangosuthu G. Buthelezi
1999 Prof. Dr. Bernd Lötsch
2000 Heiderose Häsler, Siegfried Bergmann
2001 Lester R. Brown
2002 Prof. Dr. Klaus Töpfer
2003 Dr. Ian Player
2004 Prof. Dr. jur. Eckard Rehbinder
2005 Dr. Kenton Miller
2006 Tilo Nadler
2007 Achim Steiner
2008 Kristine McDivitt Tompkins, Douglas Tompkins

Generalkonsul Bruno H. Schubert

Straße:	Wendelsweg 64
Ort:	60599 Frankfurt am Main
Beruf:	Brauereikaufmann
Geburtsdatum:	25.10.1919
Familienstand:	verheiratet

Frankfurt hat Glück – die Stadt darf so einen Menschen wie Bruno H. Schubert ihren Ehrenbürger nennen. Ja – in wenigen Fällen ehrt auch der Preisträger die Auszeichnung wie im Fall des erfolgreichen Kaufmanns, leidenschaftlichen Gastgebers, großzügigen Mäzens und vor allem des Menschenfreunds Schubert. Die Mainmetropole hat dem ehemaligen Inhaber von Henninger-Bräu viel zu verdanken – unter anderem eine gestiftete Professur für Umweltforschung an der J. W. Goethe-Universität.

Großen Bahnhof um seine Person mag er nicht. Für den gebürtigen Frankfurter ist Geben selbstverständlich. Nach dem Krieg 1945 wird Bruno Schubert Vorstandsmitglied der Henninger-Bräu KGaA und tritt somit in die Fußstapfen seines Vaters. Ein signifikantes Schlüsselerlebnis ist die Zeit 1950/52, als der Manager im Auftrag des Bundeswirtschaftsministeriums zur Aufnahme von Wirtschaftsbeziehungen nach Venezuela und Kuba reist. Er bleibt dort sozusagen mental hängen. Schubert wird 1952 Konsul und - später Generalkonsul der Republik Chile. „In Kuba habe ich die schönste Zeit meines Lebens erlebt", schwärmt der heute 88-Jährige erinnernd. Im Jahr 1956 wird er Inhaber der Henninger-Bräu, die er zu einer der erfolgreichsten Biermarken Deutschlands macht. Für seine Verdienste wird der umtriebige Unternehmer und Kulturvermittler 1969 mit der Ehrenplakette der Stadt Frankfurt/M. und zehn Jahre später mit dem Bundesverdienstkreuz ausgezeichnet.

Im Jahr 1979 verkauft er seine Unternehmensanteile an den Zigarettenkonzern Reemtsma. Doch von vorzeitigem Ruhestand ist keine Rede, weiterhin beginnt der Arbeitstag mit Aufstehen um 5.00 Uhr in der Früh. Vier Jahre später hebt er zusammen mit seiner Frau Inge die Bruno H. Schubert-Stiftung aus der Taufe, die als bedeutendster privater Umweltpreis in Deutschland Forschungsaufträge und Stipendien im Natur- und Umweltschutz vergibt. So weltbekannte Preisträger wie Jacques-Yves Cousteau zählen zu den Preisträgern. Im Zusammenhang mit der Schubertschen Professurstiftung wird der großzügige Mäzen 1989 mit dem Großen Verdienstkreuz mit Stern des Verdienstordens der BRD geehrt. Hinzu kommt 1994 der Titel Ehrensenator der J. W. Goethe-Universität.

Darüber hinaus ist Bruno Schubert weithin bekannt als exzellenter und leidenschaftlicher Gastgeber. „Ich liebe gute Gesellschaft und noch mehr das Speisen in guter Gesellschaft". Der Gourmet pflegt nicht nur die Tisch- und Küchenkultur, sondern auch internationale Kontakte an der Tafel, an der so manches Kulturereignis oder so manche gute Tat aus der Taufe gehoben wird. Ein häufig gesehener Gast ist der bekannte Kulturdezernent Prof. Dr. h. c. Dr. h. c. Hilmar Hoffmann. Stets findet sich im Hause Schubert eine bunte Gesellschaft ein, die nicht nur aus Prominenten besteht. Diese Gästeauswahl ist nicht bloß demokratisch, sondern unterstreicht Schuberts Motto „Das Leben muss menschlich bleiben" und ist davon ein Teil des gelebten Alltags des praktizierenden Menschenfreunds. Mit dieser Eigenschaft verbindet er aber auch den Respekt vor Tieren und die Sympathie für sie. Das hat der Mitbegründer und das Stiftungsratsmitglied des World Wildlife Fund (WWF) nicht nur bei seinen berühmten Brauereipferden vorgelebt, sondern lässt er – ein Freund des verstorbenen Professors Grzimek – auch seine Pudelhündin Sissy spüren. Will er sich mal komplett ausklinken, so verweilt er mit seiner Frau auf seinem Gut in Berchtesgaden – umrahmt von einem Meer aus selbst gezüchteten Rosen.

Univ.-Prof. Mag. Pharm. Dr. rer. nat. Manfred Schubert-Zsilavecz

Univ.-Prof. Mag. Pharm. Dr. rer. nat. Manfred Schubert-Zsilavecz

Straße: Max-von-Laue-Straße 9
Ort: 60438 Frankfurt am Main
Beruf: Pharmazeut
Geburtsdatum: 23.09.1961

„Auf geht's" – ist der Schlachtruf von Prof. Dr. Manfred Schubert-Zsilavecz. Der Naturwissenschaftler hat schon als Kind gern Laborgeruch geschnuppert. Seine Verbundenheit mit der Universität in Frankfurt knüpft der Wunschprofessor vieler Studenten an Innovation wie die Beschreitung neuer Wege, die der Lehre und Forschung zugute kommen soll.

Er kommt aus Österreich, genauer aus der südlichen Weinstadt Leibnitz in der Steiermark. Dort besuchte Manfred Schubert-Zsilavecz bis 1975 die Knabenhauptschule und wechselte dann ins Bundes-Oberstufenrealgymnasium (BORG) Bad Radkersburg, wo er 1979 seinen Maturabschluss schaffte. Danach konnte er seinen Traumberuf: Naturwissenschaftler realisieren. Bereits als Kind besaß er ein kleines Labor, in dem der junge Österreicher nach Lust und Laune experimentierte. Im Jahr 1979 startete er an der Grazer Karl-Franzens-Universität im Fach Pharmazie. Der Universitätsaufenthalt endete erfolgreich 1985 vorerst mit dem Magister der Pharmazie. Im gleichen Jahr arbeitete er bereits an seiner Dissertation, die er 1989 mit dem Titel Doktor der Naturwissenschaften in der Tasche hatte. Der junge Wissenschaftler blieb am Institut für Pharmazeutische Chemie der Grazer Universität und begab sich im gleichen Jahr als Postdoktorand am Lehrstuhl der organischen Chemie II an die Universität Bayreuth. In der Zeit von 1992 bis 1993 hielt er sich als Erwin-Schrödinger-Stipendiat am Lehrstuhl für Organische Chemie I an der Universität Ulm auf. 1993 habilitierte Manfred Schubert-Zsilavecz für das Fach Pharmazeutische Chemie an der Grazer Universität und erhielt seine professorale Lehrbefugnis. Im Jahr darauf übernahm er die Vertretung der C4-Professur am Lehrstuhl Organische Chemie I der Universität Ulm. Drei Jahre später folgte er dem Ruf auf die Professur für Pharmazeutische Chemie an der J.-W.-Goethe-Universität in Frankfurt/M. Dort ist er seit 2001 Studiendekan des Fachbereichs Biochemie, Chemie und Pharmazie.

Zu den Arbeitsgebieten des österreichischen Universitätsgelehrten gehören Synthese und Struktur-Wirkungsbeziehungen von neuen PPAR (Peroxisome proliferator-activated receptor)-Liganden sowie die Entwicklung und Anwendung analytischer Verfahren für die Bioanalytik mit dem Schwerpunkt Naturstoffe und Phytopharmaka.

Der Naturwissenschaftler setzt beruflich zwei Schwerpunkte. In seiner universitären Forschungstätigkeit bemüht er sich stets um Offenheit und neue Wege abseits ausgetretener Pfade. Für sein exzellentes Wirken in der Forschung bekam Schubert-Zsilavecz 1992 den Herba Wissenschaftspreis verliehen. Für seine Studenten und ihre Anliegen hat er jederzeit ein offenes Ohr, das brachte ihm 2003 den Preis der Frankfurter Sparkasse 1822 für exzellente Lehre an der Frankfurter Goethe-Universität – sozusagen der Titel „Professor des Jahres".

Außerhalb des Hörsaals engagiert sich der Professor in der Deutschen Pharmazeutischen Gesellschaft, der er als Präsident vorsteht. 2001 gründete er das Unternehmen „Phenion", das sich als Kompetenzzentrum mit Hautforschung beschäftigt und seit 2007 zu Henkel gehört. Seinen wissenschaftlich-pragmatischen Innovationskurs setzt er im Zentrum für Arzneimittelforschung, -entwicklung und -sicherheit (ZAFES) an der Goethe-Universität fort, dem er als Mitglied des Zentrumsrats angehört. Das „Center of Excellence" und Kern eines Pharma Denker-Clusters „führt das beste Wissen aus den drei Welten Universität, Pharmazeutische Industrie und Biotechnologie zielgerichtet zusammen, um schneller zu innovativen Arzneimitteln zu gelangen" – wie es dort heißt.

Dieter Schütz

„Nur wer sich selbst fortbildet, kann Anderen qualifizierten Rat geben."

Dieter Schütz

Straße: Berliner Straße 27
Ort: 60311 Frankfurt am Main
Beruf: Dipl.-Pädagoge, Speditionskaufmann
Geburtsdatum: 29.11.1947
Familienstand: verheiratet
Kinder: 1

Lebenslange Bildung hat sich Dieter Schütz schon lange auf die Fahne geschrieben und selbst vorgelebt – erstmals mit dem Begabtenabitur. Der Diplom-Pädagoge ist Geschäftsführer der Walter-Kolb-Stiftung e.V. in Frankfurt/M. und engagiert sich in der Weiterbildung.

Dieter Schütz wurde in Bad Nauheim geboren. Nach seiner Berufsausbildung und anschließendem Zivildienst holte er auf dem 3. Bildungsweg berufsbegleitend die Allgemeine Hochschulreife nach. Sein Geld verdiente er als Exportsachbearbeiter in der Werkzeug- und Maschinenbranche. 1975 begann er mit dem Studium der Erziehungswissenschaften und wählte den Schwerpunkt Erwachsenbildung. Das lag auch deshalb nahe, weil er zeitgleich eine Unterrichtstätigkeit im Seminar für Politik aufnahm. Aufgrund der Arbeitsmarktsituation wechselte der nun diplomierte Pädagoge 1982 in den Speditionsbereich, wo er neben dem Im- und Export auch für die Lehrlingsausbildung verantwortlich war. 1994 meldete sich die Walter-Kolb-Stiftung e. V. bei ihm, er war als Berater in der Weiterbildung gefragt. Damit hatte Dieter Schütz sozusagen sein Ding gefunden. Heute leitet er die nach dem ehemaligen, sehr populären Frankfurter SPD-Oberbürgermeister Dr. Walter Kolb genannte Einrichtung als Geschäftsführer, ist aber neben seinen administrativen Aufgaben immer noch als Weiterbildungsberater tätig.

Dieter Schütz sieht seine Berufung darin, den Posten ganz im Sinne des Namensgebers auszufüllen. „Man muss die Menschen so nehmen, wie sie sind. Dabei spielt Toleranz eine große Rolle und in der Weiterbildung muss Geld nicht unbedingt eine Rolle spielen“, deutet der hauptamtliche Geschäftsführer die demokratischen Vereinsgrundsätze, die auch heute noch gültig sind, an. Walter Kolb machte sich als Frankfurter Oberbürgermeister von 1946 bis 1956 nicht nur als bürgernaher Verwaltungschef und im forcierten Wiederaufbau von Wohnungen einen Namen, sondern ebenso als weitsichtiger Begründer eines modernen Frankfurts. Im Andenken an das Wirken von Walter Kolb wurde im Jahr 1959 zur Förderung von Menschen die Walter-Kolb-Stiftung e.V. gegründet, die zunächst den Zweiten Bildungsweg durch Vergabe von Stipendien förderte. Seit 1987 fungiert sie aber auch als unabhängige Beratungsstelle für die Weiterbildung im Rhein-Main.

„Die Beratungsstelle für Weiterbildung in der Walter-Kolb-Stiftung e.V. informiert seit mehr als 20 Jahren trägerneutral über allgemein bildende, schulische und berufliche Weiterbildung in der Region Rhein-Main. Sie ist offen für alle Ziel- und Altersgruppen. Ratsuchende erhalten hier telefonische Direktauskünfte und eine individuelle Zusammenstellung von Informationsmaterial über Bildungseinrichtungen und Zulassungsvoraussetzungen, Ansprechpartner, gesetzliche Regelungen und Finanzierungsmöglichkeiten“, erläutert Dieter Schütz die konkreten Aufgaben der Beratungsstelle. Dabei engagiert er sich persönlich am Weiterkommen der Beratungssuchenden: „Es ist wichtig, den Leuten im Rahmen der Weiterbildungsmöglichkeiten individuelle Perspektiven aufzuzeigen, damit sie auch den Weg der Weiterbildung starten und zu Ende gehen. Mit Aktionen wie in der Nordwestbücherei versuchen wir auch die Leute zu erreichen, die nicht zur Beratung in unser Haus kommen.“ Dabei sieht Schütz aber die Initiative bei den Leuten, die ein Stück Zutrauen ins Zukünftige entwickeln müssten. Wie hochklassig die Beratungsleistungen der Einrichtung sind, dokumentiert das Qualitätssiegel, das vom Verein Weiterbildung Hessen e.V. verliehen wurde. Auch die Stiftung Warentest bescheinigte hervorragende Qualität.

Privat zieht sich der ehemalige Hockeyspieler gern zum Lesen oder Wandern zurück.

Edwin Schwarz

**„Fortiter in re,
suaviter in modo“**

Edwin Schwarz

Straße: Braubachstraße 15
Ort: 60311 Frankfurt am Main
Beruf: Stadtrat, Dezernent für Planen, Bauen, Wohnen und Grundbesitz
Geburtsdatum: 15.07.1948
Familienstand: ledig

Vielleicht war es ein Wink des Schicksals oder einfach nur purer Zufall, dass Edwin Schwarz ausgerechnet am Frankfurter Heinrich-von-Gagern-Gymnasium sein humanistisches Abitur macht. Also an einer Bildungsanstalt, die den Namen des großen Politikers und Präsidenten der ersten Deutschen Nationalversammlung von 1848 eben in Frankfurt trägt – auf das Jahr genau 100 Jahre bevor Edwin Schwarz in Frankfurt am Main geboren wird und hier und heute selbst politisch reüssiert.

Edwin Schwarz kommt also am 15.07.1948 als Sohn eines Beamten in Frankfurt zur Welt. Er verlebt eine durchaus erfüllte, glückliche Kindheit und erzählt mit leuchtenden Augen, dass er „Lokomotivführer" werden wollte. Später stand er dann aber vor der Frage: Jurist oder Lehrer. Hätte er damals seine berufliche Karriere als Politiker voraussehen können, hätte er die Juristerei gewählt, so aber nimmt er nach seinem Abitur 1967 das Studium der Politik, Geographie (Schwerpunkt Sozial- und Wirtschaftsgeographie) und Sport für das höhere Lehramt an der Johann Wolfgang Goethe-Universität in Frankfurt auf. Lachend erzählt er, „umsonst war es nicht, meine pädagogische Ausbildung ist für mich heute noch besonders wertvoll". Und er versteht es sehr gut Menschen zu motivieren und zu loben. „Auf keinen Fall darf man jemals die Wertigkeit des Menschen außer acht lassen".

1970 dann der erste Schritt in die Politik. Der damals 22-Jährige wird CDU-Mitglied, unterrichtet nach seinem Pädagogik-Studium am Gymnasium Herderschule als Lehrer (später als Oberstudienrat), bevor er sich 1995 dann endgültig für die Politik entscheidet und Karriere macht: 1972-1999 Mitglied der Stadtverordnetenversammlung und von Beginn an im Planungsausschuss. 1996-1999 Geschäftsführer der CDU-Stadtverordnetenfraktion. 1997-1999 Vorsitzender der CDU-Fraktion, seit 1999 Mitglied des hauptamtlichen Magistrats, zunächst als Ordnungs- und Wirtschaftsdezernent, 2000 als Dezernent für Planung und Sicherheit, 2006 als Dezernent für Planung und Wirtschaft. Seit 2007 ist Stadtrat Edwin Schwarz Dezernent für Planen, Bauen, Wohnen und Grundbesitz. Er legt seine Arbeit darauf aus, Frankfurt für die Menschen lebenswert zu machen und vor allem auch für den internationalen Wettbewerb zu positionieren. Einer seiner jüngsten Erfolge ist die Realisierung eines neuen Wolkenkratzers, dem „OpernTurm". Die Bauphase für das 168 Meter hohe und 42-geschossige Gebäude gegenüber der Alten Oper hat bereits begonnen. Doch der wichtigste Erfolg wird sicher die Ansiedlung der Europäischen Zentralbank auf dem Gelände der früheren Großmarkthalle sein.

Trotz seiner Karriere hat Edwin Schwarz nie die Bodenhaftung verloren. „Dem anderen sein Gesicht lassen", das ist seine Devise. Leise erzählt der katholisch praktizierende Christ von Krankheiten, die er in den letzten Jahren überstanden hat: „Das hat meinem Leben eine neue Wertigkeit gegeben." Er ist mit sich im Reinen und das merkt man ihm an. „Ich bin ein ganz und gar auf Harmonie ausgelegter Mensch", fügt er hinzu „aber ich kann auch mal richtig fuchtig werden, vor allem wenn ich mich über die Dummheit der anderen ärgere, aber ich verliere dabei nie die Wertschätzung des anderen".

Und was macht der Mann sonst so – ist eine durchaus berechtigte Frage. Kaum zu glauben, aber er hat tatsächlich noch ein Leben nach der Arbeit und seinem zeitaufwändigen Engagement. Edwin Schwarz liest gerne: politische Literatur, Kriminalromane, die in Frankfurt spielen, und Wissenswertes über historische Persönlichkeiten. Er fährt Ski, spielt Tennis, ist begeisterter Rad- und Motorrad-Fahrer (BMW), wandert gerne in den Bergen, liebt die Geselligkeit, die Natur und vor allem seinen eigenen kleinen Garten. Am liebsten reist er Rundreisen oder Kreuzfahrten mit Freunden und ist begeisterter Modellbauer (Eisenbahnen und alte Schiffe – die Gorch Fock hat er schon nachgebaut). Und, last but not least, er kocht gerne: europäisch und am liebsten für Freunde. So ist auch seine „Weihnachtsgans" schon zur Tradition geworden.

Wie Edwin Schwarz „das" alles zeitlich schafft, das bleibt schon sein Geheimnis. Aber mit einem leichten Lächeln entfährt es ihm trotzdem, dass er gern „ein wenig mehr Zeit hätte". Für seine Freunde und vor allem für Frankfurt. Denn vor seinem Ruhestand möchte er in „seiner" Stadt noch einiges erreichen und „den Grundstein für die Altstadtbebauung legen".

Christine Schwarzbeck

**„Gib jedem Tag die Chance,
der schönste deines Lebens zu werden."**

(Mark Twain)

Christine Schwarzbeck

Straße:	Nibelungenallee 37 - 41
Ort:	60318 Frankfurt am Main
Beruf:	Diplom-Pflegewirtin (FH)
Geburtsdatum:	09.01.1966
Familienstand:	ledig

Ein Leben im Dienste der Menschen verbringt Christine Schwarzbeck, die schon als Kind Krankenschwester werden wollte. Sie hat die Pflegedirektion im Bürgerhospital Frankfurt inne und ist zugleich Oberin der Schwesternschaft des Evangelischen Diakonievereins Berlin-Zehlendorf e.V. für den Bezirk Frankfurt. Sie fühlt sich im Netzwerk der Diakonie ausgesprochen wohl.

Christine Schwarzbeck hat sich ihren beruflichen Kinderwunsch erfüllt. Nach der Realschule trat sie der Schwesternschaft des Evangelischen Diakonievereins Berlin-Zehlendorf e.V. bei und absolvierte in der Zeit von 1985 bis 1988 die Ausbildung als Krankenschwester am Krankenhaus Rothenburg o.d.T. .
Im Jahr 1994 belegte sie den Studiengang „Pflegemanagement" an der Evangelischen Fachhochschule in Berlin. Nach Beendigung des Studiums, im Jahr 1998, trat Christine Schwarzbeck die Stelle der Pflegedienstleiterin im Pflegezentrum Laichinger Alb GmbH an. Nach 9 Jahren folge sie einer Anfrage der Schwesternschaft nach Frankfurt zu wechseln.

Im Jahr 2007 wurde sie Pflegedirektorin im Bürgerhospital Frankfurt. Zu ihren Aufgaben zählt die Leitung des dortigen Pflegedienstes. Zugleich ist sie Oberin der Schwesternschaft in Frankfurt und ist damit zuständig für die Diakonieschwestern aus der Region. Insgesamt vereint Christine Schwarzbeck zwei zentrale Führungspositionen im Dienste der Menschen und Menschlichkeit.

Ihre Aufgabe im Bürgerhospital sieht sie selbst so: „Ich möchte die Zukunft des Hauses mitgestalten, das sich bislang gut entwickelt hat. Doch gegenwärtig, und besonders im Gesundheitssystem, befinden wir uns ständig im Prozess der Veränderung, wobei dennoch eine hochwertige Patientenversorgung gefragt ist und von uns gewährleistet wird." In diesem Zusammenhang versucht sie für ihre Mitarbeiter/-innen, ständige und offene Ansprechpartnerin zu sein. Für diese permanente Aufgabe ist es ihr hilfreich, dass ihre Wurzeln im Pflegeberuf liegen und es ihr persönliches Bedürfnis ist, zu vermitteln. Man kann dazu auch sagen – kompromisslose Liebe zum Beruf. Ihre bundesweiten Kontakte zu anderen Diakonieschwestern aller Generationen, die sie ständig pflegt, sind ihr bei der Bewältigung ihrer verantwortungsvollen Aufgaben sehr wertvoll. „Unsere evangelische Schwesternschaft ist ein großes Netzwerk von Nord bis Süd und von Ost bis West. Wir sind wie eine große Gemeinschaft und nehmen gerne junge Frauen auf, die eine gute Ausbildung wünschen", schwärmt die Oberin mit einem leichten Blitzen in den Augen. Sie seien modern, aber mit festen Regeln. Die Schwestern könnten auch verheiratet sein und Kinder haben – das sei kein Hinderungsgrund, sich in der evangelischen Schwesternschaft zu engagieren.

Besonders bei Christine Schwarzbeck als Diakonieschwester verschwimmen berufliche und private Vorstellungen. Ihr liegen besonders soziale Gerechtigkeit und mehr Mitmenschlichkeit am Herzen – beides lebt sie vor. Auch kann sie ihre Vorliebe für die Natur nicht verbergen. In ihrer Freizeit widmet sie sich gern dem Singen und besucht fleißig den Chor. Süddeutschland empfindet sie als persönliche Wohlfühlregion.

Das folgende Zitat, das unter anderem mit dem deutsch-amerikanischen Theologen Reinhold Niebuhr in Zusammenhang gebracht wird, ist ein Leitmotiv, dessen Aussage ihr nahe steht: „Gott gebe mir die Gelassenheit, Dinge hinzunehmen, die ich nicht ändern kann, den Mut, Dinge zu ändern, die ich ändern kann, und die Weisheit, das eine vom anderen zu unterscheiden."

Ute Schwens

„Das schaffen wir schon."

(Ute Schwens)

Ute Schwens

Straße:	Adickesallee 1
Ort:	60322 Frankfurt am Main
Beruf:	Dipl.-Bibliothekarin
Geburtsdatum:	05.01.1959
Familienstand:	verheiratet
Kinder:	keine

„Das schaffen wir schon" – so lautet das persönliche Zitat von Ute Schwens, das sie auch mit positiver Lebensenergie vorlebt. Die Leiterin der Deutschen Nationalbibliothek in Frankfurt am Main engagiert sich für den Bibliotheksstandort Frankfurt und grundsätzlich für den Erhalt von Kultur und Wissen.

Das Licht der Welt erblickte Ute Schwens am 5. Januar 1959 in Offenbach. Die Berufswünsche während der Schulzeit, Biochemikerin oder Meteorologin, verwarf sie. Nach dem Abitur im Jahr 1977 durchlief sie erfolgreich eine Ausbildung zur Bibliothekarin an der Deutschen Nationalbibliothek in Frankfurt am Main, die seitdem ihre berufliche Heimat ist. Drei Jahre später schaffte sie es zur Diplom-Bibliothekarin des gehobenen Dienstes. Im Jahr 1985 wurde sie Assistentin des Generaldirektors und weitere fünf Jahre später Referatsleiterin der Zentralen bibliografischen Dienstleistungen. Auch das genügte der Hüterin von Wissen und Kultur nicht. 1996 bestand sie die Laufbahnprüfung des höheren Bibliotheksdienstes und zwei Jahre darauf war sie Referatsleiterin Digitale Bibliothek. Es folgte 1998 die Position der Abteilungsleiterin Dienstleistungen und Archivierung. Im gleichen Eiltempo wurde sie 1999 Ständige Vertreterin der Generaldirektorin der Deutschen Nationalbibliothek in Frankfurt am Main und Leiterin des Standortes. Mit Blick auf ihren erfolgreichen Werdegang unterstreicht Ute Schwens, dass „sich berufliche Höchstleistungen und soziales, tolerantes Miteinander nicht gegenseitig ausschließen."

Darüber hinaus engagiert sich die belesene Bibliothekarin in verschiedenen Gremien rund um die Themen Bücher, Wissen und Kultur – unter anderem in einer Arbeitsgruppe zwischen Vertretern europäischer Verlage und europäischer Nationalbibliotheken zum Thema elektronische Publikationen, in der Weiterentwicklung von TEL (The European Library) zu einer virtuellen europäischen Nationalbibliothek, eine Aktivität, die jetzt – EU-finanziert – in eine European Digital Library mit dem Namen Europeana münden soll, oder in der „Frankfurt Group" – einem Gesprächskreis zwischen Autoren, Verlegern, Verwertungsgesellschaften, Bibliotheksdienstleistern und Bibliotheken zu Urheberrechtsfragen, Steuerproblemen und Geschäftsmodellen im Bereich elektronischer Dienstleistungen. Weiterhin bringt sie als Vorstandsmitglied ihr wertvolles Wissen und ihre profunden Erfahrungen in die Deutsche UNESCO-Kommission ein, wo sie für den Bereich Information und Kommunikation verantwortlich ist. In ihrer täglichen Arbeit kommt ihr diplomatisches, vernetzendes und ausgleichendes Wesen zum tragen. Dabei folgt sie ihrer Auffassung, dass „Bibliotheken als unser kulturelles Gedächtnis das Wissen für zukünftige Generationen bewahren. Außerdem – und das ist ganz wichtig für mich – muss Wissen für jeden zugänglich gemacht werden, um Chancengleichheit in der modernen Bildungsgesellschaft zu gewährleisten", so der weitsichtige und kritische Blick von Ute Schwens. Auch wenn sie kein Kind der IT-Technologie ist, hat sie längst erkannt, dass der digitale Zugriff auf Publikationen immer wichtiger wird.

Neben Lesen bewegt sie sich auf Reisen, bei Kulturentdeckungen, beim Tanzen und Wandern sehr gern außerhalb der Bücherwelt. Ein Ruhepol sind für sie ihre Familie und ihre Freunde sowie die entspannte Zweisamkeit mit ihrem Mann beim Glas Wein auf der Terrasse. Besonders dabei macht sich das Wohlgefühl breit, hier in der von ihr geschätzten Rhein-Main-Region zu leben.

Thomas Schwinger-Caspari

Thomas Schwinger-Caspari

Straße:	Hegelstraße 15
Ort:	60316 Frankfurt am Main
Beruf:	Diplom-Betriebswirt
Geburtsdatum:	16.11.1962
Familienstand:	verheiratet
Kinder:	1

Wer den Kant`schen Satz „Alles Wissen stammt aus der Erfahrung“ mit Goethes Erkenntnis „Es ist nicht genug zu wissen, man muss es auch anwenden“ weiterführt, ist ein Praxismensch, der Dinge mit Verstand, Herz und Seele anpackt und zum Erfolg führt. Das muss sich Thomas Schwinger-Caspari nicht selbst vorbeten, sondern nüchterne Bilanzzahlen des europäischen Marktführers Neue Sentimental Film AG dokumentieren ihm das. Dort trägt der studierte Wirtschaftswissenschaftler im Vorstand die Verantwortung für Finanzen, Recht, Restrukturierung und Strategie. .

Thomas Schwinger-Caspari kommt gebürtig aus Aschaffenburg. Zunächst in Bayern verbleibend, studierte er ab 1982 in Nürnberg Wirtschaftswissenschaft. Nebenbei organisierte der umtriebige Student eben mal den Vertrieb für einen Möbelhersteller. Im Jahr 1986 ist er dann angekommen – in Frankfurt. An der dortigen FH studierte er berufsbegleitend weiter und schloss das Studium 1990 erfolgreich ab. Die von Ihm vorgelegte Diplomarbeit beschäftigte sich bereits richtungweisend mit dem Thema der „Abwehr von feindlichen Übernahmen“. Nebenbei verantwortete er in dieser Zeit ca. 50 Messebeteiligungen pro Jahr. Im Jahr darauf startete er seine Berufskarriere gleich bei einem global Player, bei KPMG – einem der führenden Wirtschaftsprüfungs- und Beratungsunternehmen weltweit. Er erarbeitete sich sogleich verantwortungsvolle Projektpositionen bei der Treuhandanstalt in den Bereichen der Bilanzierung und Sanierungsbeurteilung. Im Jahr 1992 begann er seine Prüferlaufbahn mit der Projektverantwortung zur Vereinigung des Rechnungswesens der Deutschen Bahn und der Reichsbahn. Im Folgenden verantwortete er verschiedenste Mandate im internationalen Prüfungs- und Beratungsbereich. Sechs Jahre später hatte er die Qualifikation zum Wirtschaftsprüfer in der Tasche. Seit 1997 widmete er sich insbesondere dem Schwerpunkten Restrukturierungsmaßnahmen, finanzielle Analysen und Finanzstrategien sowie Unternehmensübernahmen. In 2002 verließ er die KPMG und restrukturierte erfolgreich die D.Logistics Gruppe welche er noch vor Vertragsablauf 2006 verlies um den angeschlagenen, zweitgrößten Werbefilmproduzent in Deutschland zu unterstützten. Dort ist seine Kompetenz bis heute gefragt. Das Unternehmen ist heute europäischer Marktführer und nimmt auch im Kreativranking einen Spitzenplatz ein.

Der erfolgreiche Finanzvorstand hat innerhalb von zwei Jahren die Neue Sentimental Film AG aus einen unruhigen Fahrwasser gesteuert und konnte im Geschäftsjahr 2007 erstmals ein positives Nettoergebnis präsentieren. Auch in 2008 konnte die positive Entwicklung fortgesetzt und ein maßgeblicher Konkurrent übernommen werden. „Damit geht die positive Entwicklung voran, die unter anderem durch durchdachte Expansionspläne, konsequente Auswahl der Zielmärkte für die intensivierte Netzwerkstrategie, neue Administrationssysteme und durch ein straffes Beteiligungscontrolling erzielt wurde“, so der Entscheider zu einigen betriebswirtschaftlichen Maßnahmen. Dass der Wachstumskurs von Neue Sentimental Film AG tatsächlich nach oben geht, hängt gleichfalls mit der Expansion im Ausland, die der pfiffige Restrukturierer ebenso zu verantworten hat, zusammen.

Der knallharte, gelegentlich scharfzüngige Geschäftsmann, ist privat eher ein zahmer Familienmensch, dem diese Umgebung ausgesprochen wichtig ist: „Beides ist oft schwierig zu vereinen.“ Entspannung findet er auch bei Musik oder beim Tanzen. Zu den weiteren Interessen des zufriedenen Kopf- und Augenmenschen zählen Oldtimer, Kultur und Design. Und am Wasser – „von dem eine spürbare Urkraft ausgeht“ – kann er schon mal ins Sinnieren kommen und die Zeit vergessen. „In meinem Job hat man es viel mit Psychologie und Einfühlsamkeit zu tun, das man im Umgang mit den Menschen wunderbar verbinden kann“, so die Erkenntnis von Thomas Schwinger-Caspari, der bei Neue Sentimental Film AG wieder einmal ein glückliches Händchen bewies.

Peter-Heinz Siffert

„Dem, der eine gelassene und fröhliche Natur hat, muss das Alter keine Sorge machen."

(Plato)

Peter-Heinz Siffert

Straße:	Oberweg 14
Ort:	Frankfurt am Main
Beruf:	Versicherungsfachmann
Geburtsdatum:	23.01.1941
Familienstand:	verheiratet
Kinder:	keine

Peter-Heinz Siffert erblickte 1941 in Berlin das Licht der Welt. Der Umzug seiner Familie in die hiesige Region lies ihn dann in Frankfurt ansässig werden. Er besuchte die Volksschule und machte danach eine Kürschnerlehre bei Royal Pelze am Roßmarkt in Frankfurt unter der Leitung von Walter Hainz.

Danach arbeitete er von 1956-1959 als Kürschner an verschiedenen Stationen. Es folgte dann eine längerer Auslandsaufenthalt in Kanada von 4 Jahren, wo er als Kürschner in Montreal arbeitete und viele Erfahrungen sammeln konnte.

1970 zog es ihn dann wieder zurück nach Frankfurt, wo er wieder bei Royal Pelze arbeitete. Nach seiner Kürschnermeisterprüfung 1973 übernahm er dann für 4 Jahre die Leitung des Pelzateliers.

Danach machte er sich selbstständig als Kürschner in Bad Vilbel und führte bis 1990 ein eigenes Geschäft in Frankfurt.

Als das Pelzgeschäft stagnierte schaute er getreu seiner Lebensphilosophie nach vorne und machte eine Umschulung zum Versicherungskaufmann (BWV). Seither arbeitet er erfolgreich mir der Versicherungsgesellschaft „Die Continentale“ zusammen und betreut seine Kunden in Frankfurt und Umgebung.

Peter-Heinz Siffert lebt gerne in Frankfurt. Zusammen mit seiner Ehefrau Marianne fühlt er sich zu Hause besonders wohl.

Seit 1971 gilt seine ganz besondere Passion im Sport dem Aikido. Er hat mehrere Meistergrade gemacht und hält den 3. Dan. Beim TSG Walldorf ist er als Aikido-Abteilungsleiter tätig und für das Präsidium Aikido Verband Hessen isbhe, welches dem Landessportbund Hessen untergeordnet ist, arbeitet er als Lehrreferent.

Besonders beeindruckt hat ihn hier Dr. Volker Stanzel, ehemaliger dtsch. Botschafter von Peking, der einer der ersten Aikidolehrer in Deutschland war.

Zusammen mit Marianne möchte er noch mal nach Neuseeland reisen, um dort mit dem Wohnwagen Land und Leute kennenzulernen.

Neben seiner sportlichen Betätigung und der Freude am Reisen in Ausland pflegt er noch eine Vorliebe für das Lesen guter Literatur.

Als ausgeglichenem Menschen ist ihm die Familie und das Zusammensein mit guten Freunden sehr wichtig. Besonders am Herzen liegen ihm Frieden und Freiheit für alle Menschen auf dieser Welt.

Dr. Andreas Simm

„Nur wer sich ändert, bleibt sich treu.“

(Wolf Biermann)

Dr. Andreas Simm

Straße: Reuterweg 73
Ort: 60323 Frankfurt am Main
Beruf: Sozial- und Wirtschaftswissenschaftler, Personalberater
Geburtsdatum: 27.10.1952
Familienstand: verheiratet
Kinder: 1

„Menschen bewegen Unternehmen – wir bewegen Menschen“ – so lautet das Motto von Dr. Simm Consult, der Frankfurter Personal- und Unternehmensberatung von Andreas Simm. Der promovierte Sozial- und Wirtschaftswissenschaftler bringt nicht nur beruflich Menschen zusammen, sondern pflegt auch im privaten Bereich intensive Freundschaften, die möglichst ein Leben lang halten sollen.

Geboren in Frankfurt, wuchs Andreas Simm in Neu-Isenburg auf. Sein Vater war lange Jahre Finanzvorstand bei der zur Metallgesellschaft gehörenden VDM, seine Mutter Hausfrau. Mit 18 Jahren ist er aus dem Elternhaus ausgezogen, um in Frankfurt Sozial- und Wirtschaftswissenschaft zu studieren – im unmittelbaren Nachhall der 68er-Studentenbewegung, die in der Mainmetropole eines ihrer Zentren hatte. Während seiner universitären Lernjahre setzte er die Schwerpunkte Organisation, Sozialpsychologie und Medizinsoziologie. Am Ende stand die Promotion zum Dr. phil. – gefördert von der Konrad-Adenauer-Stiftung – mit einer Arbeit über interpretative Verfahren in der Therapieforschung.

Wissenschaftlich war Andreas Simm sodann in der Biografieforschung an der Universität Marburg und – wiederum über die Frankfurter Universität – in der kriminologischen Tatmuster- und Täterprofilerkennung für das BKA tätig. Dann kam der Sprung in die Praxis: Als Researchleiter und Consultant der Freiherr von Gleichen GmbH, einer der Pioniere der Executive Search-Beratung in Deutschland, lernte er das Personalberatungsgeschäft von der Pike auf. Als Senior-Consultant von HAY Management Consultants GmbH, einer renommierten internationalen Beratungsgesellschaft, betreute er später größere mittelständische und Konzernunternehmen in Fragen des strategischen Personalmanagements mit Schwerpunkten Stellen-, Potential- und Organisationsanalyen sowie der Gestaltung von Vergütungssystemen.

Seit 1990 ist Dr. Simm als selbständiger Unternehmens- und Personalberater tätig. Neben der Personalberatung hat er viele Projekte im strategischen Personalmanagement und in der Unternehmensberatung geleitet. Themenschwerpunkte lagen hier in der strategischen Positionierung, in Stärken/Schwächen-Analysen, Risikomanagement, Unternehmensanalysen für Beteiligungsgesellschaften sowie der Begleitung von M&A-Prozessen. Auf Basis dieser breiten Expertise in Personal- und Organisationsthemen konzentriert sich Dr. Simm in den letzten Jahren insbesondere auf die gezielte und systematische Suche und Auswahl von Führungskräften und hochqualifizierten Spezialisten.

„Wir haben uns vor allem auf die Direktansprache spezialisiert. Dabei liegt ein Branchenfokus auf dem Mittel- und Topmanagement im Gesundheitswesen wie z.B. Kaufmännischen Direktoren und Chefärzten diverser Fachrichtungen. Zu weiteren Branchenschwerpunkten zählen Hotellerie, Immobilien, aber auch Industrie und Dienstleistung“, konkretisiert der Unternehmer den Tätigkeitsbereich von Dr. Simm Consult. Diskretion, Vertrauenswürdigkeit, Individualität und Passgenauigkeit sind die entscheidenden Leitlinien seiner Beratungstätigkeit.

„Die erfolgreiche Stellenbesetzung von Führungskräften ist eine umfangreiche und komplexe Aufgabe, die viel Erfahrung und Verständnis für menschliche Motive und Erwartungen einerseits und Unternehmenskulturen andererseits erfordert. Ziel ist dabei, das bestmögliche Passungsverhältnis zu erreichen, nur so ist auch ein nachhaltiger Erfolg gewährleistet. Und dieser ist gerade bei Schlüsselpositionen oft ganz entscheidend für die weitere Unternehmensentwicklung“, erläutert Andreas Simm, der stets der direkte Ansprechpartner während des gesamten Projektverlaufs ist. Die lange vertrauensvolle Zusammenarbeit mit seinen Kunden beschreibt er als wesentliche Erfolgsvoraussetzung seiner Tätigkeit, die in der Quintessenz darin besteht, Menschen für eine „win-win-Situation“ zusammenzubringen.

In seiner Freizeit erholt sich der Personalberater beim Segeln oder Skifahren. Daher kann er sich auch vorstellen, im Münchner Raum zu leben, wobei er sich aber auch im heimatlichen Frankfurt, das aus seiner Sicht in den letzten Jahren enorm an Lebensqualität dazugewonnen hat, sehr wohlfühlt. Hier schätzt er vor allem auch das weltoffene, multikulturelle Flair, dem er sich nicht zuletzt auch durch seine Frau, die aus der Karibik stammt, stark verbunden fühlt.

Prof. Dr. jur. utr. phil. Dr. theol. Lutz Simon

„Gefühle zu zeigen. Das bedeutet nicht den Verstand auszuschalten, sondern die Seele mit dem Verstand zu vernetzen.“

Prof. Dr. jur. utr. Dr. phil. Dr. theol. Lutz Simon

Straße:	Eiserne Hand 3
Ort:	60318 Frankfurt am Main
Beruf:	Rechtsanwalt und Notar
Geburtsdatum:	03.09.1941
Familienstand:	verheiratet
Kinder:	3

Er ist ein echter Universalgelehrter – seine Interessensgebiete streuen sich weit von der Jurisprudenz über Theologie, Philosophie, Politik, Betriebswirtschaft bis hin zu Meteorologie, Geologie und Physik. Und in allen Bereichen kann er anerkanntes Fachwissen nachweisen. Prof. Lutz Simon hat das lebenslange Lernen früh für sich selbst ausgemacht, noch als Professor und dreifacher Doktor drückte der 52-Jährige zum wiederholten Male die Universitätsbank. Neugier treibt seinen Wissenshunger an, den der Präsident der Frankfurter Rechtsanwaltskammer und Träger des Bundesverdienstkreuzes unter anderem durch Reisen und Schreiben stillt. Dabei hat der wache Kopf stets den Menschen im Blickpunkt.

Ab 1961 studierte Lutz Simon Rechtswissenschaft, BWL und VWL in Frankfurt und Würzburg. Die Zulassung zum Rechtsanwalt am Landgericht Frankfurt/M. und den Amtsgerichten erfolgte im Juli 1969. Zwei Jahre später promovierte der junge Rechtsgelehrte zum Dr. jur. utr. Im Jahr 1979 wurde er als Fachanwalt für Steuerrecht zugelassen und zum Notar im Oberlandesgerichtsbezirk Frankfurt/Main ernannt. Ab dem Sommersemester 1981 hielt sich Dr. Simon wieder in den Hörsälen der J. W. Goethe-Universität in den Fächern Philosophie, katholische Theologie und Politik auf. Zwei Jahre danach übernahm er Vorstandsaufgaben in der Rechtsanwaltskammer und startete durch an der Philosophisch-Theologischen Hochschule Sankt Georgen in Frankfurt/M. zum Studium der katholischen Theologie. Seine Hochschulstudien beendete er 1986 mit Promotion und Magister Artium. Im Jahr darauf wurde Lutz Simon Leiter des Lehrgangs der Rechtsanwaltskammer für junge Rechtsanwälte unter dem Thema: „Der Rechtsanwalt als Unternehmer". Dann übernahm er 1988 die Aufgabe als Prüfer für Wirtschaftsrecht im Staatsexamen der Wirtschaftsprüfer und vereidigten Buchprüfer der Länder Hessen, Rheinland-Pfalz, Saarland und Thüringen. Das Theologiestudium endete mit der Promotion 1993. Ohne Pause ging es weiter zum Studium der Meteorologie, Geologie und Physik. Im September 1996 trat Lutz Simon eine Professur für Privat- und Wirtschaftsrecht an der FH Frankfurt/M. im Fachbereich Wirtschaft an. Drei Jahre später erlangte er die Zulassung als Fachanwalt für Strafrecht und 2002 die Zulassung am Oberlandesgericht Frankfurt/M. 2003 übernahm er die Vizepräsidentschaft der Rechtsanwaltskammer Frankfurt, der er seit 2007 als Präsident vorsteht. Seit 2005 ist er ordentliches Mitglied der Europäischen Akademie der Wissenschaften und Künste in Salzburg. Seit März 2007 ist der honorige Gelehrte Träger des Bundesverdienstkreuzes und im gleichen Jahr ist er in die Satzungsversammlung der Anwaltschaft gewählt worden.

Zu den anwaltlichen Schwerpunkten des fleißigen und anerkannten Fachautors zählen Steuerrecht, Wirtschaftsrecht, Wirtschafts- und Steuerstrafrecht und das Notariat. Als Professor lehrt er Europarecht, Internationales Vertragsrecht, Steuerrecht, Steuer- und Wirtschaftsrecht und Ethik für Manager.

„Als Präsident möchte ich die Rechtsanwaltskammer für das 21. Jahrhundert fit machen und dazu auch junge Rechtsanwälte einbinden“, erklärt der umtriebige Gelehrte, der nicht nur einen Bürgerservice als Anlaufstelle im Rechtsbereich einrichtete, sondern sich auch als Vorsitzender des Resozialisierungsfonds für Straffällige einsetzt – als ein Beispiel von zahlreichen ehrenamtlichen Aufgaben.

Privat hält`s der Augenmensch Lutz Simon mit Abenteuer, Reisen und Kultur, woraus etliche kurzweilige bis kritische Reisetitel wie „Cuba Libre“ oder die „Ein-Dolllar-Republik“ entstanden sind. Aus dem reichen Erfahrungs- und Lehrfundus heraus, in dem der Mensch den Focus bildet, fordert Lutz Simon, „Gefühle zu zeigen. Das bedeutet nicht den Verstand auszuschalten, sondern die Seele mit dem Verstand zu vernetzen.“

Volker Sparmann

„Man muss das Unmögliche wagen, um das Mögliche zu erreichen!"

Volker Sparmann

Strasse: Alte Bleiche 5
Ort: 65719 Hofheim am Taunus
Beruf: Dipl.-Ingenieur
Geburtsdatum: 16.10.1943
Familienstand: verheiratet
Kinder: 2

Volker Sparmann ist – im wahrsten Sinn des Wortes – ein Mann der Mobilität. Nein – er ist kein Rennfahrer, sondern verdienter und langjähriger Geschäftsführer des Rhein-Main-Verkehrsverbunds GmbH (RMV). Sparmann macht mobil – die Region Frankfurt RheinMain. Sein Slogan „Mobilität heißt Bewegung, jeder hat das Recht auf Bewegung" gilt gleichfalls für den Sport, den der Eintracht-Vorstand in leitender Funktion unterstützt hat – und sich überhaupt ehrenamtlich sehr nützlich macht.

Aufgewachsen ist Volker Sparmann in Radebeul, nahe Dresden, kam aber schon als Zehnjähriger in die Main-Metropole. An der TH Darmstadt studierte er Bauingenieurwesen mit anschließender Vertiefung im Sektor Raumplanung und Verkehr an der TU Berlin. Nach dem Studium nahm er zahlreiche Leitungsfunktionen im nationalen und internationalen Verkehrs-Consulting wahr. Als Beauftragter gründete er die „IAV Ingenieurgesellschaft für Aggregatetechnik und Verkehrsfahrzeuge" an der TU Berlin und das „IFB Institut für Bahntechnik" an der TU Berlin und an der TU Dresden.
Seit 1992 ist er Geschäftsführer des RMV. Auch zeichnet er sich für Gründung des „ZIV Zentrum für Integrierte Verkehrssysteme" an der TU Darmstadt verantwortlich. Volker Sparmann ist seit 2001 Präsidiumsmitglied des Verbandes Deutscher Verkehrsunternehmen (VDV), in dem er 2003 zum Vize-Präsidenten gewählt wurde. Er ist Vorsitzender des Verwaltungsrates „Verbund- und Aufgabenträgerorganisationen" im VDV. Außerdem ist der Mobilitätsfachmann Vize-Präsident für die Verkehrsbehörden beim Internationalen Verband Öffentliches Verkehrswesen (UITP) und Vorsitzender der Bezirksvereinigung Rhein-Main der Deutschen Verkehrswissenschaftlichen Gesellschaft (DVWG). Seit 2003 ist Sparmann auch Geschäftsführer der Fahrzeugmanagement Region Frankfurt Rhein-Main.

Volker Sparmann sieht sich und den RMV als regionalen Dienstleister: „Auch wenn der RMV über kein eigenes Streckennetz verfügt, stellen wir uns der Aufgabe, neue Strecken und Linienwege zu planen, den Ausbau des Stationsnetzes voran zu bringen und für die Anschaffung eines modernen Fahrzeugpools zu sorgen. Dazu ermitteln wir die Effizienz neuer Linien, moderieren die Planung neuer Stationen, akquirieren Fördermittel und sorgen auf politischer Ebene für die weitere Ausdehnung der Fahrzeiten." Dafür rührt Mobilitätsexperte Sparmann auch selbst die Werbetrommel und hält Vorträge mit Titeln wie „Schaffung von regionalem Bewusstsein" vor dem damaligen Frankfurter OB Volker Hauff oder Ex-Bundesbankpräsident Ernst Welteke – immer mit seinem persönlichen Motto im Kopf: Wage das Unmögliche, um das Mögliche zu erreichen.

Neben seinem vollen Terminplan setzt er sich in zahlreichen Einrichtungen ehrenamtlich ein, unter Zurückstellung privater Interessen. Dazu gehört beispielsweise der Verkehrsrat der Deutschen Industrie- und Handelskammer (DIHK), das Kuratorium der Universität Frankfurt am Main, der Rat der Region Frankfurt RheinMain und das Kuratorium der Rheingau-Musik-Festival GmbH. Zu den sozialen Engagements ist noch die Mitgliedschaft in der Freiwilligen Feuerwehr zu ergänzen.

Der Mozart-Liebhaber und ehemalige aktive Fußballspieler war von 2001 bis 2003 Vorstandsvorsitzender der Eintracht Frankfurt Fußball AG. Heute unterstützt er genauso engagiert den Frauenfußball, zum Beispiel den 1. FFC Frankfurt, den Verein der Weltmeisterin Birgit Prinz. Als Mobilitätsfan hat er natürlich eine moderne Eisenbahnanlage im Dachgeschoss. „Auf den Geschmack" kommt Sparmann bei Whiskey, wovon er 100 Raritäten sein eigen nennt.

Detlef Stange

„Jeder Mensch hat die Chance, zumindest einen Teil der Welt zu verändern, nämlich sich selbst."

(Detlef Stange)

Detlef Stange

Straße: Heinz-Herbert-Karry-Straße 4
Ort: 60389 Frankfurt am Main
Beruf: Geschäftsführer
Geburtsdatum: 16.09.1952
Familienstand: verheiratet
Kinder: 2

Geboren ist Detlef Stange im geteilten Berlin, doch ist aus ihm ein Frankfurter Original geworden. Als 15-jähriger verbrachte er ein Schuljahr in England, reiste von Oxford nach Birmingham und Suffolk. Ein Studium der Medizin nahm er für zwei Semester auf, weil er mit dem Gedanken spielte, Gerichtsmediziner zu werden. Doch rasch erschien es ihm weit bedeutender, „gesellschaftlich etwas zu bewegen". In der Verbandsarbeit der Gebäudereiniger-Innung war er auf Grund seiner rhetorisch geschickten Überzeugungsarbeit innerhalb kürzester Zeit ein gefragter Ansprechpartner. Sein steiler beruflicher Aufstieg begann zu dem Zeitpunkt, als er 1980 sein Jura-Studium in Frankfurt mit dem 2. Staatsexamen erfolgreich abschloss.

Detlef Stange ist Geschäftsführer der „Landesinnung Hessen Gebäudereiniger". Die Branche der Gebäudereiniger sieht er nun schon seit Jahren im Kreuzfeuer der öffentlichen Meinung. Dies zwinge immer wieder zu Stellungnahmen und Verhandlungen. Die Innung ist für ihn daher das offizielle Sprachrohr der Branche, schlagkräftige Organisation und kompetenter Partner auf dem Weg zum „schlanken Staat".

Die Fähigkeiten von Detlef Stange sind kaufmännisch wie pädagogisch. 1989 gründete er die Landesfachschule Gebäudemanagement. Im Jahre 1990 gelang es ihm, die einzelnen Innungen der Gebäudereiniger zu einer Landeseinheit zusammen zu schließen, um die Betriebe zufriedener zu machen. An der Universität Stuttgart hat er einen Lehrauftrag.

Es treibt ihn die Unruhe an, etwas gestalten zu können, dieses dann zu delegieren und dann wieder Neues zu tun. Er hat Spaß an der Selbstgestaltung vielfältiger Arbeit. In Argentinien hat er gesehen, dass dort jetzt ein neuer Mittelstand entsteht, der in jeder Volkswirtschaft grundsätzlich wichtig ist, nicht zuletzt als gesellschaftlich stabilisierender Faktor. Es bereitet ihm große Besorgnis, dass hierzulande der Mittelstand wegzubrechen droht. Eine Staatslenkung der Wirtschaft sei Unsinn. „Zwar hätten wir einen gesetzlichen Mindestlohn in allen Branchen nötig, doch sonst dürften keinerlei staatliche Eingriffe erfolgen", bekräftigt er seine liberale politsich-wirtschaftliche Gesinnung. Er kämpft für Chancengleichheit der Unternehmen in der EU, ohne Inländerdiskriminierung. Seine vielfältigen politischen Kontakte sind sein Faustpfand; Detlef Stange betreibt intensive Lobbyarbeit – auf Augenhöhe in Verhandlungen mit Politikern in Frankfurt, Wiesbaden und Berlin. „Geht nicht, gibt's nicht", so sein Credo.

Als ehrenamtlicher Richter am Landesarbeits- und am Landessozialgericht ist Detlef Stange seit rund 20 Jahren tätig. Er setzt sich dort ein für die Auslegung des Gesetzes pro bono soziale Gerechtigkeit der Arbeitnehmer. „Mit Gesetzen umzugehen verstehen, heißt manchmal, sie legal zu umgehen verstehen," sagt er. Darüber hinaus ist er Vorsitzender der Widerspruchskammer der AOK. Für sein ehrenamtliches Engagement erhielt er 2002 den Ehrenbrief des Landes Hessen.

Seine Heimat ist Seckbach, wo er seit der Kommunalwahl 2006 Ortsbeirat für die FDP ist. Dort ist er Mitglied im Kulturgeschichtsverein, dort ist er auch Mitglied des Karnevalsvereins. Im Karneval ist er der Sitzungspräsident. Seit nunmehr 30 Jahren tritt er als politischer Büttenredner auf, Leute zum Lachen zu bringen, ist ihm ein Anliegen. Die Erfahrung als „Narr" ist für ihn persönlich mit der des Lobbyisten verbunden, denn aus dem gelungenen Witz zieht er die Stärke, die er für die ernste politische Überzeugungsarbeit braucht. „Lieber einen Flop riskieren als gar nichts machen," ist seine Devise.

Er braucht die Harmonie in der Familie als Basis, um Kraft zu schöpfen, offensiv zu sein, sich nie in die Defensive abdrängen zu lassen – „sonst hat man den Kampf für sich und die eigene Klientel schon verloren, bevor man überhaupt begonnen hat." Gemeinsam mit seiner Frau ist er häufig auf Reisen. Detlef Stange ist ein Globetrotter, spricht Englisch, Französisch und Spanisch. Auf allen Kontinenten ist er schon gewandert, ob in Grönland oder auf dem Jakobsweg.

Dr. Thomas Steigleder

Dr. Thomas Steigleder

Straße: Börsenplatz 4
Ort: 60313 Frankfurt am Main
Beruf: Jurist
Geburtsdatum: 09.09.1968
Familienstand: ledig

Dr. Thomas Steigleder ist für die Zukunft zuständig – beruflich zumindest bei der IHK Frankfurt am Main, wo er als Fachreferent für die Ressorts Umwelt und Innovation verantwortlich ist. Der promovierte Jurist ist außerdem Geschäftsführer der Wirtschaftsjuroren bei der IHK Frankfurt und findet beim Wurf auf die Dartscheibe oftmals die richtige Lösung für knifflige Probleme.

Sein Abitur „baute“ Thomas Steigleder 1988 in Pfinztal-Berghausen, nahe Karlsruhe. Danach studierte er von 1989 bis 1994 Jura in Heidelberg. Sein zweijähriges Referendariat leistete er in Speyer an der Hochschule für Verwaltungswissenschaften ab. Im Anschluss begab er sich an das Forschungsinstitut für öffentliche Verwaltung an der Hochschule in Speyer, um dort zu promovieren. Im Jahr 2001 folgte er einer Anfrage der IHK Frankfurt am Main.

Dort ist er zuständig für die Bereiche Umwelt und Innovation. „Ich berate beispielsweise Unternehmen zu Gesetzesnovellen oder EU-Verordnungen. Dabei muss ich ganz individuell vorgehen, abgestimmt auf die Bedürfnisse und Tätigkeitsbereiche des jeweiligen Unternehmers“, stellt der IHK-Referent seine Beratungsaufgaben klar. Er muss sich in dem Gesetzesdschungel national, international und europaweit zurechtfinden. Da ist die Erklärung, welche Voraussetzung ein Unternehmer schaffen muss, um den Grünen Punkt auf seine Verpackung zu bekommen, noch eine von den leichteren Aufgaben zum betrieblichen Umweltschutz. Zu seinen Beratungskunden in diesem Themenbereich zählen aber auch Kommunalpolitiker, wenn diese zum Beispiel wissen wollen, wie die Feinstaub-Verordnung wirtschaftsverträglich umgesetzt werden soll. Aber auch auf Landes- und Bundesebene ist zu Umweltfragen seine fachliche Meinung gefragt.

Im IHK-Bereich Innovation „fördern wir vor allem die Innovationsfähigkeit der Unternehmen für eine wettbewerbsfähige Wirtschaft. Die IHK versteht sich dabei als Drehscheibe beim Technologietransfer und im E-Commerce – für einen Strukturwandel“, so Dr. Steigleder. Zu seinen konkreten Beratungsfeldern gehört federführend die Abstimmung in der IHK Arbeitsgemeinschaft Hessen, wenn Stellungnahmen zu Gesetzen oder Positionspapiere verfasst werden müssen. Zudem engagiert sich die IHK im TechnologieTransferNetzwerk (TTN) Hessen, das als gemeinsame Initiative der hessischen Wirtschaft und dem Land, den Technologietransfer zwischen den Hochschulen und der Wirtschaft verbessert. So sollen Forschungsergebnisse schneller in Produkte umgesetzt werden und Unternehmen leichter an innovative Lösungen kommen. „Wir bringen Forscher und Unternehmer zusammen, um so gerade kleinen und mittleren Unternehmen ohne eigene große Forschungsabteilung die Tür zu Innovationen zu öffnen“, beschreibt der 40-jährige das Ziel des TTN Hessen.

Darüber hinaus ist Thomas Steigleder Geschäftsführer der Wirtschaftsjuroren bei der IHK Frankfurt am Main. Dort unterstützt er den IHK-Nachwuchs administrativ, bei Veranstaltungen oder als Berater im Vorstand. „Ich sehe meine Aufgaben bei der IHK vor allem darin, dass ich mehr Einfluss nehmen kann auf den rechtlichen Rahmen der Innovationspolitik. Obendrein beschäftige ich mich mit praktischen Fragestellungen in diesem Gebiet, was mir beides viel Spaß bereitet“, so Steigleder zu seinem Antrieb.

Auch privat gibt er sich vielseitig. In seiner Freizeit macht ihm sowohl Lesen Spaß, aber auch das Mountainbiken, Skifahren, Surfen oder Tauchen. „Ein idealer Urlaubsort für mich vereint Berge und Meer oder See“. Zudem engagiert sich der Jurist als Mitglied in den Akademischen Werkstätten e.V. um den Nachlass des Malers Karl-Peter Müller, von dem er allein vier Werke in seinem IHK-Büro hängen hat.

Prof. Dr. jur. Rudolf Steinberg

„Tempora mutantur, et nos mutamur in illis.“

Prof. Dr. jur. Rudolf Steinberg

Straße: Senckenberganlage 31
Ort: 60325 Frankfurt am Main
Beruf: Jurist
Geburtsdatum: 23.06.1943
Familienstand: verheiratet
Kinder: 4

Er ist ein akademischer Macher in Frankfurt/M., denn der Präsident der Johann Wolfgang Goethe-Universität, Prof. Dr. jur. Rudolf Steinberg, gilt als ihr Reformer. Er verfolgt den Anspruch, die Goethe-Universität fit für den sich mehr und mehr verschärfenden Wettbewerb zwischen den Hochschulen zu machen und sie auch international zu profilieren. Er ist dazu auf dem besten Weg.

Rudolf Steinberg wurde in Cochem an der Mosel geboren. In Gelsenkirchen besuchte er ein altsprachliches Gymnasium. Ab 1962 studierte er Rechts- und Wirtschaftswissenschaften an den Universitäten in Freiburg i. Breisgau und in Köln. Nach der Ersten Juristischen Staatsprüfung wechselte er an die University of Michigan in Ann Arbor (USA), wo er Politikwissenschaft studierte. Im Jahr 1970 wurde er an der Freiburger Universität promoviert. Drei Jahre später legte er das Zweite Juristische Staatsexamen in Stuttgart ab. Im Jahr 1977 habilitierte sich Steinberg an der Universität Freiburg i. Br. In der Zeit von 1977 bis 1980 lehrte er als Professor für Öffentliches Recht an der Fakultät für Rechtswissenschaften der Universität Hannover. Dann kam er 1980 nach Frankfurt/M. als Professor für Öffentliches Recht, Umweltrecht und Verwaltungswissenschaften. Von 1995 bis 2000 war Steinberg Richter des Thüringer Verfassungsgerichtshofs in Weimar, nachdem er als Visiting Professor an der University of Michigan Law School, Ann Arbor, und der Yale Law School, New Haven, Ct. (USA), gelehrt hatte. Seit dem 21. Juni 2000 führt er als Präsident die Johann Wolfgang Goethe-Universität.

Die wissenschaftlichen Schwerpunkte von Rudolf Steinberg liegen im Verfassungs-, im Umwelt- und im Planungsrecht. In atomrechtlichen Prozessen vor dem Bundesverfassungsgericht vertrat er die Seite der Atomkritiker. Mit dem amtierenden (geschäftsführend) Hessischen Ministerpräsidenten verbindet ihn ein besonderes Verhältnis: Roland Koch zählte zu seinen Frankfurter Studenten.

„Ich möchte die Frankfurter Uni in ihrer Position als eine der führenden Forschungsuniversitäten in Deutschland weiter stärken und sie auch international an die Spitze führen. Ihre Absolventen sollen beruflich und privat erfolgreich sein und die Bürger der Stadt und Region stolz auf diese modern gestaltete Einrichtung“, legt der Uni-Chef selbst vor. Steinberg gilt als Reformer: In der weitgehenden Autonomie, die die Goethe-Universität mit ihrer Umwandlung in eine Stiftungsuniversität 2008 erhalten hat, erkennt er eine wesentliche Voraussetzung zur Steigerung der Qualität in Lehre und Forschung. In der engen Verbindung von Forschung und Lehre sieht er dabei auch weiterhin das Charakteristikum eines wissenschaftlichen Studiums: In einem Spiegel-Interview kritisierte er dazu die deutsche Umsetzung der Bologna-Reform: „Wenn junge Menschen interessiert und begabt sind, dann muss man sie zum frühestmöglichen Zeitpunkt an wissenschaftliche Fragestellungen heranführen. Da gilt Humboldt nach wie vor: Wissenschaft ist etwas noch nicht Gefundenes, ständig zu Suchendes – damit kann man gar nicht früh genug beginnen. Die Vorstellung, erst nach drei Jahren Praxis-Bachelor mit dem wissenschaftlichen Denken anzufangen, ist absolut lebensfremd, wissenschaftsfeindlich und töricht.“

In seiner Freizeit erholt sich Rudolf Steinberg beim Skifahren oder Wandern. Der Besuch der Frankfurter Oper gehört gleichfalls zu seinen Hobbies. Den Wandel der Zeit sieht der Universitätsprofessor – wohl auch mit einem Blick auf „seine“ Uni – für sich so: „Tempora mutantur, et nos mutamur in illis – die Zeiten ändern sich, und wir uns in ihnen“.

Wolfgang Martin Strutz

„Jeder Mensch hat Talente, man muss sie nur fördern."

Wolfgang Martin Strutz

Straße:	Senckenberganlage 25
Ort:	60325 Frankfurt am Main
Beruf:	Bankkaufmann
Geburtsdatum:	18.12.1933
Familienstand:	verheiratet
Kinder:	2

Wolfgang Strutz ist als ehemaliger Vorstandssprecher der BHF-BANK AG vor allem ein Zahlenmensch. Zugleich verbirgt sich hinter dieser Persönlichkeit aber auch ein Kultur- und Sozialmensch außergewöhnlichen Formats. Das breite Engagement des Ehrenprofessors des Landes Hessen reicht von Sport, Politik, Soziales, Wirtschaft bis zu Wissenschaft, Bildung und Kultur.

Gebürtig im pfälzischen Frankenthal ist Strutz in Mainz aufgewachsen. Nach dem Abitur 1953 startete er dort mit einer Banklehre bei der Commerzbank und bereits 1959 wurde ihm die Leitung der Privatkundenabteilung übertragen. Ab 1966 war er in leitenden Positionen bei der BHF-BANK tätig, zunächst als Leiter der Filiale Mainz, der Hauptfiliale Frankfurt und schließlich als Generalbevollmächtigter. 1983 wählten ihn die Kommanditaktionäre der Bank zum persönlich haftenden Gesellschafter (Geschäftsinhaber). Danach wurde Strutz Sprecher der Geschäftsinhaber und nach der von ihm betriebenen Umwandlung der Bank in eine AG Sprecher des Vorstandes. Eine umso beachtlichere Karriere bis an die Spitze eines privaten Bankinstituts, das als erste Adresse in Deutschland gilt, denn der Bankfachmann hatte nie eine Universität von innen gesehen. 1997 wechselte Strutz in den Verwaltungsrat der BANK. Seine Gesundheit hatte unter den Auseinandersetzungen mit dem damaligen Aufsichtsratsvorsitzenden über den künftigen Weg der BANK sehr gelitten. Wolfgang Strutz war ein Gegner der Fusion mit der holländischen ING: „Diese beiden Finanzinstitute passen nicht zusammen", war seine feste Überzeugung. Dass die ING nur wenige Jahre später die BHF-BANK wieder zum Verkauf stellte (heute gehört die BHF-BANK zur Oppenheim-Group), war eine späte Bestätigung der Einschätzung von Strutz.

Wo bei vielen die Langeweile beginnt oder das fieberhafte Suchen nach kurzweiliger Beschäftigung im dritten Lebensabschnitt, hatte Wolfgang Strutz längst alle ehrenamtlichen Hände voll zu tun. Sein bürgerschaftliches Engagement widmet er besonders der Senckenbergischen Naturforschenden Gesellschaft (SNG), deren Verwaltungsrat er schon mehrere Jahre angehörte, die er seit nunmehr 10 Jahren als Präsident führt – und dies mit außergewöhnlichem Erfolg.

Wolfgang Strutz hat in dieser Zeit Senckenberg sowohl als Forschungsgesellschaft wie auch als Naturmuseum in eine neue Dimension geführt. Forschungsinstitute und Forschungsstationen in Wilhelmshaven, Hamburg, Weimar, Dresden, Görlitz und Möncheberg sind zu den bestehenden Einrichtungen in Frankfurt, Gelnhausen und Messel hinzugekommen und haben das Forschungspotential von Senckenberg essentiell erhöht. Heute zählt Senckenberg zusammen mit London und Paris in Europa zu den 3 führenden Forschungseinrichtungen auf dem Gebiet der Biodiversitätsforschung. Die Gründung eines neuen Instituts als Joint Ventures mit der Universität Frankfurt, das die Auswirkungen der Klimaveränderungen auf die Biodiversität erforschen soll, ist in Vorbereitung. Gleichzeitig wurde das Senckenbergmuseum restauriert und renoviert und hat durch umfangreiche Investitionen einerseits, sowie verstärkte Tätigkeiten der Museumspädagogik und des Marketings andererseits, die Besucherzahlen kontinuicrlich nach oben geschraubt. Mit der zurzeit errichteten Sonderausstellungshalle werden spätestens ab 2010 mehrere Millionen Menschen jährlich das Senckenbergmuseum besuchen. Damit könnte die Vision von Strutz umgesetzt werden, dass neben der Wissenschaft auch das Museum einen Spitzenplatz in Europa erreicht. Senckenberg wird sehr zeitnah die neuesten Forschungsergebnisse einem breiten Publikum zeigen und wird die wissenschaftspolitisch relevanten Themen, wie z. B. Biodiversität in der Tiefsee, bei gleichzeitig möglicher räumlicher Ausdehnung des Museumsteils durch Hinzunahme von Nachbargebäuden ebenfalls in die Spitzengruppe der Naturmuseen der Welt führen.

Die 37 Mio. Objekte, die in den Reservatenkammern von Senckenberg lagern, sind das „Archiv des Lebens". Hierauf baut die moderne Senckenbergforschung auf und trägt dazu bei, dass wir das Erdsystem besser verstehen und entsprechend handeln können. Strutz hat Senckenberg durch neue Ideen verbesserte Strukturen und zukunftsträchtige Chancen in der Forschung und in der Museumslandschaft gegeben. Er spricht von der Faszination Senckenberg, der er gerne als „full-time-job" aber voll ehrenamtlich dient. Die leuchtenden Kinderaugen der jungen Museumsbesucher sind genauso, wie der von Strutz sehr ernst genommene Bildungsauftrag, den Senckenberg hat, Motivation und Antrieb.

Nicht nur Bildung im Allgemeinen, auch die Aus- und Weiterbildung der Mitarbeiter lag ihm schon während seiner Tätigkeit als Bankchef und als Aufsichtsrat diverser Gesellschaften am Herzen und nimmt auch bei Senckenberg einen besonderen Stellenwert in seinem Handeln ein. Die Aufgaben von Eltern, Erziehern, aber auch von Unternehmern ist es, Talente zu erkennen, durch Fordern „herauszukitzeln" und schließlich zu fördern. Der Mensch ist dann nicht nur glücklich und zufrieden, sondern auch sehr viel leistungsbereiter und leistungsfähiger. Bürgerschaftliches Engagement begleiten ihn, der Ende dieses Jahres seinen 75. Geburtstag begehen kann, seit jungen Jahren. Die Stiftungen Tumorforschung Kopf-Hals oder Hoher Dom zu Mainz profitieren auch heute noch von seinem besonderen Talent, Spenden und Sponsorengelder einzuwerben. Er gilt als „Menschenfänger".

Strutz zeigt sich im Rückblick auf sein Leben sehr zufrieden. In dieser Stimmungslage kann er auch bestens seinem Hobby Golf nachgehen; am liebsten auf den Golfplätzen im Oberallgäu, das nach seinen eigenen Worten seine „zweite Heimat" ist.

Frankfurt am Main

Plus ratio quam vis.
(Besser mit Vernunft als mit Gewalt)

(Motto der Jagiellonen-Universität Krakau)

Klaus Sturmfels

Straße:	Annastraße 7
Ort:	60322 Frankfurt am Main
Beruf:	Rechtsanwalt und Notar, Honorarkonsul der Republik Polen
Geburtsdatum:	29.06.1943
Familienstand:	Lebensgemeinschaft
Kinder:	4

Klaus Sturmfels lebt seit 1949 in Frankfurt am Main. Er ist Vater von 2 Töchtern und 2 Söhnen und lebt zusammen mit seiner Lebensgefährtin und der gemeinsamen Tochter in Sachsenhausen.

1964 machte er an der Freiherr-von-Stein-Schule das Abitur. Nach dem Abitur ging er für zwei Jahre als Freiwilliger zur Bundeswehr und wurde 1966 als Leutnant entlassen. Mit dem Sommersemester ´66 begann er das Jurastudium an der Johann Wolfgang Goethe-Universität in Frankfurt am Main. Das erste juristische Staatsexamen absolvierte er am 29.07.1970. Nach einem längeren Auslandsaufenthalt in Südamerika und in den Vereinigten Staaten absolvierte er 1971-1974 den Referendardienst und legte 1974 das zweite juristische Staatsexamen ab. Im selben Jahr ließ er sich als Rechtsanwalt in Frankfurt am Main nieder und ist seit Juni 1989 Notar. Seit 1998 ist er Fachanwalt für Strafrecht.

Er ist Seniorpartner der Kanzlei Ettrich & Sturmfels Rechtsanwälte und Notare. 9 Rechtsanwälte betreuen umfassend die mittelständische Wirtschaft vom Arbeitsrecht, dem gewerblichen Rechtsschutz, dem Mietrecht, bis hin zum Gesellschafts- und Handelsrecht. Auch das Erb- und Familienrecht sowie das Wirtschaftsstrafrecht werden von besonders qualifizierten Partnern (Fachanwälten) betreut. Die beiden Notariate haben ihre Schwerpunkte im Immobiliarrecht, Erb- und Gesellschaftsrecht.

Seine politische Laufbahn begann Klaus Sturmfels als Student und Mitglied des Studentenparlamentes und des allgemeinen Stundenausschusses. 1969 trat er in die SPD ein und wurde 1972 zum Ortsvorsteher im Ortsbezirk 5 (Sachsenhausen, Oberrad und Niederrad) gewählt. 1984 wechselte er als Stadtverordneter in den Römer und übernahm dort die Funktionen als stellvertretender Fraktionsvorsitzender und Vorsitzender des Kulturausschusses. Der Ausbau und die Weiterentwicklung der Zivilgesellschaft war ihm das wichtigste Anliegen in der Politik, also für einen gerechten Interessenausgleich zu sorgen, soziale Benachteiligungen zu mindern und die bürgerlichen Freiheiten zu wahren.

Auslandsaufenthalte waren für ihn stets wichtig und prägend. 1989 besuchte er zum ersten Mal auf Anregung des Herrn Dr. Paul Franken Krakau und lerne dort ebenso selbstbewusste und weltoffene Bürger kennen, wie es die Frankfurter sind. In der Tradition der neuen Ostpolitik eines Willy Brandt stehend engagierte er sich für die Aussöhnung zwischen Polen und Deutschen.

Als Vorsitzender des Kulturausschusses setzte er sich fortan für intensivere Beziehungen zwischen den beiden Städten ein. Der Kulturausschuss unternahm auch eine Informationsreise nach Krakau. Kunst und Kultur hat Klaus Sturmfels im Elternhaus kennen und schätzen gelernt. Vater und Großvater waren ihm Vorbilder demokratischer, freisinniger Bürger. Daneben hat ihn der ehemalige Frankfurter Kulturdezernent Prof. Hilmar Hofman, sehr beeinflusst, die beiden haben stets gut zusammengearbeitet, etwa als Initiatoren des Museumsuferfestes und der Förderung der „freien Szene" (Gallus Theater, Mousonturm, Freies Theaterhaus, Berufsverband bildender Künstlerinnen und Künstler (BBK), Romanfabrik, kommunales Kinder- und Jugendtheater (Jazzforum). Kultur ist für Klaus Sturmfels der Prozess der Entstehung und Aneignung von Kunst. Ziel der Kulturpolitik ist neben der „Kultur für Alle" auch die „Kultur mit Allen".

Klaus Sturmfels ist Initiator und Mitbegründer der deutsch-polnischen Gesellschaft Frankfurt am Main, die 1989 gegründet wurde. Der erste große Erfolg war die Begründung der Städtepartnerschaft Frankfurts mit Krakau 1991. Seit 2001 ist er Vorsitzender der Gesellschaft. Der Verein versteht sich als Freundeskreis der beiden Städte, pro Jahr organisiert dieser rund 25 Veranstaltungen, die meisten davon in Frankfurt.

2007 wurde Klaus Sturmfels zum Honorarkonsul der Republik Polen in Frankfurt für das Bundesland Hessen ernannt. Aus den Händen des Generalkonsuls Andrzej Kaczorowski erhielt er in Beisein des Hessischen Ministers für Bundes- und Europaangelegenheiten Volker Hoff die Ernennungsurkunde. Als Honorarkonsul hat er die Aufgabe, die kulturellen und wirtschaftlichen Kontakte zwischen Deutschen und Polen zu knüpfen, zu pflegen und auszuweiten. Die Einrichtung eines Honorarkonsulats in Frankfurt am Main unterstreicht die Bedeutung des Main-Rhein-Gebietes aus der Sicht der polnischen Regierung für die deutsch-polnischen-Beziehungen.

Dr. Philipp Herzog von Württemberg

Dr. Philipp Herzog von Württemberg

Straße: Mendelssohnstraße 66
Ort: 60325 Frankfurt am Main
Beruf: Vice Chairman Sotheby's Europa & Geschäftsführer Sotheby's Deutschland
Geburtsjahr: 1964
Familienstand: verheiratet
Kinder: 4

Schon als Junge war Dr. Philipp Herzog von Württemberg ein eifriger Sammler, der sich auf Flohmärkten nach besonderen Gegenständen umschaute, sie erwarb, weiterverkaufte oder selbst sammelte. Mit 20 Jahren erlebte er in großer Aufregung seine erste Auktion in England, auf der er Porzellanfiguren ersteigerte. Längst ist für ihn daraus Beruf und Profession geworden.

Die Jugend verbrachte er auf Schloss Altshausen in Schwaben. Seine Familie ist mit allen königlichen Herrschaftshäusern in Europa verwandt. So war sein Großvater der Comte de Paris und potenzieller Aspirant für Frankreichs Königsthron. König Juan Carlos von Spanien ist der Patenonkel seiner Schwester Fleur. In den Jahren 1977/78 absolvierte Philipp von Württemberg einen Kunstkurs beim Auktionshaus Christie's, nachdem er im Galerie- und Museumsbetrieb in Deutschland Erfahrungen gesammelt hatte. Sein Kunstinteresse führte ihn direkt zum Studium der Kunstgeschichte und Geschichte an der Tübinger Eberhard-Karls-Universität, das er 1993 mit dem Magister Artium abschloss. 1997 promovierte er im Fach Kunstgeschichte. 2000 wurde er als Mitglied in den Hochschulbeirat der Tübinger Universität berufen.

Philipp von Württembergs berufliche Karriere begann 1996 bei Sotheby's, im berühmtesten Auktionshaus der Welt, als ausgewiesener Möbelexperte in der Abteilung für „Continental Furniture". Bereits zwei Jahre später wurde er Geschäftsführer der Sotheby's Deutschland GmbH. Von Januar 2004 bis August 2007 führte er als Président Directeur Général die Geschäfte von Sotheby's Frankreich. Dort wurde er übrigens der erste ausländische Auktionator – ein „Job", für den er eigens ein anspruchsvolles Examen mit juristischem Hintergrund ablegte. Eine bedeutende Rolle spielte der promovierte Kunsthistoriker bei der erfolgreichen Hausaktion „Auf Deutschen Schlössern" auf Schloss Monrepos in Ludwigsburg bei Stuttgart im Oktober 2000. Er war maßgeblich am Zustandekommen der Auktionen „Of Royal and Noble Descent" und „Crowns & Coronets" in den Jahren 2001 bis 2007 in Amsterdam beteiligt. Darüber hinaus hat er als Hauptauktionator an der gelungenen Auktion mit „Kunstwerken des königlichen Hauses Hannover" entscheidend beigetragen. Die größte Schlossauktion in der Geschichte von Sotheby's brachte ein Rekordergebnis von knapp 44 Mio. Euro ein. Das renommierte Magazin „Art & Auction" hat Herzog Philipp von Württemberg in die Power Liste 2004 aufgenommen, in der die 100+ Hauptakteure des internationalen Kunstmarktes vertreten sind. Heute zählt er bei Sotheby's, eine der renommiertesten Auktionshäuser der Welt, zu den führendsten Spezialisten.

Für den Herzog von Württemberg ist jede Minute seiner Arbeit ein Genuss. Sie müsse Spaß machen, um erfolgreich zu sein – vielleicht hat sich deswegen auch seine Natürlichkeit erhalten, die er selbst als sein wichtigstes Kapital bezeichnet. Mit seinem Wissen, seinem Engagement und mit dieser Natürlichkeit betreut er die bedeutendsten Kunden in Europa, so zum Beispiel Kunden mit Sammlungen des 20. und 21. Jahrhunderts, in allen Fragen des Kaufs und Verkaufs.

Dass Kunst und Ästhetik eine große Rolle in seinem Leben spielen, hat der „visuelle Mensch" Philipp von Württemberg von seiner musisch veranlagten und aus Frankreich stammenden Mutter mit auf den Weg bekommen. Kampfsport und die private Liebe zur Kunst sind ihm Ausgleich zu seinem Beruf. Seine Frau Marie Herzogin in Bayern und seine vier Kinder sind dem Vize Chairman, Geschäftsführer und Auktionator, der den Bietern Millionen von Euro entlockt, unbezahlbar. Kulinarisch bevorzugt Philipp von Württemberg die einfache Hausmannskost.

Rainer Wunderlin

„Vergiss nicht woher du kommst und wohin du gehen willst.“

(Rainer Wunderlin)

Rainer Wunderlin

Straße: Bockenheimer Landstraße 24
Ort: 60323 Frankfurt am Main
Beruf: Banker
Geburtsdatum: 06.01.1952
Familienstand: verheiratet
Kinder: 4

Berufswunsch Astronaut – das stand für Rainer Wunderlin in jungen Jahren ganz oben. Auch wenn er ihn nicht realisierte, zeigt es einen entscheidenden Charakterzug an ihm. Der heutige Managing Director der Bank of New York Mellon ist ein globaler Mensch, der die Welt stets als Ganzes begreift. In seiner Position, und dazu noch, um erfolgreich zu sein und zu bleiben, ist eine solche Sichtweise vermutlich auch eine grundsätzliche Voraussetzung.

Rainer Wunderlin studierte Volkswirtschaft. Noch während des Studiums brachte er seine musikalische Leidenschaft so weit, dass er einen Künstlervertrag bei CBS als Komponist, Interpret und Texter angeboten bekam. Doch aus der Karriere wurde nichts, da sich der junge Musiker nicht in eine kommerzielle Schubladen pressen ließ. Seine selbst komponierten Plattentitel „Louise + Lady Summertime“ ist ein Überbleibsel davon. Nach erfolgtem Studiengang startete er als Verkaufsleiter für 3M in Stuttgart ins Berufsleben, wechselte dann zu dem italienischen Unternehmen TRACON als Country Manager für Westafrika und Zentralamerika. Danach war er für das US-amerikanische Brokerhaus Prudential Bache als Financial Adviser in Dallas, New York und Frankfurt/M. tätig. Als offener Weltbürger hat es ihn schon immer hinaus in die weite Welt gezogen, wozu ihm auf diesem Weg die entsprechenden beruflichen Aufgaben sehr gelegen kamen. Doch stets kehrte er zurück. Es folgte der Posten des Managing Director für McGraw-Hill (Standard&Poors) in Frankfurt, ehe er dann in gleicher Position zu The Bank of New York Mellon kam. „Zu dieser Führungsaufgabe treibt mich der Wille an, die Bank noch erfolgreicher zu machen“, bringt es Rainer Wunderlin auf den Punkt.

Über seinen hochkarätigen Posten hinaus stellt der Bankmanager seine Kompetenz unter anderem als Vorstandsmitglied dem Deutschen Aktieninstitut (DAI) zur Verfügung. Er ist weiterhin Mitglied der Deutschen Vereinigung für Finanzanalyse und Asset Management (DVFA), der Atlantik Brücke, der Frankfurter Gesellschaft für Handel, Industrie und Wissenschaft, des Union International Club, des Frankfurter Airport Club, des Wirtschaftsrats der CDU und des Lenkungsausschusses des Deutschen Investor Relations Verbands e.V. DIRK. Obendrein hat Rainer Wunderlin zahlreiche Unternehmen im Gang an die Börsen NYSE und NASDAQ begleitet und beraten – darunter Deutsche Bank, Dresdner Bank, Commerzbank, Daimler Benz, Roche, UBS, Mannesmann, SAP, RWE, BAYER, BASF, Hoechst, Atlanta, SGL, FMC und andere mehr.

Zu seinen internationalen Visionen zählt die weitere Annäherung zwischen Deutschland und Russland: „Sehr wünschenswert ist die Verbesserung der Beziehungen zwischen beiden Ländern. Deutschland und Russland sind sich historisch in vielem näher als die Bundesrepublik und die USA. Da liegt doch ein weiteres Zusammenrücken auf der Hand“. „Auch die jüngsten Entwicklungen mit China werden sich nachhaltig positiv auf unsere Volkswirtschat auswirken und uns gemeinsam zu einer harmonischen Gesellschaft führen“, sagt er.

Der Managerdirektor sieht Erfolg nicht nur materiell: „Bereits Veränderungen können Erfolg bedeuten. Auch in diesem Sinne schöpfe ich aus meiner Antriebskraft, zu der auch meine Kinder zählen.“ Diesbezüglich äußert er den wohl für viele Eltern geltenden Wunsch, vor seinen Kindern zu sterben.

In seiner Freizeit ist der umtriebige Bankmanager gleichfalls aktiv beim Motorrad- und Motorbootfahren, beim Jagen, Angeln, bei der Leichtathletik oder bei der Gartenarbeit. Musisch widmet er sich der Spanischen Gitarre und dem Komponieren – und kulinarisch dem Kochen.

Rainer Wunderlin begegnet Menschen und setzt seinen Lebensweg fort nach dem Motto: „Vergiss nie, woher du kommst und wohin du gehst!“

Frankfurt am Main

Frank Wunsch – Thomas Weilbach

Frank Wunsch — Thomas Weilbach

	Frank Wunsch	Thomas Weilbach
Straße:	ADVISA Steuerberatungsges. mbH, Humboldtstraße 12	
Ort:	60318 Frankfurt am Main	
Beruf:	Steuerberater	Dipl. Betriebswirt
Geburtsdatum:	26.10.1964	14.05.1968
Familienstand:	verheiratet	ledig
Kinder:	1	keine

Frank Wunsch wurde 1964 in Karlsruhe geboren und wuchs in der Geborgenheit und Idylle einer Dorfgemeinschaft nähe Karlsruhe heran. Diesen Rückhalt in der Familie und der Gemeinschaft während der gesamten Kindheit und Jugendzeit zu haben, diese positiven Erinnerungen prägten seine soziale Einstellung zu anderen schon früh. Ehrlichkeit, Zuverlässigkeit und ein guter Teamgeist liegen ihm besonders am Herzen.

Seine Familie, er ist glücklich verheiratet und hat einen Sohn, gibt ihm die Stabilität und hier liegt für ihn auch der Sinn seines Tuns. Ebenso war die Erkenntnis, dass Wissen das Einzigste ist, was einem nicht weggenommen werden kann, für ihn ausschlaggebend und hat ihn bewogen eine gründliche, fundierte Ausbildung zu machen. Dies war die Grundlage für seinen späteren Erfolg. Im Laufe der Zeit gesellte sich bei ihm dann noch die Erkenntnis dazu, dass Wissen alleine nicht erfolgreich macht, sondern erst Freude und Spaß bei seinem Tun, bringt den gewünschten Erfolg.

Sein Berufsziel klar vor Augen, absolvierte er von 1987-1992 ein betriebswirtschaftliches Studium an der Fachhochschule in Pforzheim und schloss mit dem Dipl. Betriebswirt (FH) ab. 1992 kam er aus beruflichen Gründen nach Frankfurt und arbeitete bei KPMG, einer Wirtschaftsprüfungsgesellschaft. Im Jahre 1997 bestand er in Baden-Württemberg sein Steuerberatungsexamen mit Erfolg. Von 1997 an arbeitet er dann bei der ADVISA Steuerberatungsgesellschaft mbH in Frankfurt und seit 2002 leitet er die Geschicke der Firma als deren Geschäftsführer. Unterstützt von dem Dipl. Betriebswirt Thomas Weilbach in seiner Funktion als Prokurist.

Die ADVISA Steuerberatungsgesellschaft mbH versteht sich als zuverlässiger und kompetenter Partner seiner Mandanten. Als ADVISION-Systemanwender ist ADVISA besonders qualifiziert und auf die Erfordernisse der Angehörigen der Heil- und Pflegeberufe, wie Ärzte, Zahnärzte, Apotheker und Pflegedienste spezialisiert. Den Mandanten wird mit steuerlicher und betriebswirtschaftlicher Beratung geholfen, den unternehmerischen Erfolg und die betriebliche Zufriedenheit zu sichern und zu steigern, damit diese sich auf ihr Kerngeschäft, nämlich die medizinische Versorgung ihrer Patienten, konzentrieren können.
ADVISA leistet mehr als die klassische Steuerberatung, durch das Konzept und die Spezialisierung ist es möglich, besonders auf die speziellen Bedürfnisse und Besonderheiten der Heil- und Pflegeberufe eingehen zu können.
So schafft ADVISA die entscheidende Voraussetzung für eine dauerhafte und vertrauensvolle Dienstleistungspartnerschaft mit Mandanten. Durch Zusammenschluss im Verbund geht das Leistungsspektrum über die Erstellung von Lohnbuchhaltung, Finanzbuchhaltung, Bilanzen und Steuererklärungen, sowie die steuerliche und betriebswirtschaftliche Beratung hinaus.
Der kombinierte Einsatz von fundiertem Wissen und praxiserprobten Arbeitstechniken macht individuelle Lösungskonzepte mög lich. Die Stärken von Frank Wunsch und Thomas Weilbach sind auch erfolgreiche und kompetente Beratung durch aktive Information mit verschiedenen Kommunikationsmitteln. In einem Newsletter gibt es regelmäßig Informationen über aktuelle Entwicklungen bei allen wichtigen Themen, in denen Mandanten Bescheid wissen sollten. Hier erhalten Sie Tipps und Wissenswertes über Steuer und Recht, ganz speziell für ihre Branche.

Dipl. Betriebswirt Thomas Weilbach, sein Tätigkeitsschwerpunkt liegt in der Beratung für die Heilberufe direkt, entwickelt Lösungen für erfolgreiches Praxismarketing und zeigt Mittel und Wege auf, wie Ärzte und Zahnärzte speziell von ihrem Recht Patienteninformationen bereitzustellen, Gebrauch machen können. Über die sachliche Aufklärung der Bevölkerung in Form von Praxis- und Patientenbroschüren, über Medienpräsenz, Anzeigenschaltung und Homepage.
Eine zusätzliche Differenzierung ergibt sich durch besondere Serviceangebote über das Erscheinungsbild und den Wiedererkennungswert der Praxis und darüber, wie die Praxisatmosphäre auf die Patienten wirkt. Die entwickelten Konzepte zur Praxisoptimierung stehen stets unter ökonomischen Gesichtspunkten

Thomas Weilbach und Frank Wunsch sind sich einig, es macht ihnen besondere Freude für Menschen da zu sein, die betrieblichen Probleme zu lösen, Vertrauensperson zu sein und unternehmerisch mit gestalten zu können. Die Motivation entsteht daraus, dass die eigene Tätigkeit und Beratung zum Erfolg führt und das gewünschte Ziel erreicht wird. Lösungen auch in schwierigen Situationen zu finden. Sie sind beide gerne selbstständig und möchten ihr Unternehmen ADVISA durch stetiges Wachstum voran bringen.

Dr. Jörg Zirener

„Mens sana in corpore sano."

(Juvenal)

Dr. Jörg Zirener

Straße:	Taunusanlage 21
Ort:	60325 Frankfurt am Main
Beruf:	Vice President von One Equity Partners
Geburtsdatum:	05.10.1972
Familienstand:	verheiratet
Kinder:	2

Die Betriebswirtschaftslehre bot eine gute Grundlage, etwas zu bewegen. Zunächst machte Dr. Jörg Zirener eine Banklehre, dann studierte er BWL an der European Business School in Oestrich-Winkel. Nach dem Abschluss machte er für ein halbes Jahr eine Weltreise, fuhr u. a. mit der Transsibirischen Eisenbahn durch die Russische Föderation. Die Interaktion mit den Leuten vor Ort faszinierte ihn. Doch dann hatte er das Bedürfnis, wieder etwas zu tun.

Die nächste berufliche Station war Roland Berger Strategy Consultants im Jahr 2000. Dort blieb er fünf Jahre und betreute Krisenunternehmen. Neben dem Beruf promovierte er über das Thema „Sanierung in der Insolvenz". 2005 entschied er zusammen mit einem Freund, sich selbständig zu machen. Sie erwarben eine Fifa-Lizenz und produzierten und vertrieben zusammmen mit zwei weiteren Partnern Armbänder zur FIFA WM 2006. Für Dr. Jörg Zirener ging ein großer Traum in Erfüllung. Es war für ihn eine „super Erfahrung", bei der er die gesamte Bandbreite der Selbständigkeit erlebt hat. Gemeinsam mit dem Unternehmen Esprit konnten fast 100.000 Euro für die SOS-Kinderdörfer gespendet werden.

Im Anschluss an die WM bot sich ihm die Riesenchance, im November 2006 zu One Equity Partner (OEP) zu kommen. OEP managt ausschließlich die Gelder von JP Morgan Chase und versucht durch Fokus auf industrielle Konzepte Mehrwert zu generieren. Mit weltweitem Fokus werden Buy-and-Built und Konsolidierungs-Strategien im Zeitalter der Globalisierung umgesetzt. Als Vice President ist er Teil des Teams von OEP Europe. Dr. Jörg Zirener will sich hier bei OEP etablieren und eigene Ideen und Konzepte vorantreiben.

Wenn man in seinem Job etwas erreichen will, brauche man unternehmerisches Gespür, Neugier, Offenheit, Flexibilität aber auch ein gewisses Maß an Frustrationstoleranz. Dr. Jörg Zirener will mit den richtigen Ideen und Konzepten noch etwas bewegen. Besondere Freude bereitet ihm, dass ein Ziel erreicht wird, doch liege in dem Weg dorthin schon ein großer Reiz.

Seine Interessen sind Tennis und Sport generell. Er habe die Vision, als Manager Fortuna Düsseldorf zur Meisterschaft zu führen, sagt er mit einem Augenzwinkern. Ferner interessieren ihn Reisen und Kultur, an Indien etwa, das ein noch ausstehendes Reiseziel von ihm ist, reizt ihn die Mischung von Kultur und Wachstumsstimmung. Doch auch die Entwicklung der Aktienmärkte verfolgt er.

Sich selbst sieht Dr. Jörg Zirener als offen, neugierig und direkt. Seinen Charakter bezeichnet er als „rheinisch", manchmal sage er zuviel. Das Sternzeichen „Waage" wirke da ausgleichend. Die Neugierde treibt ihn an, er stellt sich immer wieder neuen Erfahrungen, Dingen, Menschen, Themen und Konzepten. „Langeweile geht gar nicht," sagt er. Auf die Palme bringt ihn Unzuverlässigkeit oder „dumm zu verlieren" beim Sport.

Nach Frankfurt am Main ist er durch OEP gekommen. Er schätzt den Flair und die Skyline, die Stadt sei klein und übersichtlich und trotzdem international. Doch auch das Umland findet er schön. Er fühlt sich hier zuhause, geht schon zur Eintracht.

Zu seinen Eltern und dem Freundeskreis hat er ein gutes Verhältnis. Seine Frau hält ihm den Rücken frei. Die Erziehungsarbeit, die sie leistet, achtet er hoch. Dass sie Kölnerin ist und er Düsseldorfer, habe für die beiden nie eine Rolle gespielt, sagte er mit einem Augenzwinkern. Zeit und Ruhe für die Familie zu haben und die Entwicklung der jetzt vierjährigen Zwillinge verfolgen zu können, bedeutet Dr. Jörg Zirener sehr viel. Die Familie gibt ihm emotionalen Rückhalt, der Job gibt ihm Bestätigung, die Freude erzeugt: „Beides geht nur miteinander." Was er seinen Söhnen mit auf den Weg gibt, ist: Immer sie selbst zu bleiben, Entscheidungen selber zu treffen, Erfahrungen zu sammeln, viele Länder zu sehen und sich nicht zu verbiegen. Bewusster zu leben als man es häufig tut, ist seine Lebensphilosophie: „Nutze die Zeit, die dir gegeben ist!".

**Frankfurt – eine lebenswerte Stadt.
Geprägt durch die Menschen,
die hier arbeiten und wohnen.**